本书属于国家社科基金后期资助项目"启蒙时代的欧洲哲学"（20FZXA001）

国家社科基金
后期资助项目

启蒙时代的欧洲哲学

European Philosophy
in the Time of Enlightenment

冯 俊　主编

冯 俊　丁 耘　周晓亮　高宣扬　著

人民出版社

责任编辑：洪　琼

图书在版编目（CIP）数据

启蒙时代的欧洲哲学 / 冯俊主编；冯俊等著. -- 北京：
人民出版社，2025. 8. -- ISBN 978 - 7 - 01 - 027324 - 2

Ⅰ. B503

中国国家版本馆 CIP 数据核字第 2025VJ2756 号

启蒙时代的欧洲哲学

QIMENG SHIDAI DE OUZHOU ZHEXUE

冯俊 主编　冯俊　丁耘　周晓亮　高宣扬 著

人民出版社 出版发行

（100706 北京市东城区隆福寺街 99 号）

北京中科印刷有限公司印刷　新华书店经销

2025 年 8 月第 1 版　2025 年 8 月北京第 1 次印刷
开本：710 毫米×1000 毫米 1/16　印张：17.25
字数：280 千字

ISBN 978 - 7 - 01 - 027324 - 2　定价：99.00 元

邮购地址 100706　北京市东城区隆福寺街 99 号
人民东方图书销售中心　电话（010)65250042　65289539

国家社科基金后期资助项目
出版说明

后期资助项目是国家社科基金设立的一类重要项目，旨在鼓励广大社科研究者潜心治学，支持基础研究多出优秀成果。它是经过严格评审，从接近完成的科研成果中遴选立项的。为扩大后期资助项目的影响，更好地推动学术发展，促进成果转化，全国哲学社会科学工作办公室按照"统一设计、统一标识、统一版式、形成系列"的总体要求，组织出版国家社科基金后期资助项目成果。

全国哲学社会科学工作办公室

目　　录

引　言 ……………………………………………… 冯　俊 1

第一章　法国启蒙哲学的思想背景 ……………… 冯　俊 4
　　第一节　皮埃尔·贝尔的怀疑论 ……………………… 6
　　第二节　让·梅利叶对宗教神学的批判 ……………… 12
　　第三节　波舒埃、杜尔哥、孔多塞的历史哲学 ……… 19
　　第四节　丰特奈尔、毕丰、罗比耐、达朗贝尔、拉普拉斯的自然哲学…… 26

第二章　18 世纪法国启蒙思想家 ……………… 冯　俊 39
　　第一节　孟德斯鸠论法的精神 ………………………… 42
　　第二节　伏尔泰论自由和平等 ………………………… 55
　　第三节　卢梭论人类的不平等和社会契约 …………… 69
　　第四节　孔狄亚克论感觉和经验 ……………………… 89
　　第五节　爱尔维修论肉体的感受性和自爱 …………… 102

第三章　18 世纪法国唯物主义 ………………… 冯　俊 120
　　第一节　拉美特里论人是机器 ………………………… 121
　　第二节　霍尔巴赫论自然的体系 ……………………… 130
　　第三节　狄德罗的《百科全书》和唯物主义 ………… 140

第四章　意大利启蒙哲学家维柯 ………………… 丁　耘 155
　　第一节　维柯的思想历程与问题意识 ………………… 158
　　第二节　新科学：政治的与历史的维度 ……………… 165

第五章　苏格兰启蒙运动及其哲学 …………… 周晓亮 195
　　第一节　苏格兰启蒙运动 ……………………………… 197
　　第二节　哈奇森与情感主义伦理学 …………………… 203

　　　第三节　里德与苏格兰常识哲学 ……………………………… 210

第六章　德国浪漫主义与启蒙哲学 ………………………… 高宣扬 222
　　　第一节　在多学科和多领域漫游历险的浪漫主义 …………… 225
　　　第二节　浪漫主义的历史背景及其基本特征 ………………… 225
　　　第三节　作为一种政治态度的浪漫主义 …………………… 232
　　　第四节　浪漫主义的语言观 ………………………………… 233
　　　第五节　浪漫主义的历史哲学 ……………………………… 236
　　　第六节　浪漫主义美学 ……………………………………… 240
　　　第七节　施莱尔马赫 ………………………………………… 247

结束语 ………………………………………………………… 冯　俊 259

参考文献 ……………………………………………………………… 265
后　记 ………………………………………………………… 冯　俊 268

Contents

The Foreword ·· FENG Jun 1

1 Background of French Enlightenment Philosophy ········ FENG Jun 4

  I. Pierre Bayle's Skepticism ···································· 6

  II. Jean Meslier's Critics of Religious Theology ·················· 12

  III. Philosophy of History of Bossuet, Turgot and Condorcet ········· 19

  IV. Natural Philosophy of Fontenelle, Buffon, Robinet, d'Alembert

    and Laplace ·· 26

2 Enlightenment Philosophers of the 18ᵗʰ Century ········ FENG Jun 39

  I. Montesquieu on the Spirit of the Laws ····················· 42

  II. Voltaire on Freedom and Equality ························· 55

  III. Rousseau on Human Inequality and Social Contract ········· 69

  IV. Condillac on Sensations and Experiences ·················· 89

  V. Helvétius on Physical Sensations and Self-Interest ·········· 102

3 French Materialism of the 18ᵗʰ Century ·················· FENG Jun 120

  I. La Mettrie on Humans as Machines ························ 121

  II. D'Holbach on the System of Nature ······················ 130

  III. Diderot's *Encyclopedia* and Materialism ················· 140

4 Italian Enlightenment Philosopher Giambattista

  Vico ·· DING Yun 155

  I. Vico's Journey of Thoughts and Problem-Solving Mindset ········ 158

  II. *The New Science*: A Political and Historical Perspective ········· 165

5 Scottish Enlightenment and Its Philosophy ········ ZHOU Xiaoliang 195

  I. Scottish Enlightenment ·································· 197

II. Hutcheson and Emotionalist Ethics ················· 203

III. Reid and Scottish Philosophy of Common Sense ··············· 210

6 German Romanticism and Enlightenment

  Philosophy ···················· Kha Saenyang 222

  I. Romanticism across Various Disciplines and Domains ················ 225

  II. Historical Background and General Characteristics of Romanticism ······ 225

  III. Romanticism as a Political Attitude ················· 232

  IV. Romanticist View on Language ················· 233

  V. Romanticist Philosophy of History ················· 236

  VI. Romanticist Aesthetics ················· 240

  VII. Schleiermacher ················· 247

Concluding Words ················· Feng Jun 259

The Bibiography ················· 265

The Afterword ················· Feng Jun 268

引　言

冯　俊

"启蒙"或"启蒙运动"是 18 世纪欧洲的一场国际性思想运动,有着广泛的社会政治影响,是资产阶级革命的理论先声或意识形态,它形成了资本主义的政治理念和核心价值,社会历史观和文化风格,是"现代性"的集中体现。

"启蒙"在法语里是 lumière,在英语里是 enlightenment,即"光明"、"照耀"的意思。古希腊柏拉图哲学中就有"洞窟之喻",洞窟中的囚徒常年是束缚在黑暗中,而洞口外面则有着"阳光、光明",那束自然之光象征着理性,而光的来源"太阳"则是最高的善。因此,在 17 世纪笛卡尔经常是将"自然之光"和"理性"相互替代使用。"理性"在 17 世纪仅仅是局限在哲学领域,到 18 世纪尤其是在法国,随着法国大革命的酝酿和发展,成为一种在思想、政治、社会、文化等各个领域无所不在的普遍原则,理性的光明要照亮一切,所以说 18 世纪是"启蒙时代"。

"启蒙"是一种态度,一种风格,即批判的、世俗的、怀疑的、经验的和实用的态度和风格。"启蒙"也是一种信念,即把人的理性看作是人的本质或本性,相信人类依据理性而进行的行动是自由的,不受制于任何外在的权威,无论是传统的宗教的还是政治的权威都要被推翻或弱化,应该追求理性的解放。人类的理性是普遍的,可以通过教育而发展,根据这种共同的理性所有的人都有某些权利,例如选择和造就他们个人命运的权利。人类理性可以认识和发现一切事物的形式和规律,无论是宇宙的形式和规律,心智的形式和规律,政府善治的形式和规律,人的幸福生活的形式和规律,乃至一座漂亮的建筑的形式和规律。

"启蒙精神"几乎成为"现代性"的同义词,在政治领域上,它主张通过革命推翻封建制度的统治,争取人的自由和解放;在宗教领域上,它反对中世纪以来的基督教神学的权威,主张无神论或理神论;在哲学领域上,它批判一切旧的形而上学包括 17 世纪笛卡尔等人以理性为基础的形而上学;在社会政治领域,倡导自由、平等、博爱、民主、法治、正义等,形成了资产阶级的核心价值观和资本主义制度的国家构架和治理体系;在历史领域,它把历史看作是进步发展的、线性上升的有规律的过程,人性是可以不断完善的,相信随着历史的进步人类一定会从奴役走向解放、从黑暗走向光明。"启蒙精神"是 18 世纪欧洲和 18 世纪末美国等革命运动的思想来源,为一般科学世界观和自由民主社会奠定了理智的基础,为 18 世纪末 19 世纪初的文学、戏剧和其他艺术形式提供了文化理想,为整个西方世界现代化进程提供了理论支撑。

启蒙运动和启蒙哲学在不同的国家表现不一样。

法国的启蒙哲学通过社会政治哲学、历史哲学、文化哲学、经验主义的认识论和机械唯物主义的自然观体现出启蒙精神的革命性。正如恩格斯所言,"在法国为行将到来的革命启发过人的头脑的那些伟大人物,本身就是非常革命的。他们不承认任何外界的权威,不管这些权威是什么样的。宗教、自然观、社会、国家制度,一切都受到了无情的批判;一切都必须在理性的法庭面前为自己的存在作辩护或者放弃存在的权利。思维着的知性成了衡量一切的唯一尺度。"①当然,在法国卢梭是个例外,他并不认为人性是不断完善的,社会历史是不断进步的,他辩证地看到了人类历史每前进一步不平等就加深一步,人的道德风尚就会败坏和恶化一步,艺术的趣味和风格就堕落和沉沦一步。但是卢梭既不是一个彻底的"现代性"的反对者,也不是一个复古论者,他还是主张以"社会契约"为基础来构建一个平等民主公正社会的启蒙思想家。

意大利的启蒙思想家维柯(Giambatista Vico,1688—1744)和卢梭有几分类似性。首先在历史观上反对"历史进步论"。他认为,历史过程就像潮水起落那样,一定会沿着原来的途径重演或复归,会沿着相反或多种可能的方向运动,也可能再循环和走回头路。同时历史的运动并不完全是理性的设计和安排,人类创建自身的民族历史时更多的是靠诗性创造的力量,靠人的想象、激情和敏感性。维柯和帕斯卡尔也有几分类似,他批判了以笛卡尔为代表的理性主义知识论和将数学置于至高无上地位的主张,强调我们知识的真正目标并非仅仅为了认识自然,而是掌握人类自己对自身的知识。人类必须超出数学和自然科学的知识之外,在人类自己所创造的文化作品中,寻求人类精神创造力的限度及其发展可能性,只有历史的知识才能将人导引到最高智慧。

苏格兰启蒙运动呈现出与法、德启蒙运动很不相同的面貌,如果说法、德启蒙运动的主要任务是要为即将诞生的资本主义制度造舆论、发预言、做论证,那么,苏格兰启蒙运动就是要为一个已经确立的资本主义制度及其未

---

① 《马克思恩格斯选集》第 3 卷,北京:人民出版社 1995 年版,第 719 页。

来发展唱赞歌、绘蓝图、做说明。苏格兰启蒙思想家对自己国家的现状和进步有高度的认同感和自豪感,对它的未来发展充满了乐观的期待,他们具有强烈的使命意识和历史意识,把自己从事的事业看成是推动社会进步、创造人类历史的伟大事业。苏格兰启蒙运动的主题是"渐进的社会进步",而不是"颠覆性的革命";是建构和完善现代的"公民社会",而不是对现存制度的"彻底更新"。苏格兰启蒙运动是资本主义制度在苏格兰确立之后,由于社会的解放和相应的思想解放而带来的理智能量和文化热情的充分涌现,是伴随着进步的社会变革而出现的一次文化繁荣。苏格兰的启蒙哲学体现出一种经验性特征,在实践哲学方面主要以哈奇森等人的情感主义伦理学为代表,在理论哲学方面主要以里德创立的常识哲学为代表。

德国的浪漫主义和启蒙运动之间构成了一种复杂的关系。首先,可以说浪漫主义是启蒙运动的一个组成部分,它作为启蒙运动的内在成分,补充了启蒙运动的内容,使启蒙运动成为更为丰富和多面的思想革新运动,使启蒙运动更加全面地构思了未来的思想文化发展的方向。其次,浪漫主义作为启蒙运动的对立力量,牵制了启蒙运动的发展方向,使西方人更为冷静地反思启蒙运动的口号和成果。同肯定理性的权威及其知识成果的启蒙思想相反,浪漫主义主张回到自然,歌颂情感和意志,重视神秘的宗教因素,崇尚个人才华,赞扬个别性、特殊性和原创性。最后,浪漫主义作为启蒙运动后期的发展产物,它进一步完成了启蒙运动的理想,本身也是启蒙运动的一个成果。因此,浪漫主义和启蒙运动既相互区分,又相互渗透,共同推动了欧洲近代社会和文明的诞生。

随着对"现代性"的反思,"何为启蒙?"的问题被后继的哲学家们不断地追问。康德1784年12月在《柏林月刊》发文回答"何为启蒙?",分析了"启蒙"的疑难,而后现代主义哲学家米歇尔·福柯(Michel Foucault,1926—1984)1984年发表的"何为启蒙?"一文又对康德的"启蒙观"进行了分析,这两篇文章是200多年来对"启蒙"问题思考的最有代表性的作品。

第一章　法国启蒙哲学的思想背景

冯　俊

怀疑论对于那门神圣的学问是危险的。

——贝尔:《历史的批判的辞典》,"皮罗"条

无神论者无条件地否认始因是创造万物的力量、最高的理智和所谓的全能意志。两派的主要分歧点就在这里。

——梅利叶:《遗书》第 2 卷

全部知识可以分为直接的和经过思考的两类。这样说吧,当我们的意识的大门洞开的时候,我们当即可以获得直接知识,没有障碍,无须费劲,也不必动脑筋;而经过思考的知识,则要求我们的头脑将它所储存的直接知识加以组合并重新整理。

——达朗贝尔,见《丹尼·狄德罗的〈百科全书〉》

18 世纪法国哲学是法国历史文化传统和法国社会巨变的产物。除了文艺复兴以来蒙田、拉伯雷的哲学传统外,对于 18 世纪法国哲学的产生影响最大的莫过于加尔文的宗教改革和 1789 年法国大革命。启蒙思想家和唯物主义哲学家都是这场革命的思想先驱或积极参与者。

从思想背景来看,18 世纪法国哲学起源于对于传统形而上学和封建神学的批判。主要代表人物是皮埃尔·贝尔和让·梅利叶。贝尔的《历史的和批判的辞典》既是一部恢宏的哲学史诗,又是反对宗教神学和宗教迫害的锐利武器。他反对一切现成的学说和事物,对意识形态的和神学的旧王国全面开战。因而贝尔成为了 18 世纪启蒙运动的思想先驱,狄尔泰、休谟、狄德罗和其他启蒙学者都在他的批判的和怀疑的努力中获取了丰富的营养。梅利叶这位终身从事神学事业的乡村神父是一位战斗的无神论者,临死时他要向人们揭穿他所宣扬的宗教神学的虚伪性和欺骗性,发出了推翻封建制度甚至一切剥削制度的呐喊,号召人民起来解放自己,建立未来的理想社会。他对于宗教神学和封建专制制度的无情批判,使他成为法国启蒙运动的思想先驱之一。

社会的巨大变迁,促使人们对于社会历史规律的思考,在伏尔泰之前,波舒埃、杜尔哥和孔多塞就研究了历史哲学,认为人类社会和历史的发展是由低级到高级线性发展的,社会历史是进步的,有规律可循的。波舒埃认为,历史的发展既有根本的原因又有特殊的原因,根本的原因是在特殊原因之中并通过特殊的原因而实现的。每一个历史的变化或重大事件都具有特殊的原因,这些原因是不以人的意志为转移的。杜尔哥认为,人类历史和自然变化的一个显著区别就是,自然界中各种现象的变化是一种周而复始的循环,没有任何进步,而人类历史则是一个进步发展的过程,是人类不断走向完善的运动。孔多塞看到了历史进步的曲折性。历史的进步有时是迅速的,有时是缓慢的;社会发展总是不断前进的,这是一个不可逆转的大趋势,但并不排除在发展中会出现暂时的衰落和倒退。

18世纪法国唯物主义哲学也不是凭空产生的,比他们稍早或同时代的科学家和哲学家们对他们的影响是不可忽视的。丰特奈尔在哲学上的历史功绩是他对于新的自然观和科学观的宣传和普及,而不是他的理论建树。他使广大民众摆脱宗教神学的蒙昧主义,去接受理性和科学的光明。罗比耐认为,自然是由具有活力的终极微粒组成,形成和发展成为自然中的一切事物。自然中无数等级的连续向着越来越复杂的方向发展,人是这个连续系列的最高峰,是自然中最高的等级。整个宇宙的总能量也是守恒不变的。整个宇宙看成是自足的,具有内在力量和活力的,是自因的,自己运动和不断发展的,这样就不需要假定造物主和第一原因、第一推动力的存在。而拉普拉斯比康德早41年提出了天体演化的星云假说,在形而上学的自然观上打开了第一个缺口。

怀疑论;对形而上学的批判;历史哲学;自然哲学;皮埃尔·贝尔;让·梅利叶;波舒埃;杜尔哥;孔多塞;丰特奈尔;毕丰;罗比耐;达朗贝尔;拉普拉斯

路德和加尔文的宗教改革、1688年的英国革命和1789年的法国大革命,被誉为资产阶级反对封建制度的"三次大决战",法国资产阶级在政治和思想文化领域,对封建专制制度和宗教神学的统治展开了全面进攻,真正把斗争进行到底直到获得完全胜利。因此法国大革命则被看作是资产阶级最彻底的一次政治革命,它的影响远远超出了法国的国界,它标志着一种新的社会政治制度在世界范围内的胜利。

因而,18世纪法国哲学可以看作是法国资产阶级大革命的理论。贝尔、梅利叶、丰特奈尔是法国启蒙运动的开启者,他们掀开了反对封建专制制度和封建思想文化的序幕。孟德斯鸠、伏尔泰和卢梭等启蒙大师的社会政治哲学是资产阶级革命的理论武器，甚至成为全世界资产阶级的理论圭臬。拉美特里、孔狄亚克、爱尔维修、狄德罗、达朗贝尔和霍尔巴赫等人的唯物主义所揭示的全新世界观和认识论，为法国资产阶级认识世界开辟了一个全新的视野。

法国大革命是人类历史上的一次伟大壮举，因而人们认为18世纪主要是法国人的时代，这个时代在哲学和思想文化领域被称为"启蒙时代"，即开启人类思想的时代。

18世纪法国哲学的产生和发展有其独特的文化背景。18世纪法国哲学家的一个重要特点，那就是他们通常借助"百科全书"的形式来传播新思想、新的科学与文化。早在18世纪初贝尔的《历史的和批判的辞典》（Dictionnaire historique et critique，1696），对当时的思想界和知识界起到了振聋发聩的作用。接着毕丰主编的长达36分册的百科全书式的《自然史》（L'Histoire naturelle，1749—1804），宣传了唯物主义的宇宙观，成为"百科全书派"的直接思想来源。狄德罗主编的共28卷的《百科全书，或科学、艺术和工艺详解辞典》（Enncyclopédie ou Dictionnaiire raisonné des sciences，des arts et des métiers，1729；以下简称《百科全书》），是当时哲学、科学、艺术和技术成果的全面总结，作者们力图通过该书宣传唯物主义的理性主义，去改变18世纪法国人的思想方式，给他们展示一个全新的世界观。

讲到18世纪法国哲学，人前通常总是提到"启蒙思想家"和"百科全书派"这两个派别。前者一般是指孟德斯鸠、伏尔泰和卢梭等人，他们在社会政治领域进行了一场不同凡响的启蒙运动；后者一般是指聚集在《百科全书》主编狄德罗周围的一批学者，如达朗贝尔、霍尔巴赫等人。然而，"启蒙思想家"和"百科全书派"这两派的划分是不严格、不科学的。实际上，像伏尔泰和卢梭等人也为《百科全书》写过大量的条目，不能把他们排除在"百科全书派"之外；同样，狄德罗、达朗贝尔、霍尔巴赫等人也是伟大的启蒙思想家。此外，爱尔维修通常被划归为"百科全书派"，但他并没有为《百科全书》写过任何条目。孔狄亚克、毕丰等人毫无疑问也是启蒙思想家，但是思想倾向与《百科全书》的作者们十分接近。所以在这里我们以他们共同的时代特征统称为"法国启蒙哲学"。

第一节　皮埃尔·贝尔的怀疑论

皮埃尔·贝尔（Pierre Bayle，1647—1706）于1647年出生在法国西南部瓦克斯省(Foix)靠近西班牙边境的卡拉村(Carla)。父亲是一位新教牧师。路易十四大肆迫害新教徒之时,为了逃避当局的迫害,他离开了法国来到日内瓦,在那儿进行哲学和神学的研究。1674年回到了法国,先后在巴黎和里昂(Lyon)担任家庭教师,第二年在色当(Sedan)新教学院获得了哲学教授的职位。他终身未娶,弃绝任何名利,而专心致力于学术和反对宗教迫害的事业。

在贝尔的一生中,最伟大并且最著名的成就是他的巨著《历史的和批判的辞典》。该书的原义是要编出一部纠正其他各种辞书,特别是莫雷里(Louis Moréri)教士《辞典》(*Le Grand Dictionnaire Historique,ou mélange curieux de l'histoire sacrée et profane*,1673)中众多错误的辞典。《历史的和批判的辞典》一书是由两部分组成,一部分是"历史的",这就是正文,是一篇篇的文章,或是历史人物的传记,或是对于历史、神话、《圣经》中的地点、事件的记述,都十分客观、精确、简练。另一部分是"批判的",这就是注释,注释常比正文长数倍,是评论性的,体现了贝尔个人的风格,重要的、耐人寻味的"离题"和"节外生枝"随处可见,在这些机智的随意发挥中充满了对于许多重要的宗教、哲学、科学、历史和道德问题的讨论,充满了对于论敌的论战和讽刺。

《历史的和批判的辞典》于1696年12月出版,贝尔的《历史的和批判的辞典》既是一部恢宏的哲学史诗,又是反对宗教神学和宗教迫害的锐利武器。他反对一切现成的学说和事物,对意识形态的和神学的旧王国全面开战。因而贝尔成为了18世纪启蒙运动的思想先驱,狄尔泰、休谟、狄德罗和其他启蒙学者都在他的批判的和怀疑的努力中获取了丰富的营养。19世纪德国古典哲学家费尔巴哈(Ludwig Feuerbach,1804—1872)把贝尔看作是近代思想兴起时的重要人物。

一、怀疑论和对形而上学的批判

运用怀疑论作武器来批判宗教神学和形而上学,这是贝尔学说的最大特色,也是我们把他作为近代启蒙运动之理论先驱的主要原因。

贝尔为什么要批判17世纪的形而上学甚至一切形而上学的体系呢?因为17世纪的形而上学,特别是唯理论者的形而上学的体系都是企图运用理性形而上学论证上帝的存在,运用理性的推理来为宗教辩护,企图把理性和信仰、科学和宗教统一起来,而贝尔发现要批判宗教神学,首先就要对它的理论支柱——理性形而上学——进行批判,从而表明理性和信仰、科学和宗教的根本对立。

　　他很欣赏笛卡尔的普遍怀疑方法。作为一个历史学家,要求要去伪存真,要寻找一种确实性。不过与笛卡尔不同的是,贝尔认为确实性是或然性不断增加的结果,我们的认识所直接得到的只能是或然性的知识。贝尔认为,对于客观判断的障碍不是来源于心灵的无知,而是来源于充满偏见的心灵。① 因而运用怀疑的方法来消除各种错误和偏见是十分必要的。

　　贝尔还深受古代的皮罗主义,特别是塞克斯都·恩披里柯等人的论证方法影响,力图证明人类理性的脆弱无能、运用理性不可能获得关于世界的知识。贝尔要说明,我们越是企图运用理性来说明或理解世界,就越使我们倾向于怀疑论,理性的活动,无论指向什么问题,都将把我们引向怀疑论。贝尔认为理性的运用是通向皮罗主义的大道,科学和怀疑论是一致的,可以说自然科学家都是怀疑主义者。怀疑论不仅不与科学相悖,同时还会与社会和国家相一致。因为怀疑论者并不违背国民的习惯、社会的道德和国家的法律,在理论上他们是怀疑论者,但在现实生活中,他们则是遵纪守法的人。

　　那么,怀疑论唯一危害的是宗教,是宗教的大敌。"怀疑论对于那门神圣的学问是危险的"②,因为在科学中我们并不追求绝对的确实性,在我们的日常生活中,也是按或然性行事而不等待确实性,而对于宗教则不然,它必须以确实性为基础,毁掉了确实性就毁掉了宗教。

　　贝尔在"皮罗"条中借一位怀疑论的修道院院长之口说明,我们往往把"不证自明"、"明确"作为衡量什么是真的标准,然而有许多我们视为再明确不过的东西却是虚假的,例如,有许多自明的哲学命题都是与基督教的神圣的奥义相矛盾的,因而它们都不能是真的。可见不能把自明性、明确作为真理的标准,真理的标准是无法确立的。贝尔在这里表面上是说明不能把不证自明作为真理的标准,而实际上是用基督教的教义与不证自明的真理之间的矛盾来显示基督教的荒谬性,对基督教的理论核心进行批判。他想表明,基督教是违背科学的真理、违背人类的健全的理智的。贝尔是要揭露基督教是违反科学和理性的,是违背最起码的道德原则的,这是基督教最本质的批判。

　　"斯宾诺莎"条是《历史的和批判的辞典》中最长的一个条目。尽管贝尔尊敬斯宾诺莎追求真理、刚正不阿的人格和严谨的治学精神,但是他对斯宾诺莎的形而上学的体系进行了全面和详尽的批判,特别是作为斯宾诺莎

---

① 参见贝尔:《历史的和批判的辞典》,"佩里森"(Pellisson)条正文。
② 贝尔:《历史的批判的辞典》,"皮罗"条,译文引自《西方哲学原著选读》下册,北京大学哲学系编,北京:商务印书馆1983年版,第3页。

本体论核心的实体学说。首先,贝尔批判了斯宾诺莎关于实体的唯一性的观点。贝尔的理论前提是,实体应该是有广延的,而这一点斯宾诺莎本人也不否认,认为广延是实体的属性。然而,任何有广延的东西必然是由若干个部分所组成的,因而它必然是复合的而非单一的。因此实体、自然或神应该是由无数部分组成的复合体,而不可能是单一的或唯一的了。既然自然的总的广延和自然这个实体是合一的,而广延是可以分割的,自然中每一个个体事物都是有广延的,因而它们都应该是一个独立实体,自然或宇宙是由无数独立的实体组成的。这样贝尔就把斯宾诺莎的样式变成了实体,实体不是唯一的,而是多,无数的。其次,贝尔批判了斯宾诺莎关于实体永恒不动不变的观点。贝尔认为,按照斯宾诺莎的观点,实体是永恒不动不变的,而实体即唯一的自然,那么在宇宙中就从来没有而且永远不会有任何变化。但斯宾诺莎又说样式是运动变化的,而作为个别事物样式是由实体而产生并包含在实体之中的,那么这种永恒不动不变的实体如何会产生可动可变的样式呢? 再说,说实体不动不变是与说实体具有广延性相矛盾的,因为广延性本身就意味着可变动性,广延性的物质就是发生各种变化的舞台,是一种消亡和新生的主体,实体既然具有广延性就应该具有可变性,贝尔认为,作为整体的自然和作为个体的样式应该是统一的而不是割裂的,样式的变化应当就是实体的变化,这是与前面的主张相一致的。因为贝尔把斯宾诺莎的样式也看作是实体,自然是无数实体的集合,所有的实体都是变化的,那么作为总体的自然也应该是运动变化的。再次,贝尔反对斯宾诺莎把上帝等同于自然的说法。他认为,这样会从伦理道德的角度推出荒诞的结论,同时也是对上帝的亵渎。上帝是最崇高的神明,而自然是最卑贱的物质,上帝是不动不变的,而自然是变动不居的,二者在本质上是天壤之别,把它们二者等同起来,不仅极为矛盾,而且是贬损上帝的完美性。如果把世间的一切事物都看作是唯一的、无限的、永恒存在的、极端完美的上帝的样式,这就把上帝看作是世界上种种愚蠢、荒谬肮脏的思想以及各种恶行的发出者和承受者。最后,贝尔反对把思维看作是实体、上帝的属性。如果把上帝看作是思想的一切样式的主体,那么,肯定和否定、爱和恨、愤怒和欢乐都是上帝的不同样式,那么上帝既在恨又在爱,既在肯定又在否定,把各种矛盾的思想集中在一个单一的脑袋里。

贝尔认为,莱布尼茨预定和谐论要比马勒伯朗士的偶因论更荒谬,存在着更多的困难,贝尔在《历史的和批判的辞典》"罗拉留"条中对莱布尼茨的观点进行了批判。莱布尼茨的这种前定和谐不顾世界上的一些特殊的变化、突发事件,而假定一个事物运动时行程都预先由上帝定好,如贝尔所比喻的这条船,不管遇上多少疾风险浪,它都平安无恙,这就把上帝的智慧和权力抬高到令人难以置信的地步。如果把它运用到心身关系上更为荒谬,譬如说罗马皇帝恺撒(Gaius Julius Caesar,约公元前100—前44)某日某时要去元老院,在那里发表如此这般的讲演,包括恺撒的灵魂从这个思想过渡到另一个思想;都是事先由上帝定好了的,我们能够相信或理解这种预定和谐吗?其次,退一步说,我们承认上帝事先把一切都安排好,但是这种预定的和谐难道就不会受到影响,被打乱吗?心和身的这种和谐永远不会破坏吗?再次,心和身这两个实体并非互不影响。假设仆人是部机器,一得到指令就一点不差地进行各种活动,这不能说主人对他没有施加影响而完全自己活动,也可能是主人说几句话、作几个手势使他的器官运动起来的。也就是说作用不一定就是直接的接触或者物理作用。因此,"两个互不影响的实体之间有十全十美的谐和"①纯粹是一种假设。最后,莱布尼茨的预定和谐论与马勒伯朗士的偶因论或机缘论在本质上是一致的,二者都假定上帝旨意。

二、非理性主义的宗教观

贝尔断言,信仰不是以理性为基础,而只是以理性的毁灭为基础,怀疑论揭示出理性不适于发现真理,这就为我们接受启示作好了准备。理性的世界和信仰的世界是两个完全不同的、对立的王国。理性以证据作为基础,信仰以神迹作为基础。如果一个人寻找证据,最终他只能是一个彻底的怀疑论,而不能有信仰;如果一个人完全放弃对于证据的探求,他才可能信仰。一个真正的、完全有信仰的人,就应该接受那种不能被任何理性辩护的信念。宗教信仰是完全非理性的,它用作基础的东西都是和理性的最为确实的原理相矛盾、相冲突的。贝尔转述别人的话说,我献身宗教,"这并不是因为我在宗教中发现更多的理性,恰恰相反,我在其中发现的理性比在任何事物中发现得更少","不需要理性,这是真正的宗教,不需要理性"。② 这样,贝尔就把理性和信仰对立起来、分离开来,将理性给予科学和哲学,将信仰给予宗教,为科学的哲学最终独立于宗教、走上自己独立发展的道路起到了促进作用。

贝尔的这种非理性主义的宗教观遭到了反对者的批判,他们认为贝尔

---

① 贝尔:《历史的批判的辞典》,"罗拉留"条,译文引自《西方哲学原著选读》下册,北京大学哲学系编,北京:商务印书馆1983年版,第14页。

② 贝尔:《历史的批判的辞典》,"对皮罗主义者的说明",译文转引自《费尔巴哈哲学史著作选》第3卷,涂纪亮译,北京:商务印书馆1984年版,第139页。

不是在维护宗教而是在毁灭宗教,因为这种非理性主义使我们没有接受宗教的理由,没有区别真假的标准,没有辨别真宗教和假宗教的根据,这样一种没有理性的宗教只是一种发疯和迷信,是任何人都不愿意接受的,而贝尔说,他的宗教观是和最正统的神学家的观点完全一致的,这实际上是为他批判宗教做掩护的。

至于宗教信仰,贝尔在"斯宾诺莎"条目的注释 M 中曾经讲道,有两种人,一种人是头脑中有宗教而心中无宗教,一种人是心中有宗教而头脑中无宗教。前一种人是相信宗教的真理,但他们的良心并不受对上帝的爱的影响。这种人是口是心非的伪君子,宗教信仰只是表面的,读《圣经》、做祈祷,履行一些宗教仪式,标榜一下宗教的真理,而没有把对上帝的虔诚变成自己的道德行动。而后一种人,当他们运用理性的手段去寻找宗教时,他们就会找不到宗教,陷入到杂乱无章的各种争论之中;但是,当他们专心倾听感情、良心或教育等时,他们发现他们是深信宗教的,并在人类脆弱的范围之内,相应地调整他们的生活。因此,这种人是真正地相信宗教的,他们把对上帝的爱变成了自己的道德行动。实际上,贝尔要表明他就是后一种人,虽然我们认为基督教和理性相矛盾,不能运用理性来证明基督教的正确性,但是,我是从内心的情感出发、从自己的良心出发去信仰上帝,不只是口头上颂扬基督教,而且用它来指导自己的生活。后一种人所体现的,就是贝尔的理性主义的宗教观。

可以说,宗教宽容是贝尔为之奋斗一生的事业。他自己的家庭深受宗教的迫害,父亲和弟弟都被迫害致死,这使他对路易十四大肆进行的宗教迫害充满着刻骨的仇恨。他不仅仅主张对于新教实行宽容,而是要全面宽容甚至包括无神论,让各种信仰和平共处。他的这一态度就连主张宗教宽容的洛克都不能接受。因为他对无神论采取这种同情态度和对于宗教的嘲笑,所以,常被人称作无神论者。贝尔的宗教宽容态度不仅为正统天主教所不容,同时也为新教的那些主张要以迫害来反对迫害的激进派所不能接受。

三、道德独立于宗教

如果说把宗教和理性对立起来无异于毁灭宗教而接近于无神论的话,贝尔进一步主张道德独立于宗教,对于基督教的不道德进行了公开的批判,对于无神论者的道德行为进行了公开的歌颂,并且主张由无神论者组成的社会是可能的。

宗教不能影响人们的行为,道德或不道德,不是宗教信仰的结果,正义的行为与正宗的宗教没任何必然联系。宗教的圣徒可能是不道德的,而无神论者可能是道德的。在基督教中,造谣惑众、施用奸计、排除异己、追名逐利以及其他淫荡行为比比皆是。《旧约》中的圣徒戴维,在性关系上干出了许多越轨荒唐的事来;圣徒奥古斯丁也大肆进行宗教迫害活动;至于充当恶棍、危害社会、行为极其不道德的主教、牧师更是不胜枚举,可见相信上帝的人行为是不道德的。相反,希腊神话是荒谬的、不道德的,而希腊人却过着道德的生活。更为突出的例证是,自古以来,无神论者虽然不相信上帝,他们却过着极其道德的生活。

因此,决定人们的行为道德或不道德更有其他因素,"对上帝畏惧和爱慕并不是人们行为的唯一动力。还有一些别的原动力促使人们行动。对赞美的爱慕,对恶名的畏惧,各种气质上的倾向,官府规定的赏和罚,都对人心有很大影响。"①后面这因素对人的行为的影响往往会超过对于上帝的爱慕和畏惧。"对荣誉的爱慕,对恶名、死亡和痛苦的畏惧,对官职的希望,对于某些人来说,推动的力量要大于意图讨好上帝和害怕触犯天条。"②一个人为了走运,宁肯触犯天条也不愿意去触犯一位君主。人们为了保全自己的财产或生命,天天在违背着良心发誓赌咒。名誉、地位、利益、气质,甚至还有情感、习惯和教育等因素,都能影响人们干出道德或不道德的事来。这些是人所共有的,与信不信宗教无关

既然道德与信仰无关,不信教的人可以过着极其道德的生活,那么,由无神论者组成的社会是可能的。"无神论者组成的社会只要严厉惩罚犯罪行为,并把荣誉和耻辱的观念与某些事物联系到一起,就能在实现市民的、合乎道德的美德方面不亚于其他任何社会。"③无神论者能够成为可敬的人。由无神论者组成的社会不仅可能存在,而且还会是一个极其道德的社会。贝尔宣告无神论社会即将来临的思想,被18世纪的先进思想家们继承和发挥。

对形而上学的批判,对理性神学的批判,对无神论的褒扬,主张宗教宽容,这些使贝尔成为法国启蒙运动的思想先驱。

第二节　让·梅利叶对宗教神学的批判

让·梅利叶(Jean Meslier,1664—1729),生于法国香槟省(Champagne)

---

① 贝尔:《历史的和批判的辞典》,"对无神论的辨明",译文转引自《西方哲学原著选读》下册,北京大学哲学系编,北京:商务印书馆1983年版,第10页。
② 同上。
③ 贝尔:《彗星杂感》,译文转引自《费尔巴哈哲学史著作选》第3卷,涂纪亮译,北京:商务印书馆1984年版,第49页。

马泽尔尼村（Mazerny）一位乡村纺织工人的家庭。1688 年梅利叶就开始担任教职,这位终身从事神学事业的乡村神父是一位战斗的无神论者。是法国的社会制度造成了他的二重人格,他从事着他不热爱的事业,但一辈子勤勤恳恳、忠于职守,临死时他要向人们揭穿他所宣扬的宗教神学的虚伪性和欺骗性。他一生谦和本分、与世无争,而到临死时他发出了推翻封建制度甚至一切剥削制度的呐喊,号召人民起来解放自己,建立未来的理想社会。他对于宗教神学和封建专制制度的无情批判,使他成为法国启蒙运动的思想先驱之一。

梅利叶是一个学问渊博的人,他不仅对《圣经》造诣很深,通晓基督教早期的教父们的著作,而且还十分熟悉古代希腊和拉丁作家如维吉尔（Virgile,公元前 70—前 19）、李维（Titus Livius,公元前 59—公元 17）、塔西陀（Publius Cornelius Tacitus,约 55—约 120）等人的作品。古罗马时代的无神论者卢克莱修（Lucrèce,约公元前 98—前 55）是他最尊敬的作家之一。宗教学校的教育也使他熟悉法国的神学和 16—17 世纪的法国哲学,他对人文主义者蒙田推崇备至,还在自己的著作中花了很大的篇幅反驳笛卡尔和马勒伯朗士的哲学。他可能知道贝尔的《历史的和批判的辞典》,并在著作中还大量引用了他那个时代的许多书籍。

与主教和封建领主的冲突,使他充满了对于僧侣贵族和封建领主的仇恨,加深了他对自己所从事的宗教职务的厌恶和对广大穷苦人民的同情,在心中孕育出了战斗的无神论的思想,决心推翻残暴的封建专制统治,憧憬着一个没有任何剥削和压迫、消灭了各种社会不平等的理想社会。到了晚年他视力开始逐渐下降,他决心在他完全丧失视力之前将自己的思想公布于世,他将自己的思想写成三大册共 366 页约 70 余万字的笔记,这就是他唯一的著作《遗书》（Testament, ou Mémoire et Sentiments de Jean Meslier,1718—1729）。1729 年,梅利叶在写完《遗书》后坦然地去世了。死后人们在他的墓志铭上写道:"安息在这儿的是香槟省埃特列平村神父让·梅利叶,……逝世前他否认自己平生传教中所宣扬的一切,他说作为一个正直的人不应当信仰上帝。"

《遗书》手抄本的流传和伏尔泰、霍尔巴赫对于梅利叶思想的传播,为1789 年爆发的推翻封建专制制度的大革命制造了舆论准备,大革命的胜利自然也有梅利叶的功绩。

一、唯物主义及其对宗教神学的批判

梅利叶继承了古代原子论的唯物主义和笛卡尔物理学中的机械唯物主

义的自然观,以此为武器对于神学唯心主义进行了系统的批判。

第一,梅利叶以敏锐的理论洞察力觉察到,唯物主义、无神论者和宗教神学世界观的根本分歧就在于他们对于宇宙的"始因"、"本原"的看法不同。"信徒把这种始因说成是创造万物,并以最高的理智和全能的意志来管理万物的一种力量",而"无神论者无条件地否认始因是创造万物的力量、最高的理智和所谓的全能意志。两派的主要分歧点就在这里"。① 梅利叶坚持物质是世界的本原,用物质粒子的运动和变化说明世界万物的形成,否认有一个精神实体存在和"上帝创世说"。他认为,"因为既然万物都是物质的和有形体的,所以只有物质才是它们存在和它们的实体的基础"②。万物的本身就在他自身之中,世界上的万事万物是由物质自身的运动而形成的,根本不是上帝创造的。物体是由物质粒子构成的,自然界一切事物的产生和变化都是由于物质粒子的化合和分解而造成的。因此,"实际上没有上帝,而自然界一切产物唯一地只是由构成它们的物质粒子的自然和盲目的运动规律所创造出来的,而且现在还天天创造着"③。物质和运动是统一的,物质自身具有运动能力,物质是依靠自己的运动来不断地改变自己的存在形式,完全不需要一种超自然的精神实体来推动它。"无须在它之外去寻求它存在和运动的原理。"④"只有物质能够推动物质,能够给物质以影响和压力,能够使物质运动,因此,非物质的东西是不能使物质运动的。"⑤

第二,对基督教神学中"上帝是一个无限完善的创造物"的观点进行了分析批判。梅利叶认为,无限完善的观念是"智力的虚构",是"编造哑谜",它既不能用理性去证明也不能用感情去证明。认为上帝存在的人把这个无限完善的存在物说成是没有广延、没有形体、没有外貌、没有任何组成部分、不能被我们所感知,这何以能叫作完善或无限完善呢? 这种无法被人们所感知的东西,我们能肯定它存在吗? 如果他真是一个无限完善的存在物,他就应该是无限完善的存在方式,他越完善就越应该被我们所感知,如同光和热一样,光越强,热力越强,越能被人所感知。神学家们还用自然的秩序性、和谐性、齐一性、合目的性等来证明有一位造物主的存在,自然界的这一完善和美妙必然是有一个无限完善的造物主创造和安排的。梅利叶认为,按照神学家们的逻辑,凡是完善的事物一定有一个造物主创造,那么,上帝是

① 梅利叶:《遗书》第 2 卷,何清新译,北京:商务印书馆 1960 年版,第 188—189 页。
② 梅利叶:《遗书》第 3 卷,陈太先等译,北京:商务印书馆 1961 年版,第 88 页。
③ 同上书,第 108 页。
④ 同上书,第 172 页。
⑤ 梅利叶:《遗书》第 2 卷,何清新译,北京:商务印书馆 1960 年版,第 212 页。

无限完善的,他也必然是由另一个造物主所造,如此推论下去,必然有无数个造物主,这是和上帝是唯一的教义相矛盾的。再说,我们现实的社会并不是无限美好、无限完善的,而是充满着恶行和痛苦、争执和分裂、忧愁和饥饿,为什么无限完善的上帝创造出一个充满着恶行和苦难的世界呢? 如果存在着全能和全善的上帝,就不会有可怜的、不幸的和不完善的存在物,现实世界的苦难恰恰说明上帝并非无限完善。因此,自然的完善和美好并不能证明无限完善的上帝的存在,同样,社会中的不完善和不美好更不能证明上帝的无限完善。

第三,对上帝存在的证明的批判。神学家和理性主义的哲学家曾运用多种理论来证明上帝的存在,梅利叶既然否定无限完善的上帝的存在,就必然批驳证明上帝存在的这些理论根据。首先,他批驳了笛卡尔和马勒伯朗士等人关于上帝存在的本体论证明。梅利叶认为这是自欺,所谓"无限完善的存在物"是一种虚构、一种假设。其次,梅利叶还驳斥了天主教利用亚里士多德的"四因说"来论证上帝的存在。

第四,对原罪说、灵魂不死、三位一体、神迹等教义进行批判。"原罪说"宣称,因为人类始祖亚当和夏娃在伊甸园中偷吃了禁果,而使人类天生就有罪。梅利叶讽刺说:为什么万能的上帝事先没有预防偷食禁果事件的发生呢? 这一点不足以说明上帝并非万能吗? 而仅仅因为亚当和夏娃偷食了几个禁果这点小事就要惩罚他们本人和他们的子孙万代,这不说明上帝太残暴了吗? 这样的"上帝是应该仇视、厌恶和诅咒的,因为他比世上过去所有和今后可能出现的一切残暴的暴君还要残酷"①。可见"原罪说"不仅是基督教捏造出来的一个荒唐的神话,而且还和上帝"至善仁慈"的本性相矛盾。

神学家还把"灵魂不死"的学说作为一个基本信条,来论证天堂和地狱的存在。梅利叶认为,人的精神依赖于肉体,依赖于各种感官和进行思维的大脑,没有肢体、感官和大脑,一切感觉认识和思想都是不可能的。当我们昏厥时就失去了意识,当我们入睡时,就失去了感觉能力和思维能力,人死了就再也不能进行认识活动。灵魂随着肉体一同生长和死亡,随着肉体的强健而强健,随着身体的衰亡而衰亡。当肉体的死亡的那一瞬间,灵魂这种活动和精细的物质就会"立刻消散并溶合在空气中,就像轻的蒸汽和轻的呼气消散在空气中一样,或者大约同蜡烛的火焰由于本身所含的可燃物质

①　梅利叶:《遗书》第2卷,何清新译,北京:商务印书馆1960年版,第68页。

耗竭了就会悄悄地自行熄灭一样"①。因此灵魂并非不朽,而是随着肉体一同消亡。

第五,对基督教道德原则进行了批判。基督宣扬禁欲主义,要人们弃绝一切物质欲望和情感,忍受现世的苦难和不幸,达到所谓的道德完善,以便来世进天堂,基督教还宣扬以善报恶,助恶为虐。要人们爱自己的敌人,有人打你的右脸,连左脸你也要转过去给他打,如果有人要扒你的外衣,你赶快把内衣也扒下来给他。受了敌人的欺侮也不要报复,最好是对他做好事。梅利叶认为,基督教的这"如此矛盾的道德准则,在生活中是绝对不可遵循的"②。它们实际上是要帮助恶人压迫善人,纵容恶行和暴行,因而是违反自然道德标准的。我们不应听信他们的欺骗,在遭受恶行和不正义的攻击时应该自卫和反抗,捍卫自己的生命和财产的安全。

第六,梅利叶分析了宗教产生的根源和社会政治作用。他指出,宗教是人捏造出来的,是一种骗人的虚构,宗教的根本原因是由于人的无知,而有一批图名好利之徒产生了高于别人的虚荣心,想拿别人的无知开心,就冒充神的名字,捏造出一大堆宗教的说教,这些说教经过一批骗子和江湖术士大肆渲染,而使无知者相信,最后被统治阶级利用,统治者利用宗教来钳制人民,强迫群众受自己支配。因此,宗教有着突出的社会政治作用,它是为统治阶级服务的,是统治阶级奴役人民的工具。宗教之所以要为统治阶级服务,是因为统治阶级可以庇护宗教,它们彼此狼狈为奸。宗教之所以支持最坏的政府,是因为国王可以给神父们优厚的圣禄,而政府之所以庇护最荒谬的最愚蠢的宗教,是因为它可以帮助政府欺骗人民,愚弄人民。僧侣们本身就是封建统治势力的一部分,他们给封建统治披上了神的面纱。

二、对封建制度的批判和未来社会的理想

梅利叶不仅批判了封建统治的理论工具宗教神学,而且对封建社会政治制度乃至对于一切剥削制度进行了批判,揭露了封建制度和一切剥削制度造成的种种社会弊端,从而阐发了他对未来美好社会的理想。

他揭露和批判了封建制度所造成的六大祸害,即六大社会弊端。

第一种祸害是令人痛恨的人类不平等现象,它是世界上一切罪恶和暴行的源泉或原因。由于这种不平等,不仅可能可以助长一些人的骄傲自大、追名逐利、爱好虚荣,而且还可以助长一些人仇恨、嫉妒、愤怒和报复等情感

---

① 　梅利叶:《遗书》第3卷,陈太先等译,北京:商务印书馆1961年版,第160页。
② 　梅利叶:《遗书》第2卷,何清新译,北京:商务印书馆1960年版,第79页。

的产生,因而它种下人类彼此永远争斗的祸根。

第二种祸害是,有一大批只会掠夺和压迫别人的寄生虫存在。这些社会的寄生虫不仅包括不肯从事任何正当有益劳动的贵族、司法人员、军人、包税人、盐烟专卖官员等富有的懒人,而且还包括大批无用的教士和闲逸的僧侣,如主教、修道院长以及人数极多的僧尼,这些人对社会没有任何功绩、任何好处,完全没有存在的必要。

第三种祸害是,"一些人将土地资源吞为私有而不归公有,从而产生许多不幸和灾难。"①土地私有制会助长人们的贪欲,每个人都不择手段,力求多得,不放弃任何获取财富和福利的机会,结果是那些最强横狡猾的人,也就是最恶毒、最卑鄙的人,获得了更多的财富。

第四种祸害是,"不同家族间不平等的不公正现象。"②这是一种封建的宗法关系和门阀观念,仿佛一些人天生地比别人优秀,比别人高贵。这就使不同的家族之间互相鄙视、互相败坏名誉、互相侮辱甚至互相拒绝通婚。封建的专制统治是以封建的宗法关系作为基础的。

第五种祸害是封建的婚姻关系。从一而终、不能解除的婚姻造成了许多家庭不幸,这种没有爱情的婚姻不仅是夫妻双方不幸,而且是子女的不幸。由于父母不良行为的影响,使他们在科学和艺术方面得不到应有的教育,在道德规范方面得不到应有的培养。封建的婚姻关系造成了一大批麻木不仁、甘当奴隶的人,这是封建统治者得以维护自己统治的社会基础,因为这些不幸的人只求勉强地生存下去而没有一种阶级自觉,无力摆脱封建的桎梏。

"最后,还有一种使大多数人毕生不幸的祸害。这就是世上几乎到处都可以看到的大人物的暴政,即几乎统治了整个世界,对其他一切人有无限权力的国王和诸侯的暴政。"③梅利叶根据柏拉图对于暴君的定义,即"能够在社会中专横地为所欲为的人"④,认为当时的一切国王和诸侯是真正的暴君,他们以最残酷的方式不断地蹂躏着可怜的人民,他们用很多苛刻的法律和经常压榨人民的义务来使这些可怜的人民服从他们的统治。

通过对封建制度弊端的特别是作为这些弊端根源的私有制的批判,梅利叶怀念远古的"黄金时代"的公有制,称道早期基督教所倡导的原始平等思想,对柏拉图、波塞多纽斯(Posidonius,约公元前135—前50或前45)、塞

---

① 梅利叶:《遗书》第2卷,何清新译,北京:商务印书馆1960年版,第107页。

② 同上书,第110页。

③ 同上书,第122页。

④ 同上书,第123页。

涅卡(Lucius Annaeus Seneca,公元前5—公元65)甚至还包括帕斯卡尔等人的原始共产主义的思想推崇备至。梅利叶这位乡村神父,作为下层劳动人民的思想代表,他从当时法国农民的极其困苦的生活现实出发,利用前人的思想数据,描绘出了一个未来的理想社会,而这个理想社会的突出特点或优越性恰恰是和封建社会的弊端针锋相对的。封建社会是一个"不正常的"社会,他要建立一个"正常的社会"。

第一,与封建社会的令人痛恨的不平等现象不同,在未来正常的社会中,"人人都是平等的。他们同样有权在地上生活和立足,同样有权享受天赋的自由和他的一份世间福利,人人都应当从事有益的劳动,以便取得生活中必需的和有益的东西"①。天赋人权、生而平等是未来社会的基本原则。

第二,在这个社会里,不应存在任何寄生虫。人人应当同样做事情,即从事劳动或做其他某种正当的、有益的工作。每人应当按自己的行业,或考虑到某种工作对象比较需要、比较适当,并按照环境的季节来工作。

第三,在未来正常社会中必须消灭私有制,土地和财富为人们所共有,按需要分配。

> 人类在平等的基础上共同占有并享用财富和生活数据,共同享受生活上的便利,如果他们全都从事正当有益的劳动(或者至少是某种正当有益的事业),如果他们明智地互相分配土地的财富和自己的劳动与生产的果实,那么他们都能过着完全幸福和满足的生活,因为土地差不多总能生产充分数量的产品,如果人类对这些产品总能作合理的消费,土地甚至可以生产丰裕的产品来满足人类的需要。②

每个人的生活必需都可以得到满足,任何人都不必担心其子女的吃穿住宿,任何人也不会为了生活的必需而累死累活,既不会因为财产而嫉妒、愚弄和欺骗亲人,也不会发生用偷窃、抢劫和杀人的手段来夺取他人财产的事件。平等地劳动,平等地享受,社会上也不会有游手好闲的阶级。

第四,在未来正常社会中应消除家族间的尊卑等级区别,彼此互相看作兄弟姊妹,他们当中任何人都不会认为自己是特殊人物,也不会夸自己是出自最优秀的血统、比自己的同伴更高贵。"每个人要按照自己个人的优良功绩来评价,而不按优秀的、更高贵的出身的想象的功绩来评价;这样对人

---

① 梅利叶:《遗书》第2卷,何清新译,北京:商务印书馆1960年版,第82页。
② 同上书,第113—114页。

类相互关系就会起极良好的影响。"①

第五,在未来正常社会中,婚姻完全自由。男女都按照自己的爱好来自由结合,如果他们不再相恋相爱,就可以自由散伙,各人去寻求自己的幸福。婚姻自由不仅是夫妻的幸福,而且也是子女的幸福。儿童全都由社会公款来抚养和教育,有充足的生活必需品使他们长得健壮,同样受到良好的教育。

第六,在未来正常社会中没有暴君和专制的统治,社会的一切活动

> 只应当在最英明、最善良、极力想发展和维持人民的福利的人领导下进行。一切互相毗邻的城市及其他的村社,应当力求相互结盟,保持巩固的和平与相互的协调,以便在需要时互相帮助;因为,如果没有这样的相互帮助就不会有社会福利,而大多数人必然要陷入不幸的和悲惨的境地。②

梅利叶的未来社会的理想是在批判封建社会制度的基础上产生的,反映了深受封建奴役的广大劳动人民,特别是社会最底层的农民、无产者要求获得政治、经济和社会普遍解放的愿望。与同时代的其他启蒙思想家不同,他不只是批判封建制度,而是要批判一切以私有制为基础的不平等社会制度。他说当贫富差别和不平等发展到了极点,专制暴政达到极点时,"人民就不得不像不幸的被征服者只能从绝望中寻找生路一样,行动起来,举行起义——这就是不幸者的最后手段"③。要建立未来的理想社会,只有依靠人民自己,运用暴力的手段来驱除所有的国王和压迫者,人民才能过上自由幸福的生活。

梅利叶对于未来社会的描绘使他成为空想社会主义的理论先驱,他的思想对于 18 世纪和 19 世纪的法国空想主义者产生了深刻的影响。

第三节　波舒埃、杜尔哥、孔多塞的历史哲学

一、波　舒　埃

波舒埃(Jacques Beinigne Bossuet,1627—1704)是 17 世纪末法国著名

---

① 梅利叶:《遗书》第 2 卷,何清新译,北京:商务印书馆 1960 年版,第 116 页。
② 同上书,第 107—108 页。
③ 梅利叶:《遗书》第 3 卷,陈太先等译,北京:商务印书馆 1961 年版,第 231 页。

的神学家、主教和演说家。深得朝廷宠爱,1670 年被任命为王太子——路易十四的儿子——的家庭教师。并且于 1666—1687 年间任宫廷牧师,每逢皇家葬礼和重大宗教节日,他都要做精妙绝伦的讲演,他的许多悼文和讲演词成为法国文学史上的杰作。伏尔泰在《路易十四时代》一书中曾记述,波舒埃"后来成为一个伟大的人物。……他在神学方面和成为他的特点的修辞方面的才能很早就显露出来",他的这些演说接近卓越崇高的境地,获得极大成功。国王叫人以他的名义写信给波舒埃的父亲、苏瓦松的监察官,祝贺他有这么一个儿子。

他把演说术甚至用于历史。这两者似乎是水火不容的。他为教育王太子而写的《世界史讲话》是一部既无榜样可循也无人模仿的作品。虽然,他为了把犹太人的编年史同其他民族的编年史统一起来而采用的方法遭到某些学者反对,但他的笔调却受到一些人赞赏。他以一种雄伟的气势描写习俗风尚、政府和伟大帝国的兴亡,又以真实而生动的笔法描绘并评断各国。这些都令人惊叹不已。①

波舒埃正是在这本《世界史讲话》中表述了他的历史哲学的思想。波舒埃深受中世纪哲学家奥古斯丁的影响,对历史作一种神学的解释。奥古斯丁在《上帝之城》(*De Civitate Dei*,413—426)一书中将人类历史看作是上帝之城和人间之城、善和恶斗争的历史,历史是一个直线式的、不断进步和发展的过程,他并且将这个过程划分为七个历史的时期,历史发展是遵循神的意志和救世计划,善恶斗争的结果是代表善的上帝之城必胜,代表恶的人间之城必败。在奥古斯丁的神学理论中包含着历史哲学的萌芽。同样,波舒埃在《世界史讲话》中采取的也是一种辩护学立场,即从基督教的立场上去看待人类历史,他特别强调宗教在人类历史发展中的作用,他给王太子讲解世界历史的目的也是要教育他明白宗教在历史发展和帝国更迭中的重大作用。在他的这些论述中也包含着很有启发意义的历史哲学的思想。

波舒埃将从远古至查理曼(Charlemagne,742—814,即法兰克王,786—814 年在位)的历史分为 12 个阶段。这种划分是以《圣经》为指南,将人类的历史发展线索看作是上帝创造世界(亚当的出世、诺亚的得救、亚伯拉罕的使命、摩西十诫)、古罗马人和古犹太人的兴盛到耶稣的诞生、教会的建立和基督教社会的形成。似乎犹太人的历史是世界历史的主线,其他民族的历史只是作为与犹太历史的外部联系来讲,中国和印度则全然没有提到。

---

① 参见伏尔泰:《路易十四时代》,吴模信、沈怀洁、梁守锵译,吴模信校,北京:商务印书馆 1982 年版,第 470—471 页。

特别突出的是,他将人类历史的重大更替、民族的兴亡看作是上帝旨意的体现,是上帝用一个民族去惩罚、消灭或重建另一个民族。

波舒埃认为,历史的发展既有根本的原因又有特殊的原因,根本的原因是在特殊原因之中并通过特殊的原因而实现的。每一个历史的变化或重大事件都具有特殊的原因,这些原因是不以人的意志为转移的,常常也是人们无法预见的。任何人都无法随心所欲地控制历史发展的进程,即使帝王公侯也不例外,事与愿违对于他们来说也是屡见不鲜。上帝是历史发展的根本原因。"只有上帝才知道怎样将一切归于他的意志。这就说明如果我们只看特殊原因,每一件事情都是令人惊讶的,然而每一件事情都是按照有序的发展来进行的。"①神圣的天意是在特殊的原因之中并通过它们来实现的。特殊的原因丰富多彩,是历史学家的研究对象;而根本的原因,神圣的天意是如何在历史的原因中实现,则很难被我们所认识。在波舒埃的历史观中隐含了两点有价值的思想,那就是:首先,历史的变革和发展都有其特殊的原因,历史的进程不以任何个人哪怕帝王的个人意志为转移;其次,历史的变革和发展除特殊原因外,还有根本的原因,尽管他将这个原因归结为上帝的意志,但包含着历史发展规律性的思想,历史发展的规律性是通过具体的特殊的原因来实现的。

波舒埃站在神学家的立场上将人类历史看作是一个直线发展的过程,并暗示这个发展过程是由一种根本原因来决定的,体现着规律的必然性。毫无疑问,这些思想是历史哲学的雏形。波舒埃这一思想的社会意义就在于,它在17世纪末18世纪初唤起资产阶级启蒙学者对于历史研究的兴趣,启发人们对于历史发展规律性的思考。波舒埃的《世界史讲话》比意大利哲学家、近代历史哲学的创始人之一维柯的代表作《新科学》(*Principles of a New Science concerning the Common Nature of Nations*,1725)要早40多年出版,它对近代历史哲学的产生有着不可低估的影响。

在波舒埃之后,启蒙思想家孟德斯鸠在他的《罗马盛衰原因论》中也注重对于历史的因果关系的探讨,用罗马历史中的内在原因来说明罗马兴衰的原因,试图揭示出历史发展的规律性。

二、杜　尔　哥

杜尔哥(Anne Robert Jacques Turgot, Baron de L'Aulne, 1727—1871)是法国著名政治家、经济学家和哲学家。出生于巴黎,早年攻读神学和担任神

---

① 　波舒埃:《世界史讲话》(*Discours sur l'Histoire Universelle*),Gallimard,1961,Part Ⅲ,第7页。

职人员,1752 年开始进入政界。1761 年他就任利摩日(Limoges)的行政长官,在那里进行了一系列的经济和行政管理的改革。1774 年被路易十六任命为海军大臣,随即改任财政总稽核官。为了挽救当时法国的财政危机,他提出了政治改革和经济改革的方案,取消各种劳役和苛捐杂税,废除封建贵族的一些特权,要求各个等级一律要缴纳道路税,主张粮食自由贸易等。杜尔哥的改革措施触犯了封建贵族的既得利益,因而招致顽固的宫廷贵族集团和高级教士们的反对和敌视。路易十六不得不将杜尔哥免职,他的改革设想也化为泡影。

杜尔哥是魁奈创立的重农学派经济理论的重要代表人物。他的代表作有《关于财富的形成和分配的考察》(*Réflexions sur la Formation et la Distribution des Richesses*,1776)。杜尔哥认为农业劳动和土地是一切财富的唯一来源,是其他所有劳动能独立经营的自然基础和前提条件。

杜尔哥和伏尔泰以及"百科全书派"的其他成员均是好友,为《百科全书》撰写过形而上学、语言学、科学、经济学、政治学的大量条目。在这些条目中表现了他反对形而上学的感觉主义和实证主义的哲学精神。作为一个历史哲学家,他的代表作是他早年所写的《人类精神持续进步的历史景观》(*Tableau Philosophique des Progrés Successifs de l'Esprit Humain*,1750)和《关于世界史和两个演讲的计划》(*Plan de Deux Discours sur l'Histoire Univerelle*,1750)。在这两部著作中杜尔哥对历史做了实证主义的解释,发展了历史进步的思想。

杜尔哥认为,人类历史和自然变化的一个显著区别就是,自然界中各种现象的变化是一种周而复始的循环,没有任何进步,而人类历史则是一个进步发展的过程,是人类不断走向完善的运动。杜尔哥假定人类具有自我完善能力和极高的适应性与可变性。在世代的更替中,人类的理智成就会不断地积累、丰富、传承,一代胜过一代。因而人的理性、激情和自由使人类有可能逃脱外部世界的重复性的循环。尽管在不同的文化时期会出现一些回归现象,但历史毕竟是不断进步的。杜尔哥把人类的进步和发展划分为三个历史阶段:第一个阶段"宗教阶段",即神人同形同性论或超自然的时期;第二个阶段是哲学或形而上学阶段,即抽象的或思辨的时期;第三个阶段是科学阶段,即经验的、数学的时期。杜尔哥的历史三阶段论被 19 世纪的实证主义创始人孔德所继承,对空想社会主义者圣西门等人也产生了重要影响。

关于历史进步的动力问题,杜尔哥夸大了人类精神因素的作用,他把人类的交往过程看作是进步的决定因素。人类的进步和发展是与文化符号如记号、图画和语言的发展同步的,借助这些文化符号,人类的知识得以传播、继承和增长。杜尔哥看到了文化符号在人类进步中的作用,这一思想远远超出了他同时代的其他思想家,有着重要的理论价值,但是他抬高了天才人物在历史进步中的作用,认为只有天才人物才能把握历史的意蕴并从经验中吸取教益,决定历史进步范围和本性的关键因素是精神环境和天才人物的培养,而不是物理环境如气候等。由此可见,杜尔哥主张的仍然是少数天才人物决定历史进程的英雄史观。

杜尔哥强调的历史进步主要是人类精神、人类理性的进步,而不是指社会生产方式的进步。但就人类精神和理性进步而言,他提出的历史发展不平衡的学说是很有价值的。历史发展的不平衡首先表现在各个不同文化领域发展的不平衡,即发展和进步在科学、技术、道德和艺术等领域中发展是不平衡的。例如,艺术中的进步总是受到人自身本性的根本限制,因为艺术的目标只是为了人的快乐。而思辨的科学知识则能像宇宙和自然一样是无限的。不同的学科有其不同的研究对象、不同的进步规则,有的进步快,有的进步慢,发展的范围和速度是不平衡的。各个民族理性完善化程度是不平等的,发展是不平衡的。宇宙的现状把野蛮和文明的一切色调同时展示出来,有一些民族在自己的发展中冲到前面,另一些民族则落后了,这种不平衡显示出了各种民族的差异性和多样性。在这里,杜尔哥已经触及意识形态发展的相对独立性和文明多元化的理论,对后世历史哲学的研究具有启发意义。

杜尔哥认为历史进步是必然的、受因果制约的,这种必然性决定着历史遵循从激动转向平静、从恶转向善,不断地走向完善这一总的方向。即使历史暂时会出现一些倒退,但这种进步的总的方向是不会改变的。历史进步的必然性并不排除偶然性,偶然性常在历史进步中起着很大作用。因为偶然性的存在,使得历史的进步不可能是一种直线运动,由于一些事件和革命,使得历史的进步呈现出时断时续、善和恶轮流取胜、进步和衰落相混杂的曲折过程。杜尔哥看到了人的野心和邪恶在推动历史发展中的作用,野心、邪恶和战争尽管在道德中是应受到谴责的,但是它们会将人类从呆滞和平庸中解救出来。这里杜尔哥涉及道德评价标准和历史进步评价标准的二律背反问题。

三、孔　多　塞

孔多塞(Marie Jean Antoine Nicholas de Caritat, Marquis de Condorcet, 1743—1794)是继伏尔泰和杜尔哥之后最有影响的历史哲学家,历史进步

学说的热情倡导者。孔多塞既是一位数学家,又是一位政治理论家、社会活动家和哲学家。他是狄德罗主编的《百科全书》的增补者(和哈勒一道将原28卷的《百科全书》增补为35卷)和主要撰稿人之一,同时也是"百科全书派"中唯一的法国大革命的参加者。1769年被接纳为科学院会员,1776年被选为科学院永久秘书。1782年又被选入法兰西学院。《概率计算原理和它的赌博、抽彩和人的判断中的应用》(*Éléments du Calcul des Probabilités et Son Application aux Jeux de Hasard, à la Loterie et aux Jugement des Hommes*, 1785,1804)是他在数学和科学领域的代表作。

孔多塞是杜尔哥的密友,拥护杜尔哥的改革思想并且是重农学派理论的坚决支持者。他是资产阶级的政治激进主义主要代表之一,是一位热情的民主派和共和派,是吉伦特派的理论家。孔多塞写作了使他堪称历史哲学家的名著《人类精神进步的历史景观概览》。1794年3月在逃离避难所时被逮捕,在关进巴黎附近布尔—拉—莱纳(Bourg-la-Reine)监狱的第一天死于毒药,是自杀还是他杀,原因不明。

人类理性的完善与进步是孔多塞哲学的中心概念。和杜尔哥一样,他把社会进步首先看作是知识的进步,人类知识进步和人类社会生活的历史是同步的。孔多塞根据知识的发展水平和相应的经济生活发展水平,将人类发展史划分为九个时期或历史进步的九个阶段:第一阶段是人脱离野蛮状态的时期,人类只是在生理结构上与动物不同,集结在一起组成狩猎和捕鱼的群体,开始形成家庭关系,运用语言而相互交际;第二阶段出现了不平等的奴隶制和初步的艺术;第三阶段为农业时代,有了很大的发展。前面这三个阶段都是建立在推测的基础之上。由于文字的发明,以后的历史描述都可以历史事实为基础。孔多塞将希腊文化作为第四阶段;罗马文化作为第五阶段;十字军东征标志着第六阶段的结束;印刷术的发明是第七阶段的结束和第八阶段的开始:第八阶段差不多和文艺复兴时期相合,以笛卡尔哲学的出现而告结束;第九阶段则是从笛卡尔哲学开始至1789年法国大革命结束。除了历史上曾经出现的九个阶段而外,孔多塞还设想了第十阶段,这个阶段将是向着各民族间的平等、各阶级的平等迈进。

和杜尔哥的学说相似,孔多塞看到了历史进步的曲折性。历史的进步有时是迅速的,有时是缓慢的;社会发展总是不断前进,这是一个不可逆转的大趋势,但并不排除在发展中会出现暂时的衰落和倒退。历史的进步是一个充满矛盾的过程,真理和谬误的斗争贯穿人类历史的全过程,人类理性进步的历史也是真理和谬误的长期而艰难斗争的历史,是谬误和偏见不断产生、传播和成败的历史。孔多塞深信,科学、技术和政治革命的共同影响,终将摧毁那些阻碍理性进步和传播的障碍。就像人类能发现自然的规律和原理一样,总有一天人类也会发现社会的规律和原理。孔多塞虽然承认自然和社会的规律性,但是他并不是一个决定论者。他认为,人既服从物理自然界的普遍规律,但他也有能力限制和利用这些规律而为人自己服务。人的个体的力量是脆弱的,但是人类的集体力量是可以和自然力量相抗衡的。人本身就是自然的作品,人类从自然中解放出来,从必然走向自由,历史的发展和进步本身也是自然的,符合自然规律的。自由和必然不是对立的,而是兼容的。孔多塞十分重视人民群众在历史进步中的作用,重视人类集体的力量。在这一点上他和伏尔泰蔑视人民群众,将他们斥为"群氓"的观点是针锋相对的。

孔多塞把教育作为推进历史进步的工具。孔多塞认为,人从野蛮到文明依赖教育的引导,教育能使一切人变得聪明和仁慈。爱尔维修认为教育可以培养出制定法律的"天才人物",而孔多塞则认为教育可以启蒙和引导人民,1792 年孔多塞曾给当时国民公会(Assembly)提交了一个改革国民教育的计划,该大纲后来被制宪会议所采用。该计划将新兴的自然科学和人的科学置于十分突出的地位,数学、各门自然科学和技术、道德和政治科学成为高等教育的主要内容,而传统的科目如语言和生死问题降到了次要的地位。孔多塞的教育改革大纲可以看作是资产阶级教育体系的奠基之作。教育是反对封建制度、反对宗教神学、改造现实社会的启蒙工具。

孔多塞是近代社会学的思想先驱。他十分推崇洛克、卢梭、杜尔哥对人性、人类社会和人的科学的研究,力图要创立一门社会艺术。他认为,我们可以运用教学和自然科学的方法去研究人的活动,表述人的经验判断。孔多塞同意休谟的观点将经验科学和人的活动领域看作是由或然性(probability)支配的。因此,或然性问题成为联结物理科学和人的科学的纽带。孔多塞将他在概率计算所取得的数学成果用于人的行为研究,试图通过可以观察的事实发现人的活动的统计规律。尽管自然科学中观察到的事实是相对稳定的,人的行为有很大随意性和可变性,二者的概率比值有一定的差异,但是对它们都可以进行概率的数学评价,这一点是共同的。孔多塞将数学分析的方法运用于社会现象的研究,其用意是要发现社会活动的规律,使社会科学和自然科学一样也能变成真正确实的科学。在自然科学中唯一信仰的基础是这样一种观念,即:管理宇宙中一切现象的普遍定律,不管你是否认识到它,它都是必然和不变的。这个原则是否对别的自然活动是真实的,对于人的道德与知识能力的发展是不是真实呢? 似乎孔多塞对这一点是确信不移的。杜尔哥和孔多塞二人关于社会发展阶段和发展规律的理论,成为19世纪法国哲学家孔德的社会动力学理论的直接思想来源。

第四节　丰特奈尔、毕丰、罗比耐、达朗贝尔、拉普拉斯的自然哲学

一、丰 特 奈 尔

丰特奈尔(Bernard Le Bovier de Fontenelle,1657—1757)因为宣传哥白尼和笛卡尔等人的新兴的唯物主义自然观,而成为法国启蒙运动的先驱者之一。他在长达一个世纪的生涯中,为普及科学的新思想、推进科学学术活动、颂扬科学家的功绩作出了巨大的贡献。在启蒙思想家和百科全书派中享有极高的声望。达朗贝尔在《百科全书》的《绪论》中高度赞扬了丰特奈尔将哲学和文学结合起来、以最为浅近的文学形式宣传和普及新的科学和哲学思想所作出的功绩。丰特奈尔和波舒埃、伏尔泰一起被人们列为文学新风格的开创者。

丰特奈尔是法国文学巨匠高乃依之侄。早年就读于耶稣会学校,后又研究法律。不久放弃了律师的职业而追随他叔叔走上文坛。1683年发表的《关于死的对话》(Dialogue des Morts)使他一举成名。当他在文学界确立起自己的地位之后又转而研究数学、物理学和天文学,其代表作有《有人居住的世界多样性的谈话》(Les Entretiens sur la Pluraties des Mondes Habites,1686)和《笛卡尔的漩涡理论》(Theorie des Tourbillons Cartesiens,1752)。这两部著作中表达和宣传了唯物主义新宇宙观。丰特奈尔还对神话、神谕及宗教问题作了深入的研究,代表作有《神谕的历史》(Histoire des Oracles,1687)和《神话的起源》(De l'Origine des Fables,1724),在这两部著作中他表达了宗教怀疑论的思想。

1697年丰特奈尔入选法国科学院,两年后任科学院秘书,成为科学院士们的发言人,他以广博的知识和雄辩的口才赢得了极高的威望。作为科学院秘书,丰特奈尔每年要为离任的科学院成员致"颂词"(Eloges),在长达50年的任职期间,丰特奈尔写过无数篇颂词,在这些文笔优美、不同凡响的颂词中,不仅评价了科学家个人的功绩,更有价值的是给我们描画了在科学的各个门类中所取得的伟大成就,每一篇"颂词"都是一篇科普论文。50年来的颂词汇编成册,构成一部完整的科学发展史,它们对于科学精神的普及和传播起到了不可估量的作用。丰特奈尔因此被18世纪的欧洲看作是最伟大的科学哲学史家。

丰特奈尔在《有人居住的世界多样性的谈话》中传播了当时还未被世人普遍接受的哥白尼日心说。他以六个夜晚所进行的谈论这种文学形式向世人宣传：地球是一颗行星，它不仅自转同时也绕太阳运转；地球无论从物理上来讲还是从精神上来讲都不是宇宙的中心，地球并不是广袤宇宙中唯一有人居住的地方，月亮也是一个有人居住的世界；其他行星也有人居住，地球丧失了它作为唯一有思想的种类居住的星球的优越性。金星、水星、火星、木星、土星虽然各有其特殊性，但本质是共同的。恒星也像太阳一样，它们的每一个都照亮一个世界。这些思想尽管在今天看来其中包含不少猜测，未必全都是科学的，但在当时对于反对神学的宇宙观、向广大民众传播科学的新思想是有着积极意义的。

丰特奈尔是笛卡尔物理学的捍卫者和宣传者。他继承了笛卡尔《论世界》和《哲学原理》中机械唯物主义的思想，特别是其中的天文学理论——漩涡学说。他赞成笛卡尔的漩涡学说的目的是要反对牛顿的万有引力说，因为在他看来，万有引力说假设存在着一个秘密的实体和某种超自然的力量，它给世界以第一次推动；所以此说必然要求助于神。因此，丰特奈尔从经验论的观点看，笛卡尔的漩涡学说更接近实际。

丰特奈尔认为，神话的产生起源于人的理智功能而不是想象功能。人的理智总是要对现象作出解释，自古以来，神话一直是为了说明自然的原因而产生的，神话就是原始人的科学，荷马（Homer，公元前第 9 世纪）和荷西俄德（Hesiode，公元前第 8 世纪）是最早的希腊哲学家。随着时代的发展，人类解释自然的原因的天才越来越发展，人们对于自然的认识越来越丰富。丰特奈尔从比较神话的立场出发，主张无论古代希腊的神话还是发现不久的美洲的神话，它们的共同性就是对自然现象的说明和解释。众神产生于这一规范着我们今天的科学原则，即引导我们从未知走向知。现代人之所以优越于古人、原始人，是由于他们认识的发展，其实他们的理智并没有什么不同。古人由于知识的不足，求助于神话学的解释；而今天实证的知识充分发展了，人们就用科学的解释取代了神话。

丰特奈尔从神话起源的探讨而走向对基督教和其他启示宗教的怀疑。基督教的基本信仰之一，就是上帝能通过奇迹和道成肉身而对人类历史产生作用。丰特奈尔从实证主义的历史观出发，认为历史是独立存在的，神在历史中是不起作用的，历史是人类的激情和反复无常起作用的领域。丰特奈尔建议我们到自然中去寻找神，神是通过固定的规律起作用，通过宗教的各教派间的宽容表现出来。也就是说，丰特奈尔的神不是历史之神而是自然之神，神不是通过对历史的干预来表现自己，而是通过关于世界的科学概念来显示自己。可见,丰特奈尔的宗教观仍然具有自然神论的倾向。

丰特奈尔在哲学上的历史功绩是他对于新的自然观和科学观的宣传和普及,而不是他的理论建树。他使广大民众摆脱宗教神学的蒙昧主义,去接受理性和科学的光明。在 17 世纪末 18 世纪初这个科学和哲学革命的时代,丰特奈尔的功绩是不容抹杀的。因此,把他作为法国启蒙运动的先驱者之一也是无可争论的。

二、毕丰的有机自然论

乔治·路易·勒克莱克·毕丰伯爵,1707 年出生在第戎附近的蒙特巴(Montbard)的一个官宦家庭。早年在第戎的耶稣会学校里接受教育,学习过法律,并对数学有极大的嗜好。约 22 岁时去昂热(Angers)学习医学,且沉湎于植物学,醉心于马术。1731 年母亲去世,他继承了产业,不久就获得了毕丰伯爵的头衔。毕丰不仅有了很高等级的地位,而且还因为他提交的论数学概率的论文而入选科学院。接着他又研究林学并发表了关于保护和增强木材强度的方法的实验。1735 年他发表了黑尔斯(Stephen Hales,1677—1761)的《植物静力学》(*Vegetable Staticks*)的法文译本,1740 年他又翻译出版了牛顿的《流数》(*Fluxions*)一书,并为此书写了一篇非常令人钦佩的关于微积分历史的序言。这些奠定了他作为一个科学家的地位。

从 1739 年开始,毕丰就担任巴黎皇家植物园(Jardin du Roi,现名 Jardin des Plantes)园长的职务。在他担任园长期间,皇家植物园成为法国植物学的研究中心。从 1740 年开始他就着手编纂卷帙浩繁、旨在"记叙一切自然界知识"的《自然史》一书。该书凡 44 卷,历时半个多世纪,直到今天它仍然是最权威和最具综合性的自然科学史。毕丰在世时,该书出版了 36 卷,最后 8 卷是在毕丰去世后由拉塞佩德(B.G.Lacepade)完成。毕丰组织编纂的《自然史》从其工作量的艰巨和浩大来说,比狄德罗编纂《百科全书或科学、艺术和工艺详解辞典》(以下简称《百科全书》)毫不逊色。毕丰因此而成为闻名遐迩的博物学家,也赢得了狄德罗等人最崇高的景仰,《百科全书》中很多条目的数据都是来自他主编的《自然史》。

毕丰把自然看成是一个巨大的有机体,它是由无数的终极组成部分"有机分子"(organic moleculars)所构成的,这些终极组成部分之间不是一种机械的联系,而是一种有机的联系,每一个"有机分子"也是能动的、充满生机和活力的,它们有无限多的组织等级。自然现象则表现为许多不同等级的有机实体。整个自然则是一个无所不包、结合一切自然现象的体系,它的内部固有一种能动力量,能够包含、维持、组合和重组这些有机分子。因而自然是自己运动的、自因的,不需要超验的神作为外部的、传递的或创造的原因。如果说有神的话,那就是斯宾诺莎所说的"神即自然"。毕丰的这种泛神论的观点,克服了当时关于自然的机械论解释模式和目的论解释模式之间的矛盾。

由于毕丰把自然看作是一个由无数等级相互联系的自然现象的序列构成的有机整体,因而他反对将自然现象作一种严格的分类,反对建立一种硬性的分类体系。在 17、18 世纪自然科学还处在收集材料的阶段,人们是分门别类地研究世界。在各个科学领域内也是采用分类的方法去处理材料。因而各种分类方法、分类体系及命名方法应运而生。但是这也导致了人们孤立地、静止地看待世界的思维方法,他们将事物的各种分类看成是僵死不变的,把这种僵死的分类体系看成是世界本身的结构,甚至仅对这种分类体系感兴趣,用它取代了对世界本身的事实的研究。毕丰对当时最有代表性的图尔纳福尔(Joseph Pitton de Tournefort, 1656—1708)和林耐(Carl von Linne, 1707—1778)的分类体系和命名进行了严厉的批评,林耐的分类法有极大的人为性,过分夸大了物种的界限,把差别绝对化了,没有看到种间的联系。

毕丰认为,一切分类都只不过是人类想象的发明,世界本身并不是如此,不能拘泥于它。毕丰认为,植物种并不是固定不变的,植物和动物之间也没有硬性的界限。自然中有一种连续性,一切都是相互转变的,而不是严格固定的。一个物体只不过是相似的和相互能育的个体的演替,当时人们所知道的 200 多种四足动物可能是约 40 种原始类型的后代,也许一切脊椎动物都起源于一个共同的祖先,甚至毕丰还要预言新物种的产生。毕丰这一观点在哲学上类似于莱布尼茨的"单子连续律"(Monad Succession Law),而在生物学上对达尔文(Charles Robert Darwin, 1809—1882)给予了很大的启发,可以说它为进化论铺平了道路。

毕丰认为,在数学中我们可以运用演绎的方法,很清楚明白地从前提推出结论。然而自然科学中的真理与数学中的真理是不同的。在自然科学中我们不是从公理出发进行推演,我们必须以观察为基础,以相互联系的事实为依据,普遍的真理总是表现在特殊的事实之中,因而我们在这里不能照搬数学的演绎方法的。毕丰在植物学的研究中自觉地坚持运用这种方法论的原则。

毕丰在自然哲学上的另一个贡献是,他建构了一种天体演化、地球起源的学说,前承笛卡尔而后启康德和拉普拉斯。这一天体演化学说将是对《创世记》大胆的背弃,同时也是对于宇宙不变论的沉重打击。毕丰认为,地球和其他行星原来都是太阳的组成部分,由于一颗彗星的撞击而使它们分裂出来,最初它们和太阳一样是发热发光的,后来它们逐渐地冷却和暗淡下来,而太阳却依然发热发光,但是在组成物质和运动上,地球及其他行星和太阳并没有什么两样。今日的地球也绝不会一成不变,毕丰预言,随着地球的继续冷却,将来地球上的生物将无法再生存下去。地球和一切生物都有自己产生和消亡的历史,一切都在发展,都在变化,自然界就是一个生生不息的过程。在毕丰的自然哲学中闪现着一种辩证法的光辉,他的思想实际上是对在 18 世纪流行的机械唯物主义的、形而上学的自然观的一种反对和修正。

毕丰还能以优美流畅的文字通俗浅显地介绍艰深的科学而赢得了广泛的声誉。他对科学普及所作的贡献不在他的研究成就之下。他不仅是一位伟大的科学家,而且也是一位出色的散文家和科普作家,他的科普读物深受广大读者所喜爱。有人认为,如果没有他著名的普及读物,动物学势将永远为少数人之私学,大多数人仍不知动物学为何物。正是毕丰的优美文字激发了世人的好奇心。同时在他的这些著作中传播了一种庄重、崇高的风格,他的至理名言是"风格就是人自身"①,即风格必定是自己灵魂的写照。将科学和文学融为一体,使深奥的科学普及于广大民众。

三、罗比耐的物活论

罗比耐(Jean-Baptiste Robinet,1735—1820)继承了毕丰的有机自然论、物活论和泛神论的思想,而特别强调自然生机论和宇宙活力论。罗比耐生于雷恩(Rennes),早年参加耶稣会,后脱离耶稣会前往荷兰专门从事学术研究。他的两部主要著作《论自然》(*De La Nature*,四卷,1761—1768)和《存在形式和自然分等的哲学思考》(*Considérations Philosophiques de la Gradation Naturelle des Formes de l'Être,ou les Essais de la Nature Qui Apprend á Faire l'Homme*,1768)都是在荷兰出版。1778 年他回到巴黎任皇家监察官。法国大革命爆发后他又回到了故乡雷恩,过着隐居生活。除上述两部主要著作外,罗比耐还翻译过休谟的《道德原则研究》(*An Inquiry concerning the Principles of Morals;Essais de Morale,ou Recherches sur les Principes de la Morale*,1760),编辑出版过 30 大卷的《道德科学、经济学、政治学和外交学大辞典》(*Dictionnaire Universel des Sciences Morale,Économique,Politique et Di-*

---

① 毕丰:《论风格》(*Discours sur le Style*,1753 年当选为法兰西科学院院士时的就职演讲),转引自艾德华(Paul Edward)编:《美国哲学百科全书》(*Encyclopaedia of Philosophy of America*,Macmillan,1967),"毕丰"(Buffon)条。

plomatique, 1777—1783）。

罗比耐认为,自然是由具有活力的终极微粒组成,这种终极微粒是自然的胚芽和原型,它具有吸收营养、生长和繁殖三种能力,它能够形成和发展成为自然中的一切事物。一切事物都是有机的和有活力的,从石头、植物、动物到人是一种原型发展的变形,只是充满生命和活力的程度不同,这种程度的差异构成了由低到高的有机生命的连续系列。在这个连续系列中形成了存在形式的自然分等。自然中无数等级的连续向着越来越复杂的方向发展,人是这个连续系列的最高峰,是自然中最高的等级。构成自然万物的这种终极微粒既具有物质性,又具有精神性,集广延和思维于一身,是一种自给自足的心理—形体单元,由它形成的自然万物也同时具有物质和精神的双重属性。一个有机体的形体方面和精神方面是不可分的,人的灵魂和肉体也是不可分的。自然万物构成的由低向高的发展序列,既体现了生命力的发展,也体现了精神的发展。每一个有机体的诸能动性(形体的和心理的能量或力)的总和是恒定的,服从能量守恒原理,凡是肉体消耗的能量,必定要从精神获得等量能量来补偿;反之亦然,精神消耗的能量,必须从肉体中获得同等能量来补偿。整个宇宙的总能量也是守恒不变的。由于罗比耐将整个宇宙看成是自足的,具有内在力量和活力的,也就是说将整个自然看作是自因的,自己运动和不断发展的,这样就不需要假定造物主和第一原因、第一推动力的存在。由此可见,罗比耐的物活论和万物有灵论实际上是反对有神论和自然神论的,和斯宾诺莎的泛神论一样具有唯物主义的性质,在当时的历史条件下对于克服机械唯物主义自然观的缺陷,也有着积极的意义。

四、达朗贝尔的科学知识论

让·勒·隆·达朗贝尔(Jean le Rond d'Alembert, 1717—1783)是 18 世纪法国著名的数学家、力学家、哲学家,《百科全书》的副主编。他是汤生夫人(Madame de Tencin)和炮兵将军德图什—加隆(Destouches-Canon)骑士的私生子,被他母亲抛弃在巴黎圣—让—勒—隆(Saint-Jean-Le-Rond)教堂门口的台阶上,后被一位玻璃匠的妻子收养,他的名字就是由这个教堂的名字而来,达朗贝尔是上学时加上去的。在达朗贝尔被遗弃后不久,他的父亲从外省回到了巴黎,认领了他,供给年金,因而他有条件接受教育。达朗贝尔着迷于数学并极富数学天才,在幼年就曾独立地发明了许多数学原理,只是到后来他才知道这些原理已经被前人发现。1739 年他给法兰西科学院提交了《论积分》(*Mémoir sur le Calul Intégral*)的学术论文,1741 年发表了

《论固体的折射》(*Mémoir sur la RéFraction des Corps Solides*)一文并被接纳为科学院的成员。1743 年他出版的《动力论》(*Traité de dynamique*)一书为他赢得了极高的声誉。1744 年发表了《论流体的平衡和运动》(*Traité Léquilibre et du Mouvementdes Fluides*),1746 年发表了《关于风的一般原因的思考》(*Réflexions sur la Cause Générale des Vents*),因此而获柏林科学院奖并成为该科学院成员。他在数学和力学领域取得了卓越的成就,著作等身,除上述一系列著作外,还有《关于岁差和章动的研究》(*Recherches sur la Précession des Équinoxes et sur Lanutation*,1749)、《关于流体阻力的思考》(*Réflexionssur la Théorie de la Résistance des Fluides*,1752)、《世界体系的各种重要观点之研究》(*Recherches sur Differents Points Importants du Systême du Monde*,1754—1756)以及八大卷的《数学丛谈》(*Opucules Mathématiques*,1761—1780)。

　　达朗贝尔也是一位著名的"百科全书派"领袖人物,与狄德罗联袂主编《百科全书》,气象恢宏、笔意纵横的《绪论》(*Discour Preliminaire*)就是出自他的大手笔,并且他还撰写了许多关于数学的条目。1758 年他退出《百科全书》的主编工作。他出版的哲学著作有《文学、历史、哲学文集》(*Mélanges de Littérature, d'Histoire et de Philosophie*,1752)、《哲学要素论》(*Essai sur Élement de Philosophie*,1759)。1762 年他拒绝了俄国女皇叶卡特林娜的邀请,没有去做她儿子的家庭教师,1763 年他访问柏林时也拒绝了腓特烈二世对他担任柏林科学院主持人的任命。达朗贝尔因为是一位数学家和科学家,没有像狄德罗这样的战斗的唯物主义者引官方注目,并且在《百科全书》受到当局的查禁时,及时地脱离了"百科全书"的阵营,所以他没有遭受太多的压迫和打击。但是他晚年并没有脱离"百科全书派"的事业,他在法兰西科学院讲坛上、在贵族的沙龙中仍然宣传启蒙思想,他成为许多进步青年的精神导师,孔多塞就是他忠实的学生和信徒。达朗贝尔因肾病而卧床数年,于 1783 年逝世,死后作为一位不信神者安葬在一个普通的无名墓中。

　　达朗贝尔在《百科全书》的《绪论》中描述了人类知识的体系,追溯了各门学科的起源和整个人类知识的谱系。达朗贝尔认为,追溯人类知识的起源及谱系和追溯我们各种观念的渊源及其形成过程是一回事。也就是说各门学科、知识的形成及发展过程和观念的产生及发展过程是同步的。达朗贝尔在这里像孔狄亚克一样,将对知识的考察转换为追溯观念的来源及其发展过程的问题。一切观念都起源于感觉,人类的一切知识都是从人的保存、人的肉体需要的满足、趋利避害、趋乐避苦这些感性的活动中产生的。人的生理的需要是科学探索的基础,为了保住身体、防止疾病对它的威胁或治疗疾病对它造成的危害,农业和医学的研究得到了发展,并进而扩及其他所有重要的部门。对于宇宙天体的观察是因它们激发了人的兴趣和好奇心。好奇心、求知欲、不可满足的感情是我去获取知识的动力,知识的获得能给人以乐趣,令人愉快。因此,追求知识也是趋乐的一种表现。另外,实际效用也是人们进行探索的一个重要原因,物理学也就是在这种原因的作用下兴起和发展的。在这种部分出于需要、部分为了乐趣的研究自然的活动中,我们发现物体具有许多属性,如运动和静止的能力,运动的传递动力,不可入性,广延等。确定简单有形广延的各种属性就构成了几何学的研究对象。为了给几何图形的组合找到一种简化的方法,于是产生了算术即数学的科学。数学的抽象推动我们的认识,并且数学的应用证明数学抽象在生活中是十分有用的。对于物体的不可入性及通过它而产生的物体相互作用的考察,这就是力学的目标。确切地说,只有像代数学、几何学和力学这些研究量和广延的一般属性的部门才能被称作论证的科学。

在追溯完了自然科学的发展过程之后,达朗贝尔又进一步追溯人文科学的形成和发展过程。他认为,人们通过扩展自己的思想领域而得到的好处,使他们认识到,"如果把取得知识和交流思想的方式归结为一种艺术,那将是很有用的。他们终于找到了这种艺术,并把它称为逻辑"①。达朗贝尔的逻辑思想与笛卡尔的方法论原则相似。他认为逻辑教给人们,将自己的思想按最自然的顺序加以排列,把关系密切的集合在一起,把过分复杂的分解为一些简单成分,考察一个问题的各个方面,最后以一种最易为人理解的方式把自己的思想表述出来。达朗贝尔强调,逻辑是一种按照恰当的次序来组织自己的思想即推理的艺术,是一种将科学技术传授给他人的一种方法,而不是科学发明,获取知识的艺术或方法,因为我们的一切知识都是来自我们的感觉。因此,极有天才的发明家们是不怎么需要逻辑学的,只有智力不太发达的人才需要逻辑学,即便如此,这些人自己也必须有推理能力,若本人没有推理能力,读了逻辑学书也是枉然。严格地说,逻辑学只能帮助我们如何去识别错误的推理。由此看出,达朗贝尔关于逻辑的思想,比17、18世纪有些独断论者和机械论者把形式逻辑规律看作外部世界的规律,要高明得多。

达朗贝尔从逻辑又推衍到语言。进行思想交流不仅要按照一定的顺序排列观念,而且还要以最清晰的方式来表述每一个思想,使传递的信息准确无误。这种需要使语言出现,人类语言最初是一堆稀奇古怪、五花八门的信

---

① 《丹尼·狄德罗的〈百科全书〉》,梁从诫译,沈阳:辽宁人民出版社1992年版,第52页。

号,后来不断完善,开始把信号归纳为词,后又有了抽象词汇,最后,把词的使用归纳为各种规则,这就产生了语法。在传递思想时也要传递感情,雄辩术就是传递感情的,雄辩是一种天才,是不能归结为一堆规则的。修辞学试图把人的这种天才用一套原则表示出来,声称要教给人演讲术,这实际上是对雄辩术的一种最不正确、最粗暴的理解。但是长期以来人们已经把修辞学作为人类知识一个突出的分支。历史学的产生也是人求乐的欲望发展的结果。编年史和地理学是历史学的两个分支和支柱。对于诸帝国及其变革的研究,从而产生了法律、道德和政治等学科。

达朗贝尔遵循培根的原则,将人类知识分为历史、哲学(科学)、美术三大类。达朗贝尔认为,人类知识的体系和人类认识能力是相对应的。人类有三种认识能力,相应地,人类知识的体系就有三大类别。作为整体的科学实际上是人类理智的一种展开。就人们的认识对象而言,不是精神的,就是物质的;就人的认识主体而言,它有三种不同的认识能力。全部知识可分为直接的和经过思考的两类。我们的直接知识是通过记忆得来的,它们是由完全被动地和几乎是机械地收集来的各种知识单元所组成的,记忆是我们的第一种认识能力。经过思考的知识又分为两种,一种是得自对直接观念的推理,一种是得自对直接观念的复制和模拟。前者是推理能力,后者是想象力。达朗贝尔这里所说的想象力不是指头脑中回想某些对象的能力,而是指人的一种创造能力,是模仿自然、复制出对象物的才能。

这三种能力奠定了我们这个体系的三个总的类别,以及人类知识的三个总的对象;即与记忆相关的历史,作为推理的成果的哲学,以及借想象力创造而成的美术。①

人的三种能力是相互联系的,对于感觉对象的记忆,是我们进行一切推理的基础,而想象力在进行创造之前,必须理解它之所知、所见。记忆和推理是创造性想象的基础,头脑创造和想象的对象,总是与它通过直接观念和感觉所知道的东西相近,创新本身也必须遵循理性推理的规则。达朗贝尔在这里体现出了感性认识是一切认识的基础,认识能力有低、中、高三个不同等级,创造性认识是最高的认识能力等思想。达朗贝尔所说的与记忆、推理、想象力相关的历史、哲学与美术是"人类知识的三个总的对象",和我们今天所理解的这三个学科完全不同。就达朗贝尔所说的"历史"而言,它几乎包括了人类知识的大多数门类,他所说的哲学既包括一切依靠推理的科

---

① 参见《丹尼·狄德罗的〈百科全书〉》,梁从诫译,沈阳:辽宁人民出版社1992年版,第58页。

学,如逻辑、形而上学、几何学、代数学、力学等论证性科学,也包括前述的政治、法律、道德等科学;美术既包括绘画、雕刻、建筑、诗歌和音乐,也包括与它们有着密切联系的人文科学。达朗贝尔承认,他描绘人类知识的图谱,即知识总汇之树,是以培根的分类法为基础的,但并没有全部照搬,而是做了多处改动。他说:"尽管我们承认这位伟人是我们的导师,但我们也不认为自己有义务点滴不差地追随他。"①达朗贝尔在这里大有"吾爱吾师吾更爱真理"的意味。达朗贝尔对人类知识体系的这一描绘并不是他个人的观点,作为《百科全书》的《绪论》,它代表了整个"百科全书派"观点。达朗贝尔为他们生活的时代人类知识取得的进步而感到自豪。

他认为,18 世纪在某种特殊的意义上说是哲学的世纪,一切知识领域都取得了进步并采取了新的形式,自然哲学经受了一场革命。

达朗贝尔继承了培根、洛克和孔狄亚克的思想路线,坚持一切观念都来自感觉这一经验论的原则。认为感觉是我们全部知识的基础,感觉告诉我们的第一件事情就是思维主体自身的存在;感觉给予我们的第二个信息是外部客体的存在,包括我们自己身体的存在。人的生理的需要、保护我们身体的需要驱使我们去考察外部客体,这样我们就获得了关于外部世界的许多观念。在这里达朗贝尔实际上肯定了感觉是确立认识主体和客体的基础,同时感觉(肉体的趋利避害)是认识的动力。相应地,达朗贝尔认为,通过感官得来的直接知识是其他一切知识的基础。他说:

> 全部知识可以分为直接的和经过思考的两类。这样说吧,当我们的意识的大门洞开的时候,我们当即可以获得直接知识,没有障碍,无须费劲,也不必动脑筋;而经过思考的知识,则要求我们的头脑将它所储存的直接知识加以综合并重新整理。②

达朗贝尔否认有脱离感觉经验的天赋观念或理念存在,反对用任何形而上学的假设去认识自然。他认为,"我们的全部知识都可以还原为我们通过感官所获知的东西;而我们的全部理念都来自我们的感觉"③。对于自然的认识不是依靠模糊的、任意的假设,而应该以对自然现象的观察,以事实为依据。

在《哲学要素论》中,达朗贝尔以感觉论为基础对形而上学进行了怀

---

① 《丹尼·狄德罗的〈百科全书〉》,梁从诚译,沈阳:辽宁人民出版社 1992 年版,第71 页。
② 同上书,第46 页。
③ 同上。

疑。达朗贝尔认为科学的哲学的任务是以一种系统的方法去描述现象,而不是在形而上学的意义上去解释现象,我们只能从一些更为原始的可观察性质推演出一些第二性的质,而绝不能从形而上学的本质推演出经验的材料。科学不需要隐秘的质或实体、不需要形而上学的理论和解释,哲学和科学一样,只关心现象,它以感觉经验为基础,形成明确的定义,推演出一些可证实的结论。我们的认识不能超越现象或在经验中可以证实的东西。事物的本质是我们无法认识的,如果我们试图去把握超验者,那就会超越知识界限,闯入幻象的领域。形而上学不是知识的来源,它只能使我们导致二律背反。在这里,达朗贝尔的思想简直就像是康德《纯粹理性批判》(*Kritik der Reinen Vernunft*,1781)的简要表达。达朗贝尔还认为,我们人只能形成一种或然性的理论,这些或然性的理论当它被细心地研究证实之后,也能成为真理。这一思想可能是受到休谟的启发,而成为后来实证主义哲学的理论来源。

在对于道德问题上,达朗贝尔同样是坚持这种感觉论和反形而上学的观点,主张将伦理学问题和形而上学问题分开。他将伦理学置于感觉论和效用论的基础之上。他认为,在人和人的交往中使我们得到快乐和益处,必会使我们进一步加强同社会的联系,并尽可能使之对我们有用。但是,大家都想从社会中获得利益,大家都具有相同的权利,但并非人人都能分享到社会所提供的利益。很快这种合法的权利被不平等的野蛮权利、强权所代替,结果产生了压迫和反抗。由此产生了"非"的观念,并引申出道德概念中的"善"与"恶"。我们由于自己同类的丑行而体验到恶,并使我们产生了对于与恶相对的善的认识。"我们一旦获得了是与非的观念,以及随之而来的关于行为的道德性质的观念,就会自然地导致对指导我们运动的那些原则,也就是,对于我们的愿望和想法的实质加以考察。"①道德学的目的是要使人认识到他在社会中的地位,以及对公共的福利和幸福应尽的义务,道德是我们对同伴的责任,道德原则应该向我们表明我们的真正利益和履行我们的社会责任之间的密切联系。道德是以人的感觉、趋利避害为基础的,法律乃至宗教无不以感觉为基础,上帝也需要我们内在的感觉认识他的存在。

达朗贝尔于《百科全书》的《绪论》中对文艺复兴的思想发展史做了精辟的评述,在他对培根、笛卡尔、牛顿、洛克、莱布尼茨、卢梭等大哲学家,对伽利略、哈维勋爵(Sir William Harvey,1578—1657)、惠更斯、帕斯卡尔、马勒伯朗士、波义耳、维萨里(Andreas Vesalius,1514—1564)、丰特奈尔、毕丰、

---

① 《丹尼·狄德罗的〈百科全书〉》,梁从诚译,沈阳:辽宁人民出版社1992年版,第49页。

伏尔泰、孟德斯鸠等科学家和哲学家的是非功过都做了精辟的评论,在这些评论中,体现了强烈的历史感和辩证精神,这些实事求是的分析评论直到今天仍然应当是作为我们评价这些人物的经典。在《百科全书》的《绪论》中对近代的科学和哲学史这种总览式的回顾,一方面是表明《百科全书》是站在巨人的肩膀之上,另一方面也表明他们要将近代以来的这些科学和哲学普及到广大民众中去的重要意义。

五、拉普拉斯的星云假说

拉普拉斯出身于诺曼底(Normandy)的奥热河畔博芒特(Beaumont-en-Auge)的一个农民的家庭,终身从事数学和力学的研究,早年任巴黎军事学校数学教授,后在政府中担任各种要职。他的最重要的著作有:《宇宙体系论》(*Exposition du Système de Monde*, 1796)和《天体力学》(*Mécanique Céleste*, 1799—1825,五卷)。

1796 年拉普拉斯在《宇宙体系论》中提出天体演化的星云说。如果说哥白尼的日心说对地心说的颠倒,是天文学领域的一场革命的话,那么如果能够揭示出天体的产生和发展的过程,去推翻"宇宙不变论",那将是天文学领域中的又一场革命。这后一场革命是以笛卡尔为先驱的。笛卡尔1633 年在《论世界》一书中就提出了宇宙天体的演化学说,1644 年在《哲学原理》一书中首次将该学说公之于世。他认为,宇宙天体是由气状元素、火状元素、土状元素三种原初的物质在"漩涡运动"中演化而成的。这是近代以来最早的天体演化理论。到 18 世纪上半叶,法国人莫泊都依又提出天体可能是"云雾状星体"(cloud-like celestial bodies)形成的;毕丰认为太阳系是彗星和太阳相撞而产生的。但是,这些假说在理论上都不够完善。1755年德国哲学家康德发表了《自然通史和天体理论》(*Allgemeine Maturgeschichte und Theorie des Himmels*)一书,在其中提出比较完整和科学的天体演化理论。康德的天体演化理论提出后,一方面是假说本身仍存在缺陷,另一方面是由于康德在当时还是一个无名之辈,给人印象不深,在社会上没引起大的反响。只是到 41 年之后,拉普拉斯发表了他的星云假说之后,康德的学说才引起人们的注意,得到了传播。

拉普拉斯独立地提出了对太阳系起源的看法,其基本内容是:形成太阳的物质是气态的星云,星云的温度很高,体积很大,形状近似于球形,中心密度较外部大,并且缓慢地旋转。冷却引起星云收缩,自转加快,离心力随之增大,由于惯性的作用,星云越来越扁。在星云的外缘,离心力等于引力时便分离出一个圆环。星云继续冷却,气环又继续分离下去,就形成了和行星数目相等的环。这样中心部分收缩成太阳,各个小环最后凝集成行星。刚形成不久的行星温度是相当高的,它也在冷却收缩,类似于形成行星的过程,又形成了再次级天体——卫星。整个星云以相同的角速度(angular velocity)旋转,形成的行星也按相同的角速度公转。

拉普拉斯的假说同康德的假说在具体表述形式上有很大差异。康德假说只是从定性角度作了说明和假设,从本质上提出了看法,在细节上没有深入、科学的研究;拉普拉斯的假说则从数学和力学的角度作了比较细致的分析和阐述。但是,康德假说和拉普拉斯假说在本质上是一致的。它们都是从宇宙本身来寻求天体的起源,丝毫没有借助于超自然的力量,都认为太阳系起源于弥漫物质——星云。因此,后来人们将这两个假说统称为"康德—拉普拉斯星云假说"。这一假说的哲学意义在于,看到了宇宙天体也有自己在时间上前后相继的历史,地球和整个太阳系表现为某种在时间的进程中逐渐生成的东西,给以往长期占统治地位的僵化的自然观打开了第一个缺口,同时也取消了上帝第一次推动的问题。这种辩证的宇宙观对于后人研究天体演化问题有着重大的启发作用。

拓 展 阅 读

一、必读书目

1.《西方哲学原著选读》下册,北京大学哲学系编,北京:商务印书馆1983年版。

2. 梅利叶:《遗书》第1—2卷,何清新译,北京:商务印书馆1960年版。

3. 梅利叶:《遗书》第3卷,陈太先等译,北京:商务印书馆1961年版。

二、参考书目

1.《费尔巴哈哲学史著作选》第3卷,涂纪亮译,北京:商务印书馆1984年版。

2. 伏尔泰:《路易十四时代》,吴模信、沈怀洁、梁守锵译,吴模信校,北京:商务印书馆1982年版。

3.《丹尼·狄德罗的〈百科全书〉》,梁从诫译,沈阳:辽宁人民出版社1992年版。

4. 艾德华(Paul Edward)编:《美国哲学百科全书》(*Encyclopaedia of Philosophy of America*),Macmillan,1967。

第二章　18世纪法国启蒙思想家

冯　俊

在一个国家里,也就是说,在一个有法律的社会里,自由仅仅是:一个人能够做他应该做的事情,而不被强迫去做他不应该做的事情。……自由是做法律所许可的一切事情的权利;如果一个公民能够做法律所禁止的事情,他就不再有自由了,因为其他的人同样会有这个权利。

——孟德斯鸠:《论法的精神》

每一个人在内心深处都有权认为自己与其他的人完全平等;但是并不能由此便说,一个红衣主教的厨子应当命令他的主人给他做饭。

——伏尔泰:《哲学辞典》,见《十八世纪法国哲学》

人是生而自由的,但却无往不在枷锁之中。自以为是其他一切的主人的人,反而比其他一切更是奴隶。

——卢梭:《社会契约论》

我关于心灵活动,关于语言和关于方法论所作的论述,证明了只有努力加工,使语言变得愈益精确,才能使科学日趋完善。同样,我的论述也证明了,我们的知识的起源和进步完全取决于我们使用符号的方式。

——孔狄亚克:《人类知识起源论》

我将要证明无论在任何时候,任何地方,无论在道德问题上,还是在认识问题上,都是个人利益支配着个人的判断,公共利益支配着各个国家的判断;因此无论从公众方面说,还是从个人方面说,表示赞扬的总是喜爱和感激,表示轻蔑的总是厌恶和报复。

——爱尔维修:《论精神》

孟德斯鸠、伏尔泰和卢梭是最著名的启蒙思想家,他们是法国大革命的思想先驱,他们提出的三权分立、社会契约学说和自由、平等、博爱、民主、公正、法治等理念,为资本主义的制度文明和思想意识形态奠定了理论基础。

孟德斯鸠是资产阶级社会政治哲学的创始人,他提出的三权分立学说和政治自由的原则成为欧美各国资产阶级的治国纲领,其影响是世界性和历史性的。孟德斯鸠分析了历史上出现的各种政体,对于封建专制制度进行了坚决的批判。他在分析了各种政体的性质、动力原则及其腐化之后,进一步阐发了如何去建立一个具有政治自由的国家,认为政治自由只在宽和的政府中存在,政治自由只有依靠法律来保证。要实现政治自由,首先就要防止权力的滥用,"要防止滥用权力,就必须以权力约束权力",孟德斯鸠提出了三权分立、权力制衡的思想。孟德斯鸠对法进行了全面研究,把法放在各种关系的总体联系中来考察,认为法和一个国家的政体、气候、土壤、生活方式、风俗习惯及宗教有着密切的关系,这诸多因素的关系的总和称作法的精神,只有体现了法的精神的法律才是合理的法律。一个国家的法律必须与其特殊的法的精神相一致,不能机械地套搬别国的法律。

伏尔泰批判封建制的不平等,把平等看作是人的自然权利,人人在法律面前平等,一切人都有同等的公民权利,平等是最自然的东西,人人生来就是平等的。在国家政体问题上,伏尔泰坚决反对封建专制,认为专制政体的根本缺陷就是专断,国王是暴君,为所欲为,人民没有自由,伏尔泰对英国的君主立宪制大为称颂,极力主张开明君主政体,伏尔泰是一个社会改良主义者,力图按照自然和理性的原则改造社会,希望有一位受过启蒙思想教育的君王"哲学王"来统治国家,保护启蒙运动和启蒙运动者,解决启蒙任务,实现他所制定的改良纲领。伏尔泰是历史哲学的奠基人之一,他有着丰富的历史哲学的思想,主张文明多元论,反对基督教文明和欧洲文明中心论。伏尔泰认为,历史应该全方位地反映人类文明,而不是政治、军事的斗争史,不是帝王、英雄的个人史。人类历史不是纯粹偶然性的集合,而是服从客观规律的。人类的历史是人的意志和激情相互作用的历史,人们在自己的活动中服从于人类的行为的普遍动机。伏尔泰把历史看作是一个不断变化、发展的过程,在历史中,风俗习惯、政体法律都将发生变化,不变化的东西是没有的,人类历史是不断进步的,历史是一个善与恶、理性与无知的无止境的斗争过程。

卢梭是最激进的启蒙思想家,一位民主主义者,他的自由、平等和人民主权的思想成为法国大革命中雅各宾派的直接思想武器和战斗旗帜。他不仅和孟德斯鸠、伏尔泰一样对封建制度和宗教神学进行无情的批判,而且还进一步对资本主义制度本身进行了批判。正当其他启蒙思想家为理性、文明和进步高唱赞歌之时，卢梭却敏锐地洞察出自然和文明的对立，揭露出了文明社会人的异化和道德沦丧，人越来越不认识自己这一历史的悖谬。他以自然法理论为基础，揭示了人在自然状态下的平等，私有制产生了社会的不平等，社会的进步和发展又使不平等加深和恶化，封建制度是不平等的顶点，从而提出了从不平等走向新的平等的要求，为资产阶级革命提供了重要的理论武器。卢梭设想通过社会契约建立起来的国家，是以人民主权为基础的资产阶级民主共和国，是一种真正的社会状态，它要比自然状态高级得多，人类的社会发展的否定之否定阶段。

孔狄亚克追随17世纪英国哲学家洛克的唯物主义经验论，对人类的理智即理解力作了专门的探讨，建立起经验主义的认识论体系，批判17世纪的一切形而上学的哲学体系，为百科全书派的唯物主义者提供了理论基础和思想武器。

爱尔维修哲学的中心是人。他要研究人心、人的情感和人的幸福，他所建立的哲学是一种人学和道德学体系，他以肉体的感受性为基础提出了功利主义的伦理学和教育万能论、人是环境的产物等充满着启蒙精神的学说，是历史唯物主义的重要理论来源。

孟德斯鸠；伏尔泰；卢梭；社会政治哲学；政体的分类；三权分立；法的精神；自由与平等；历史哲学；科学与艺术；人类的不平等；社会契约论；人民主权；感觉；经验分析方法；肉体的感受性；环境决定论；认识教育的产物

法国资产阶级是一个成熟的阶级，它们形成了一套与自己的阶级地位相适应的意识形态。这种先进的意识形态成为法国大革命的理论先导，它鼓舞和指导着法国资产阶级走向胜利。如果在1789年的大革命前，没有孟德斯鸠、伏尔泰、卢梭等启蒙思想家在社会政治领域，没有拉美特里、孔狄亚克、爱尔维修、霍尔巴赫和狄德罗等唯物主义的哲学家在思想文化领域内进行的伟大革命——启蒙运动——法国大革命要想取得胜利是不可能的。

18世纪的法国启蒙哲学将上一个世纪的哲学所确立的理性主义变成一种现实的政治原则。理性主义成为他们反对封建意识形态、勾画新社会蓝图的标尺。理性成为衡量一切事物的标准，以往的一切都要在理性的法庭面前接受审判。用理性代替神的启示，用人的自然光明去代替盲从和迷信。

启蒙哲学家举起理性旗帜，主要目的是反对作为封建统治阶级意识形态的宗教神学,剥去它为法国封建制度所包裹的神圣外衣。法国启蒙哲学不仅反对宗教神学,而且还反对作为宗教神学的理论根据的一切形而上学。17世纪的理性主义哲学是和思辨的形而上学体系结合在一起的,并以证明上帝存在和灵魂不朽为对象,它们成为宗教神学的理论基础。18世纪的哲学家继承了17世纪的理性的精神,但是要剥离和批判它的思辨形而上学的理论特征,把为神学作论证的工具变成批判神学的武器。

　　启蒙思想家所勾画的"理想"的社会——即自由、平等、正义的社会,作为他们的社会政治哲学基石的自然法理论体现的就是理性主义原则。法国哲学是以研究人和社会为重点。它建立了系统完善的社会政治哲学和法哲学,开启了历史哲学和文化哲学,将自由、平等、民主、法治、博爱确立为资产阶级的政治理念和核心价值观,为人类的政治文明和制度文明作出了重要贡献。

　　在认识论方面,法国启蒙哲学继承了唯物主义经验论的基本原则,使经验论的研究更加深入和具体化,孔狄亚克、爱尔维修、狄德罗都是从洛克哲学出发,同时又在一定程度上克服了洛克哲学的主观唯心主义和二元论的倾向,并且使经验论更加深入和丰实。孔狄亚克对人类认识的起源和人类思维的具体过程作了深入细致的研究;爱尔维修将经验论和感性论的原则运用到道德伦理领域,提出了功利主义的伦理学;狄德罗提出了要将经验、理性和实验三者结合起来的认识论原则。这些都比17世纪的唯物主义经验论大大前进了一步。

第一节　孟德斯鸠论法的精神

　　查理—路易·德·色贡达·孟德斯鸠男爵(Charles-Louis de Secondat, Baron de Montesquieu, 1689—1755)是资产阶级社会政治哲学的创始人,他提出的三权分立学说和政治自由的原则成为欧美各国资产阶级的治国纲领,其影响是世界性和历史性的。

　　孟德斯鸠1689年1月18日生于波尔多(Bordeaux)附近的拉布雷德(Labrède)贵族庄园。祖父是波尔多法院院长,由于父亲不是长子,而由伯父承袭了祖辈的爵位和封地,父亲在军中供职。伯父去世,他继承了伯父波尔多法院院长的职位和孟德斯鸠男爵的头衔。10年的官宦生涯使他目睹了路易十五时期的腐败朝政和种种社会流弊,同时他作为一名工商业者(他还经营了葡萄、酿酒业,产品远销英国),切身感到专制制度对制造业和商业的严重阻碍。因而在法院工作之余,博览群书,吸取各方面的知识,除了研究自然科学外,并以更大的热情和兴趣研究法律、历史、哲学和其他人文科学,探求社会的发展规律和改变法国社会状况的出路。

1721年孟德斯鸠化名彼尔·马多(Pire Mateau)发表了他的第一部著作《波斯人信札》(Lettres Persanes)。该书是一部书信体小说,描写一位波斯贵族于斯贝克(Usbek)出游法国时和他朋友、妻妾和阉奴的通信,通过一位异邦人来到巴黎后的观感,通过一连串的故事,讨论了国家、教会、国王和社会生活等问题,对当时法国封建社会下的种种弊端和社会习俗进行了辛辣的讽刺。此书揭露了路易十四的残暴和荒淫以及在他统治下的法国社会的颓败堕落,嘲笑了宗教的虚伪和上层教士的放荡,尖锐地攻击了专制王权,借论述英国的情况而提出了反抗王权的主张,要求恢复人的天然自由。在这里,孟德斯鸠把社会道德看作是比政治制度更能实现人民幸福的重要条件,认为自由是人类生存的最高利益,"美妙的自由"是符合理性、人性和本性的。

除《波斯人信札》之外,在18世纪20年代孟德斯鸠还出版了《尼德的神殿》(Le Temple de Gnide)和《帕福斯游记》(Voyage à Paphos)等两篇反映当时艺术时尚的轻佻的文艺作品。《波斯人信札》的出版在法国社会引起了极大的轰动,孟德斯鸠也因此蜚声文坛。而同时也引起封建统治阶级的嫉恨,法国国王路易十五就曾为此而拒绝批准孟德斯鸠为法国科学院院士,后来颇费周折,直到1728年他才被选入法国科学院。

1726年孟德斯鸠卖掉了波尔多法院院长的职位,得到一笔巨款后迁居巴黎,潜心研究学问。1728年当选科学院院士后就开始了三年的国外游历考察活动,先后到过意大利、奥地利、瑞士、荷兰和英国,其间在英国逗留了两年,结识了许多名人学者如休谟等人,并被推选为英国皇家学会会员,受到了洛克的分权学说的影响。通过对各国的政治制度和风土人情的比较研究,使他感到英国实行的君主立宪制度是一种最好的制度,应该成为法国进行社会改革的榜样,这次为期三年的考察活动使孟德斯鸠确立了自己的政治观点,并初步确立了他的思想体系。

1734年孟德斯鸠发表了他的历史哲学著作《罗马盛衰原因论》(Considérations sur les Causes de la Grandeur des Romains et de Leur Décadence)。在该书中他第一次提出了政治法律是国家盛衰的决定性因素的理论,通过古代罗马兴盛和衰落的进程探索了历史演变更替的原因,指出罗马共和时期之所以兴盛,是因为政治开明、有着良好的法治、君主贤明、刑法宽松、土地平均分配,因此民风淳厚,公民都有着善良的品德;罗马帝国之所以走向衰落和灭亡,是因为实行君主专制。内施强暴,外事侵略,国无法纪,因而世风日下,道德沦丧,不能不亡。孟德斯鸠通过罗马的盛衰揭示出人类社会不是静止不变的,它有其自身的演变规律,政治法律制度对于社会演变起着决定性作用。

经过近 20 年的研究,1748 年孟德斯鸠出版了他的杰作《论法的精神》(严复译为《法意》,*L'Esprit des Lois*),该书全面系统地研究了哲学、法律、社会、历史和经济等问题,全面地展示了他自己的政治哲学体系。《论法的精神》出版后,受到了极大的欢迎,两年内连续印行 22 版,并很快被译成多种外文。伏尔泰把这部著作尊称为"理性和自由的法典"①。然而,由于书中对封建专制制度和教会进行了揭露和批判,引起了封建反动势力和教会的极端仇视,甚至把它列为禁书。

孟德斯鸠这位启蒙运动的主要代表人物,1755 年 2 月 10 日病逝于巴黎。

一、政体的分类及其动力原则

孟德斯鸠认为,在历史上有三种政体,即共和政体、君主政体、专制政体。这三种政体的区别就在于:

> 共和政体是全体人民或仅仅一部分人民握有最高权力的政体;君主政体是由单独一个人执政,不过遵照固定的和确立了的法律;专制政体是既无法律又无规章,由单独一个人按照一己的意志与反复无常的性情领导一切。②

如果按照执政人数的多少来划分,共和政体可进一步分为民主政治和贵族政治,民主政治即由全体人民执政的共和国;贵族政治即由一部分人执政的共和国。君主政体和专制政体都是由一个人执政,它们的区别就在于君主是按照法律行事还是按照个人的意志行事。在各种政体中,孟德斯鸠认为民主制、贵族制和君主制都是合理的政体,而专制政体是不合理的,必须否定和批判的。

孟德斯鸠要从上面这三种政体的政体性质或曰本身的构造中自然而然地推衍出三种政体的原则或曰使政体行动的动力,这些政体原则贯穿在政体之中,指导一切,推动一切。每一种政体总有一种原则占主导地位,而其

---

① 转引自阿尔塔莫诺夫(С. Артамонов):《伏尔泰传》,张锦霞、苏楠译,北京:商务印书馆 1987 年版,第 11 页。
② 孟德斯鸠:《论法的精神》上册,张雁深译,北京:商务印书馆 1987 年版,第 8 页。

他原则作为从属成分也存在于其中。

共和政体下的动力原则是品德。这种品德首先表现为爱共和国,这是人皆有之的一种情感,对祖国的爱导致风俗纯良,风俗纯良又反过来导致对祖国的爱。"在民主政治之下,爱共和国就是爱民主政治,爱民主政治就是爱平等。"①爱平等,就是使每一个公民把对国家的积极奉献看作是最大的愿望和快乐,虽然每一个国民对国家的服务在量上不完全相等,但是他们应该以平等的地位为国家服务。

在贵族政治下,它的品德就是宽和的精神,它的地位就像平等的精神在民主政治中的地位一样,因为在贵族政治下,财富是很不平等的,虽然它对品德的需要没有民主政治那么多,但仍然需要品德,以品德为基础的节制是贵族政治的灵魂,贵族政治越是接近民主政治,便越是完善。贵族政治越接近于君主政治,就越不完善。

君主政体的动力原则是荣誉。荣誉就是每个人的每个阶层的成见,他们要求要有优越地位、品级,甚至高贵的出身,即要求优遇和高名显爵。在君主政体中,荣誉取代了政治品德而成为社会的动力。荣誉促使野心的滋生,而野心给君主政体注入了活力。"荣誉推动着政治机体的各个部分;它用自己的作用把各部分联结起来。这样当每个人自以为是奔向个人利益的时候,就是走向了公共的利益。"②君主也是依据法律而不是个人的意志来统治国家。

专制政体的动力原则是恐怖。在专制国家里,除暴君外,人人都是奴隶,没有人能够认为比别人优越,暴君不能容忍荣誉的存在,他要用恐怖去压制人们的一切勇气,去窒息一切野心。在专制的国家里要求绝对服从,国民的生命,包括贵族们的头颅,就由君主一时意欲的裁判。君主反复无常的意志取代了法律,绝无所谓调节、限制、和解、条件、等值、商谈、谏诤等东西可言。恐怖就是镇压,残暴的统治,如果没有庞大的军队,江山连一个月都难以保证。

在这里孟德斯鸠赞美和颂扬了君主政体,指出了它有很多优点。首先,君主政体和共和政体相比较有一个显著的优点,就是"施政的敏捷",由于是一人执政,事务由一个人指挥,执行想来较为迅速,但是这种迅速并不是轻率,而是按照法律办事。其次,君主政体和专制政体相比较有一个显著的优点,就是"中间权力"的存在。在民主和人民中间有一个中间阶层,行使

① 孟德斯鸠:《论法的精神》上册,张雁深译,北京:商务印书馆1987年版,第41页。

② 同上书,第25页。

权力的中间渠道,他们可以避免君主和人民走极端,这一批"明智而有权威的人们"采取温和手段同商议解决的办法,改正弊端,一旦国内发生骚乱,也不会像专制国家那样爆发革命。再次,君主政体中的宽宏大量在专制政体中是找不到的,因为在专制政体中君主自己没有这种伟大的品质,更不能影响社会。

在论述专制政体的原则时,孟德斯鸠对封建专制制度进行了全面批判。孟德斯鸠对于专制政体中种种弊端的揭露和批判,其全面性和深刻性可以说是其他启蒙学者无法相比的。孟德斯鸠指出,专制政体的原则是不断在腐化的,因为这个原则在性质上就是腐化的东西,专制政体的灭亡是由其内部固有的缺点所造成的。而共和政体和君主政体的最大危险莫过于堕落为专制政体。首先,在共和政体的民主政治中,其政治原则的腐化表现为平等精神的丧失和极端平等精神的出现。每一个人都要同他们所选举的领导人平起平坐,共和国里不再有品德。人民从自由中索取的东西越多,他们就越接近丧失自由,而变成许许多多的暴君。其实极端平等与真正的平等有着天壤之别,"平等的真精神的含义并不是每个人都当指挥或是都不受指挥;而是我们服从或指挥同我们平等的人们。这种精神并不是打算不要有主人,而是仅仅要和我们平等的人去当主人"①。因此,民主政体应该避免两种极端,就是不平等的精神和极端平等的精神。就贵族政治而言,如果贵族们的权力变成了专横,不遵守法律,那就腐化为暴君统治的专制国家,当贵族成为世袭的时候,贵族政治的腐化就已到了极点。其次,君主政体原则的腐化表现在:君主完全凭个人意志办事,事必躬亲,把全国的事集中在首都,把首都的事集中在朝廷,把朝廷的事集中在自己一身,并且误解了自己的权威、地位和人民对他的爱戴。大人物丧失了人民的尊敬而成为专横权力的卑鄙的工具,卑鄙的人们从奴颜婢膝中获至显贵并引以为荣,他们认为只对君主负有义务而对国家不负任何义务时,君主政体就腐化为专制政体了。

从孟德斯鸠对于三种政体的性质和原则的阐述和分析中,可以十分清楚地看出他的政治观点。他把平等看作是民主制共和国的灵魂,不过平等是指在维护私有财产的基础上,在法律面前人人平等,而不是大家平等地享受私有财产,相反,私有财产是不能侵犯的。他颂扬了君主制,但他并不是要建立古典的君主政体,而是把英国的议会制和君主立宪看作是法国应当效法的理想范型,实行以法制为基础的开明君主专制体现了资产阶级对封建贵族的妥协性。他对封建专制制度进行了深入的剖析,但并没有看到封

---

① 孟德斯鸠:《论法的精神》上册,张雁深译,北京:商务印书馆1987年版,第114页。

建专制国家的阶级实质,没有看到专制政体正是封建阶级利益、阶级意志的体现,仅仅从国家政权结构形式上把它看作是一种没有法制的恶劣政体,好像是没有法制是专制的原因,而没有看到恰恰相反,是封建专制不需要法律。孟德斯鸠更多地从社会政治制度去剖析封建专制国家的实质,而没有从阶级关系、生产力生产关系的矛盾去剖析封建社会,因而把封建专制社会的产生归结为是暴君们的疯狂所造成的历史不幸。因而他对人类社会的分析只能是一种历史唯心主义。不过,从上面可以看出,孟德斯鸠的政治观点体现出了法国资产阶级的政治要求,它为行将发生的大革命指引着方向。

二、政治自由与三权分立

孟德斯鸠在分析了三种政体的性质、动力原则及其腐化之后,进一步阐发了如何去建立一个具有政治自由的国家。喜爱自由是人类天性,而在专制政体下是无自由可言的,有的只是恐怖。民主政治和贵族政治的国家,在性质上也不是一个自由的国家,政治自由只在宽和的政府中存在。政治自由只有依靠法律来保证。

何谓自由呢?政治自由并不是愿意干什么就干什么。"在一个国家里,也就是说,在一个有法律的社会里,自由仅仅是:一个人能够做他应该做的事情,而不被强迫去做他不应该做的事情。"[1]"自由是做法律所许可的一切事情的权利;如果一个公民能够做法律所禁止的事情,他就不再有自由了,因为其他的人同样会有这个权利。"[2]自由和守法是相辅相成的,自由首先是通过法律来保证的,如果没有法律就没自由,如在封建专制制度下就是如此;同时,自由又要守法,自由不是想干什么就干什么,去干法律上所禁止的事情,不守法也无自由可言。

对于政治自由应该从两个方面去考察,因为政治自由一方面和政治体制相关联,另一方面它又和公民相关联。"在前一种场合,政治自由是通过三权的某种分野而建立的。"在后一种场合,"政治自由的关键在于人们安全,或是人们认为自己享有安全"。[3]

从政治自由和政治体制相关联的角度来讲,要实现政治自由,首先就要防止权力的滥用。一切有权力的人都容易滥用权力,这是一条万古不变的经验。"要防止滥用权力,就必须以权力约束权力"[4],好像给一种权力添加

---

① 孟德斯鸠:《论法的精神》上册,张雁深译,北京:商务印书馆1987年版,第154页。
② 同上。
③ 同上书,第187页。
④ 同上书,第154页。

重量,使它能够和另一种权力相抗衡。在此孟德斯鸠提出了三权分立、权力制衡的思想。

"每一个国家有三种权力:(一)立法权力;(二)有关国际法事项的行政权力;(三)有关民政法规事项的行政权。"①即立法权、行政权和司法权。立法权具体体现为制定临时或永久的法律、修正或废止已制定的法律;行政权体现为对外宣战或媾和、派遣或接受使节、维护公共安全、防御侵略;司法权表现为惩罚犯罪或裁决私人诉讼。这三种权力必须分开、相互独立,分掌于不同的人、不同的机关手中,使它们相互制约,保持平衡,这样才能建立起政治自由的国家。

立法权力代表国家的一般意志,在一个自由的国家里,立法权应该由人民集体享有,应该由人民自己来统治自己。人民通过他们的代表来参与立法。立法机关的成员不应广泛地从全国人民中选举产生,而应在每一个主要地域由居民选举一名代表。代表们有能力讨论和决定事情,而人民是完全不适宜于讨论事情的,他们的能力只限于选举代表。代表们不必在每一件事情上再接受选民的特别的指示,因为这样会使事情无限拖延。在一个国家里,那些以出身、财富和荣誉著称的贵族参与立法的程度,应该和他们在国家中所享有的其他利益成正比例,"贵族团体和由选举产生的代表平民的团体应同时拥有立法权。二者有各自的议会、各自的考虑,也各有自己的见解和利益"②。这就是立法机关分为贵族院和众议院,两院同时拥有立法权,贵族和平民这两个集团都有权制止对方侵犯自己。在立法机关中贵族集团即贵族院的存在,有利于调节立法权和行政权。由于贵族的世袭权力容易被用来追求私利而忘记平民的利益,因而在立法问题上他们应该只有反对权,而不应该有创制权,即只有取消别人所作决议的权利,而没有制定法令或修改别人所制定的法令的权利。

行政权是执行国家的意志,"行政权应该掌握在国王手中,因为政府的这一部门几乎时时需要急速的行动,所以由一个人管理比由几个人管理好些"③。由国王一个人执掌行政权,便于迅速处理国家事务。行政权应根据它所了解的情况规定立法机关会议的召集时间和期限,并有权制止立法机关的越权行为,以防止立法机关变成专制机关。然而,立法机关不应当有对等的钳制行政权的权力,不过它却有并应该有权力审查它制定的法律的实施情况,但无论怎样审查,立法机关都不应有权力审讯行政者本身,因为行

---

① 孟德斯鸠:《论法的精神》上册,张雁深译,北京:商务印书馆 1987 年版,第 155 页。
② 同上书,第 159—160 页。
③ 同上书,第 160 页。

政者本身应该是神圣不可侵犯的,这种不可侵犯性对于防止立法机关趋于专制也是很必要的。行政权仅能通过"反对权"而参与立法,而不能参加立法事项的辩论。在决定国家税收等立法问题上,它有表示同意的权利而无决定权。另外,军队应直接听命于行政机关,而不听命于立法机关,因为军队的性质就在于要迅速地采取行动而不是大发议论。

　　司法权应归法院来行使,而法院不是一个永久性的团体,它是不固定的,而是每年由人民阶层中选举出来的人员组成的。法院虽不固定,判例则应该固定,以便做到裁判只能是法律条文的准确解释,而不是法官的私人意见。法官应该与被告人处于同等地位或是他们的同辈人,不至于使被告觉得他是落入倾向于用暴戾手段来对待他们的人的手中,即使在控告重罪的场合,也应允许罪犯依照法律选择法官或要求某些法官回避。一般说来立法机关不应有司法权,但也有例外,在特殊情况下,立法机关也享有司法权,如为了保证显贵不受平民的侵害,贵族不应该被传唤到国家的普通法院,而应被传唤到立法机关由贵族组成的那部分即贵族院去受审。贵族院还可以缓和法律的严峻。另外,如果某个公民在公务上侵犯了人民的权利,犯了普通法官所不能或不愿惩罚的罪行,这时立法机关作为利害一方、作为原告,它不是向比它低的、同样由人民组成的法院提出控告,这时为了保持人民的尊严和被告人的安全,立法机关中代表平民的部分即众议院应向贵族提出控告,由它来进行裁决,因为它与众议院无利益冲突,这样就可避免人民既是法官同时又是控告者。

　　孟德斯鸠反复强调,以上三种权力必须分开,国家才有政治自由之可言,否则,君主政体便蜕变为专制政体。首先,立法权和行政权必须分开。"当立法权和行政权集中在同一个人或同一个机关之手,自由便不复存在了;因为人们将要害怕这个国王或议会制定暴虐的法律,并暴虐地执行这些法律。"①其次,司法权必须和立法权和行政权分开。

　　　　如果司法权不同立法权和行政权分立,自由也就不存在了。如果司法权同立法权合而为一,则将对公民的生命和自由施行专断的权力,因为法官就是立法者。如果司法权同行政权合而为一,法官便将握有压迫者的力量。②

----

① 孟德斯鸠:《论法的精神》上册,张雁深译,北京:商务印书馆 1987 年版,第 156 页。
② 同上。

如果这三种权力集中在一个人或同一个机关之手,则一切都完了,这将是一个十足的专制政体。孟德斯鸠认为,从古代罗马共和国的经验和英国君主立宪制的现实来看,三权分则国运兴,三权合则国运衰。

政治自由仅靠三权分立还不够,这仅仅是一种最基本的法律,还必须有一些具体的法律,使公民实现事实上的自由。如果从政治自由同公民的关系来看,它必须使公民享有安全或至少使他们自己相信有安全。公民的安全或安全感,或曰公民的个人自由,体现为人身自由、财产自由、贸易自由、信仰自由、思想自由、言论自由和出版自由,不仅刑法、民法有利于产生这些自由,就是风俗、规矩和惯例都能够产生自由。而且一个自由民族的习惯就是他们自由的一部分,孟德斯鸠认为,英国公民享有独立意志,享有自由,就是他们的特殊的民族性格和风俗习惯所产生的结果。

三、法 的 精 神

孟德斯鸠对法进行了全面研究,把法放在各种关系的总体联系中来考察,认为法和一个国家的政体、气候、土壤、生活方式、风俗习惯及宗教有着密切的关系,这诸多因素的关系的总和称作法的精神,只有体现了法的精神的法律才是合理的法律。一个国家的法律必须与其特殊的法的精神相一致,不能机械地套搬别国的法律,"如果一个国家的法律竟能适合于另一个国家的话,那是非常凑巧的事"①。孟德斯鸠关于法的基本理论,是他整个社会政治哲学的基础。

对于法的基本规定孟德斯鸠说:

> 从最广泛的意义来说,法是由事物的性质产生出来的必然关系。在这个意义上,一切存在物都有它们的法。上帝有他的法;物质世界有它的法;高于人类的"智灵们"有他们的法;兽类有它们的法;人类有他们的法。②

可见,孟德斯鸠是从广义上把"法"理解为规律、规则、法则,因为"Loi(law)"一词本来就有规律、规则、法则、法律、法等多层含义。既然法就是事物规律,因而它是事物本身所固有的,是由事物的性质产生来的必然关系,一切事物都有其法,也可以说法支配着世界上的一切事物以及天使和上

---

① 孟德斯鸠:《论法的精神》上册,张雁深译,北京:商务印书馆1987年版,第6页。
② 同上书,第1页。

帝。因此,可以说,法是一种根本的理性,人类的法就是人的理性,法就是理性和各种事物的关系及各种事物之间的关系。

物质世界的一切运动和变化都有其固定不易、确定不移的规律,在差异中有其同一性,在变化中有其永恒性,如果没有规律它们就不能生存。人,作为一个"物理存在物"来讲,他和一切物体一样,受不变的规律支配。但人同时又是一个"智能的存在物",个别的智能存在物受其本性的限制,常常会犯错误,不仅不遵守客观的规律,甚至还违背或更改自己所制订的规律、法则。因此,有自由意志、能独立行动的人,即智能的世界,并不像物理世界那样永恒不变地遵循自己的规律。人并不一定能够按照根本的理性,即他所理解的规律,制定和执行法律,制定了法律自己也不遵守。

法,分自然法和人为法两大类。自然法是人类在前社会状态即"自然状态"下所接受的规律,它们渊源于我们生命的本质,即自然本能,是从人类的本性中派生出来的。自然法有四条,即:和平,寻求食物,相互间的自然爱慕,愿望过社会生活。在自然状态下人类依据自然法而生活,可以说自然法是永恒的公道关系,是人类固有的规律。人类进入社会状态之后,失去了先前的自卑感和软弱,意识到了自己的力量,于是产生了国与国之间的战争和人与人之间的战争,这两种战争状态是人为法产生的原因。人为法有三种:在不同人民之间建立起来,用以处理民族关系的法律是国际法;在一个国家内处理统治者和被统治者之间关系的法律是政治法;处理一切公民之间关系的法律就是民法。如果说法律是人类理性的话,每个国家的政治法和民法就应该是人类和本国的特殊情况相结合。一个国家的法律应该和本国的国情相符合。法律和一个国家的政体、气候、土壤、民族精神、宗教信仰有着密切的关系,这些关系综合起来就构成所谓"法的精神"。

法律同各种政体的关系　历史上存在着三种政体,即共和政体、君主政体和专制政体,政体的性质和原则对于法律产生着极大的影响,法律就是从这些政体原则中引申出来的,如同水从源泉中流出来一样。就共和政体的"民主政治"而言,是由人民通过选举产生最高统治者,只有人民可以制定法律。其基本法律就是建立投票权利,规定投票方式的法律;共和政体中的"贵族政治"是一部分人拥有最高权力,他们制定并执行法律。在君主政体里,有一个制定法律、颁布法律并监督法律实施的政治团体,它是法律的保卫机构,君主是最高的统治者,但必须依照确定的法律来执政。而专制政体则没有任何基本的法律和任何法律保卫机构,君主是按照自己个人的意志和反复无常的性情去执政,他的意志就是法律。

法律同气候的关系　孟德斯鸠认为气候对于人的精神气质和内心情感

产生着很大的影响,从而间接影响到法律。他说:"如果精神的气质和内心的感情真正因不同的气候而有极端差别的话,法律就应当和这些感情的差别以及这些气质的差别有一定的关系。"①他认为,人们在寒冷气候下,有较充沛的精力,有较强的自信和较大的勇气,气情直爽,较少猜疑、策略与诡计。炎热的地方,使人心神萎靡软弱、失望和怯懦。在寒冷的国度,人们对快乐的感受性很低,在炎热的国家中,人们对快乐的感受性极端敏锐,因而使得由同样演员演出的同一剧本在不同国度的观众中会产生极为不同的效果。这就是要求制定出与特定气候环境所造成的特殊国民性相适应的法律。法律应该和气候抗争,不和气候的弱点抗争的立法者是坏立法者。例如,热带的气候使人不愿意从事农业运动,"气候越要使人类逃避这种劳动的时候,这个国家的宗教和法律便越要鼓励人们去从事这种劳动"②。"如果要战胜气候产生的懒惰,法律就应该努力消除一切不劳动而生活的手段。"③

不同国家有关法律的制定,应当根据气候的"自然原因"。便如穆罕默德(Muhammad,约570—632)禁止饮酒的法律是出于阿拉伯气候的法律,但这种法律对寒冷国家是不适宜的,那里的气候使全国人在一定的程度上都有爱好饮酒的习惯。婚姻制度也是如此,气候炎热的地方,两性间存在着天然的不平等,女子早婚,导致男人的多妻制;气候温和的地方,男子都是在适中的年龄成婚,法律便规定了一夫一妻制,在欧洲,婚姻法规定一夫一妻。

法律和土壤、疆域和谋生方式的关系 孟德斯鸠认为,土地贫瘠,使人勤奋、俭朴、耐劳和适宜于战争,土地膏腴使人因生活宽裕而柔弱、怠惰、贪生怕死。一般说来,土地肥沃的国家常常是"单人统治的政体",土地不太肥沃的国家常常是"数人统治的政体"。一个民族居住的地域的大小同其政治制度有其密切的关系。小国宜于共和政体,中等国家宜于君主政体,大帝国适宜于专制政体。多山的国家,保存着比较宽和的政体,因为他们不那么容易被征服。肥沃的平原,容易受到强者的征服,一经屈服,自由的精神便不复存在。岛屿的人民比大陆的人民爱好自由,海洋使他们和大的帝国隔绝,暴政不能够向那里延伸。

法律同民族精神、风俗、习惯的关系 一个民族的一般精神是由多种因素构成的,它包括气候、宗教、法律、施政的准则、先例、风俗、习惯等。但在不同的国度中,这些因素所起的作用不同,当一种因素作用强烈时,其他因

---

① 孟德斯鸠:《论法的精神》上册,张雁深译,北京:商务印书馆1987年版,第227页。
② 同上书,第232页。
③ 同上书,第233页。

素的作用便相应地被削弱。国家的立法者在制定有关法律时,应注意不变更一个民族的一般精神。在不违反政体原则的限度内,遵从民族的精神是立法者的职责。法律出自"特殊的制度",是制订出来的,而风俗是以人民"一般的精神"为渊源,由人们的感悟而生;风俗较为固定,近似于法律,想要推翻"一般的精神"、推翻风俗和礼仪,同推翻"特殊的制度"、推翻法律一样危险,甚至更危险。在专制的国家中尤为如此,因他们没有法律,风俗和礼仪实际就是法律。

风俗和习惯是通过"自然的方法"而产生,也只能通过"自然的方法"去改变。它们不是由立法者建立起来的,也不应该用法律去改变它们。各族人民对于自己的原有习惯总是恋恋不舍的,因此,不能靠法律的干扰、靠暴力去改变一个民族的习惯,只有靠引导,用新的风俗习惯去改变旧的风俗,是依靠他们自己去改变。如果统治者想在国内进行重大变革的话,一个基本原则就是:应该用法律去改变法律所建立的东西,用习惯去改变习惯所确定的东西。

但是,并不是说法律和风俗习惯是不能相互影响的。一个国家的法律是依据该国特殊的风俗习惯而建立的,也随着风俗习惯的改变而改变。在历史上也不乏因风俗已经发生了变化、法律因此也被删除的例证。不仅法律随风俗而变,同样,风俗也会随法律而易。

法律同宗教的关系　孟德斯鸠批判了贝尔的无神论思想,认为宗教对社会是有益的,既可以限制人民,也可以限制君主,特别是当他们不畏惧法律时宗教是唯一约束他们的缰绳。法律和宗教有着共同的目标,并且在功能上可以互补。

> 宗教和法律主要的倾向应该是使人成为好公民,所以如果其中有一方面背离了这个目标,另一方就更应坚持。宗教的约束越少,法律的约束就应越多。①

反之亦如此。当宗教出现谬误时,如建立了有伤贞操的礼仪,法律就应该加以纠正;当法律力量微弱的时候,宗教能够支持国家;当一个国家出现冲突的事情,宗教应该提供许多调解的途径。

由于宗教和国家的政治体制和法律保持着密切的联系,一个国家的宗教也是不能随便改变或输入的,不然会引起激烈的社会震荡。一个君主如

---

① 　孟德斯鸠:《论法的精神》下册,张雁深译,北京:商务印书馆1987年版,第147页。

果想改变国内占主导地位的宗教,他将处于极危险的境地。各国的法律要为正确处理政体和宗教的关系服务,要使宗教和国家政体相协调,"如果一国的法律认为应该容忍好几种宗教的话,那么法律也就必须要求这些宗教互相容忍"①,实行宗教宽容。正像不能用暴力去改变风俗习惯一样,对于宗教也应避免用刑法。要想变更宗教,诱导比刑罚更为有力。以上这些不仅表现孟德斯鸠的法律思想,同时也体现出了他的宗教态度。

孟德斯鸠把法律放在同自然的和社会的事物的各种联系中来研究,说明古往今来一直存在着决定或影响法律内容和性质的多种因素,并力图从这些因素的联系中得出一些规律性的原则来,作为立法者立法的依据,立法的可能性和立法的范围都是由这些因素的相互关系所决定的。有的学者认为,孟德斯鸠的法的精神体现了一种适中宽和精神或政治妥协精神,反对立法者走极端,主张中庸之道;这种观点也不无道理。因为孟德斯鸠深受亚里士多德政治学说的影响,认为政治的善和道德的善一样是处在两极之间。孟德斯鸠从自然、社会诸多因素的相互关系中引申出法律原则,强调国家的社会政治体制必须与法的精神相一致,这一思想是极其光辉的。

但是,孟德斯鸠在讲法时将"规律"和"法律"这两个性质完全不同的概念混同了。"Loi(law)"一词确实有规律和法律两重含义,但是前者属于自然的,后者属于社会。规律是指世界物质事物之间的必然关系,是客观存在的、永恒不变的,而法律是由人确立的,是统治阶级的意志的体现,它们是暂时的、可变的。孟德斯鸠说法是由事物的性质产生出来的必然关系,一切存在物都有它们的法,这就把法律和自然规律相混淆了,因而是不科学的。

孟德斯鸠特别强调气候、土壤、疆域、地理位置等自然因素对社会政制和法律的影响,是一个地理环境决定论者。我们认为,地理环境是人类生存发展和社会物质生活的必要条件之一,对于社会的发展必然产生一定的影响,这种影响的程度是随着社会生产力水平的变化而变化的,不过它绝不是占主导地位或起决定作用的,它既不能决定国家社会制度,也不能改变社会的发展方向。

孟德斯鸠的政治自由原则和三权分立学说,对西方资产阶级政治制度的建立具有巨大的意义,它们被写进了法国1789年的《人和公民的权利宣言》(*Déclaration Universelle des Droits de l'Homme et des Citoyens*),并且在1791年用宪法的形式加以确定。美国的早期政治领袖如杰弗逊(Thomas Jefferson,1743—1826)、富兰克林(Benjamin Franklin,1706—1790)等人都十

---

① 孟德斯鸠:《论法的精神》下册,张雁深译,北京:商务印书馆1987年版,第166页。

分熟悉《论法的精神》,并将孟德斯鸠学说融贯到 1787 年颁布的《美利坚合众国宪法》(*Constitution of United States of America*)中,将他的分权理论变成了现实。孟德斯鸠政治学说对于中国资产阶级的革命产生过影响,早在戊戌变法时期,康有为在主张维新变法奏稿中就提出了三权分立的主张及其实施办法。梁启超在 1903 年出版的《近世欧洲四大家政治学说》中全面介绍了孟德斯鸠学说。孙中山在三权分立学说的影响下提出了"五权分立"的思想。1902 年中国曾出版《论法的精神》的第一部文言文译本,题为《万法精神》,1913 年严复的译本《法意》问世,从此孟德斯鸠学说为更多的中国人所熟知,对中国的思想界产生了长久的影响。

第二节 伏尔泰论自由和平等

伏尔泰(Voltaire,本名是 François Marie Arouet 弗朗索瓦·马利·阿鲁艾,1694—1778)是法国启蒙运动的泰斗和灵魂,是启蒙学者们公认的导师,他所走过的漫长一生,几乎跨越了整个启蒙时代,他利用他崇高的威望、广泛的社会影响和大无畏的斗争精神,推动着法国启蒙运动的发展并使其影响扩展到整个欧洲,他自始至终充当着这场启蒙运动的领袖。

伏尔泰 1694 年生于巴黎,父亲担任过法院公证人和地方金库官员,属于富裕的资产者。伏尔泰 10 岁进入贵族学校——耶稣会办的大路易(Louis-le-Grand)中学接受传统的教育。伏尔泰因为写了两首讽刺诗嘲讽刚刚上台的摄政王和他的女儿而被逐出首都八个月,接着又因他发表了讽刺诗《小孩的统治》(*Puero Régnante*)而使摄政王勃然大怒,1717 年 5 月被投进巴士底狱,囚禁达 11 个月之久。在狱中继续创作史诗《亨利四世》(*La Henriade*)并写出了他的第一部悲剧《俄狄浦斯王》(*Œdipe*),首次在剧本上署名"伏尔泰"。出狱后,该剧在巴黎上演,大获成功,为伏尔泰赢得了"法兰西最优秀诗人"的桂冠。

在英国的三年生活,是伏尔泰人生和思想发展的转折点。他考察了英国的社会政治制度,研究了洛克的唯物主义经验论的哲学,学习了牛顿的新兴自然科学,熟悉了英国的文学艺术,结交了许多知名学者和文学家。特别是伏尔泰对于法国的封建专制制度的切肤之恨,而在实行君主立宪的英国,伏尔泰呼吸到了新兴的自由空气,他将英法两国的政治、经济、文化等各方面进行了比较,颂扬了英国在社会制度和经济生活方面的优点和洛克、牛顿等人的科学文化成就,将其观感和心得写成《英国通信》(*Lettres Anglaises*,1734)——即《哲学通信》(*Lettres Philosophiques*)——一书,这是一部哲学和政治学的专著,其中包含了后来伏尔泰思想的全部要点,可以说这是伏尔泰哲学的一篇精彩的导言,它是伏尔泰思想走向成熟的标志。

伏尔泰自 1729 年从英国回到法国之后,他陆续写了像《查理十二世史》(*L'Histoire de Charles XII*,1731)、《路易十四时代》这样的历史巨著,也有《形而上学论》(*Traité de Métaphysique*,1734)、《恺撒之死》(*La Mort de César*,1735)、《浪荡子》(*Enfant Prodigue*,1736)、《穆罕默德》(*Mahomet ou le Fanatisme*,1741)、《梅洛普》(*Mérope*,1743)这样不朽的戏剧,更有《米克罗梅格》(*Micromégas*,1752)、《世界真相》(*Vision de Babouc*,1746)、《查第格或命运》(*Zadig ou la Destinée*,1747)以及《奥尔良的处女》(*Pucelle*,1729)、《摩登人物》(*Le Mondain*,1736)这些脍炙人口的哲理小说和哲学诗篇。

普鲁士国王弗里德里希二世(Friedrich Ⅱ,1712—1786,1740 年起在位)以"开明君主"自居,招贤纳士,在宫中会聚欧洲各路名流。早在 1740 年他就邀请伏尔泰去普鲁士做客,却被夏德莱夫人劝阻。在夏德莱夫人去世之后,1750 年弗里德里希二世更加极力邀请伏尔泰并在信中表现出极大的崇敬。伏尔泰在出任法国宫廷史官时受到的是路易十五的冷遇,而异国皇帝热情洋溢的邀请和吹捧使他受宠若惊,并且他还天真地相信在世界上可能有一个开明君主制度的王国,并相信作为哲学家的国王弗里德里希二世定能为本民族的利益而进行社会改革,成为这种王国的建立者,所以他愿意辅佐他推行开明君主专制。然而伏尔泰很快就觉察到他自己犯了一个大错误。国王之所以需要他,是因为蜚声欧洲的伏尔泰可以为他装潢门面,点缀他的宫廷,利用伏尔泰这样的能控制欧洲舆论界的权威来为他唱赞歌。弗里德里希二世根本就不可能推动启蒙运动的事业,伏尔泰从失望到与国王反目,最后(1752 年)离开了普鲁士,回到了那个一直不喜欢他的路易十五统治着的法国。

从普鲁士回到法国以后,他和以狄德罗、达朗贝尔为首的百科全书派保持着密切的联系,并热情地支持狄德罗的工作,为《百科全书》撰写了大量词条,这些词条后来结集为《哲学辞典》(*Dictionnaire philosophique*,1764)出版,内容涉及哲学、宗教、文学、美学和社会学等诸多方面。伏尔泰于 1762 年还编选出版了梅利叶的《遗书》摘要本,该书在社会上广为流传,对于批判基督教和封建专制制度产生了广泛的社会影响。这个时期他还出版了《风俗论》、《共和思想》(*Pensée sur l'Administration Publique*,1756)和《无知的哲学家》(*Le Philosophe ignoranr*,1766)等著作,哲理小说《老实人,或乐观主义》(*Candide ou l'Optimisme*,1759)、《耶诺与高兰》(*Jeannot et Colin*,1764)、《天真汉》(*L'Ingénu*,1767)和诗歌《咏里斯本的灾难》(*Sur le Désastre* de Lisbonne,1756)和《咏自然规律》(La Loi Naturelle)等作品。1774 年憎恨伏尔泰的路易十五去世,1778 年 2 月伏尔泰回到了巴黎,受到巴黎人民的热烈欢迎,3 月 30 日伏尔泰出席法兰西学院大会,当选为法兰西学院院长。然而正当他以旺盛的精力重新开始工作时,不幸病倒,于 5 月 30 日逝世。

一、经验论和自然神论

对伏尔泰哲学思想的形成影响最大的有两个人,一个是贝尔,一个是洛克。伏尔泰还在大路易中学念书时就非常熟悉贝尔的《历史的和批判的辞典》及其他著作,特别是贝尔对教会的批判和对 17 世纪形而上学以及一切形而上学的批判,对于伏尔泰思想形成产生了巨大的影响。洛克的经验论注重现实的和确凿无疑的经验事物,这也是与形而上学包罗万象的思辨的哲学体系及空论和抽象的方法相对立的。伏尔泰对洛克推崇备至,他说:

> 只有洛克才可以算是我们的时代胜似希腊最辉煌的时代的伟大榜样。从柏拉图到洛克,其间什么也没有。……只有洛克在一部满篇真理的书中阐明了"人类悟性";其中所有道理都很明晰,因而使这部书完美无瑕。[1]

> 多少理论家写了灵魂的故事,有位哲人出世了,他谨慎地写下了灵魂的史实。洛克阐明了人类的悟性,就好像一位最好的解剖学家解释人体各部分的关键一样。[2]

伏尔泰认为洛克哲学已经穷尽了真理,是无法超越的,所以他自己的哲学不过是对洛克哲学的阐释或具体发挥。

首先,伏尔泰批判以笛卡尔为代表的 17 世纪形而上学的哲学体系。伏尔泰的哲学和 17 世纪形而上学的目的截然不同,它不再去对于"神的宏大"、"无限"等等大发空洞的议论,因为这是"听话人听不懂人家在说些什么,说话人也不知道自己在说些什么"的伪科学,把人类的理智引向歧途。伏尔泰的哲学要求人们以自然界本身为对象,不需要抽象思辨和空发议论,而是要观察、测定、衡量、计算,不是从原理出发,而是从事实出发。伏尔泰认为要摧毁宗教神学,为科学的发展开辟道路,就必须要彻底地批判笛卡尔等人的旧形而上学。

---

[1]　伏尔泰:《哲学通信》,高达观译,上海:人民出版社 1961 年版,第 206 页。

[2]　同上书,第 51 页。

　　第二,伏尔泰批判了作为笛卡尔形而上学核心的"天赋观念论",坚持了洛克的唯物主义感觉论的原则。伏尔泰说,如果我们在娘肚子里时神就给了我们一切概念,而这些概念又必须通过教师或父母教给我们,这是一种可笑的荒谬。因此,根本就不存在什么"天赋的观念",我们最初的观念乃是我们的感觉,复杂的观念就是从刺激我们感官的东西得到的,保存在我们记忆力中,我们的大脑对于这些观念或知觉再进行加工、组合、整理,从而产生出人的全部广阔的知识来。如果没有感官知觉,也就不可能有观念知识,感觉是我们观念和知识的唯一来源。缺乏感官的时候,我们也就缺乏观念。

　　第三,伏尔泰批判了笛卡尔对外界对象的怀疑,肯定了外在世界的客观性。笛卡尔说,也许根本就没有天,没有地,没有日月星辰,没有山川河流,而是我们的感官甚至上帝欺骗我们,使我们相信有这些事物存在。伏尔泰说:"如果不是哲学家们自诩认识各种最可疑的东西,因而千方百计去怀疑一些最明白的东西,我们是梦想不到来讨论这个问题的。"①在这里伏尔泰坚持了唯物主义的基本路线,承认有独立于人的外界对象的存在。承认物质世界的客观存在性,但是他的唯物主义又是十分朴素的,他把触觉作为证明物质世界存在的根本手段,因而也不能合理地说明世界的物质统一性。

　　第四,伏尔泰批判了笛卡尔的灵魂不死学说,推崇洛克提出的物质能够思维的思想。笛卡尔的二元论断言,物质只有广袤和体积而不能思想,灵魂能思想而没有广延,物质是可分可灭的,而灵魂是不朽和永生的,物质不能思想,能思想的灵魂绝不能是物质,二者的本质是截然对立的。洛克直接继承了邓斯·司各脱的这一思想,认为上帝能够使物质具有思想,以此来克服笛卡尔将物质理解成一种惰性的实体而完全不能够思想,反过来又将思想神化为完全脱离物质的唯心主义的。伏尔泰称赞洛克采取的是一种极新、极明智、极大胆的谨慎态度,他只说上帝可能做的事情,却没有说上帝做过的事情,有谁能够阻拦上帝把那种感受、知觉和思想的能力即人类理性赋予我们更敏锐的器官呢? 思想是上帝赋予物质的一种属性,这种属性可以是无广袤的、不可分的,像运动和引力等属性一样。伏尔泰和洛克要肯定"物质能思想",从而否定非物质的灵魂的存在,但是他们并不了解思想是高度发展的物质即大脑的机能,而是像邓斯·司各脱一样运用上帝的万能来作保证,可见他们的唯物主义仍然有着神学的不彻底性。

　　第五,伏尔泰批判笛卡尔对上帝存在所作的本体论的证明,而坚持一种

---

　　①　伏尔泰:《形而上学论》,见《十八世纪法国哲学》,北京大学哲学系编,北京:商务印书馆
1963 年版,第 76 页。

自然神论。伏尔泰不赞成安瑟尔谟和笛卡尔等人所作的本体论证明,即从上帝概念完满性来证明上帝的存在。他倒是比较倾向于接受托马斯·阿奎那五个宇宙论证明中的三个,即把上帝看作是宇宙的创造者、世界的第一因和最高理智。伏尔泰说,当我们看到一部精巧的机器时,我就得出结论说有一个理智实体即机械师来安排这部机器的机栝,宇宙也是一部奇异的机器,所以在宇宙中一定有一个很奇异的智慧即宇宙的创造者。伏尔泰不是无神论者,而是一个自然神论者。把伏尔泰引上自然神论道路的是牛顿。牛顿的物理学把世界理解为一个机械系统,犹如一座钟,钟的各部分精巧和谐的运动需要一个第一推动者。上帝创造了宇宙并且给它第一次推动以后就再也不管了,宇宙从此按照上帝给予它的动力和规律而永恒地运动。伏尔泰不理解世界的和谐性和秩序性,当他看到宇宙的精巧、机械与几何学的定律和一切事物中可见的有机联系时,不胜惊异之至,就认为每一个作品有作者创造,为一个运动有推动者发出。但是他的自然神论认为,上帝在创造了世界和做了第一次推动之后就再也不干预世界,他为自然界立法并使"世界机器"运转之后就永远休息了,于是世界就按照自身的规律运动着。因此,这种自然神论被马克思和恩格斯看作是唯物主义的一种形式。

二、自由和平等

伏尔泰的社会政治学说也是以人性论、自然权利和自然理论为基础。

首先,他以人性论为基础阐发了他的社会起源说。他认为,人类的本性是共同的,既不善也不恶。人天生就有一种自然的合群性,天生地就要过社会生活,人与人之间有一种自然的爱慕,这种自然的情感是他们在社会生活中联系的纽带,仁慈、怜悯、公道正义等社会道德也是从这种情感中派生出来的。更为重要的是,我们每一个人都具有理性,有思想和语言,能够认识世界,同时还有一双勤劳的手按照理性去改造世界,人类的理性能力和理性原则是上帝和自然赋予我们的,具有普遍性和自然合理性。由于人类的这些本性,使得人类社会不断完善,不断发展进步。

由于人的本性使人必然要过社会生活,而社会生活需要有社会组织即国家。在国家如何产生的问题上,伏尔泰不同意卢梭等人的社会契约说,他认为国家不是产生于契约,而是产生于暴力。由家庭联合而产生的共和制是国家的最初形式,设想有两个相邻的小民族,它们相安无事地共处着,相互间充满着自然的平等精神。但后来发生了冲突和彼此侵犯,在战争中涌现出有才干的领导人,战争中杰出的领导人便自然而然地成为本民族的裁判者,成为公认的领袖而使民众臣服,这样君主制国家就产生了。虽然伏尔泰没有认识到国家是阶级和斗争的产物,是阶级统治的工具,但是他看到了国家是由暴力斗争而产生的,这在某种程度上比社会契约说更接近历史的实际。

和其他启蒙学者一样,伏尔泰也坚持一种自然法则理论。"自然"和"理性"两个概念在本质意义上是一样的,自然即理性。自然就是一种连贯的秩序、自然规律,这只有理性才能认识和把握,任何事情越合乎自然、越合乎理性也就越好,过自然生活就是过理性的生活,顺乎自然,应乎理性,这才是至善之道。反过来,符合理性的才合乎自然,理性成为我们衡量一切事物的标准,衡量社会制度和法律的尺度。人为法、约定法越是接近自然规律,国家内部的社会生活就越好。他反对卢梭断言原始状态下的野蛮人生活受自然规律支配的说法,他认为离索群居的野蛮人是对自然规律的破坏,只有文明人才能模仿自然,更好地遵守自然规律,创造出完善的艺术和法律,进步也是自然规律。什么是自然法呢? 自然法就是那种使我们知道正义的本能。正义的观念是一切法律的基础,它是出自自然的,所以说法律是自然的女儿。"有一种自然的法律;这种法律既不在于使别人痛苦,也不在于以别人的痛苦使自己快乐。"①而是要人人自由,人人平等。自然法就是要保障人的自然权利,而最基本的自然权利就是自由和平等。

什么是自由呢? 从哲学上来讲,自由就是意志自由,是思想能力和活动能力的自由。自由就是"试着去做你的意志绝对必然要求的事情的那种权力"②。"你在任何时间、任何地点都是自由的,只要你在做你愿意做的事情。"③从政治上来讲,自由就是服从法律,反对一切专横和暴政。政治上的自由首先表现在个人自由,在奴隶制和农奴制下,个人就没有自由;其次是言论自由和出版自由,这是其他一切自由的保证;再次是信仰自由,反对宗教狂热和迫害,主张宗教宽容;最后是劳动自由和财产自由,穷人应该有自由地出卖自己劳动的权利,富人有购买他人劳动的自由,每个人都能自由地拥有和支配自己的财产,每个穷人都有权把自己的劳动出卖给付酬最高的人,因为劳动就是这些没有财产的人的财产。

伏尔泰批判封建制的不平等,把平等看作是人的自然权利,人人在法律面前平等,一切人都有同等的公民权利。首先,伏尔泰认为,平等是最自然的东西,人人生来就是平等的。一切享有各种天然能力的人,显然都是平等

---

① 伏尔泰:《哲学辞典》,见《十八世纪法国哲学》,北京大学哲学系编,北京:商务印书馆1963年版,第99页。

② 同上书,第95页。

③ 同上书,第97—98页。

的;当他们发挥各种动物机能的时候,以及运用他们的理智的时候,他们是平等的。中国的皇帝,蒙古的大可汗,土耳其的帕迪夏(Padischa)〔引者按:波斯语,意即苏丹,指土耳其皇帝〕,也不能向最下等的人说"我禁止你消化,禁止你上厕所,禁止你思想。一切种类的一切动物彼此之间都是平等的"①。这是一种自然的平等,谁要否认这种天然的平等都是不可能的,除非他能向我们证明贵族生下来腿上就戴着刺马针,而穷人生下来背上就驮着马鞍。但是,伏尔泰认为,天然的平等是一回事,现实的平等又是一回事,由于社会的需要和人性的局限性,使得平等在现实上是不可能的。第一,社会的需要使得平等不可能。如果人们没有需要,那就必然人人平等。真正的不幸是从属关系,是一个人从属另一个人,一个人服侍另一个人,这种从属关系是由于需要和贫困产生的。穷人要想生活,就得干活,就得伺候人,否则只有去乞讨,你是不能与国王平等的。第二,人性的局限使得平等事实上不可能。不仅天然的平等和社会生活中事实的平等是两回事,而且人格的平等和地位的平等、财产的平等也是两回事。人的天性的尊严、人的自尊心使人认为每个人在人格上都是平等的,但这并不能改变人们之间社会地位高低贵贱之分。"每一个人在内心深处都有权认为自己与其他的人完全平等;但是并不能由此便说,一个红衣主教的厨子应当命令他的主人给他做饭。"②伏尔泰在这里似乎将平等问题和社会分工问题混淆了,认为只要有社会分工存在,就不可能有平等。更为重要的是,伏尔泰强调的平等绝对不包括财产的平等,私有财产是神圣不可侵犯的,伏尔泰反对任何损害私有财产的企图。伏尔泰反对消灭私有制,只主张进行社会改良。在伏尔泰的平等观中体现了资产阶级局限性。平等一词是拿来对付封建等级制度和封建特权的。而对于人民来说,"平等既是一件最自然不过的事,同时也是最荒诞不经的事"③。

在国家政体问题上,伏尔泰坚决反对封建专制,认为专制政体的根本缺陷就是专断,国王是暴君,为所欲为,人民没有自由,在专制暴君统治下的一群人很像一群被套上牛轭的公牛,在为自己的主子服务。伏尔泰对英国的君主立宪制大为称颂,极力主张开明君主政体,同时他也称赞过共和制。早在18世纪20、30年代,伏尔泰对英国的君主立宪制佩服得五体投地。首先,他认为英国的君主立宪制能够节制君主的权力,防止暴政。第二,英国

---

①　伏尔泰:《哲学辞典》,见《十八世纪法国哲学》,北京大学哲学系编,北京:商务印书馆1963年版,第88页。

②　同上书,第92页。

③　同上书,第91页。

的君主立宪制有着健全的法律。英国人爱护法律,有如父亲爱护小孩。他们制订的法律给予每个人以天赋的权利,这些权利包括:法律保障你不会在半夜三更,从妻子或孩子的怀抱中被人家拖出去,押入城楼或驱入沙漠;当你早上醒来时,你们财产没有丝毫的变动而且有权发表你的一切想法;当你被人控告时,你将依据法律来被裁决,不会受到任意的处置。这些都是英国人享受的特权,即使是生活在英国的外国人也同样享受财产自由与人身自由。第三,伏尔泰认为英国君主立宪制的政府形式"保存了专制政体中有用的部分和一个共和国所必需的部分"①,结合了它们的优点而涤除了它们的弊病,因而在战争中,在法律中,在艺术中,在商业中,它都是高超的。

然而,从法国的历史和现实状况出发,他和其他一些启蒙思想家一样,推崇开明君主制。伏尔泰是一个社会改良主义者,力图按照自然和理性的原则改造社会,希望有一位受过启蒙思想教育的君王"哲学王"来统治国家,保护启蒙运动和启蒙运动者,解决启蒙任务,实现他所制定的改良纲领。在这样一位仁慈的开明君主的统治下,一切社会冲突都会迎刃而解。他说过,当君主是一个哲学家时,对人民来说是最大的幸福。仁慈的国王是上天所能给予大地的最好的礼物。伏尔泰认为普鲁士弗里德里希二世就是这样的一个哲学王,因此他愿意辅佐他推行改革。同时他也把俄国的叶卡特琳娜二世(Алексеевна Екатерина Ⅱ ,1729—1796,1762 年即位)看作是开明改革的典范,大加颂扬。

伏尔泰提出的社会改良纲领涉及的范围比较广泛,他要求废除僧侣特权、教会法庭,禁止教会办理户籍登记,把神职人员改为薪俸制;废除压在农民头上的一切封建义务;实行司法改革,以统一法代替地方习惯法;废除官职世袭制。

伏尔泰在晚年还称赞过共和制,专门写了一本书名为《共和思想》。他认为共和制是一种原始的、正在自然而然地产生的国家形式。共和制是一切政体中最自然、最合理、最宽容的制度。共和制的管理就是由一个人或几个人根据众人通过的法律来执行众人的意志,最能使人接近自然的平等,能使自由得到最好的保证,使人们对自由的财产和各种权利更加充满信心。在共和制下,人民更富裕、更加热爱和依恋自己的祖国。

三、宗　教　观

伏尔泰认为,宗教迷信是违背人类的健全理性的,因为人类是根据健全

---

① 伏尔泰:《哲学通信》,高达观译,上海:人民出版社 1961 年版,第 194 页。

的理智去正确地认识世界,并且按照理性的原则去改造社会,而宗教迷信使人迷失了方向。宗教迷信产生的原因在于人民的无知和僧侣的欺骗。《圣经》和"福音"书绝不是出自上帝之口,而纯粹是一些无知的精神病患者的虚构物。所谓原罪、方舟、神迹等都是一些胡说八道、滑稽可笑的故事。基督教不是上帝创造的,而是犹太人民综合流行的各种宗教传说的产物。耶稣基督不是一个神,而是一个凡人,耶稣画像只是一个难看的裸体男人的画片而已,教会对耶稣的神化是培植侮辱人性的偶像崇拜。同时,教会还是一切社会罪恶的根源,它使国家充满了各种罪恶、分裂和内战,500多年来,基督教和天主教使许多国家鲜血洒满大地,到处布满绞刑架和断头台。一部教会史,就是一连串胡作非为、抢劫谋杀的历史,人类因基督教而损失了1700万生灵。教皇、主教、神父都是两足禽兽、"文明的恶棍"、"败类",因此,他提出了"消灭败类"的口号。

为了同教会进行斗争,1762年伏尔泰编辑出版了梅利叶《遗书》的选本,一年之内两次出版,他说该书是一个神职人员的悲剧的令人震惊的自我揭露,"梅利叶的书应该得到全世界的信仰"①。伏尔泰同教会的斗争大大地降低了教会的威信,动摇了宗教的基础,解放了人民的思想。而伏尔泰本人也被人们看作是一个无神论者。

但是,伏尔泰不仅在世界观上是一位自然神论者,而且在社会现实中他也反对消灭宗教,认为保留宗教对于维护社会的稳定、培养人民的道德是非常必要的。伏尔泰认为贝尔所说的"可能存在一个无神论者的社会"这一论断只能在理论上成立,因为他假设这个社会是由哲学家所组成的,但是,在现实社会中承认上帝的存在是必然的前提,不说让贝尔来管理整个社会,哪怕只让他管理一个小庄园,管理五六百个农民,他就不会忘记向他们宣布,存在着赏善罚恶的上帝。伏尔泰企图保留一个赏善罚恶的上帝来作为控制社会秩序和维系道德生活的力量。因此,伏尔泰说,一个哲学家,如果他愿意的话,就让他做斯宾诺莎主义(无神论)的信徒,但一个政治家,还是让他做一个有神论者。

可见,伏尔泰对于上帝的看法是分理论和实践、自然和社会两个方面的。从理论上来看,从自然的角度来讲,上帝是一个逻辑的假设,因为自然需要一个第一推动者;而从实践上来讲,从社会生活的角度讲,上帝是一个赏善罚恶的人格神,是一个必要的信仰对象,"即使没有上帝,也要捏造一

---

① 转引自阿尔塔莫诺夫:《伏尔泰传》,张锦霞、苏楠译,北京:商务印书馆1991年版,第164页。

个上帝来"①。由此可以看出伏尔泰思想的保守的一面。

四、社会伦理学说

伏尔泰认为,自然宗教假设一个人类理性能够达到的公正的上帝是一种有神论的宗教。作为一个相信自然宗教有神论者必须同时符合两个条件,一是崇拜上帝,二是实行道德,即一切人的公平。二者都是必需的,只符合其中一个条件者不能成为有神论者。道德如无公平的上帝,不足以保护社会;相信上帝存在而无道德,则不成为一种宗教,且毫无效果。做一个真正的有神论者,一个方面要视一切皆如手足,四海之内皆兄弟,另一方面崇拜上帝为人类的公共主宰。自然宗教是最古老也是最普及的宗教,它和具有思想的人类一样久远,而这种有神论由于现代社会的需要又被复兴。中国是一个文明古国,不仅有令西方人惊异的社会制度,而且还有真正的有神教。数千年来中国上层阶级的宗教就是:"祭天与崇拜公道",虽然在下层人民中流行着迷信,但受过教育的中国人自古以来就是有神论者。所以有神论不仅包括一切基督教如罗马天主教、正教和新教等,而且包括一切人类的宗教,这种宗教将一切教会联结成为一个真正普遍的教会,这就是人道。然而,这种有神论在西方已经退化,这是因为教士、他们的弟子及批评者们使它走上了迷途,他们玷污了自然宗教,将基督教的历史变成战争、灾难的历史。

虽然伏尔泰追随洛克否认有天赋的上帝的观念,但他却认为有天赋的共同的道德原则,大自然赋予每一个人以人所共有的道德。在暹罗、在印度、在中国、在古代人中、在野蛮人中都教导人们应该有公道。有许多行为全世界都以为美。在气候、风俗、语言、法律、信仰与智慧中我们愈是看到人类的差异,就愈看到他们有基本相同的道德。每一个民族都有他们自己特殊的宗教仪式,在哲学上有极为不同甚至对立的意见,但问到我们是否要公道时,全宇宙是一个心灵。道德的基础存在于人性之中,人所具有的理性教导我们一些自然的法则,公道与不公道的普遍定律,"己所不欲,勿施于人"这种定律是普天之下的人都不能不承认,在人心中是不能毁灭的,它是社会的永恒联系和根本法律,即是道德的基础和社会的基础。人生来就是要过社会生活的,像卢梭那种离群索居的自然状态是不存在的,这不仅体现为人的理性的要求,同时也是人的情感和欲望的要求,人有各种需要,各种情感除了自爱之外,还有对于族类的爱,自爱和怜悯是人与生俱来的两种情感,

---

①　伏尔泰:《伏尔泰全集》(*Oeuvre Complètes de Voltaire*)第 5 卷,Garnir Frères Paris,第 403 页。

利己主义和利他主义都是生来就有的,人并非都是自私的,小孩子见到同伴惨死,也会动恻隐之心的,怜悯与公道是我们天生的情感,是维系社会的基础,有利于社会的保存和进步。

善和恶的定义也只有从社会的观点得到解释。

> 因此在任何地方,美德与过恶,道德上的善与恶,都是对社会有利或有害的行为;在任何地点,任何时代,为公益作出最大牺牲的人,都是人们会称为最道德的人。由此可见,善行无非是给我们带来好处的行为,罪行则是与我们敌对的行为。美德就是做那些使人们高兴的事情的习惯,过恶就是做一些使人们不高兴的事情的习惯。①

社会的福利是道德上善与恶的唯一标准,善、恶概念是随着社会需要的变化而变化的,善恶是相对的,没有绝对的善与恶。善恶和冷热、苦甜一样,是和社会中的人相联系的,没有自在的、独立于人的善恶。此外,与道德善恶相联系的人并不是孤立的个人,孤立的个人无所谓道德,一个人洁身自爱可以称为圣人,但不能说他有道德,除非他做了有益于他人的道德行为。有益于社会、有益于他人才是道德的标志,可见在伏尔泰的伦理思想中利他的主义是占上风的。

1755 年西班牙首都里斯本发生了毁灭性的大地震,震惊了全世界,牧师和主教利用这一自然灾难来论证说这是上帝对人类罪孽的惩罚。伏尔泰奋起反驳说,里斯本人比巴黎人和处于恶习中的伦敦人多犯了些什么罪呢?为什么上帝专要惩罚他们呢? 另外,这能够说尘世生活中的一切都是幸福的吗? 这一灾难的原因不应该到上帝意志中去寻找,而应该到自然的规律中去寻找。自然规律超越人类的善恶概念之外,自然界的灾难对于人来说是一种不幸,但根本不是上帝对我们人类罪孽的惩罚,不能把它看作是不可避免的,更不能把它看作是一种幸福。

伏尔泰揭露现实世界的罪恶和不公正,是为了颂扬理性世界的善良美好和公正,他的道德学说也是为反对封建专制统治的启蒙运动服务的。

五、历史哲学

伏尔泰不仅出版了一系列历史学的巨著如《查理十二世史》、《路易十

---

① 伏尔泰:《形而上学论》,见《十八世纪法国哲学》,北京大学哲学系编,北京:商务印书馆1963 年版,第 84 页。

四时代》、《世界史简编》(*Abrégé de l'Histoire Universelle*)和《论世界历史和论民族的风俗与精神》(简称《风俗论》)等,还发表了历史哲学的专论《历史哲学》。在这些著作中表述丰富的历史哲学思想,总括起来,大致体现在如下几个方面:

第一,历史应该是真正的世界史,而不只是基督教和犹太人的历史,不只是少数几个欧洲国家的历史。伏尔泰在《风俗论》一书中力图给我们展现一部全世界、全人类的历史。从表面上看,伏尔泰《风俗论》的目的是要给波舒埃的《世界史讲话》写续篇,因为波舒埃只写了从创世纪到查理曼时代的历史,而伏尔泰声言他的《风俗论》主要是写从查理曼至路易十四和路易十五时代的历史,完成波舒埃未竟的事业。但是,事实上,伏尔泰的历史观和波舒埃完全不同甚至就是直接反对波舒埃的。波舒埃将历史描述为从上帝创世、基督降生、教会建立的历史和犹太人的发展史,伏尔泰认为,世界史不应该仅仅是作为"基督教文明"出发点的古代犹太人的"神圣的历史",也不只是古希腊和罗马以及少数几个欧洲国家的历史。伏尔泰说,希腊还不及法国的香槟省(Champagne)大,罗马虽征服过广大的土地,但它的面积也没有超出世界上十分之一的地方,更未管理过穆罕默德这样的人民。伏尔泰批判波舒埃对于伊斯兰、印度与中国这样广大地区的历史则只字未提,忽视了地球上大部分的历史,只叙述了世界上三四个国家的历史,而几个国家在现在世界上已经消灭。并且将这三四个强大国家的历史附属在一个不重要的小犹太民族的历史之下,这是不符合历史实际的。用这样一种历史去代替世界历史,是名不副实的。伏尔泰说波舒埃在世界史上忘记了世界本身,伏尔泰试图写部名副其实的世界历史,它将以人类的全体为研究对象,特别是要给东西方以应有的位置,要叙述迦勒底人、阿拉伯人、中国人、印度人以及美洲人的历史。则又要写基督教,还要写伊斯兰教和东方宗教。伏尔泰认为,东方古代社会比一个小小的、没有任何根据认为自己是优秀民族的犹太人的社会更源远流长、曾创造出更多的精神的和物质的文明。在这里可以看出,伏尔泰已有一种文明多元论的思想,反对基督教文明和欧洲文明中心论,有比波舒埃更为广阔的历史视野。更为重要的是,伏尔泰的历史视野是与传统史学将历史学附属于宗教、让历史服务于神学和教会的错误做法针锋相对的,具有批判宗教神学的意义。

第二,历史应该是人类文明史,而不是政治、军事的斗争史,不是帝王、英雄的个人史。伏尔泰不仅有着广阔的历史视野,而且对于历史现象的注意也有其独特的视野,他反对以往的历史编纂学家们将历史描写为帝王将相的活动史和战争灾难史。他要写的是人类文明史,应是全方位地反映人类文明;他要表现的不是个人,不是英雄,而是整个时代,是全人类的智慧。他还在《路易十四时代》一书的导言中表示:此书"不为后代叙述某个个人的行动功业,而向他们描绘有史以来最开明的时代的人们的精神面貌"①。伏尔泰把人类精神的进步摆到十分重要的地位上,而淡化政治和军事的作用。伏尔泰以一种轻蔑的眼光去看待"君主、将帅和外交家",在他眼中,人类真正的恩人不是将军们,而是哲学家、科学家和诗人,因为他们是人类精神财富的创造者,是人类智慧的代表。此外,伏尔泰还强调,历史要反映社会生活,要表现家庭亲密无间,表现各民族中占主导地位的善恶与它们的强大与弱小,要表现各门艺术的培养和发展,各项工业的建立和增长。就是在上述的《路易十四时代》一书的导言中,伏尔泰重申:"在这部历史中,作者将只致力于叙述值得各个时代注意,能描绘人类天才和风尚,能起教育作用,能劝人热爱道德、文化技艺和祖国的事件。"②伏尔泰虽然没有提出人民是历史的创造者的观点,但是他反对英雄创造历史的英雄史观显而易见,这表现了他反对封建专制制度和王朝战争的资产阶级启蒙学者的立场。他提出历史应该是人类文明史的观点不仅是对传统历史观的一次革命,而且对后世史学的发展具有极大的启发意义。

第三,历史研究不能先入为主,也不能简单地堆砌事实,而是在对历史作经验研究的基础上总结概括出历史的规律性。历史研究不是用一些轶闻趣事去取悦读者,满足他们的好奇心,也不能用神话传说去代替历史事实。伏尔泰在1765年所写的《历史哲学》一书中提出"要以一种哲学的精神去写历史"③,即要排除传说和神话故事,排除对历史的超自然的解释。伏尔泰认为,古代史之所以不可信,就是因为其中充满了神话故事和传说,是极少的真理和无数谎言的混合,例如他们常常将希腊德尔菲神庙的神谕当作历史的对象去研究。伏尔泰主张对历史作经验的研究,以客观事实为基础,历史事实不容歪曲,他反对将任何神学观念、宗教迷信强加给历史,注入到历史中。历史研究不是堆砌事实,但它也不需要从外部注入理论。只要我们对历史事实作周密的核对,分清主次轻重,作出合理的取舍,再经过分析和综合,就可以上升到哲学的高度,概括出历史的规律性。在这里,伏尔泰主要是反对传统史学将基督教神学作为历史研究的指导、将神学结论强加给历史的做法,而主张以启蒙的精神写历史。

---

①　伏尔泰:《路易十四时代》,吴模信、沈怀洁、梁守锵译,吴模信校,北京:商务印书馆1982年版,第5页。
②　同上书,第10页。
③　参见伏尔泰:《风俗论》上册,梁守锵译,北京:商务印书馆1996年版,第13页。

　　第四，人类历史不是纯粹偶然性的集合，而是服从客观规律的。伏尔泰认为，人类的历史是人的意志和激情相互作用的历史，人们在自己的活动中服从于人类的行为的普遍动机。历史不是由神的力量决定的，个别历史事件不体现神意的安排。人类的行为和历史事件表面上看去都是偶然的。但是这些偶然都是受因果关系制约的，服从存在的自然规律。他认为，整个自然界都服从永恒的规律。一切事物的规律是不可动摇的，一切都是必然的，有重量的物体倾向于地心，不能停留在空中，梨树永远不会结菠萝。人的行为和历史的个别事件也和自然物一样存在着必然性。伏尔泰看到了英国革命将英国国王查理一世推上断头台，在这个偶然事件后面隐含历史发展的规律性，不能把它了解为纯粹偶然性去作各种各样的猜想。

　　第五，人类历史是不断进步的，历史是一个善与恶、理性与无知的无止境的斗争过程。伏尔泰把历史看作是一个不断变化、发展的过程，在历史中，风俗习惯、政体法律都将发生变化，不变化的东西是没有的。这些事物的变化都是在人类的自然动机的驱使下实现的，完全不受神意的控制。历史是在前进发展的，现代必定胜于古代。在古人和今人之争的问题上，伏尔泰继承了英国哲学家培根今人胜于古人的观点，把历史比作人生，古代就是人类的童年，现代才是世界的成年和老年。人越老经验越丰富，知识越多，同样今日世界必定积累了比古代更丰富的经验和知识。伏尔泰从现代优于古代观点出发，对中世纪的历史采取一种偏激和否定的态度，认为犹太人的世界与我们今天的世界完全不同，我们不能从中吸取任何有用的行为规则，只有文艺复兴的历史才能更引起人们的研究兴趣，和其他启蒙学者一样，伏尔泰把中世纪看作是一个"黑暗的时代"，对中世纪的制度、宗教狂热、愚昧和残暴、连绵不断的王朝战争和宗教战争进行了无情的批判。

　　伏尔泰认为历史的进步并非一帆风顺的直线式发展的，在历史的进步发展过程中会出现风浪波折，有革命、有前进，也有停滞、衰落和暂时的后退。现实世界并非莱布尼茨所说的是上帝在一切可能世界中选择的最好的世界，历史中也并非只存在着善，或善必将战胜恶。恶和善永远是结伴而行，并且常是恶和无知战胜善和理性。伏尔泰说，全部历史是"一连串的犯罪、狂妄和不幸，在这些现象中，我们可以看到为数不多的美德，几个幸福的时代，犹如散布在荒野的沙漠上的绿洲孤岛一般"①。伏尔泰认为世界历史上只有四个值得重视的幸福时代，即菲利浦（Philip Ⅱ，公元前 382—前

---

① 　伏尔泰：《形而上学论》，见《伏尔泰全集》（*Oeuvre Complètes de Voltaire*），第 13 卷，Garnir Frères Paris，第 177 页。

336)和亚历山大(Alexander the Great,公元前356—前323)的时代,恺撒和奥古斯都(Augustus,公元前63—公元14)的时代,穆罕默德二世(Muhammad Ⅱ,1430—1481)攻占君士坦堡(Constantinople)之后的时代即文艺复兴时代和路易十四时代。"这四个兴盛昌隆的时代是文化技艺臻于完善的时代;是作为人类精神的崇高伟大的划时代而成为后世典范的时代。"[①]即使在这四个"黄金时代"中,灾难和罪恶并未消除和绝迹,在这些时代中仍存在王公贵族的勃勃野心、教士僧侣的骚动叛乱。"所有时代因人心邪恶而彼此相似。"[②]伏尔泰倡导要把历史变成启蒙的工具,历史学家的职责不是为黑暗的过去作辩护,而是要揭露国王和僧侣们的罪行,帮助人们认清占统治地位的邪恶。一个有健全理性的人在阅读历史时主要是要纠正历史的谬误,更好地面向未来。伏尔泰相信,尽管历史进程中有曲折和倒退,但历史毕竟在缓慢地进步,只要理性取得主导地位、教育广泛普及、习俗和法律逐渐改善、科学和工业不断发展,就会促进历史的发展进步。

伏尔泰把历史的进步看作是善与恶并行、幸福与灾难结合、前进和后退交替的矛盾斗争和转化的过程,表现出深刻的历史辩证法。同时,伏尔泰的历史哲学渗透着强烈的人文主义精神和启蒙精神。伏尔泰使历史研究完全摆脱了神学的羁绊,取得了完全独立的世俗科学的地位。这些使得伏尔泰成为名副其实的近代历史哲学的创始人。

第三节　卢梭论人类的不平等和社会契约

卢梭(Jean Jacques Rousseau,1712—1778),1712年6月28日生于一个祖辈流亡到瑞士日内瓦的法国新教徒家庭,母亲在他出生几天后就去世,自幼由姑母抚养。10岁时父亲由于与他人发生诉讼纠纷,失败后离家出走,卢梭被寄养离日内瓦不远的布瓦(Boisy)地方牧师朗贝西埃(Lambercier)家中,在那里他学习了拉丁文、数学和绘图。两年后又去一位雕刻匠家中做过两年学徒,由于不堪师父的虐待而出逃,从此开始了他的流浪生活。瓦朗夫人(Madame de Warens)对卢梭的成长产生过很大的影响,受瓦朗夫人资助去过意大利都灵(Turin)谋职,给两位意大利贵族当过仆役,后又寄食瓦朗夫人家中,成为瓦朗夫人的情夫和管家,在瓦朗夫人的指导下,卢梭涉猎了许多门类的书籍,包括贝尔、孟德斯鸠和伏尔泰的著作,具备了初步研究能

力,并结识许多乐师和音乐爱好者,掌握了不少音乐知识。24 岁时卢梭开始阅读蒙田、笛卡尔、洛克、莱布尼茨等人的哲学著作和皇港逻辑教科书。28 岁时去里昂给贵族官员德·马布利(Bonnot de Mably)先生家当家庭教师,在他家结识了著名的政治思想家和空想社会主义者加布里埃尔·博诺·马布利(Gabriel Bonnot de Mably,1709—1785)及其另一位弟弟、著名的唯物主义经验论哲学家孔狄亚克。1742 年卢梭带着他发明的《新记谱法》(*Un nouveau système sur les signes de la musique*)①到了巴黎,想由音乐家拉摩(Jean Philippe Rameau,1683—1764)推荐到法兰西学院宣读,未成,只得靠教音乐、抄乐谱为生。就在这时他结识一位青年作家,即后来"百科全书派"的领袖、唯物主义哲学家狄德罗,二人很快成为密友,并经狄德罗介绍,卢梭也结识了其他一些启蒙思想家,从此卢梭成为启蒙运动思想阵营中重要的一员。由于生活的原因,1743 年经人推荐担任法国驻威尼斯大使的秘书,此间开始关心政治问题,构思《政治制度论》(未完成)一书。因与大使意见不合,辞去秘书职务,重返巴黎为剧团和个人抄写乐谱,并和一位目不识丁的旅馆女仆特莱丝·德·勒娃瑟尔(Thérèse de Le Vasseur)同居,他们所生的五个孩子先后被送进了孤儿院。卢梭最初被巴黎社会所接受是通过他的歌剧和音乐作品,他还曾和当时著名的思想家和任宫廷史官的伏尔泰合编过一部歌剧。卢梭本人一直过着贫寒简朴的生活,对下层劳动人民怀着深厚的感情,非常珍重劳动人民的那种自然、淳朴的美德,而对上流社会的奢侈浮华、矫揉造作十分痛恨。

1749 年初卢梭开始为狄德罗、达朗贝尔主编的《百科全书》撰写音乐方面的条目。同年 7 月狄德罗因发表《供明眼人参考谈盲人的信》(*Lettre sur les Aveugles à l'Usage de Ceux Qui Voient*)而被囚禁于巴黎郊外万桑(Vincennes)要塞监狱,10 月卢梭在去监狱看望狄德罗的途中,看到《法兰西信使报》(*Mercure de France*,又译《法兰西水星报》)上刊登的第戎(Dijon)科学院以"论科学和艺术的复兴是否有助于敦风化俗"(Si le Rétablissement des Sciences et des Arts a Contribué à Épurer les Moeurs)为题的征文启事,文思泉涌,在狄德罗的鼓励之下,他决定应征。积淤于心中多年的对劳动人民美好情感的称颂和对封建贵族文化的鄙弃倾注于笔端,一气呵成。在该文中卢梭第一次提出了自然和文明相对立的思想,肯定科学和艺术的进步起了败坏风俗的作用,与时下将科学、理性和进步视若圭臬的启蒙学者们大唱反调。该文成为卢梭一生全部思想发展的萌芽和引线,也播下了他和其他启

———————

① 卢梭当家庭教师,但不懂五线谱,为了教孩子们学音乐,他自己发明了"简谱"。

蒙思想家分裂的种子。1750年应征论文获奖,卢梭蜚声法国文坛。1752年歌舞喜剧《乡村巫师》(*Le Devin du Village*)的上演成功,得到国王路易十五的垂青,有意给他颁发一笔年金,而卢梭为了保留独立人格而拒领。1754年卢梭又以《论人类不平等的起源和基础》(*Le Discours sur l'Origine et les Fondements de l'Inégalité parmi les Hommes*,1755)为题,参加第戎科学院的"人类不平等的来源是什么以及它是否被自然法合法化"(Quelle estl'origine de l'Inégalité parmi les Hommes et si Elle Estautorisée par la Loi Naturelle)的征文比赛。在该文中,卢梭进一步将自然状态和社会状态完全对立起来,将私有制看作是人类不平等的根源,社会每一次进步同时也是不平等的又一次加深,当人类的不平等达到顶点之后,它必将被更高级的社会契约的平等所代替。由于其观点的激进,该文应征落选。紧接着卢梭又在为《百科全书》撰写的《论政治经济学》(*Sur L'Économie Politique*,1755)条目中表述了自己的社会政治思想。上述一系列文章的发表,招来了许多论敌,激进的社会政治观点使得他原来的一些同道者和密友如伏尔泰、狄德罗和格里姆(Friedrich Melchior Grimm,1723—1807)与他分道扬镳。

1761—1762年间,卢梭接连发表了三部震撼世界的巨著。被后世公认为开浪漫主义文学先河的小说《新爱洛绮丝》(*Julie ou La Nouvelle Héloise*)1761年初出版于巴黎,受到读者的热烈欢迎。紧接着1762年《社会契约论》(*Du Contrat Social*)和《爱弥尔》(*Émile ou de l'Éducation*)相继问世,整个欧洲掀起了波澜。

《新爱洛绮丝》批判了贵族的荒淫和腐化堕落,阐扬了资产阶级理想的爱情观和家庭道德观;《社会契约论》则描绘出一个自由、民主、平等的资本主义的理性王国;《爱弥尔》提出了一种返归自然的教育方法,要塑造出了一种建设理想社会的新人。这三部著作珠联璧合,从不同的侧度共同体现着一个伟大的主题,构成一个完整的思想体系。

《爱弥尔》一书的出版遭到巴黎最高法院的查禁,并下令要逮捕作者,卢梭逃离了法国,开始了长达八年的流亡生活。他先到瑞士伯尔尼邦(Bern),日内瓦小议会(Petit Parlement de Genève)也下令查禁、焚毁他的《社会契约论》和《爱弥尔》并通缉作者。卢梭又被迫迁居普鲁士的讷沙泰尔邦(Neuchâtel)的莫蒂埃村(Mourtier),三年后又被暴徒驱逐,于是不得不辗转于圣皮埃尔岛(Saint Pièrre)、柏林、斯特拉斯堡(Strasbourg)等地避难。后受英国哲学家休谟的邀请去了英国,由于他对休谟的猜忌,意见不合,一年多后不辞而别,又回到法国,重新过着流浪生活,直至1770年被当局赦免之后才定居巴黎,但一直过着隐居生活。在流亡期间,卢梭先后又写出了

《山中书简》(Lettres Écrites de la Montagne,1764)、自传《忏悔录》(Les Confessions,1766—1770)、长篇对话《对话录——卢梭论让·雅克》(Dialogues, ou Rousseau juge de Jean Jacques,1772—1775)和《漫步遐想录》(Les Rêveries du Promeneur Solitaire,1776—1778)等著作,记载了他一生坎坷的生活经历和思想发展的轨迹,表达了他晚年因颠沛流离的生活而对人生的特殊理解和感悟。此外,他还为科西嘉人起草了《科西嘉宪法草案》(Projet de constitution pour la Corse,1765),为波兰人草拟过最好的政治制度——《对波兰政府及其1772年4月改革计划的考察》(Considérations sur le Gouvernement de la Pologne et sur sa Project Rèformatrice en Avril 1772,1770—1771)。晚年他拒绝官方养老金和达官贵人馈赠,仍然靠抄写乐谱为生,过着清贫淡泊的生活。1778年5月应吉拉丹(Girardin)侯爵之邀迁居到埃尔美农维尔(Erménonville)别墅,同年7月2日逝世,走完了他颠沛流离而永垂青史的一生。

卢梭是最激进的启蒙思想家,一位民主主义者,他的自由、平等和人民主权的思想成为法国大革命中雅各宾派的直接思想武器和战斗旗帜。他不仅和孟德斯鸠、伏尔泰一样对封建制度和宗教神学进行无情的批判,而且还进一步对资本主义制度本身进行了批判。正当其他启蒙思想家为理性、文明和进步高唱赞歌之时,卢梭却敏锐地洞察出自然和文明的对立,揭露出了文明社会人的异化和道德沦丧,人越来越不认识自己这一历史的悖谬,从更深的层次上对自然、社会和人生进行冷峻的沉思。他从小资产阶级的立场出发勾勒出的理性王国,对后世资本主义的国家建设产生了深远的影响。

一、论科学和艺术

卢梭将自然状态和文明状态对立起来,自然状态是一种充满着美好的情感、淳良的风尚、和谐幸福的状态;社会状态则是充满着丑恶和争斗,世风日下,充满着不平等的状态。

卢梭在他著名的论文《论科学和艺术》中指出,科学艺术的复兴带来的结果是对人类自身的败坏,破坏了人类的良好风尚和幸福生活。卢梭认为,文明的发展是和自然背道而驰的,文明愈是进步,将愈是违背自然,违反人类善良的天性。

首先,卢梭意识到,科学艺术的进步和发展是与人民的幸福相矛盾的。卢梭认为科学没有改变人们贫穷、痛苦、受剥削、受压迫的生活,没有减少战争和人民的流离失所。科学不仅没有给人民带来真正幸福,反而增加了原来在自然状态下所没有的痛苦。

其次,卢梭揭示出文化和文明的发展和人的道德水准是成反比的。文化的发展使它自身更加失去趣味,向单一化发展。我们看不到人性的自然流露,见到的只是虚伪和邪恶。卢梭感叹,我们的灵魂正是随着我们的科学和我们的艺术之臻于完美而越发腐败;随着科学与艺术的光芒在我们的地平在线升起,德行也就消逝了。

此外,卢梭还指出,现实文化被奢侈、金钱和低级趣味的时尚所左右,完全变成一种金钱文化和低格调的俗文化。卢梭认为,科学艺术和闲逸奢侈是永相伴随、相互作用的,结果是风尚和公民的败坏。"当可以不惜任何代价只求发财致富的时候,德行又会变成什么样子呢?古代的政治家从不休止地讲求风尚与德行;而我们的政治家只讲求生意和金钱。"①而金钱和财富并非立国之本,富庶的国度必将被贫穷的国度所摧毁,罗马帝国的灭亡就是历史的教训。卢梭警醒世人,"人们虽可以用金钱获得一切,但却绝不能获得风尚与公民"②。而现实的文化却完全被金钱所俘获,其结果是风尚的解体和趣味的腐化。文学艺术日益丧失它的严肃性和高雅性,完全堕落成为低级的俗文化。"一味趋时的学者们是被轻浮的少年们在左右着自己的文风";"诗剧杰作遭人鄙弃而且最宏富的乐调被人指摘";作家们把自己的天才降低到当时的水平上去宁愿写一些生前为人称道和平庸作品,而不愿写出唯有在死后很长时期才会为人赞美的优秀作品。就连大名鼎鼎的伏尔泰也不例外。③文化发展的这种单向度性(one-dimensional)实际上是对于文化的一种扼杀,这一点在20世纪又被马尔库塞重新认识。

卢梭特别声明:"我自谓我所攻击的不是科学本身,我是要在有德者的面前保卫德行。"④卢梭在这里只是把道德评价摆在重要的地位上。卢梭并不是要否定文化回到蒙昧状态,恰恰相反,他还高度赞颂了文艺复兴对于结束中世纪的蒙昧状态、反对经院哲学的巨大功绩,并高扬了文明在人类历史上的重要作用。卢梭要否定的是异化了的文化,腐化了的文化,即封建文化和贵族文化,而不是一般地否定文化。另外,卢梭还要建立一种新文化,在这种新文化中要消除异化的形式,恢复人的本性,使人成为过着幸福生活的自然人。

① 卢梭:《论科学和艺术》,何兆武译,北京:商务印书馆1963年版,第23—24页。
② 同上书,第25页。
③ 参见上书,第25—26页。
④ 同上书,第5页。

二、论人类的不平等

《论人类不平等的起源和基础》是卢梭社会政治哲学的起点,他以自然法理论为基础,揭示了人在自然状态下的平等,私有制产生了社会的不平等,社会的进步和发展又使不平等加深和恶化,封建制度是不平等的顶点,从而提出了从不平等走向新的平等的要求,为资产阶级革命提供了重要的理论武器。

自然状态和自然人。卢梭认为,要研究人类不平等的起源首先就要研究人自身,了解人的自然本性,了解自然人和社会人之间的区别,把本来的人和被社会所改变了的人区别开来。

卢梭继承了苏格拉底至蒙田、帕斯卡尔以来的人学传统,认为对人的研究是哲学研究中最为重要而又最为棘手的问题之一。卢梭说:

> 我觉得人类的各种知识中最有用而又最不完备的,就是关于"人"的知识。我敢说,德尔菲(Delphi)神庙里唯一碑铭上的那句箴言["你要认识你自己"]的意义,比伦理学家们的一切巨著都更为重要、更为深奥。①

像苏格拉底、帕斯卡尔等人批评自然哲学家没有很好地去研究人而陷入对世界的纷争一样,卢梭也指责说:"对人类了解得最深刻的并不是哲学家,因为他们完全是通过哲学上的先入之见去观察人的,我还没有见过什么人是像哲学家那样有许多成见的。"②因此卢梭力图要和那些形而上学的哲学家划清界限,绝不把自己看作是一位哲学家。

要研究人与人之间不平等的起源,必须从认识人类本身开始。与文艺复兴及他同时代的哲学家认为有固定不变人性的观点不同,卢梭认为,没有固定不变的人性,人本身所固有的一切会因环境和社会的改变而改变,不仅因时间的推移和事物的递嬗使人类原来的体质发生了变化,甚至可以说灵魂也早已改变到几乎不可认识的程度,"我们现在再也看不到一个始终依照确定不移的本性而行动的人"③。人类的自然状态和文明状态之间的距离如此之大,野蛮人和文明人的内心和意向的深处是如此之不同。"此一

---

① 卢梭:《论人类不平等的起源和基础》,李常山译,北京:商务印书馆 1962 年版,第62页。
② 卢梭:《爱弥尔》,李平沤译,上卷,北京:商务印书馆 1978 年版,第341页。
③ 卢梭:《论人类不平等的起源和基础》,李常山译,北京:商务印书馆 1962 年版,第62—63页。

时代的人类,不同于彼一时代的人类,狄欧若恩(Diogene,又译作第欧根尼,公元前 404—前 323,古希腊哲学家)之所以找不到人,是因为他想在他同时代的人中找一个已经不存在的那个时代的人。"①因此,卢梭认为,人的研究最为重要的是,必须把人在原始状态下所固有的东西与因环境和人的进步所添加和改变的东西区分开来,必须在人的现有性质中辨别出哪些是原始的,哪些是人为的、后来获得的,只有对人类的自然状态形成了一种正确的观念,才能对人类现在的状态作出正确的判断。

卢梭对人类的自然状态和自然人作了如下描绘:

就生理方面而言,在原始状态下的人,虽说不如某些动物强壮、敏捷,但他的结构却比一切动物都完善。虽然他没有任何一种固有的本能,但他的技巧却胜过禽兽的本能,他比任何一种动物都更容易觅取食物。人既不惧怕自然也不惧怕野兽;没有衣服,也不需要住所;所以有什么疾病,也不需要药物和医生。

从精神方面来看,人和动物的区别就体现在,首先,人有意志自由和自我意识。人是自由主动的主体,动物只能服从自然,人虽然也受自然的支配,但他认为自己有服从和反抗的自由。其次,人和动物的一个显著不同之点就是,人有一种自我完善化能力,"这种能力,借助于环境的影响,继续不断地促进所有其他能力的发展,而且这种能力既存在于个人身上,也存在于整个种类之中"②。动物则没有这种自我完善能力,1000 年后的动物和 1000 年前的动物没有什么两样。

自然人不惧怕死亡,没有很高的欲望,没有什么好奇心,没有计划和预见性。人与人之间没有任何交往,也不需要语言。男女两性的结合是偶然的,或因机缘、巧遇和意愿,并不需要语言作为他们表达意思的工具,他们的分离也十分容易。子女一旦能自己寻觅食物就会立即离开母亲,并很快就会互不相识。在这种原始状态中没有家庭,也没有任何种类的私有财产。

在自然状态中,每一个人的自我保存并不妨害他人的自我保存,这是一种最适宜于人类的和平状态。在自然状态中没有法律,而只有两种天然的情感:自爱心和怜悯心。自爱心使人热烈地关切自己的幸福和自我保存;怜悯心则是人在看到自己的同类遭受灭亡和痛苦时,会感到一种天然的憎恶。这两种情感对人类全体的相互保存起着协助作用,在自然状态中代替着法律、风俗和道德。在自然状态中,人没有虚荣、尊崇、重视和轻蔑、"你的"、

---

① 卢梭:《论人类不平等的起源和基础》,李常山译,北京:商务印书馆 1962 年版,第 146—147 页。

② 同上书,第 83 页。

"我的"、正义等社会情感,这些是在社会状态中才形成的。自然人的"爱"的情感只是异性结合的欲望,仅局限于生理方面,"精神方面的爱,不过是由社会习惯产生出来的一种人为的情感"①。

　　关于自然状态和自然人,卢梭认为:

> 　　我们可以作出这样的结论:漂泊于森林中的野蛮人,没有农工业、没有语言、没有住所、没有战争、彼此间也没有任何联系,他对同类既无所需求,也无加害意图,甚至也许从来不能辨认他同类中的任何人。这样的野蛮人不会有多少情欲,只过着无求于人的孤独生活,所以他仅有适合于这种状态的感情和知识。他所感觉到的只限于自己的真正需要,所注意的只限于他认为迫切需要注意的东西,而且他的智慧并不比他的幻想有更多的发展。即使他偶尔有所发明,也不能把这种发明传授给别人,因为他连自己的子女都不认识。技术随着发明者的死亡而消灭。在这种状态中,既无所谓教育,也无所谓进步,一代一代毫无进益地繁衍下去,每一代都从同样的起点开始。许多世纪都在原始时代的极其粗野的状态中度了过去,人类已经古老了,但人始终还是幼稚的。②

　　不平等的三个发展阶段。卢梭认为人类有两种不平等,一种是自然的或生理上的不平等,另一种可称为精神上或政治上的不平等。但是不平等在自然状态中几乎是人们感觉不到的,它的影响几乎是等于零。人与人之间在自然状态中的差别要比在社会状态中差别小得多,自然的不平等在人类中由于人为的不平等而加深。③

　　从自然状态进入到社会状态,就使人类从平等进入到不平等,人类社会每前进一步,不平等就加深一步。人类不平等的加深和扩大经历了三个发展阶段。

　　私有观念的产生是社会状态开始的标志,"谁第一个把一块地圈起来并想到说:这是我的,而且找到一些头脑十分简单的人居然相信了他的话,谁就是文明社会的真正奠基者"④。当然,私有观念绝不是突然之间在人类思想中凭空产生的,它是由许多只能陆续产生的先行观念演变而来的。随

---

① 卢梭:《论人类不平等的起源和基础》,李常山译,北京:商务印书馆1962年版,第104页。
② 同上书,第106—107页。
③ 参见上书,第70页。
④ 同上书,第111页。

着人类对工具的发明和运用,技巧的完善,智慧的发达,"这就是第一次变革的时代,这一变革促进了家庭的形成和家庭的区分,从此便出现了某种形式的私有制,许多的争执和战斗也就从而产生了"①。由于人们有了固定的住所,互相的接近使他们结合成各种集团,并终于在各个地方形成了有共同风俗和性格的个别民族,社会状态出现了。感情的丰富和精神的发展,使人类日益文明化。冶金术和农业两项技术的发明,促进了私有制的产生,引起了巨大的社会变革。"使人文明起来,而使人类没落下去的东西,在诗人看来是金和银,而在哲学家看来是铁和谷物。"②土地的耕种必然会导致土地的分配,私有观念是以劳动为基础的,以劳动为基础的土地分配使人产生了所有权和私有财产。

私有财产的直接后果就是,人不再仅仅受自然支配,现在开始不得不受他同类的支配,人人都时时隐藏着损人利己之心,由于利害冲突而相互竞争和倾轧。富人为情势所迫,终于想出一条"深谋远虑的妙计",那就是:利用那些攻击自己的人们的力量为自己服务。把自己原来的敌人变成自己的保卫者。富人向穷人说:"咱们联合起来吧,好保障弱者不受压迫,约束有野心的人,保证每个人都能占有属于自己的东西。因此,我们要创立一种不偏袒任何人的、人人都须遵守的维护公正与和平的规则。这种规则使强者和弱者同样尽相互间的义务,以便在某种程度上,补偿命运的不齐。"③就这样富人欺骗穷人订立契约,建立了国家。

法律和私有财产权的设定是不平等的第一个阶段。官职的设置是不平等的第二阶段,而政府的腐化使合法的权力变成专制的权力,专制制度是不平等发展的第三阶段,是不平等的顶点。

卢梭痛恨封建的专制制度,主张应该用暴力去推翻暴君的统治。要捣毁这种不合法的制度,建立合法的制度,从极端的不平等走向新的平等,从极度的不自由走向新的自由。卢梭说:

> 这里是不平等的顶点,这是封闭一个圆圈的终极点,它和我们所由之出发的起点相遇。在这里一切个人之所以是平等的,正是因为他们都等于零。臣民除了君主的意志以外没有别的法律;君主除了他自己的欲望以外,没有别的规则。④

---

① 卢梭:《论人类不平等的起源和基础》,李常山译,北京:商务印书馆1962年版,第115页。
② 同上书,第121页。
③ 同上书,第128页。
④ 同上书,第145—146页。

物极必反,事物总是向对立面转化,人民必将以同样的手段来还报暴君。暴君一当他被驱逐的时候,他是不能抱怨暴力的。"以绞杀或废除暴君为结局的起义行动,与暴君们前一日任意处理臣民生命财产的行为是同样合法。暴力支持他;暴力推翻他。"①恩格斯认为,在卢梭对于人类不平等发展阶段的分析中,渗透着深刻的辩证法思想。恩格斯在《反杜林论》中评价卢梭这一学说时写道:

> 这样,卢梭就看到了不平等的产生是进步。可是这种进步包含着对抗,它同时又是退步。……文明向前进一步,不平等也就向前进一步,随文明一起产生的社会为自己建立的各种机构,转变为同它们原来的使命相反的机构。……这样不平等又重新转变为平等;可是不是转变为没有语言的原始人旧的自发的平等,而是转变为更高级的社会公约的平等。压迫者被压迫,这就是否定的否定。②

矛盾的对抗向对立面转化,事物发展呈现出一个否定之否定的过程。卢梭的这一思想深深地影响了黑格尔思想的形成,但是在卢梭那里辩证法并没有取得他的完善形式,卢梭学说的意义是通过黑格尔否定之否定辩证法所起的助产婆作用才进一步地体现出来。

自然状态只是一种假设。卢梭在《论人类不平等的起源和基础》一书中将自然状态和社会状态对立起来,提出了自然和文明相对立的思想,赞美了自然状态和自然人自由平等、民风淳朴,揭露了文明社会的不自由和不平等,人心灵的丑恶和道德沦丧,这是和他《论科学和艺术》一书的思想是一脉相承的。他的这一观点受到了同时代的一些启蒙学者的反对和攻击。伏尔泰在读过卢梭送给他的《论人类不平等的起源和基础》一书的印刷本以后,1755 年 8 月 30 日伏尔泰致函卢梭,充满讽刺和调侃地说:"我收到你的反人类的新书,谢谢你。在使我们都变得愚蠢的计划上运用这般聪明伶巧,还是从未有过的事。读尊著,人一心想望四脚走路。"③

卢梭是不是真的要回到用四肢爬行的原始时代呢? 卢梭从来没有这样想过。卢梭在《论人类不平等的起源和基础》的序言中就明确地说过:

---

① 卢梭:《论人类不平等的起源和基础》,李常山译,北京:商务印书馆 1962 年版,第 145—146 页。

② 恩格斯:《反杜林论》,马恩编译局译,北京:人民出版社 1960 年版,第 144 页。

③ 转引自罗素:《西方哲学史》下卷,马元德译,北京:商务印书馆 1982 年版,第 688 页。

不应当把我们在这个主题上所能着手进行的一些研究认为是历史的真相，而只应认为是一些假定的和有条件的推理。这些推理与其说是适于说明事物的真实来源，不如说是适于阐明事物的性质，正好像我们的物理学家，每天对宇宙形成所作的那些推理一样。①

卢梭仅仅把自然状态作为说明问题的一种假设，正像物理学家为了解决复杂的问题先设定一个理想状态一样。卢梭也设计一个理想社会的模型，是为了揭示现实社会的丑恶和异化，他不过是起一种借古讽今、托古改制或警醒世人的作用。卢梭绝不是主张历史倒退到原始状态，卢梭在回答波兰国王对他的驳难时就曾写道："回到自然状态的原始阶段，是无法实现的，历史是不会倒退的。纵使人类能够退回到野蛮人的状态，他们也不会更幸福一些。"②实际上，卢梭也从未将自然状态看作是人类最幸福的时期，卢梭所称颂的人类历史的黄金时期是自然状态和国家与法律形成之间的那个时期，即家庭和最初的社会联系刚刚形成、人类和技能大大发展的那个时期，人类既不像原始状态下那样怠惰鲁钝、固守陋习，也不像文明社会中那样自私竞争、道德没落。不过卢梭认为人类历史的这个黄金时期，青春时代已经一去不复返了，人类要走向社会状态是历史的必然，就像人经历了童年、青年，必然要走向壮年和老年，衰老是人无法抗拒的，社会也是如此，文明社会需要艺术、法律、政府，如同老人需要手杖一样。我们也不能说卢梭完全就是一个历史的悲观主义者，把社会的进步完全看作是江河日下，穷途末路。实际上卢梭只是为他后来的理论作铺垫，真正社会状态是高于自然状态的，真正的社会的自由和平等是高于原始的自由和平等的，在一种不再以不平等为基础的社会制度中，科学和艺术也会起到良好的道德作用的。这就是后来的《社会契约论》中描绘的理想社会，即资产阶级的理性王国。

卢梭既是自然法学派的继承者，又是自然法学派的反对者。像其他自然法学派的代表人物一样，通过追溯人类的自然状态来说明人的原始本性，说明自由和平等是人类的自然权利。与其他自然法学派的代表人物不同的是，卢梭不同意他们将自然和社会看作是一致的，从自然的秩序中去寻找社会秩序的根据，把自然法看作是社会状态中人类行为的指导。卢梭将自然和社会对立起来，社会状态中的一切完全是和自然状态相违背的。卢梭的社会政治哲学是受到霍布斯和洛克的很大影响，但卢梭与他们不同的是，卢

①　卢梭：《论人类不平等的起源和基础》，李常山译，北京：商务印书馆 1962 年版，第 71 页。
②　转引自阿斯穆斯(В.Ф.Асмус)：《卢梭》(Ж.Ж.Руссо)，梅溪译，北京：商务印书馆 1963 年版，第 24 页。

梭认为霍布斯和洛克都犯了一个共同的错误,他们将社会状态中的东西归于自然状态。霍布斯描绘的人自私自利,相互仇视,一切人对一切人的战争,这实际上是社会状态中的场景。洛克所说的每一个人都有权支配自己的私有财产,这也不是自然状态而是社会状态。霍布斯和洛克将私有观念和私有财产永恒化,看作是永恒的自然法则,这是历史唯心主义的,而卢梭将私有观念和私有财产看作是一定历史阶段上的产物,则更具有历史唯物主义的因素。

三、论社会契约和人民主权

《论人类不平等的起源和基础》一书重在破,揭露人类社会的不平等和不自由;而《社会契约论》重在立,它描绘人类怎样从不平等状态走向新的、更为高级的平等和自由;先破后立,一脉相承,前者为后者铺平道路。《论人类不平等的起源和基础》中卢梭对现存社会关系的性质和弊端进行了揭露和批判,而《社会契约论》表述的是一种政治理想。

社会契约和社会状态。卢梭在《社会契约论》中对社会契约和社会状态的描述和评价发生了很大变化。在《论人类不平等的起源和基础》中,卢梭讲社会状态起源于契约,是富人欺骗穷人的结果,是人类走向不平等的开端。而在《社会契约论》中卢梭说,人类曾达到这样一种境地,当自然状态中不利于人类生存的种种障碍在阻力上超过了每一个人的自保能力时,原始状态便不能继续维持,人类如果不改变其生存方式,就会消灭。只有集合起来形成一种力量的总和,通过人类共同的协作才能克服他们面临的阻力,除此之外,别无自存的方法。

> "要寻找出一种结合的形式,使它能以全部共同的力量来卫护和保障每个结合者的人身和财富,并且由于这一结合而使每一个与全体相联合的个人又只不过是在服从自己本人,并且仍然像以往一样地自由。"这就是社会契约的所要解决的根本问题。①

卢梭不再认为进入社会状态是走向不幸、走向邪恶、走向不平等,相反,

> 由自然状态进入社会状态,人类便产生了一场最堪注目的变化;在他们的行为中正义就代替了本能,而他们的行动也就赋予了前此所未

---

① 卢梭:《社会契约论》,何兆武译,北京:商务印书馆1990年版,第23页。

有的道德性。①

这才是一种真正的社会契约和真正的社会状态,它要比自然状态高级得多,人类的社会发展的否定之否定阶段。这种真正的社会契约是一切政治准则的基础,这种真正的社会状态将是一种平等、自由和幸福的社会,它使人性得到了恢复和提高,因而它也是一个真正合乎人性的社会,一个更有道德的社会。这就是卢梭所构想的资产阶级的"理性王国"。

人民主权和政府形式。卢梭所设想的通过社会契约建立起来的国家,是以人民主权为基础的资产阶级民主共和国。卢梭认为:

> 社会公约可以简化为如下的词句:我们每个人都以其自身及其全部的力量共同置于公意的最高指导之下,并且我们在共同体中接纳每一个成员作为全体之不可分割的一部分。②

社会契约这一结合行为产生了一个道德的、集体的共同体,形成了一个公共的大我,一个公共的人格。

> 这一由全体个人的结合所形成的公共人格,以前称为城邦(cité),现在则称为共和国(république)或政治体(corps politique);当它是被动时,它的成员就称它为国家(État);当它是主动时,就称它为主权者(Souverain);而以之和它的同类相比较时,则称它为政权(puissance)。至于结合者,他们集体地称为人民(peuple);个别地,作为主权权威的参与者,就叫作公民(citoyens),作为国家法律的服从者,就叫作臣民(subjects)。③

人民是国家主权者,每一个人既是主权者的一个成员,也是国家的一个成员。主权的行为不是上级和下级之间的一种约定,而是共同体和它的各个成员之间的一种约定。

> 它是合法的约定,因为它是以社会契约为基础的;它是公平的约

---

① 卢梭:《社会契约论》,何兆武译,北京:商务印书馆 1990 年版,第 29 页。
② 同上书,第 24—25 页。
③ 同上书,第 25—26 页。

定,因为它对一切人都是共同的;它是有益的约定,因为它除了公共的幸福而外就不能再有任何别的目的;它是稳固的约定,因为它有着公共的力量和最高权力作为保障。只要臣民遵守的是这样的约定,他们就不是在服从任何别人,而只是在服从他们自己的意志。①

主权和国家是以公意为基础、受公意所指导的,公意是主权和国家的灵魂,国家的主权不外是公意的运用。卢梭深入地探讨了公意(Volonté générale)与个别意志(Volonté particulière)、众意(Volonté de tous)和集团意志(Volonté de corps)之间的区别和相互关系。首先,公意和个别意志之间既相互对立又可以相互转化。公意是从全体出发的、从共同利益出发的,总是倾向于平等;个别意志则是从个别利益出发,倾向于偏私;二者是对立的,只有公意才是社会赖以建立和存在的基础。但公意和个别意志是可以相互转化的,当公意具有其个别目标时,它也就变质了,转变成个别意志,它就不再作为公意来对某人或某事作出判决了。其次,公意不同于众意,

> 众意与公意之间经常总有很大的差别;公意只着眼于公共的利益,而众意则着眼于私人的利益,众意只是个别意志的总和。但是,除掉这些个别意志间正负相抵消的部分而外,则剩下的总和仍然是公意。②

再次,公意不同于集团意志,当国家形成了派别和小集团的时候,就出现了许多集团意志,集团意志对于它的成员来说就成为公意,而对于国家来说则成为个别意志,要防止这些集团和派别用它们的集团意志代替公意或凌驾于公意之上。因而要维护国家的公意就必须杜绝集团意志,不允许派系存在,如果有派系存在的话,就必须增殖它们的数目并防止它们的不平等,只有这样才能使公意发扬光大。

公意是国家和主权的灵魂,同时也是立法的基础。法律体现了公意。主权最主要地就体现为立法权。人民是主权者,因而人民就应该是法律的创造者,立法权属于人民。法律是人民为自己立法,服从法律的人民本身就是法律的创作者。

> 我们无须再问应该由谁来制订法律,因为法律乃是公意的行

---

① 卢梭:《社会契约论》,何兆武译,北京:商务印书馆1990年版,第44页。

② 同上书,第39页。

为；……也无须问法律是否会不公正，因为没有人会对自己本人不公正；更无须问何以人们既是自由的而又要服从法律，因为法律只不过是我们自己意志的记录。①

法律是全体人民公意的体现，而不是某一个人的个别意志的体现。卢梭反对封建君主以个别意志代替的法律，将个人凌驾法律之上，卢梭认为任何人的发号施令都不能成为法律，只有代表全体人民意志、由人民直接赞同、亲自批准的才能成为法律。一切立法体系最终目的是全体最大的幸福，这就是"自由和平等"。卢梭反对君主专制，坚决拥护共和国，认为凡是实行法治的国家都是共和国，一切合法的政府都是共和制。封建的专制政府是不合法的政府。

首先，主权是至高无上的权威，是神圣不可侵犯的。在卢梭对主权的特点表述中，他与霍布斯、孟德斯鸠和其他启蒙学者的政治观点划清了界限。卢梭认为主权具有如下几个特点：第一，主权是不可转让的。"主权既然不外是公意的运用，所以就永远不能转让；并且主权者既然只不过是一个集体的生命，所以就只能由他自己来代表自己。"②转移了主权就意味着出卖了生命和自由。政府不是主权者，而只是主权者的执行人，人民将权力委托给政府，只是对它一种任用，而不是将主权转让给它，只要主权者高兴，他就可以限制、改变和收回这种权力。在这一点上卢梭和霍布斯截然不同，霍布斯是赞成君主制，人民的权力一旦让渡出去就永远不能收回，只能听任君主的摆布，而这是强烈反对暴君政治的卢梭所不能容忍的。

第二，主权是不能分割的。主权不可分割是因为公意不能分割，公意被分割就不再是公意。

> 由于主权是不可转让的，同样理由，主权也是不可分割的。因为意志要么是公意，要么不是；它要么是人民共同体的意志，要么就只是一部分人的。③

被分割了的公意就只是一种个别意志，或者是一种行政行为，一道命令，而不可能是法律。卢梭反对孟德斯鸠和洛克的三权分立学说，认为这是对于主权的割裂。

---

① 卢梭：《社会契约论》，何兆武译，北京：商务印书馆 1990 年版，第 50—51 页。
② 同上书，第 35 页。
③ 同上书，第 36—37 页。

第三,主权是不可代表的。卢梭主张直接民主制,反对英国的代议制。他认为,

> 主权在本质上是由公意所构成的,而意志又是绝不可能代表的。

卢梭特别说明在立法权力上人民是不能被代表的,但在行政权力上,人民是可以并且应该被代表的。卢梭在立法权力问题上要求直接民主,这体现了他的民主主义思想,但是如何实行直接民主制,卢梭缺乏具体的措施。因而使得他这一思想缺乏可操作性,流于空想。

卢梭一再强调要将国家和政府区别开来,国家是主权的象征,而政府则只是主权的实行者、代理人。"什么是政府呢?政府就是在臣民与主权者之间所建立的一个中间体,以便两者得以互相适合,它负责执行法律并维持社会的以及政治的自由。"①国家和政府"这两种共同体之间有着这样一种本质的不同,即国家是由于它自身而存在的,但政府则只能是由于主权者而存在的"②。政府必须服从主权者的利益,为主权者服务。可以为人民而牺牲政府,而绝不能为了政府而牺牲人民。人民和政府之间没有任何契约,行政权力的受任者绝不是人的主人,而只是人民的官吏,只要人民愿意就可以委任他们,也可以撤换他们。人民将对以下两个提案进行表决:主权者愿意保存现有的政府形式吗?人民愿意让那些目前实际在担负行政责任的人们继续当政吗?人民才是真正的主人,人民既可以根据公意来制定法律,也可以根据公意来废除法律,甚至废除社会公约,人民出自公意的一切行为都是合法的。在行政官身上存在着三种本质不同的意志,首先是个人的意志,其次是全体行政官的共同意志,第三是人民的意志或主权的意志。卢梭认为在一种完善的立法之下,行政官的个人意志应该是毫无地位的,政府本身的团体意志应该是极其次要的,而人民的公意或主权意志永远应该是主导的,是其他一切意志的规范。为了使政府能够很好地体现人民的公意,有效地行使权力,提高办事效率,卢梭提出了一条政府的建制原则,那就是国家越大,政府就应该越缩减,行政官的人数应该和人民的人数成反比。因为负责的人越多,则处理事务就越慢,人浮于事,互相牵制,坐失良机。卢梭的这些思想对于今天我们国家的政治体制改革仍极有启发意义。

在政体形式上,卢梭赞成民主共和制,而坚决反对君主制。他认为在民

---

① 卢梭:《社会契约论》,何兆武译,北京:商务印书馆 1990 年版,第 76 页。
② 同上书,第 80 页。

主共和制政府中，

> 差不多唯有英明能干的人，公共舆论才会把他们提升到首要的职位上来，而他们也会光荣地履行职务的；反之，在国君制之下，走运的人则每每不过是些卑鄙的诽谤者、卑鄙的骗子和卑鄙的阴谋家；使他们能在朝廷里爬上高位的那点小聪明，当他们一旦爬上去之后，就只能向公众暴露他们的不称职。①

另外在君主制政府中人民承担着巨大的负担，而在民主制之下人民负担很轻。在君主制中行政官吏有机会滥用权力，以权谋私，而在民主制中，行政职位并不是一种便宜，而是一种沉重的负担。由于君主制存在着以上多种弊端，卢梭认为君主制永远也不如民主制。这里鲜明地体现出卢梭是近代民主政治的倡导者和创立者。

如同孟德斯鸠一样，卢梭也持有地理环境决定论的观点，认为自然环境、国土面积和人口等物质生活条件对于政体形式有着重要的影响。政府的形式是受气候的力量所制约；其次版图的大小、财富的多寡也影响着政体形式，比如他认为"国君制只适宜于富饶的国家；贵族制只适宜于财富和版图都适中的国家；民主制则适宜于小而贫困的国家"②。另外，卢梭把人口的繁殖和增长看作是衡量政府好坏的标志，他说一个政府如不靠移民、归化和殖民地，"而在它的治下公民人数繁殖和增长得最多的，就确实无疑地是最好的政府"③。他认为在领土面积和人口的数量之间有一种适当的比率，这是衡量一个政治体好坏的指标。在卢梭的理想中，一个好的国家应该是一个小的国家。卢梭看到了气候、疆域、人口等物质生活条件对一个国家的政治影响，这有其合理的地方，但是他过分地夸大了这些因素的作用，把一国的政体形式看作是直接由气候和疆域决定的，并用国土面积和人口来作为衡量政府好坏的标志，把自然环境因素看作是决定因素，并离开社会生产力的发展而片面地强调人口的发展，这些都是错误的。

自由和平等。可以说，自由和平等是卢梭社会政治哲学的中心概念，他的全部学说是围绕着这一问题展开的。《论人类不平等的起源和基础》揭示了在原始状态下人是如何的平等和自由，在社会状态中是何等的不平等和不自由，并且不断地加深和恶化，直到不平等和不自由的顶点。《社会契

---

① 卢梭：《社会契约论》，何兆武译，北京：商务印书馆 1990 年版，第 96—97 页。
② 同上书，第 105 页。
③ 同上书，第 111 页。

约论》就是要展示人类又怎样从不平等不自由的顶点而达到否定之否定阶段,新的自由和平等。

卢梭把自由和平等看作是人的一种天赋权利,如同生命。每一个人都是生而自由平等的,孩子们生来就是人,并且是自由的,他的自由只能属于他自己,任何人都无权加以处理。这种人所共有的自由,乃是人性的产物。每一个人都要像维护自己的生命一样维护自己的自由。如果"放弃自己的自由,就是放弃自己做人的资格,就是放弃人类的权利……这样一种弃权是不合人性的"①。自由是人的一切能力中最崇高的能力,如果毫无保留地抛弃他所有天赋中最宝贵的天赋,那将是一种犯罪。

在自然状态中的自然人,是自由的并且珍视和顽强地维护着自己的自由。"他宁愿在风暴中享自由,不愿在安宁中受奴役。"②而社会状态中的人的自由被剥夺并且忍受着这种不自由。

> 人是生而自由的,但却无往不在枷锁之中。自以为是其他一切的主人的人,反而比其他一切更是奴隶。③

卢梭看到了人的异化,人本是万物的主人,反而比万物更加处于被奴役状态,卢梭认为人的这种异化是由社会状态所造成的。

> 从前本是自由、自主的主人,如今由于无数新的需要,可以说已不得不受整个自然界的支配,特别是不得不受他的同类的支配。纵使他变成了他的同类的主人,在某种意义上说,却同时也变成了他的同类的奴隶。④

富人、主人需要穷人和仆人的服侍,离开了他们一天都不能生活,从而也就成为穷人和仆人的奴隶,卢梭在这里揭示出后来黑格尔《精神现象学》中揭示的主人和奴隶的辩证法,主人成为他自己奴隶的奴隶。由于富人欺骗穷人订立了契约,社会、国家、法律的确立,也就永远消灭了天赋的自由和平等,被不自由和不平等取而代之。面对这种剥夺了人的天赋权利的社会状态,卢梭提出了剥夺者被剥夺的要求,如果说强力使人民失去了自由,人

---

①　卢梭:《社会契约论》,何兆武译,北京:商务印书馆1990年版,第16页。
②　卢梭:《论人类不平等的起源和基础》,李常山译,北京:商务印书馆1962年版,第133页。
③　卢梭:《社会契约论》,何兆武译,北京:商务印书馆1990年版,第8页。
④　卢梭:《论人类不平等的起源和基础》,李常山译,北京:商务印书馆1962年版,第125页。

民将也会用强力来打破自己身上的桎梏。

> 因为人民正是根据别人剥夺他们的自由时所根据的那种同样的权利,来恢复自己的自由的,所以人民就有理由重新获得自由;否则别人当初夺去他们的自由就是毫无理由的了。①

卢梭并不是认为在社会状态中人就注定是不自由和不平等的。恰恰相反,卢梭把不自由不平等的社会状态看作是不合理的社会状态。卢梭要实现否定之否定,使人在一种全新社会状态中达到一种更高级的社会的自由和平等。自由和平等应当成为一切立法的主要目标。卢梭认为人类的自由有三种,这就是:自然的自由、社会的自由和道德的自由,这三种自由实际上也是自由发展的三个阶段。社会的自由高于自然的自由,而道德的自由又高于社会的自由,它是自由发展的最高阶段或曰自由的最高境界。自然的自由或曰天然的自由是以个人的力量为其界限的,在这里没有任何法制和义务;而社会的自由的本质就在于受公意的约束、服从公意、服从法律。卢梭在这里阐明了自由和法律之间的辩证关系,自由不是为所欲为,而是服从法律、遵守法律,有权做法规允许他做的一切事情。这不是服从某个个人,而是服从公共意志。如有人拒不服从公意,全体就会迫使他服从公意,这就是说,人们要迫使他自由。社会的自由的实现是人性的一种恢复,不仅重新获得了天赋的权利,而且还将获得更多的社会权利。所以,"在社会契约之下生活比在自然状态中生活更为自由"②。卢梭说:

> 除上述以外,我们还应该在社会状态的收益栏内再加上道德的自由,唯有道德的自由才使人类真正成为自己的主人;因为仅只有嗜欲的冲动便是奴隶状态,而唯有服从人们自己为自己所规定的法律,才是自由。③

道德的自由是最高层次的自由,只有它才能体现人的本质,人是自己为自己立法,法由己出,服从自己为自己所订的法律,这才是真正的自由。如果说康德在《实践理性批判》(*Kritik der Praktischen Vernunft*,1788)中在道德问题上掀起了一场"哥白尼革命"的话,那么康德这一举动是受卢梭引导

---

① 卢梭:《社会契约论》,何兆武译,北京:商务印书馆1990年版,第8页。
② 卢梭:《爱弥尔》下卷,李平沤译,北京:商务印书馆1978年版,第709页。
③ 卢梭:《社会契约论》,何兆武译,北京:商务印书馆1990年版,第30页。

的,卢梭高扬人的主体性,提高了人的地位、尊重人的价值,要恢复人应有的尊严。因此,我们说卢梭是最伟大的人文主义者和启蒙主义者是当之无愧的。

在卢梭看来自由和平等是紧密相连的,平等是自由的保障,"平等,是因为没有它,自由便不能存在"①。与三种自由对应,也有三种平等,即:自然的平等、法律的平等和道德的平等,它们构成了由低级向高级发展的阶梯。卢梭说:

> 基本公约并没有摧毁自然的平等,反而是以道德的与法律的平等来代替自然所造成的人与人之间的身体上的不平等。从而,人们尽可以在力量上和才智上不平等,但是由于约定并且根据权利,他们却是人人平等的。②

真正社会的平等和道德的平等是比自然的平等高级得多的平等。卢梭在《论人类不平等的起源和基础》一书中认为,人类的自然的或身体上的不平等,在社会状态中由于人为的不平等即道德或政治上的不平等而加深;而在《社会契约论》中则认为,真正社会的平等、法律的平等会弥补或缩小人的自然的或身体的不平等。这是两种完全对立的结论,它们的对立是由于两种完全对立的社会状态造成的。因此,简单地说卢梭主张自然与文明相对立、否定社会状态是不对的,卢梭反对的是不合理的、扼杀人性的社会状态,而他心中是有一种合理的、真正的社会状态。在这种社会状态中,人性得到充分的发展,人人都是自由、平等、幸福,并极富有道德良心和美好情感的。在这里文明与自然不是相对立的,而是在更高的阶段上对自然的回复,并且要比自然状态高级千百倍。当然这只是卢梭的一种民主理想,具有某种乌托邦的特性。

卢梭社会政治哲学的影响不仅限于法国大革命,可以说他对整个资本主义世界产生了世界性和历史性影响。不仅卢梭在世时就曾给科西嘉人拟过宪法草案,为波兰人构想过最好的政治制度,而更有历史意义的是卢梭的《社会契约论》成为后世资本主义国家的立国之本。1776 年 7 月 4 日美国杰出的政治家杰弗逊起草的美国《独立宣言》(*Declaration of Independence*)中提出的天赋人权、人民主权、个人自由、公民在法律面前一律平等等思想,

---

① 卢梭:《社会契约论》,何兆武译,北京:商务印书馆 1990 年版,第 69 页。
② 同上书,第 34 页。

就是直接来源于卢梭的著作。1789年和1793年法国公布的《人和公民的权利宣言》几乎是照抄《社会契约论》中的词句,规定社会的目的在于共同的幸福,自由和平等是人的天赋权利,人人在法律面前都是平等的,法律是公意的体现,主权在于全体国民等。1795年法国的宪法中明文规定"主权是统一的、不可分割的、不可剥夺和不可动移的,主权属于国民"。1814年挪威制订的宪法也是直接以《社会契约论》为指导思想。

卢梭的哲学对康德、黑格尔产生了巨大的影响,黑格尔本人就认为卢梭是德国哲学的一个重要的出发点。他抬高人的地位、尊重人的价值、把人看作目的,并且把自由看作是人的最崇高的权利,这些思想对康德哲学产生了深刻的影响。卢梭在研究人类不平等的发展过程、人性的异化和人的自由等问题时,充分地体现出他丰富的辩证法的智慧,对立面的转化、否定之否定等思想已具雏形,只是等待着黑格尔去明确地表述它们。因此,恩格斯把《论人类不平等的起源和基础》与狄德罗的《拉摩的侄儿》(*Le Neveu de Rameau*,1762)相提并论,奉为辩证法的杰作,并且认为在该书的叙述中可以看到马克思在《资本论》(*Das Kapital*,1867,1885,1894)中所使用的整整一系列辩证的说法。卢梭是对资本主义的文化矛盾进行批判的第一人,他敏锐地洞察出文明进步自身所隐含的矛盾和弊端,在最高的层次上对现代社会进行反省和批判。

第四节　孔狄亚克论感觉和经验

孔狄亚克,1714年生于法国东南部格勒诺布尔城(Grenoble)的一个贵族家庭,和当时权势显赫的重要政治家汤生红衣主教(le Cardinal de Tensin,1679—1758)家族有亲缘关系。他家中除了出了他这一位著名的哲学家而外,他的次兄加布里埃尔·博诺·马布利神父也是一位闻名遐迩的启蒙思想家,伟大的空想社会主义者。另外,"百科全书派"的著名领袖人物之一的科学家、数学家达朗贝尔也是他们的表兄弟。这是一个名人荟萃的家族。孔狄亚克的一生并没有像伏尔泰和卢梭的生平那样富有传奇色彩,作为学者和神父,他的一生是在平稳和安逸中度过的,但是,和伏尔泰、卢梭等人一样,将自己的一生贡献给了伟大的启蒙事业。

孔狄亚克在青少年时代,由其次兄马布利监护,曾经先后在里昂的耶稣会学校、巴黎圣苏尔比(Saint-Sulpice)修道院、索邦神学院学习,接受了古典文学、人文科学、自然科学和哲学的训练。他经常出入上流社会的沙龙,和丰特奈尔、伏尔泰、卢梭、狄德罗、达朗贝尔等著名的启蒙思想家、文人学者交往甚密,在这种文化氛围的陶冶下,使他的思想发生了迅速和深刻的变化,从而使自己也跻身于启蒙思想家之列。

1746 年出版的《人类知识起源论》(*Essai sur l'Origine des Connaissances Humaines*)确立了他终身的哲学体系,这部副标题为"把一切与理解力有关的东西全部归之于一条唯一原理的著作"(*Ouvrage où l'On Réduit à un Seul Principe Tout ce Qui Concerne l'Entendement*),就是追随 17 世纪英国哲学家洛克的唯物主义经验论,对人类的理智即理解力作专门的探讨,建立起经验主义的认识论体系,批判 17 世纪的一切形而上学的哲学体系,为百科全书派的唯物主义者提供了理论基础和思想武器。孔狄亚克后来出版的几部主要哲学著作都是对《人类知识起源论》所确立的理论体系的修正和补充。1749 年出版的《论缺点和优点毕露的诸体系》(*Traité des Systemes, ou l'On en Demele les Inconveniens et les Avantages*;以下简称《体系论》)一书实际上是对《人类知识起源论》绪论中所提出的关于方法论的某些观点作一些补充,并且对 17 世纪的诸家形而上学体系作进一步的批判。1754 年出版的《感觉论》(*Traité de Sensations*)也是对《人类知识起源论》第一卷第六篇中关于感觉的看法的修改,由于其中包含有贝克莱式的主观唯心主义的成分,所以遭到了狄德罗等唯物主义哲学家们的批判和冷遇,同时也被神学家斥责为接近洛克的唯物主义。于是翌年孔狄亚克又出版了《论动物》(*Traité des Animaux*)一书辩护自己的观点,反驳来自各个方面的批评和攻击。

1758 年至 1767 年孔狄亚克被聘为地处意大利境内的巴马(Parme)公国巴马公爵儿子的家庭教师,他整理出版了给巴马小公爵的授课讲稿,有《语法》(*Grammaire*)、《思维的艺术》(*De l'Art de Penser*)、《写作的艺术》(*De l'Art d'Écrire*)、《推理的艺术》(*De l'art de raisonner*)等等,这一套《教程》(*Cours d'Études*)洋洋 16 卷,直到 1775 年才出齐。另有《历史概要》(*Extraits du cours d'Histoire*)一书,包括古代史和近代史两部分,孔狄亚克曾经先后于 1762 年获得柏林科学院院士、1768 年获法兰西科学院院士的称号。

晚年孔狄亚克从事逻辑学和数学的研究,在他逝世前几个月出版了《逻辑学,或思维技术的最初发展》(*La Logique ou les Premiers Développemens de l'Art de Penser*)一书,这是应波多基伯爵的要求,为波兰宫廷学校编写的教材。1780 年 4 月 2 日在弗吕克斯逝世。他遗著《计算的语言》(*La Langue des Calculs*)直到 1798 年即他死后 18 年才得以出版。

孔狄亚克被人们誉为 18 世纪法国"哲学家中的哲学家"(le philosophe parmi les philosophes),与那些既是学者又是斗士的哲学家相比,他更是一个专注于理论研究的书斋式的纯粹哲学家。他继承和发扬了 17 世纪英国哲学家洛克和科学家牛顿等人的哲学思想,通过对人类理智和知识等问题的探讨,建立起系统的经验主义的理论体系,为"百科全书派"的哲学家奠定了哲学认识论的基础。

一、感觉是我们知识的源泉

孔狄亚克的《人类知识起源论》一书是对洛克《人类理解论》(*Essay Concerning Human Understanding*,1690)一书的修改、完善和发展。洛克哲学为孔狄亚克哲学研究的对象和立场确立了基调。即以认识论为研究方向,重点研究人类的理智即理解力的问题,坚持唯物主义的经验论的立场。孔狄亚克虽然不懂英文,但是洛克《人类理解论》一书在 1700 年就由旅英法国学者科斯特(Pierre Coste,1668—1747)译成法文,孔狄亚克如饥似渴地阅读了洛克的著作,从中吸取了不少材料和观点。另外,孔狄亚克还通过伏尔泰的《哲学通信》和《牛顿哲学原理》(*Eléments de la Philosphie de Newton*,1738)两部著作,对洛克的哲学和牛顿的自然哲学思想有了进一步的了解,深深地为他们的自由思想和科学方法所吸引。因此,孔狄亚克决心运用一种以观察和实验为基础、适合于数学和物理学的分析方法,来研究人类的精神和理智活动,对传统的以综合法为基础的形而上学体系进行批判,力图在形而上学领域进行一场革命。

孔狄亚克的全部哲学是以《人类知识起源论》为主体框架的。他在该书的绪论中开宗明义地表明,该书的首要目的就是对人类精神的研究,这种研究并非为了揭示精神的本性,而是在于认识精神的活动,观察这些活动是以什么方式结合起来的,以及我们应当怎样来引导这些活动,以便获得我们力所能及的全部智慧。①

该书的副标题是"把一切与理解力有关的东西全部归之于一条唯一原理的著作",这条唯一原理就是能够解释其他一切经验的"最初经验"(première experience)。孔狄亚克就是要通过这种"最初经验"来考察什么是知识的源泉和材料,使用什么工具、遵循什么方法来运用这些材料。他要追溯我们的观念的渊源,阐明观念的派衍,确定我们知识的广度和极限,更新人类的全部理解力,孔狄亚克遵循着"一切来源于经验",一切可以还原于经验、被经验所证实的彻底经验主义的立场。

① 参见孔狄亚克:《人类知识起源论》,洪洁求、洪丕柱译,北京:商务印书馆 1989 年版,第5—6 页。

　　孔狄亚克把感觉看作人类认识的唯一来源、心灵活动的起点和基础。《人类知识起源论》所要说明的就是,人类知识起源于感觉,感觉是人类知识的源泉和材料。在《"感觉论"的理论节要》(*Un Extra Raisonné du Traité des Sensations*,1755 年作为《论动物》一书的附录出版)中,孔狄亚克则更明确地表明,《感觉论》"这部著作的主要目的,是说明我们一切知识和一切能力如何都来自感官,或者更确切一点都来自感觉"①。孔狄亚克认为,感觉是通过感官得来的,是对外部世界的真实报道,"在我们觉察到光亮、颜色、坚硬的时候,这些感觉以及其他类似的感觉就足以使我们获得人们通常对物体所具有的一切观念"②。如果我们失去了感官,就再也无法获得观念。一切观念都是来自感觉,而不是天赋的。笛卡尔和马勒伯朗士等天赋观念论者认为感官不能对事物提供任何观念,把感觉看作是错误和幻觉的来源,认为感觉是骗人的,因而要人们摆脱感官去相信天赋观念论,这是大错而特错。孔狄亚克认为感觉不是错误的来源,因为在我们感受某些感觉时,我们的知觉是最为清楚明白的,从来不含糊和混乱,我们可以从感觉中得到极其清楚、极其明白的观念。因此"决不应该说我们的感官欺骗了我们","感官丝毫也没有给我们提供过什么含糊、混乱的观念"。③ 在我们身上的感觉,以及我们的感觉和外界事物所建立的联系都不会出错,错误只能出自我们轻率的判断。孔狄亚克说:

　　　　当我说到我们的一切知识都来自感官的时候,不应当忘记,这只是指人们从感官所含有的那些清楚、明白的观念中所提取出来的知识。至于伴随它们而来的那些判断,只有在一条相当成熟的经验纠正了它们的种种缺点之后才能对我们有用。④

　　在《人类知识起源论》中,孔狄亚克和洛克一样,将"感觉"和"反省"看作是我们的观念的来源。孔狄亚克认为,根据外部客体对我们所起的作用,我们的感官接受着各种不同的观念,如光亮、颜色、运动、静止等观念,它们是最初级思想;根据对感觉在我们的心灵中引起的活动进行反省,又形成了

---

①　孔狄亚克:《"感觉论"的理论节要》,转引自《十八世纪法国哲学》,北京大学哲学系编译,北京:商务印书馆 1963 年版,第 129—130 页。

②　孔狄亚克:《人类知识起源论》,洪洁求、洪丕柱译,北京:商务印书馆 1989 年版,第 14—15 页。

③　同上书,第 16 页。

④　同上书,第 17 页。

一些观念,如知觉、想象等,它们是第二级思想。因此,感觉和反省是我们全部知识的材料。在孔狄亚克对人类心灵活动的派衍的分析中,我们也可以看出,孔狄亚克是把反省看作是感觉派衍而来并比感觉更为高级的一种心灵活动,而不是把它作为一种与感觉完全不同的独立来源。

在《感觉论》中孔狄亚克更加走向了感觉主义。他不仅将反省归结为感觉,而且进一步将爱、憎、希望、恐惧、意志等也归结为感觉,认为它们仍然只是变相的感觉。孔狄亚克要把一切心理活动和机能都归结为感觉。在《感觉论》中孔狄亚克虚构了一个没有任何先天的心理活动的雕像(Statue),这其实就是洛克所假设的一块"白板"(tabula rasa),它最初只有一种感觉:嗅觉,然后才逐渐地具有听觉、味觉、视觉和触觉等感觉,他对这些感觉分别地加以考察,其目的就是要清楚地观察到每一种感觉能做些什么? 它们各自能给心灵增加些什么? 哪些是某一种官能活动单独造成的结果,哪些是若干种官能协作的活动造成的结果。孔狄亚克的"雕像"假设,就是要把人类的感觉置于一种纯粹的理想状态中来考察它们的功能。并且要进一步说明,以这些感觉为基础,我们就能够获得注意、记忆、比较、判断、想象、抽象、欲望、激情的意志等一切心理活动。孔狄亚克就是在证明,一切心理活动都是从感觉而来,并且最终都还原为感觉。这就是一种彻底的感觉主义。

孔狄亚克从继承培根、洛克的唯物主义经验论到彻底的感觉主义,从彻底的感觉主义最终滑向了贝克莱的主观唯心主义。孔狄亚克认为,人凭着嗅觉、听觉、味觉和视觉的感觉所获得的只是气味、声音、滋味、颜色,而不能获得任何关于外物的知识。这些内部感觉完全局限在我们自身之内,我们不能把我们内部的感觉联系到外界去。"知觉怎么能够越出那个感知它并且限制它的器官以外呢?"①如果一个人保持不动的话,触觉也不能告诉他关于外界事物的知识。只有假定雕像的肢体生来就是能动的,手能够触摸到他自己和周围的东西,觉得它们是一些形体,以广袤去认识广袤,以形体去认识形体。最后,嗅觉、听觉、味觉和视觉在触觉的教导下,才能将自己的感觉和外界事物联系起来。孔狄亚克认为从嗅觉、视觉、味觉和听觉等官能得来的知觉是完全局限在人自身之中而不能告诉我们任何外界事物的知识,这是主观唯心主义的,认为触觉是以广袤来认识广袤,以形体来认识形体,这也是一种机械论的解释。

---

① 孔狄亚克:《"感觉论"的理论节要》,转引自《十八世纪法国哲学》,北京大学哲学系编译,北京:商务印书馆1963年版,第126页。

孔狄亚克认为我们认识事物只能认识其表面现象,而不能认识事物的本性。他像贝克莱一样,把"我们所有的感觉"等同于"我们周围对象的性质"。通过感觉得来的"这些观念并不能使我们认识事物本身是什么,它们只是就事物与我们的关系来描绘事物,仅此一端,就可以证明哲学家们企图深究事物的本性实在是多余的"①。孔狄亚克的这种观点实际上是说,事物只能是它对我呈现的那个样子,事物的本性或本质是不可知的。由于孔狄亚克把对象的性质主观化为感觉观念,每一个感觉都是单纯观念,复合观念是若干个感觉的集合,如这张白纸是一个单纯的观念,而坚固、形式和白色等若干个感觉观念的集合则是一个复合观念"一张白纸"。这就得出了和贝克莱"物是感觉的集合"的类似观点。孔狄亚克说,因此,如果有人问什么是一个形体,就应该回答他说:这就是对象出现时你所摸到过、看到过……的那些性质的集合;当对象不出现时,这就是你摸到过、看到过……的那些性质的回忆。这种主观唯心主义的观点,后来受到了唯物主义哲学家狄德罗等人的批判。

二、心灵活动的派衍

孔狄亚克他对人类认识的发生和演化过程作了全面考察,通过大量的心理学的研究,对人类心灵活动的机能作了全面的考察,力图对心灵活动的派衍了解得一清二楚,在对认识的心理过程的全面考察中,孔狄亚克基本上形成了认识发展阶段或层次的思想。在《人类知识起源论》的论述中可以看出,孔狄亚克把人类认识的发生和演化过程大致分为两个阶段或两个层次。

人类心灵活动的第一阶段或第一层次是自由知觉、意识、注意、想象、默想、记忆和回忆等环节构成的。知觉是"最初级、最低级阶段的知识","知觉,或者通过感官的作用而在心灵中引起的印象,是理解的第一个活动"②。知觉和意识不过是同一活动的两个不同名称而已。而我们的意识通常并不是平均地分配在所有的知觉之上的,

> 我们经常会觉得对其中的一些知觉比另一些具有更多的意识,或者这些知觉更能使我们鲜明生动地知道它们的存在。甚至,对某些知

---

① 孔狄亚克:《"感觉论"的理论节要》,转引自《十八世纪法国哲学》,北京大学哲学系编译,北京:商务印书馆1963年版,第142页。
② 孔狄亚克:《人类知识起源论》,洪洁求、洪丕柱译,北京:商务印书馆1989年版,第20页。

觉的意识越是增强,则对另一些知觉的意识就越是减弱。①

这种活动被称为注意(l'attention)。注意能在知觉之间自行形成一些联结。凭着这种联结,我们就能在视觉中将这一客体的形象勾画出来,一听见它的名称,它就会立刻浮现在眼前。这种心灵活动就是想象(l'imagination)。如果我们不能使一个客体活灵活现地在意识中重现出来,无法唤起知觉本身,而仅限于追忆起这些知觉的名称,追忆起伴随着这些知觉的某些环境,追忆起知觉的某一个抽象观念,这种心灵活动称之为记忆(le memoire)。介乎想象和记忆之间有一种活动叫作默想(la comtemplation),默想就是连贯地、毫不中断地把刚消失的一个客体的知觉、名称或其所处的环境加以保存。同是产生于注意的联结,但比记忆更为高级的一个环节,就是回忆(le reminiscence)。回忆使我们能辨认出那些已为人们所具有的信号和环境。当知觉重复多次以后意识会告诉我们,"这些知觉是我们已经有过的","这些知觉确实是我们所有的"。②

人类心灵活动的第二阶段或第二层次是以反省为基础的,主要表现为区分、抽象、比较、组合和分解等活动。在比较过程中我们会形成肯定和否定的判断,相互关联的一串判断就是推理。另外我们对前述种种心灵活动的运用,还有体会的活动。人类的心灵高于兽类的心灵,就在于人类具有这一阶段或层次的心灵活动,而兽类只有前一个阶段或层次心灵活动,只局限于知觉、意识、注意、回忆,以及一种不受它们指挥的想象。这两个阶段或层次的心灵活动的区别就在于:在前一种情形中,心灵对于作用于它的客体是完全被动的,处于从属地位的;而在后一种情形中,心灵是主动的,体现了心灵的能动性和创造性。前一阶段或层次的心灵活动是一种感性的认识活动,而后一阶段或层次的心灵活动则是一种理性的认识活动。

反省(reflechir)就是我们自由地支配注意的能力。当我们的心灵还不能自主地引导我们的注意的时候,心灵依然是服从于它周围一切事物的。反省就是自主地、随心所欲地支配注意,轮番地将我们的注意贯注于种种不同的客体,或者是贯注于某一客体的不同部分。反省并不是一种完全独立的心理活动,它实际上是从想象和记忆中产生出来的,反省又反过来给想象和记忆以一种新的运用。

第二阶段或第二层次的心灵的活动都是出自反省的。反省除了给我们

---

① 孔狄亚克:《人类知识起源论》,洪洁求、洪丕柱译,北京:商务印书馆 1989 年版,第 22 页。
② 同上书,第 27 页。

这种区分和抽象的能力外,它还给了我们比较我们观念的能力,使我们能认识种种观念之间的联系。有时我们将若干观念当作一个单一的概念来考察,有时候我们又从一个概念中区分出组成它的某几个观念,这就是组合和分解的能力,它们也是分别来自反省的。此外,从观念之间的同异关系,形成肯定和否定的判断,一系列相互关联着的判断就构成了推理。当我们通过上述心灵活动的运用,得出某些精确的观念并可以认识这些观念的联系时,我们对于这些观念所具有的意识,就是人们称为体会(concevoir)的活动。

作为孔狄亚克哲学研究的对象的人类理智、理解力或理解到底是什么呢？通过对心灵活动的起源和派衍的考察,孔狄亚克得出结论说,

> 理解只不过是种种心灵活动的集合体或者组合物而已。察觉或者具有意识、加以注意、再认识、想象、重新记起、反省、区分他的观念、把他的观念加以抽象、把观念组合起来、把观念分解开来、把它们加以分析、肯定、否定、判断、推理、体会、这一切即是理解(l'éntendement)。①

理解是这些全体机能的总和,并且这些机能构成了一个连续的系列,这就是至高无上理解的全过程。

什么是理性(la raison)呢？孔狄亚克的理性并不是与理解不同的一种机能或一个认识阶段,而是从理解的活动中归结出来的一种活动,是理解中首屈一指的活动。"理性并非别的东西,它只是一种认识方式,这种方式可以使我们的种种心灵活动作出调整。"②理性的作用就是调整心灵的活动,使其能够协调,有序地进行。

孔狄亚克把人类的心理活动、人类认识过程看作是以感觉为起点的一种线性连续过程。尽管他提出了感性、理智(理解)和理性等概念,但是它们之间并没有一种本质的区别。尽管他看到了心灵活动似乎有两个阶段或层次,但只是被动和主动、简单和复杂的区别。他讲到了理智和理解,但它并不是一种特殊的认识机能,而只是各种心理的一种集合体或整个认识过程的总称。理性也不是一种特殊的认识的能力,而只是从一切心理活动中归结出来的一种活动,是一种认识活动的井然有序,甚至说理性的机能就是产生反省,"有更多的理性便相应具有更多的反省能力"③。由于他曾说过

---

① 孔狄亚克:《人类知识起源论》,洪洁求、洪丕柱译,北京:商务印书馆1989年版,第58页。
② 同上书,第70页。
③ 同上书,第79页。

反省是直接从想象和记忆产生而来的,这样理性和感性并没有太大区别。

由于孔狄亚克是一位极端的感觉论者,因而不可能形成一个正确的理性概念。尽管他在康德和黑格尔之前就提出了感性、知性和理性等概念,但他并没有发现这一区分的真正哲学价值。但是他对于人类认识的发生和发展过程的系统探讨,其成绩是其他经验主义哲学家所无法媲美的。

三、经验分析方法

孔狄亚克公开地表明关于方法论方面的观点和英国哲学家培根这位伟大人物的看法不谋而合,推崇经验的分析方法,而对理性的综合方法作了系统的批判,他认为,科学领域中最初的发现,原都是如此简单、如此容易,以至人们无须求助于任何方法就作出这些发现。这些作出最初发现的人连他们自己也不知道,他们到底循着怎样一条道路走过来的。为表明他们的途径的可靠性,他们总是力图使人们相信他们的发现符合无可置疑的一般命题和原理,使人们信以为这些命题就是我们知识的真正源泉。这些曾作出过新的发现的人为了让他们的洞察力显得高深莫测,故意把他们的方法弄得神秘虚玄,因此,各种谬误偏见承袭传播,从而产生出无数的学说来。孔狄亚克说:“那些原理的无用和弊端在综合法中显得尤其突出。”①表面上看来,数学论证的明显性和人们对于数学推理方法的称颂证明了综合法的正确性。其实,“数学之所以准确可靠,绝不应归功于综合法,数学家们观念之所以是精确的,正是因为那些观念都是代数和分析的产物”②。综合法在井然有序的种种外衣之下,将各种弊病和谬误掩盖起来。而这种井然有序也是画蛇添足,既枯燥乏味,又令人生厌。形而上学、伦理学以及神学诸家著作就是这种综合法的鲜明例证。孔狄亚克认为,综合法中所运用的一般命题无非是我们一些特殊知识的结果而已。综合法

> 这种方法,极而言之,也只适宜于以十分抽象的方式来揭示一些本来甚至能以更为简单得多的方式去证明的事物,因此,这种方法,对于精神启发不多,就是因为它遮掩了那条通往种种发现的道路。③

孔狄亚克对于综合法的批判,实际上就是对理性论和旧形而上学、神学的批判。

---

① 孔狄亚克:《人类知识起源论》,洪洁求、洪丕柱译,北京:商务印书馆1989年版,第52页。
② 同上。
③ 同上书,第53页。

与综合法完全相反,孔狄亚克极力主张以组合和分解为特征的分析法。孔狄亚克的分析方法就是从他所分析过的心灵活动中导引出来的一种活动。

> 它不外乎组合并分解我们的观念,以作出不同的比较,并循此途径去揭示观念之间所具有的联系,以及可能产生出来的那些新的观念。
> ……
> 分析法绝不依靠一般命题的帮助来寻找真理,而总是通过一种运算,换句话说,总是通过组合并分解一些概念来寻求真理,以便以最有利于人们已看到的发现的方式来对概念进行比较。①

以这种方法研究问题时总追根溯源,循序渐进。在分析中,人们总是遵循事物的来龙去脉本身。因此它具有极高的精确性和准确性,是综合法那些空洞原理的大敌。另外,综合法总是从下定义入手,而定义中总是掺杂了许多想当然的东西,因此,最佳的定义也抵不上一个不太完善的分析。"分析法乃是可以给我们的推理以明晰性的唯一方法;因此也是我们在探求真理的过程中所应遵循的独一无二的方法。"②

孔狄亚克坚持经验实证的观点,主张一切来源于感觉经验,一切又可以还原于感觉经验,最终能够被感觉经验所证实。在讲到复合概念时,孔狄亚克提出了和洛克、莱布尼茨和休谟相似的"两种真理"的思想。在《人类知识起源论》中孔狄亚克认为有两种复合概念,即一类是实体的概念(les notions des substances),一类是典范概念(les notions des archétypes)。

> 在实体的概念和典范概念之间具有这样的区别:我们把典范概念看作是样板,把一切外界事物都联系到它们上面去,而实体的概念只不过是我们在外界所看见的事物的复写。为了使实体的概念真实可靠,必须使我们精神的组合符合我们在事物中所觉察到的规律性;为了使典范概念真实可靠,只要外界的组合能够同我们精神中的组合一样就成了。③

同洛克、休谟一样,孔狄亚克认为,事实的真理必须是以外界事物为原

---

① 孔狄亚克:《人类知识起源论》,洪洁求、洪丕柱译,北京:商务印书馆 1989 年版,第 55 页。
② 同上。
③ 同上书,第 249 页。

型,观念的组合必须和事物中性质本身的组合相一致,我们的认识是对外部世界的反映,应能被经验所证实;至于数学、逻辑学和道德伦理学的真理,则是以心中的观念自身为原型,这类知识与外部世界无关。洛克说不论世界上有无圆形或方形,数学家的推理证明都是不变的,这些证明只依靠于它们的观念。道德观念自身也是原型,最确切完全的观念,"道德推理中的真理和确实性,是可以脱离人生和我们所讨论的那些德行的实在存在的"①。

莱布尼茨也区分了"事实的真理"(truth of fact)和"推理的真理"(truth of reasoning),即偶然的真理和必然的真理,它们分别服从"充足理由原则"(principle of sufficient reason)和"矛盾原则"(principle of contradiction)。休谟认为关于"实际事情的知识"决定于事实的情况,而数学知识中观念之间的关系决定于观念本身。自然界中徒然没有一个圆形和三角形,欧几里得几何学所证明的真理仍然能保持其确定性和明白性。孔狄亚克继承了"两种真理"的思想,把道德学、数学看作最真实可靠的。在《"感觉论"的理论节要》中,孔狄亚克也将复合观念区分为完备和不完备两种。我们关于事物的复合观念是不完备的,因为我们不能认识事物的本性,对任何事物都不能形成一个完备的观念。而在道德学和数学中才有完备的观念,因为这些科学只是以抽象概念为对象。② 洛克、莱布尼茨、休谟和孔狄亚克的这一思想,经康德将它规定为分析命题和综合命题,从而成为逻辑经验主义的重要理论基石,成为他们反对形而上学的理论武器。

四、符号和语言的认识论功能

孔狄亚克特别注重符号、信号和语言这种特殊符号在人类认识以及人类文化中的作用,主张对我们的知识和哲学进行语言分析。他的《人类知识起源论》的第二卷是专门论述语言和符号的,这是欧洲近代哲学中少有的语言哲学的宝贵遗产。孔狄亚克是符号学和语言哲学的重要思想先驱。

孔狄亚克将符号或信号分为三种。

第一种,偶然信号(Les signes accidentals),或者说,是一些客体,这些客体由于某些特殊环境而与我们的某些观念联结起来了,因此,这些客体是适宜于唤起那些观念的。第二种,自然信号(Les signes naturels),或者说,某几种呼喊声,这些呼喊声是大自然为了表达欢乐、

---

① 洛克:《人类理解论》下册,关文运译,北京:商务印书馆1983年版,第558页。
② 参见《十八世纪法国哲学》,北京大学哲学系编,北京:商务印书馆1963年版,第142页。

恐惧、痛苦等感情而给予我们的。第三种，制定信号（Les signes d'institution），或者说，是由我们自己选定下的一些信号，这些信号和我们的观念之间有一种人为的联系。①

偶然信号和自然信号是和外部客体紧密地联系在一起的，兽类动物都具有使用这两类信号的能力。仅具有这两信号，是不能超出直接感受之外的，仅仅依靠本能来服从事物在感官上造成的印象，没有任何信号来代替不在眼前的事物，所以，不可能具有记忆能力，兽类是绝不会有记忆的。人类与动物不同或高于动物的地方就在于，人除了具有运用前两种信号的能力而外，人还有运用制定符号的能力。制定符号是人在共同生活和社会交往中形成的。这种信号和人的观念之间有一种人为的联系。制定信号这种人为信号是动物不可能具有的第二信号系统。

孔狄亚克论证，符号是人类认识和理性思维的工具。对于人类的心灵活动来说，符号的使用是非常必要的。当心灵要反省大量观念的时候，它无法一下子把它们全部再现出来。这就需要符号的帮助，我们设想出一些符号来，将大量的观念分成若干个一组，当符号把这些观念集结起来时候，我们的精神就可以分别地来考察它们。"而我们的概念也只有在我们尽可能有条有理地发明了一些可以用来固定概念的符号之后方能成为精确的概念。"②姿势动作、声音、数字、文字这些符号是我们加工处理观念的工具，观念经过加工处理后才能上升到"最最登峰造极的知识"③。人类心灵活动的材料是共同的，人类智力水平的差异主要体现在使用符号的纯熟巧妙的程度。如果没有符号的帮助，我们就不能把通过感官而接受的观念精确地固定下来。既不能将这些观念组合起来，又不能把它们分解开来，因而也不能形成概念和判断。一句话，一个没有运用制定符号习惯的人，是不可能有理性能力的。

符号或信号的使用与心灵活动之间存在着一种相互影响、相互促进的辩论关系。孔狄亚克说：

> 这些信号的使用逐渐扩展了心灵活动的运用，而且反过来，心灵活动的运用更频繁了，又使信号日趋完善，并且使信号的使用更臻熟练。

---

① 孔狄亚克：《人类知识起源论》，洪洁求、洪丕柱译，北京：商务印书馆 1989 年版，第 39 页。
② 同上书，第 95 页。
③ 同上书，第 96 页。

我们的经验证明了这两件东西是相辅相成的。①

符号的发展和人类抽象思维水平的提高是一致的。符号、语言的完善能够给人以新的视野，并且扩充人们的精神。牛顿的成功，是因为他的前人已经给他准备了完善的符号以及以这些符号为基础的计算方法。卢梭之所以以马洛（Clémont Marot，1495—1544）为楷模而又青出于蓝胜于蓝，是因为时代给他提供了一种优越的语言环境，如果他早一个世纪出世，也许不能作出如此大的成就。任何天才的成功，"莫不有赖于他们生活的时代的语言的进步"，"在某种单词贫乏的语言里，或者在没有相当方便的句子结构的语言里，人们必然会发现像在代数学发现之前在几何学里所发现的同样的障碍"。②

孔狄亚克特别强调语言的方法论意义，他常说，语言本身就是我们的方法，如果语言没有很好地确定，不明确或不完整，照这样，我们理解事物的方法就不可能恰当。他深信，一个提得好的问题是一个几近解决了的问题，因为它的语言指引着心灵去回答它。他认为一种明确的、建构精良、要素简练、同时又完整全面的语言是人类思维所必需的，他试图建构这样一门完善的语言。孔狄亚克说：

> 我关于心灵活动，关于语言和关于方法论所作的论述，证明了只有努力加工，使语言变得愈益精确，才能使科学日趋完善。同样，我的论述也证明了，我们的知识的起源和进步完全取决于我们使用符号的方式。③

他晚年的著作《计算的语言》，就是谈科学语言的精确化问题。另外，孔狄亚克认为，他的分析方法也是以语言的帮助为前提的。"故分析只能在语言对它有利的时候，才能有实现的机会。"④相反，各种哲学错误的相继产生，必然是和"一种拙劣的形而上学的语言的兴起"⑤紧密相连的。在这里，孔狄亚克几乎接近于哲学问题实质上就是一个语言问题的观点，因此，我们说他是语言哲学的思想先驱是毫不过分的。

---

① 孔狄亚克：《人类知识起源论》，洪洁求、洪丕柱译，北京：商务印书馆1989年版，第137页。
② 同上书，第226页。
③ 同上书，第267页。
④ 同上书，第232页。
⑤ 同上书，第233页。

人类的语言是一种特殊的、高度完善的符号。它是人类交往的工具,从语言发展的历史来看,它经历了动作语言、发音语言和书写语言几个阶段,语言的每一发展都是与人类的交往和社会的发展紧密相连的,人类交往越频繁,语言符号就越多、越完善。社会发展产生了新的需要,从而也促使语言向着新的阶段发展。语言和民族性格之间也存在着一种相互影响的关系。一个民族人民的性格会表现在它的语言中,一个民族的风俗习惯也影响着它的语言;而语言的规则被少数著名的作家固定下来后,语言也会反过来影响风俗习惯,并且会把它的特点在该民族中长久地保存下去。各个不同民族之间的交往越多,语言不断融会,使得它们之间精神的差异也不断缩小。因此,从语言发展史来看,"语言就是每一民族的性格和特点的一幅真实写照"①。

孔狄亚克是 18 世纪法国的一位真正的理论哲学家,他的思想对于爱尔维修、卢梭、孔多塞以及百科全书派的其他哲学家都产生过影响,并且对于卡巴尼斯和 19 世纪的"精神论学派"的哲学家也产生了重大的影响。

第五节　爱尔维修论肉体的感受性和自爱

爱尔维修,1715 年 1 月出生在巴黎的一个医学世家,他父亲也继承了祖辈的医学天才,成为宫廷御医,深得王后宠爱。这个家庭不仅给年轻的爱尔维修提供了优裕的生活条件,而且还给他提供了丰富的藏书和良好的家庭教育。爱尔维修在学校读书期间就已显示出对于人文科学,特别是文学和哲学的爱好,而对于自然科学不感兴趣,尽管他父亲的书库也存有不少的自然科学的书籍。后来成为哲学家的爱尔维修继承的是苏格拉底、蒙田、拉罗什福科的人学传统,以人自身、人的幸福为研究对象。

1738 年王后玛利亚·烈申斯卡娅(Marie Leszczyńska,1725—1768 在位)为了赞赏她宠爱的医生及夫人,特赐予他们的儿子 23 岁的爱尔维修以总包税官(fermier-général),年薪 10 万埃居(écus),爱尔维修从此开始了他的官宦生涯。爱尔维修因公务需要经常到各省巡察,这帮助他更清楚地了解到法国的真实情况,体察广大"第三等级"的民情。他关心民众疾苦,经常用自己的佣金去赈济穷苦人民和进步思想家。总包税官这一职务给爱尔维修提供的另一便利就是,使他有机会接触出入贵族沙龙中的启蒙思想家,与这些启蒙思想家的密切接触、交流切磋,使他自己最终成为他们的一员。

---

①　孔狄亚克:《人类知识起源论》,洪洁求、洪丕柱译,北京:商务印书馆 1989 年版,第 234 页。

对爱尔维修产生影响最大的是丰特奈尔、毕丰和伏尔泰。丰特奈尔对于宗教神话的批判,对以哥白尼太阳中心说为主体的先进的天体演化学说的宣传,给爱尔维修开辟了一种新视野。伏尔泰这位启蒙运动的长老和爱尔维修亲如父子(伏尔泰在给他的信中就曾称他为儿子)。除以上三位以外,卢梭、狄德罗、休谟等哲学家和爱尔维修也有着密切的交往和友善的论战。

在担任总包税官期间,爱尔维修写有大量的笔记和"书简"成为后来他哲学长诗《幸福》(Le Bonheur)的主要章节,爱尔维修的哲学思想在这些书简中已见端倪。1738 年他写作了"关于爱知识的书简"(Lettre sur l'Amour du Savoir),同年,爱尔维修还作了"关于快乐的书简"(Lettre sur les Heureux),1740 年爱尔维修写作了"关于理智的傲慢和懒惰的书简"(Lettre sur la Arrogance et la Paresse de la Intelligence)。此外,爱尔维修还先后写出了"关于手工业的书简"(Lettre sur la Artisanat)、"论迷信"(De la Superstition)、"论自爱心"(De l'Amour-propre)、"论奢侈"(Du Luxe)。这些书简不仅构成了哲学长诗《幸福》的章节,而且在思想内容上为他的主要哲学著作《论精神》和《论人的理智能力和教育》奠定了基础。可以说,爱尔维修哲学思想的发展是一个一以贯之、不断深入、不断完善的过程。

1751 年爱尔维修辞去总包税官的职务,放弃了高官厚禄而潜心研究哲学,他和"百科全书派"是并肩战斗的战友。经过七年多努力,1758 年,《论精神》一书正式出版了。爱尔维修早在写作《论精神》时其用意就是要仿效孟德斯鸠的《论法的精神》,到 18 世纪 60 年代中期他有机会访问英国和德国,像孟德斯鸠一样,考察了两国的政体法律风俗。爱尔维修对英国的政治法律作了精辟的分析,认为英国的政治制度尽管比法国先进,但是这个制度也错综复杂,许多旧原则和新原则结合在一起,宪法是许多矛盾的、互不协调的部分所组成的。另外英国还普遍存在着"金钱崇拜"、缺乏爱国热情等弊端,使封建等级特权合法化和国家机构腐化。他认为法国应当建立起比英国更为先进的制度。由此可以看出爱尔维修比孟德斯鸠和伏尔泰等人有着更为冷静和深邃的政治头脑,他的政治预言后来被法国大革命的胜利所证实。

1769 年爱尔维修完成了《论人的理智能力和教育》一书的写作,《论人的理智能力和教育》和《论精神》的主题完全一致,而且对其哲学原则作了更深刻、更广泛的阐释。在他生命的最后时刻,爱尔维修还在致力于哲学长诗《幸福》的修改和写作直到 1771 年 12 月 26 日逝世。逝世后不久,1772 年《幸福》一书在伦敦出版,1773 年《论人的理智能力和教育》一书也在海牙出版。

人是爱尔维修哲学的中心。他要研究人心、人的情感和人的幸福,他所建立的哲学是一种人学和道德学体系,他以肉体的感受性为基础提出了功利主义的伦理学和教育万能论、人是环境的产物等充满着启蒙精神的学说,它们成为法国资产阶级为人类文明留下的一笔宝贵的精神财富,是历史唯物主义的重要理论来源。

一、肉体的感受性是人的唯一动力

在认识论上,爱尔维修坚持彻底的感觉论,将人的一切认识能力、人的一切观念和判断都归结为感觉、肉体的感受性。

一切都归结到感觉。爱尔维修认为,我们身上有两种能力或两种被动的力量:

> 一种是接受外界对象在我们身上造成的各种印象的能力;大家称之为肉体的感受性。另一种是保存这些对象在我们身上造成的印象的能力;大家称之为记忆,记忆无非是一种延续的然而减弱的感觉。①

这两种能力是产生我们各种思想的原因。如果仅就这两种能力而言,它们是我们与动物所共有的,重要的是它们必须和人的某种外部组织、外部感觉器官、人的四肢联系在一起才产生人的各种观念。

> 如果自然没有在我们手腕的末端安上手和伸缩自如的手指,而安上了一个马蹄,可不是毫无疑问人们就没有技术、没有住所,无法防御野蛮,要费尽心机才能取得食物和避开猛兽,还不是像漂泊不定的畜群一样,在森林里逡巡着吗?②

由此可以看出,爱尔维修将人的认识能力完全看作是一种被动的接受能力,完全否认了人的认识的能动性和创造性,因而把人降低到动物的水平上。人和动物的区别不在于人有理性、人的劳动,而仅在于人的外部组织比动物灵活和完善,人伸缩自如的手指胜过僵硬的马蹄。尽管他看到了双手在人的生活中、劳动中的重要作用,但是他并没有看到这双手是和人的高级

---

① 爱尔维修:《论精神》序,引自《十八世纪法国哲学》,北京大学哲学系编,北京:商务印书馆1963年版,第434页。
② 同上。

的、远胜于动物的大脑相联系的双手。在这里实际上是对人的认识能力的贬损。

爱尔维修不仅将人的全部思维能力降低为两种被动的接受能力,他还要进一步将记忆、回忆也归结为感觉,将两种能力归结为一种能力。他认为,在我们回忆某一对象的形象时,我们的内部器官也必然应当与原来看见对象时处在完全相同的状况,这时也必然要产生出一种感觉,因此,回忆也是一种感觉。他得出结论说:

> 产生我们的一切观念的,是肉体的感受性和记忆,或者说得更确切一点,仅仅是感受性。实际上,记忆只能是肉体感觉性的器官之一;那个在我们身上感觉的本原,应当必然就是回忆的本原;因为像我将要证明的那样,真正说来,回忆无非就是感觉。①

爱尔维修不仅将记忆归结为感觉,而且还进一步将判断、人的精神的一切活动都归结为感觉。他认为,自然给我们提供了许多对象,这些对象彼此之间有一些关系,这些对象与我们之间也有一些关系,对于这些关系的认识就构成了所谓的精神,精神的范围的大小是受我们对于这些关系的认识制约的。"全部精神就在于比较我们的各种感觉的观念,亦即观看它们彼此之间的相似之处和相异之处,相合之处和相违之处。……精神的一切活动归结起来就是判断。"②经过一番证明,爱尔维修最后得出结论说:"一切判断都无非是一种感觉!"③我们所下的判断,"真正说来无非是一些感觉;人身上一切都归结为感觉"④。

将爱尔维修和孔狄亚克比较一下就可以看出,孔狄亚克在《人类知识起源论》中承认并且强调人有高于感觉的认识能力。人有两种认识能力,感觉和反省,反省尽管从最终来源上不是独立的,它必须以感觉为基础(在这一点上他不同于洛克,洛克将反省看作是一种与感觉并列的、独立于感觉的),但是反省是一种高于感觉的认识能力,他使人能够进行比较、抽象、分析、判断、推理、体会、理解等一系列体现人类理性的认识活动。尽管孔狄亚克也是一位感觉论者,但在认识论问题上,他比爱尔维修更加正确一些。人

①　爱尔维修:《论精神》序,引自《十八世纪法国哲学》,北京大学哲学系编,北京:商务印书馆1963 年版,第 435 页。

②　同上书,第 436 页。

③　同上书,第 437—438 页。

④　同上书,第 439 页。

的一切认识都起源于感觉,但不能全部都归结为感觉,降低为感觉。虽然人们的判断必须以感觉为基础,但它并不等于感觉,起码要对感觉进行比较鉴别,而比较和鉴别是以一定的观念为标尺和准绳的。爱尔维修否认人的理性认识能力,将人的一切认识活动都归结为感觉,这是错误的。

感情和无知是错误判断的原因。爱尔维修为了进一步证明"判断无非就是感觉",他就不得不说明我们的判断出现错误、产生虚妄判断的原因是什么。他认为存在着两种原因,而这两种原因在我们身上都是以感觉能力为前提的。"任何一个虚妄的判断,其原因若不是我们的感情,就一定是我们的无知。"①

首先,"感情"是导致我们陷入错误的原因之一。感情往往使我们把全部注意力固定在一个对象的某一个方面,使我们仅仅从这个方面来判断整个对象,不容许我们从各个方面、从整体上来考察对象,抓其一面,不及其余,以偏概全,所以我们的认识就要犯错误。感情不仅使我们容易犯以偏概全的错误,它还常欺骗我们,常在这些对象并不存在的地方向我们指出这对象,或者从自己感情的好恶出发,对对象作出某种符合自己愿望的解释,在事物中只排列自己想要发现的东西。爱尔维修举了一个典型的例子:一位本堂神父和一位多情夫人听人家说月亮上有人居住,于是两个人就拿起望远镜试图发现月亮里的居民,夫人首先说:"我看见两个影子,他们互相依偎,我觉得毫无疑问,这是一对幸福的情人。"神父回答说:"哎呀,您真的,您瞧见的这两个影子是一座礼拜堂里的两口钟。"爱尔维修看到了感情影响我们认识的真实性,在我们认识的结果里掺杂着很大程度的主观成分。所有的感情都是以最深刻的盲目性打动我们,使我们的认识出现错误。但是爱尔维修并没有因为感情会导致认识上的错误而简单地加以否定,而是辩证地看待感情的作用。感情虽然会使我们的认识陷入错误,但它同时又是推动我们的认识前进和发展的必要力量。爱尔维修能看到这一点是非常深刻的。

造成我们判断出现错误的第二原因是"无知"。"我们的决定的正确性以事实为依据,要是我们对一个题材下判断的时候,我们的记忆里没有储备需要加以比较的一切事实,那也要犯错误。"②由于人们不能自知其无知,总以为自己在一个对象上看到的那一个方面就是在这个对象上能够看到的一切,因此这种无知和前述的感情的作用一样,也会使我们犯以偏概全的错

---

① 爱尔维修:《论精神》序,引自《十八世纪法国哲学》,北京大学哲学系编,北京:商务印书馆1963年版,第439页。
② 同上书,第441页。

误。"滥用名词,把不明不白的观念加到名词上,乃是犯错误的另一个原因,这个原因也同样属于无知。"①这是对于名词的真正含义的无知,在许多问题上引起了无穷的争执和灾难,例如神学上的争执几乎全都建立在名词的滥用上,而这种争执导致了流血和战争,给民族带来了灾难和不幸。爱尔维修设想:要避免因滥用名词而陷入某种重大的错误,

> 就必须听从莱布尼茨的劝告,拟定一种哲学的语言,在其中把每一个语词的确切含义规定下来。那样人们就可以准确地互相了解、互相传达自己的观念了;由于滥用名词而引起的那种永远不休的争议就会结束了:人们在一切科学中就会立刻不得不采纳同样的原则了。②

爱尔维修和孔狄亚克都想追随莱布尼茨,企图建立一门科学的人工语言去取代自然语言,避免自然语言给认识带来的种种错误。但是爱尔维修也看到了实现这一设想的困难,因为日常语言已经被搞乱,就像代数演算一样,从一开头就混进了某些错误,经过无数的推演和搭配结合之后,又产生出无数新的错误,随着错误数目的不断增加,要想正本清源,剔除错误,其任务是异常复杂和艰巨的,必将花费我们无限的气力和劳动。

爱尔维修在证明了感情和无知(对于事实的无知和对于名词真正含义的无知)是判断错误的原因之后,得出结论说,错误并不是人类精神的本性,所有人本质上都具有正确的精神,"我们的错误判断乃是一些偶然的原因的结果,这些原因并不要求我们身上有一种异于感觉能力的判断能力"③,或是其他某种隐秘的质,相反地,它们是以我们的感觉能力为前提的。爱尔维修在这里再一次肯定他的感觉论的结论:判断无非就是感觉。

人为肉体的感受性所发动。爱尔维修将"灵魂"(l'ame)和"精神"(l'esprit)明确地区别开来。在他看来灵魂是一种物质性、肉体性的东西,人一生下来就有整个灵魂,并不是生下来就有全部精神。灵魂在我们身上不过是感觉能力。精神是非物质性的东西,它是人的思想认识活动。人直到死时才失去灵魂,而在人活着的时候则常失去精神。因为在人活着的时候常常失去记忆,而精神几乎完全是记忆机能的结果。灵魂和精神是有区别的,但并不是完全割裂的,精神依靠于灵魂。"我们的观念和精神的存在要

---

①　爱尔维修:《论精神》序,引自《十八世纪法国哲学》,北京大学哲学系编,北京:商务印书馆1963年版,第449页。
②　同上书,第455页。
③　同上书,第456页。

以感觉能力的存在为前提。这种能力就是灵魂本身。我由此得出结论:如果灵魂不是精神,精神就是灵魂或感觉能力的结果。"①在这里,爱尔维修坚持了唯物主义的思想路线,物质性的灵魂不同于精神,但精神必须以灵魂为基础,是灵魂活动的结果。

爱尔维修将灵魂和精神区别开来的目的,是要说明灵魂、感觉能力、肉体的感受性在人身上是最根本的东西,其他的一切能力,包括回忆的能力,都是肉体的器官,是以感觉能力为基础的。爱尔维修由此断言,人身上的一切都是感觉,用肉体的感受性来说明一切。"人是一部机器,为肉体的感受性所发动,必须做肉体的感受性所执行的一切事情。"②人的肉体感受性表现为感受快乐和痛苦,趋向和追逐快乐,厌恶和逃避痛苦。爱尔维修把趋乐避苦看作是肉体感受性的本质特征,或人的本性。

爱尔维修说,"肉体的感受性乃是人的唯一动力","人的推动力是肉体的快乐和痛苦"。③ 饥饿的痛苦,和需要的满足,使森林中肉食动物能够以多种巧妙的办法攻击和捕捉猎物;使野蛮人学会扳弓结网、设置陷阱;使各个文明民族学会耕种土地,从事各种工艺创造活动。如果自然能够满足一切需要,滋养身体的食品如同水和空气一样唾手可得,人将永远是懒惰和无能的。"快乐和痛苦永远是支配人的行动的唯一原则。"④支配穷人行动的原则是痛苦,支配富人行动的原则是快乐。爱尔维修认为,在一切快乐之中,对我们作用最强、给予我们灵魂鼓舞最大的是女色的快乐,自然把最大的陶醉放在女色的享受上,就连软弱和怯懦的动物也会因为爱情而胆大起来,抛弃一切恐惧而起来攻打甚至比它力气大得多的动物。对于人类说更是如此,爱情使人不怕任何危险,任何劳苦。它是生命之源。欲望衰退,人也就失去活力。

在爱尔维修看来,快乐和痛苦有两类,一类是现实的当下的痛苦和快乐,另一类是对于痛苦和快乐的预期或回忆。有人避开当下的快乐是想得到预期的更大的快乐,犹如守财奴今天拒绝享受必需的东西,是希望有一天能享受的东西。预期的快乐不如现实的肉体快乐那么强烈,然而它比后者更为持久,因为身体会衰退,想象从不衰退。但是,预期的快乐是以现实的肉体快乐为基础的,它是对现实的肉体快乐的期盼,以后者为目的。所以,

————————

①　爱尔维修:《论人》(即《论人的理智能力和教育》),引自《十八世纪法国哲学》,北京大学哲学系编,北京:商务印书馆 1963 年版,第 494 页。

②　同上书,第 499 页。

③　同上书,第 496 页。

④　同上书,第 497 页。

人的一切痛苦和快乐都聚集在肉体这条主干上,"肉体的快乐和痛苦,这就是全部统治的唯一的、真正的机钮。真正说来,人并不是爱荣誉、财富和爵位,而只是爱这种荣誉、这些财富、这些爵位所代表的快乐"①。

爱尔维修用肉体的感受性说明道德伦理、政治法律、民族国家;把肉体的感受性看作是我们各种活动、思想、感情以及我们的社会人生的唯一原因,是各个国家最有力的推动力。从这种感觉论的人性论出发,他建立起功利主义的伦理学以及人是环境的产物、法律决定一切的社会历史观。

二、利益支配着我们的一切判断

爱尔维修的功利主义伦理学是他的感觉论运用到社会生活领域所得出的必然结果。肉体感受性的本质特征是趋乐避苦,自爱的感情产生追求幸福的欲望,对幸福的追求导致对于一切利益的追求。利益成为衡量我们一切观念和行动的价值标准,利益支配着人的一切判断,利益在世界上是一个强有力的巫师。爱尔维修在哲学史上第一次把"利益"(interest)作为一个重要的哲学范畴来研究,开近世"利益论"或"利益学"研究之先河。特别是他充分肯定利益对人类社会生活的作用,甚至把它看作是人类一切活动的社会发展的决定力量,企图缘此来发现人类社会的客观规律。

自爱是肉体感受性的直接后果。在伦理学方面,拉罗什福科是爱尔维修的直接思想先驱。拉罗什福科反对道德以神性为基础,而主张将道德放在人性的基础之上。他第一次提出了"自爱"(l'amour de lui-même)的概念,将自爱心即自私利己心看作是人性的主要内容,并且看到利己、对于利益的追求是人的一切行为的动力。这些思想都深深地影响着爱尔维修。但拉罗什福科将自爱自私看作是人性的弱点、罪恶的根源,以此来揭露法国上流社会贵族淫邪放荡的生活和虚荣伪善的情感。而爱尔维修则认为,自爱心可以成为罪恶根源,但也可能是美德的根源。如果将个人利益和共同利益组合起来,它甚至能够成为人类道德完善、一切道德原则的基础。

爱尔维修说:"人是能够感觉肉体的快乐和痛苦的,因此他逃避前者,寻求后者。就是这种经常的逃避和寻求,我称为之自爱。"②自爱是肉体感受性的直接结果,自爱就是趋乐避苦,自爱就是自私为己。爱尔维修把自爱看作人的本性,或共同的人性。它是人所共有,与人不可分离,它具有永久性、不可改变性、不可变换性。

---

① 爱尔维修:《论人》(即《论人的理智能力和教育》),引自《十八世纪法国哲学》,北京大学哲学系编,北京:商务印书馆1963年版,第498页。

② 同上书,第503页。

自然从我们幼年起就铭刻在我们心里的唯一情感。是对我们自己的爱。这种以肉体的感受性为基础的爱,是人人共有的。不管人们的教育多么不同,这种情感在他们身上永远一样;在任何时代、任何国家,人们过去、现在和未来都是爱自己甚于爱别人的。①

自爱是其他一切欲望和感情的基础。其他欲望和感情是自爱应用到不同对象上去的结果,是自爱在不同环境下(教育、政治和社会地位)所产生的各种变相。爱尔维修认为,自爱是一种原始的自然的感情,以它为基础产生出一切人为的、社会的感情。自然产生出幸福的欲望,幸福的欲望产生出权力的欲望,权力的欲望又生出妒忌、悭吝、野心等等,如此形成了整个感情的谱系。

人的一切行为都是从自爱出发的,爱邻人、同情和怜悯都只是自爱的结果。爱正义、爱权力、爱美德、爱真理无不都是自爱的一种扩展和表现。人们表面上夸口尊重正义,其实他们心里只不过是尊重势力,为了维护自己的利益。"正义是维持公民的生命和自由的。人人都愿意享受他的各种所有物。因此人人都喜爱别人身上的正义,都愿意别人对自己正义。"②在战争中任何一个民族都是为了自己而呼吁正义,一个国家再三呼吁正义,目的是扩大它的势力,确保它对敌国的优势。个人和民族爱正义、公平,其实就是爱权力给他们带来的快乐和幸福。尽管公民们的风俗各异,但都有着共同的目的即热爱权力。权力之爱是任何时代、任何国力和一切公民行为的推动原则。人们尊敬美德是因为它对人们有益。"人人都自称为了美德本身而爱美德。这一句话挂在每一个人的嘴上,但是并不存在于任何人心里。"③

爱美德实际上是爱美德带来的尊荣和奖赏。"如果爱美德没有利益可得,那就绝没有美德。"④口头上冠冕堂皇的美德只是一种假面具,而在人的行动中则不得不抛掉这个假面具,显露出追求私利的真实目的。即使是被人们宣称热爱最为圣洁的真理,也是因为它对人们的生活有益、对国家的治理有益,否则人们绝不会追求和探索真理。由此可见,从自爱必然导致利益原则。

个人利益和公共利益的和谐。自爱实际上是追求个人利益的同义语。

---

① 爱尔维修:《论人》(即《论人的理智能力和教育》),引自《十八世纪法国哲学》,北京大学哲学系编,北京:商务印书馆1963年版,第501页。
② 同上书,第504页。
③ 同上书,第512页。
④ 同上。

人绝不会为作恶而作恶,为行善而和善,全是利益使然。利益决定着我们行动的价值取向,最影响我们对于事物的认识。"利益支配着我们的一切判断。"①利益是人永远也跳不出的立足点,是一副人永远摘不下的眼镜,人的观点、感情和情绪的差异完全是由于利益的差异造成的。"每一个个人都是根据自己得到的印象快意不快意来评判人和物的;公众无非是一切个人的集合;因此他们只能拿自己的利益来当作判断的准绳。"②对不同行为的价值作道德评判,往往是根据这些行为对于公众有利、有害或者无所谓,把它们称为道德的、罪恶的或可以容许的。对观念的评价也是一样,我们通常将一切可以使我们得到教益或快乐的观念称为有益的观念;把在他们身上造成与此相反的印象的观念称作有害的观念;把那些本身没有什么趣味或没有变得太熟悉,因而几乎不能在我们身上造成任何印象的观念称之为无所谓的观念。当然这些对象与我们的关系是会随着条件的改变而改变的,但从我们的利益去评判它们,这一条原则是不会变的。爱尔维修要将利益原则普遍化、彻底化,他得出结论说:

> 我将要证明无论在任何时候,任何地方,无论在道德问题上,还是在认识问题上,都是个人利益支配着个人的判断,公共利益支配着各个国家的判断;因此无论从公众方面说,还是从个人方面说,表示赞扬的总是喜爱和感激,表示轻蔑的总是厌恶和报复。③

正像牛顿发现了自然界运动的规律一样,爱尔维修也自认为发现了人类社会活动的规律。他认为,"如果说自然界是服从运动的规律的,那么精神界就是不折不扣地服从利益的规律的。利益在世界上是一个强有力的巫师,它在一切生灵的眼前改变了一切事物的形式"④。"利益是我们的唯一推动力。"⑤正像石头往下落、水往低处流是一种不可违抗的自然规律一样,"河水是不向河源倒流的,人们也不会违抗他们的利益激流"⑥。爱尔维修在这里把自私自利、追求个人利益作为人类社会历史发展的一条普遍和永恒的规律。

---

① 爱尔维修:《论精神》,引自《十八世纪法国哲学》,北京大学哲学系编,北京:商务印书馆1963年版,第457页。
② 同上书,第457—458页。
③ 同上书,第458—459页。
④ 同上书,第460页。
⑤ 同上书,第537页。
⑥ 同上。

爱尔维修将利益区分为三种,即个人利益、小集团利益和公共利益(或国家利益),并分别对它们的特点和合理性范围作了辩证和历史的考察。

就个人利益而言,罪过或美德、公正或不公正完全是相对的。因为"个人利益是人们行为价值的唯一而且普遍的鉴定者"①。由于各人的利益不同,因而对于事物的褒贬评价也各不相同。每一个人都只是把对自己有利的行为和习惯称为正直,或者说人们只把正直之名给予对自己个人有利的行为。世界上没有彻底的、绝对的罪过,也没有彻底的、绝对的美德,这些都是相对不同的利益而言的。爱尔维修认为,判别个人利益是否合理正当的标准是个人利益应当符合或不违背公共利益。"对这些人个人有利的行为,乃是正义的、符合公共利益的行为,至少是不违背公共利益的行为。"②另外,爱尔维修反对无限度地追求个人利益,因为无穷的贪欲将导致巨富,将会助长奢侈,奢侈并不会使人幸福。特别是无限度地追求个人利益将导致赤贫和巨富的两极分化,不会产生普遍的共同的幸福,而只能使所有的人和民族的普遍的、共同的幸福受到损害。因此,爱尔维修主张在追求个人利益上应该有所节制,反对两极分化,希望财产分配相对平均一些,让大多数人应过上小康生活。

小集团也是从自己的利益出发去进行道德评判。"正直无非是那些专对这个小集团有利的行为的或大或小的习惯。"③对于这个小集团是道德、正义的行为,对于小集团以外的人或其他团体来说,它将是不道德、不义的行为,爱尔维修最痛恨小集团的利益,他认为,如果一个国家分化成无数的小集团,那将是最大的不幸、灾难的渊薮。"这些小集团的利益几乎永远与公共利益相对立,终究是会熄灭人们灵魂中任何一种爱国心的。"④因此,他主张,只有斩断人与人之间的一切亲属关系,宣布一切公民都是国家的儿女,才能根绝一种貌似美德的罪恶,才能防止一个民族分化为无穷无尽的家庭或小集团。

爱尔维修要废除封建血缘关系和宗法关系,代之以平等的、以公共利益为目标的公民关系,这是资产阶级革命的主要内容之一,对于社会的发展是有进步意义的。对于一个国家和民族来说,它也是从自己的利益出发来判断一切,任何时候和在任何地点,正直只能是有利于国家的行为和习惯。每

---

①　爱尔维修:《论精神》,引自《十八世纪法国哲学》,北京大学哲学系编,北京:商务印书馆1963年版,第460页。

②　同上书,第459页。

③　同上书,第461页。

④　同上书,第462页。

一个民族的不同习俗,哪怕是最残忍的、最疯狂的习俗,都是导源于该民族公众的实际利益。一个民族哪怕它再愚蠢,它绝不会无缘无故地采纳别个民族的习俗,除非这些对它有利。从历史发展的角度看,一个国家一个民族的利益也不是一成不变的,实际上它总是千变万化的,因此,同样的行为在不同的条件下会相继变得对国家和民族有利和有害,人们轮番地将这些行为称作美德和罪过。同样的法律和习俗也相继变得对一个民族有利和有害,因此这些法律也应轮番被采用和抛弃。没有永远不变的利益,因而也就没有永恒不变的美德和罪过、永恒不变的法律和习俗。如果说有一条永恒的原则的话,那就是美德、法律和习俗都是从公共利益、国家的利益和人民的幸福出发。公共利益是人类一切美德的原则、一切法律的基础。"美德这个名词,我们只能理解为追求共同幸福的欲望;因此,公益乃是美德的目的,美德所支使的行为,乃是它用来达到这个目的的手段。"①当一个人的一切行为都以公益为目标时,他就是正义的。要做一个正直的人,就必须以公共利益作为运动的指南。爱尔维修说:

> 要想行为正直就必须不要听从自己所属的那些集团的,而只听公共利益的指示。永远听从公共利益的人的行为,只会是或者直接有利于公众,或者有利于个人而无害于国家的行为。这样的行为对于他是永远有益的。②

爱尔维修强调利益原则、利益规律,并不表明他是完全的个人主义和利己主义。相反,他极力倡导和维护公共利益、国家利益,以人民的共同幸福为目标。实际上爱尔维修要强调和维护的是资产阶级国家的公益。他认为个人利益往往会使人利令智昏、贪得无厌,应该限制对个人利益无休无止的追求,个人利益只有在符合公益、至少是不违背公益时才是合理的。必须彻底捣毁与国家利益直接冲突的小集团利益。为了维护公共的利益,必须打破温情脉脉的血缘关系和人道,甚至有必要为了整体的生存而牺牲和绞杀个体。为了公共的幸福,一切都变成合法的、道德的。但是爱尔维修并没有将个人利益看作绝对的恶,也并不认为为了整体的利益必须牺牲个人利益,爱尔维修追求的是一种更高境界,那就是以整体利益为目标的利益合谐。爱尔维修说:"假如制定了良好的法律,这些法律将会让公民们顺着他们要

① 爱尔维修:《论精神》,引自《十八世纪法国哲学》,北京大学哲学系编,北京:商务印书馆1963 年版,第 465 页。

② 同上书,第 463—464 页。

求个人幸福的倾向,把他们很自然地引导到公共幸福上去。"①这就是把个人利益与公共利益紧密地结合起来,在让人们自由追求个人利益的同时增进了公益,千千万万的个人利益的最终合力推动着公共的利益。要做到这一点,爱尔维修认为必须依靠良好法律。何谓良好的立法呢? 其衡量标准是什么? 爱尔维修确立了两条标准:一、要看这个"法律为制止那些违反公益的感情而设下的堤防,是否充分坚实,足以维护追求公益的努力";二、要看这个"法律是否按照促使人们为善的正义标准进行赏罚"。② 根据这两条标准,爱尔维修出得了一条普遍适用的准则:"公共利益——它只承认一条唯一的不可侵犯的法律,人民的福利是最高的法律(Salus populi suprema Lex esto)。"③公共利益是一条唯一的不可侵犯的法律,以这条准则为准绳就可以衡量国家的法律、道德、习俗的明智或荒谬,合理与不合理。同时这条准则也是一条道德学准则,是对人们进行道德教育的信条,因为它可以启迪公民认识到自己对祖国担当的义务,已往的道德学准则"己所不欲,勿施于人"在它面前只不过是一条第二性的、从属的准则。爱尔维修和卢梭一样,把公共利益、人民的幸福看作是神圣不可侵犯的,反对封建统治者为了个人利益和小集团的利益而随意践踏国家的利益和人民的幸福,要求进行法律、道德和社会的改革,用人与人之间、人和国家之间的利益关系、经济的关系,代替封建社会一切非经济关系。这些思想是直接为法国大革命作舆论准备的。

爱尔维修认为没有永恒不变的、天赋的道德原则。一切道德原则都是和个人、集团、民族与国家的实际利益相联系,不同的个人、不同的集团和民族有着各自不同的道德标准,这种差异是由于利益的差异造成的。爱尔维修看到了道德以一定的经济关系为基础,和人们的物质利益紧密相连,反对宗教神学将道德看作是神的意志的规定,反对一切形而上学将道德规定为人类生来就有的、合乎人类不变的自然本质或将道德看作先验的纯粹理念,看到了道德的相对性、历史性和发展的动力。并且把人们自私欲望、对利益的追求看作是社会生活发展动力,这些思想都是非常接近历史唯物主义的。爱尔维修的功利主义伦理学是法国资产阶级在大革命前夕思想观念发生根本转变的一个重要表现。

---

① 爱尔维修:《论精神》,引自《十八世纪法国哲学》,北京大学哲学系编,北京:商务印书馆 1963 年版,第 537 页。
② 同上书,第 550 页。
③ 同上书,第 547 页。

三、人是教育的产物

由于爱尔维修把人的认识活动和社会活动最终归结为肉体的感受性，那么人和外部世界——包括自然环境和社会环境——的关系是一种"刺激—反应"的关系，作用与应答的关系。外部事物对人发生作用，而人的精神对这些作用作出反应和回答，在爱尔维修看来，这就是教育。人的精神和一切才能都在同外部世界发生这种关系的过程中发展和完善的。人身上的精神、美德和天才是教育的产物。爱尔维修认为，自然并非厚此薄彼，它给了每一个人同等的获致精神的能力。一切构造得同样完善的人，都拥有获得最高观念的体力；我们在人与人之间所见得到的精神上的差异，是由于他们所处的不同环境、所受的不同教育所致。爱尔维修说："每个人身上的才能和美德，究竟是他的机体结构的结果，还是他所受教育的结果？我持后一种意见。"[1]

人的一生是一个长期教育过程。爱尔维修提出了泛教育概念即广义教育论，他所说的教育不是指学校教育、课堂教育或家庭教育，而是指人的一切生活条件的总和即环境对人的影响。人周围的一切事物、人的一切际遇、人所遇到的一切事件都是人的"教师"，人无处不在受教育，无时不在当学生。人和周围的环境(自然环境和社会环境)发生关系的过程就是受教育的过程，环境和教育是紧密地结合在一起的，说人的精神和一切才能是教育的产物，实际上也就是说人的精神和一切才能是环境的产物。

人的一生就是一个长期教育的过程。从他在母腹中开始具有感觉和运动能力时起，就接受最初的教育。外部对象对儿童的感觉刺激使他获得了一种记忆，同样的对象所起的同样作用的次数越多，记忆就越清楚，应当把对象的作用看成他教育的最大部分。当儿童上学时，他已经取得了许多观念，其中一部分是由于机遇造成的，有一部分是在父母家里获得的，与父母的地位、性格、命运和财产有关的。由于他们已经具有了很不相同的观念，所以在学校学习中有的比较用功，有的比较不用功；有的对某些学科感兴趣，有的不感兴趣。原有的观念和在学校中所学的观念彼此再组合起来，产生出种种意想不到的结果，学生们之间精神不等、兴趣不同就是很自然的事情。

爱尔维修说："人生而无知，并非生而愚蠢。"[2]爱尔维修十分重视一种良好的法律对人的教育作用，良好的法律不仅能建立一种良好的政治形式，

---

[1]　爱尔维修：《论精神》，引自《十八世纪法国哲学》，北京大学哲学系编，北京：商务印书馆1963年版，第479页。

[2]　同上书，第480页。

而且能造就有道德的人。人的教育到什么时候才能结束呢？爱尔维修认为，只有到生命结束时，人再也不能接受教育时，教育才能结束。人的一生其实就是一个长期教育的过程，人的一生中教育从未停止过。可谓"活到老，学到老"。人是在广泛地、全面地接受教育，而且是不断地进行自我教育。爱尔维修的这种教育思想是很有启发意义的。

教育万能。不可能人人都接受同样的教育，因为机遇绝不可能向所有的人提供同样的教育。人与人之间、民族与民族之间的差异完全是由不同的教育造成的。"教育对于天才、对于个人的性格与民族的性格有意想不到的影响。"①"教育的力量的最有力的证明，是经常看到教育的不同与它们不同的产物或结果有关。"②

首先，不同的教育造成了野蛮人和文明人的区别，这是因为野蛮人打起猎来不知疲倦，奔跑起来要比文明人轻捷，这是因为野蛮人在这方面更有训练。文明人更有教养，比野蛮人有更多的观念和知识，这是因为他接受了更多的感觉刺激，并有着更大的兴趣去比较这些观念。他们的这种区别是教育不同的结果。

其次，不同的教育造成了人的性格的差异。不同的政体教育产生出不同的人的性格，人们在一种自由的统治之下，是坦率的、忠诚的、勤奋的、人道的；在一种专制的统治下，则是卑鄙的、欺诈的、恶劣的，没有天才和勇气。爱尔维修坚持了一种彻底的经验论，认为人是一块白板，没有任何痕迹，人既非先天的善，也非先天的恶；没有天生的渺小和卑下，也没有天生的伟大和高尚；一切先验的本质都是不存在的，人的一切都是由后天的教育造成的：

> 精神和才干在我们身上只不过是他们和各种欲望和特殊地位的产物。教育科学也许就在于把人们放在迫使他们取得其渴望的才能和美德的地位上。③

有人把爱尔维修这个观点称作"环境行为论"（environmental behaviorism）。

爱尔维修宣言，教育万能，教育造就一切（L'education faits tout）。人的

---

① 爱尔维修：《论精神》，引自《十八世纪法国哲学》，北京大学哲学系编，北京：商务印书馆1963年版，第478页。
② 同上书，第539页。
③ 同上书，第541页。

才能与美德,一个民族的才能和美德,乃至于人民的幸福、民族的强大,莫不是由教育使然。改善教育就是改善对人产生不良影响的环境,即要推翻法国的封建专制制度。爱尔维修在教育万能论中隐含着革命的结论。

环境和意见的二律背反。如前所述,爱尔维修坚持"环境决定意见"的观点,即把人看作是环境和教育的产物,环境和教育决定着的人思想观念、风俗、性格、美德和幸福。不同的环境、不同的教育,产生出人的不同意见。要改变人的意见,必须改善教育、改造环境,环境对于意见起决定作用。

但是,由于爱尔维修认为在环境中最根本的东西是政治形式,而在政治形式中最为重要的是法律,"法律造成一切"①,"人的善良乃是法律的产物。"②如果有了一种良好的立法,立法迫使人们道德。"各个民族的兴盛并不依靠它们的宗教纯洁,而是依靠它们的法律高明。"③那么这种高明的法律从何而来呢? 高明的法律必然是经验和一种开明理性的作品。"因为必须有天才,才能用好法律代替坏法律,也必须有勇气,才能使人们接受好法律。"④因此,要改变环境,只有靠少数具有开明理性和勇气的天才人物制定出良好法律,改革政治,并将他们的正确意见推广给大众,形成社会公认的意见。这样,爱尔维修又得出了"意见支配世界"、意见决定环境的观点。

一方面"环境决定意见",环境产生的社会教育作用,决定了人们的思想和精神;另一方面,"意见决定环境",天才人物的正确思想和伟大精神通过立法成为改变环境的决定力量。"人是环境的产物"与"意见支配世界"形成了一个二律背反。存在着多种不同的评价。一种认为爱尔维修的二律背反完全是逻辑上的矛盾,循环论证。这种评价失之偏颇,是对爱尔维修的思想作了一种表面的、简单的理解。第二种观点认为,爱尔维修的这两个命题都有合理的内容,但太绝对化、片面化。当他说环境决定一切时,思想就被看作毫无意义的东西;当他说法律决定一切时,就夸大了社会意识的作用。第三种观点认为,这两个相互矛盾的命题每一个都是一些事实的概括和经验总结,不是凭空捏造的,因而不能承认一个命题为真,断定另一个命题为假。

按照马克思的观点来看,爱尔维修的这种二律背反体现出了爱尔维修的机械唯物主义和英雄史观。马克思说:

---

① 爱尔维修:《论精神》,引自《十八世纪法国哲学》,北京大学哲学系编,北京:商务印书馆1963 年版,第 538 页。
② 同上书,第 525 页。
③ 同上书,第 524 页。
④ 同上书,第 549 页。

有一种唯物主义学说,认为人是环境和教育的产物,因而认为改变了的人是另一种环境和改变了的教育的产物,——这种学说忘记了:环境正是由人来改变的,而教育者本人一定是受教育的。因此,这种学说必然会把社会分成两部分,其中一部分高于社会之上。①

一方面,这种二律背反在讲"人是环境的产物"时,虽然有唯物主义的科学成分,但它把人完全看成是一种被动的受体,否认了人的能动性和创造性,没有看到环境也可由人创造、由人来改变,这是一种机械唯物主义;另一方面,在讲"意见决定世界"时又过分夸大了主观意识的决定作用,没有看到政治和法律这些上层建筑本来是由生产方式、经济基础决定的,相反地,把它们作为最终制约和决定一切的东西,当成历史发展的最终决定因素,这是历史唯心主义的颠倒。另外,这种观点还认为少数天才人物的理性决定着政治、法律的面貌,支配着世界,忽视了广大的人民群众是历史的创造者,是推动历史前进的决定力量。这完全是英雄创造历史的英雄史观。

我认为,上面列举的四种观点对于爱尔维修二律背反的分析和评价,各自都有其正确性,但是,如果将它们综合起来,相互补充,则能使我们对爱尔维修的观点有一个更为完整、全面的认识。

爱尔维修关于人性的观点、教育万能论、人是环境的产物等思想,也成为19世纪法国哲学家圣西门、傅立叶等人理论的直接思想来源。

拓 展 阅 读

一、必读书目

1.《十八世纪法国哲学》,北京大学哲学系编,北京:商务印书馆 1963年版。

2. 孟德斯鸠:《论法的精神》,张雁深译,北京:商务印书馆 1987 年版。

3. 伏尔泰:《哲学通信》,高达观译,上海:人民出版社 1961 年版。

4. 伏尔泰:《路易十四时代》,吴模信,沈怀洁,梁守锵译,吴模信校。北京:商务印书馆 1982 年版。

5. 卢梭:《论科学和艺术》,何兆武译,北京:商务印书馆 1963 年版。

6. 卢梭:《论人类不平等的起源和基础》,李常山译,北京:商务印书馆1962 年版。

---

① 马克思:《关于费尔巴哈的提纲》,见《路德维希·费尔巴哈和德国古典哲学的终结》附录,人民出版社 2018 年版,第 64 页。

7.卢梭:《社会契约论》,何兆武译,北京:商务印书馆1990年版。

8.孔狄亚克:《人类知识起源论》,洪洁求、洪丕柱译,北京:商务印书馆1989年版。

二、参考书目

1.阿尔塔莫诺夫(С.Артамонов):《伏尔泰传》,张锦霞、苏楠译,北京:商务印书馆1987年版。

2.伏尔泰:《风俗论》,梁守锵译,北京:商务印书馆1996年版。

3.卢梭:《爱弥尔》,李平沤译,北京:商务印书馆1978年版。

第三章　18 世纪法国唯物主义

冯　俊

　　人的身体是一架钟表,不过这是一架巨大的、极其精细、极其巧妙的钟表。

——拉美特里:《心灵的自然史》

　　一切存在物只是继续不断地,或快或慢地在产生、壮大、衰退和消亡。

——霍尔巴赫:《自然的体系》上册

　　我们有三种主要的方法:对自然的观察、思考和实验。观察搜集事实;思考把它们组合起来;实验则证实组合的结果。对自然的观察应该是专注的,思考应该是深刻的,实验应该是精确的。

——《狄德罗选集》

　　18 世纪法国唯物主义建立了典型的机械唯物主义的理论体系。它是彻底的唯物主义,是马克思主义辩证唯物主义和历史唯物主义出现之前唯物主义的最高理论形态。

　　拉美特里直接继承了笛卡尔的机械唯物主义的思想。拉美特里反对笛卡尔的二元论而将他的机械论的思想贯彻到底,将"动物是机器"的思想发展成为"人是机器"。用机械论的观点去解释自然界一切物体和人的思想的运动,使机械论的观点登峰造极。

　　霍尔巴赫的自然哲学是一个典型的机械唯物主义体系。他坚持把自然看作是一个物质的整体,提出了物质的定义,并且把运动看作是物质的固有属性、整个世界是自己运动的不需要外力的推动等唯物主义的基本原则。但是他把一切运动都归结为机械的位置移动,运动导致的不是发展而是永恒的循环。他只承认必然性而否认偶然性,因而走向了机械论、循环论和决定论。霍尔巴赫建立的自然体系则把机械唯物主义贯彻到自然、人的思想和认识乃至社会道德等一切方面。

　　狄德罗的唯物主义哲学代表 18 世纪法国哲学的最高水平,是因为他力图超越在那个时代占主导地位的机械论,尽力勾画出物质世界的普遍联系和自身运动,反对用孤立的、静止的、片面的观点去看待世界。

狄德罗反对机械论者将物质形体或有生命的物质抽象为"形体"概念,而主张将世界看作是由物质元素构成的一个活生生的世界。狄德罗坚持唯物主义的一元论,认为物质世界的统一性在于物质性。物质世界是普遍联系的,各种事物和现象不可能是孤立的,自然界从来没有产生单独的事件,自然界是一个整体。狄德罗反对机械唯物主义的外因论,认为运动和物质是不可分的,物质本身就富有运动的能力。狄德罗克服机械唯物主义的局限性,从而将唯物主义提高到一个新的水平。在认识论和方法论方面,狄德罗继承和发展了英国哲学家培根和洛克的唯物主义经验论,坚持感官是观念的来源、感觉是对外部世界的反映,但是,经验必须和理性联姻,只有将经验和理性结合起来才能形成正确的认识,同时认识最终还需要接受实验的证实和检验。

拉美特里;霍尔巴赫;狄德罗;人是机器;自然的体系;《百科全书》;观察、思考和实验

18世纪法国哲学是以17世纪哲学为直接思想来源的。对18世纪哲学影响最大的,是洛克的唯物主义经验论和笛卡尔的机械唯物主义的自然观。从孟德斯鸠、伏尔泰、卢梭到孔狄亚克、爱尔维修、狄德罗无一不受到洛克哲学的影响,伏尔泰甚至将洛克哲学奉若神明。丰特奈尔、拉美特里、霍尔巴赫等人的自然哲学是对笛卡尔机械唯物主义的发展,拉普拉斯的星云假说也是深受笛卡尔宇宙漩涡学说的启发。

在自然哲学方面,法国启蒙哲学将机械唯物主义彻底化和完善化,建立了典型的机械唯物主义的理论体系。如拉美特里从笛卡尔的"动物是机器"演化成为"人是机器",用机械论的观点去解释自然界一切物体和人的思想的运动,这就使机械论的观点登峰造极。然而狄德罗力图克服纠正机械论的缺点,将唯物主义和辩证法结合起来。并且毕丰、罗比耐等人有机论的自然哲学也试图从另一个方面纠正机械论自然观的片面性,他们力图揭示出物质世界的有机联系和整体发展,把世界看作是一个相互联系和不断变化的过程。

第一节　拉美特里论人是机器

拉美特里是18世纪法国的一位著名的医生和彻底的唯物主义哲学家。

他直接继承和融会了笛卡尔的机械唯物主义和洛克的唯物主义经验论,将机械唯物主义发展到极其典型的形式。他是启蒙运动最勇敢的思想家,提倡彻底的唯物主义。

拉美特里生于布列塔尼地区(Britanny)的圣—马洛(Saint-Malo)。父亲是富商,1733年在瑞姆学院(Faculté de Rheims)获医学博士学位。接着赴荷兰莱顿师从著名的波尔哈维(Hermann Boerhaave,1668—1738)医生学习医学和人体解剖,波尔哈维的医学机械论的学说对于拉美特里哲学思想的形成产生了决定性的影响。1745年发表了他的第一部哲学著作《心灵的自然史》(*Histoire Naturelle de l'Ame*),因书中的唯物主义和无神论的观点而遭到官方查禁和教士们的攻击。他辞去了巴黎近卫军团军医的职务,逃到荷兰莱顿,在那里继续从事哲学著述,捍卫和发展自己的唯物主义和无神论的观点。1747年又匿名发表了他最为激进和最为成熟的哲学著作《人是机器》(*L'Homme Machine*)。该书一出版马上就招致荷兰教会的查禁。拉美特里又不得不逃离荷兰,在其同乡莫泊都依(Pierre Louis Moreau de Maupertuis,1698—1759,柏林科学院〔Berlin Academy of Science〕院长,著名的数学家)的举荐下进入普鲁士国王弗里德里希二世宫廷,不久就博得国王的宠爱,委任为国人的私人医生和侍读官。在所谓开明君主的羽翼的保护下,拉美特里又有了一个宁静的环境从事著述,先后又发表了《人是植物》(*L'Homme Plante*,1748)、《伊壁鸠鲁体系》(*Les Système d'Epicure*,1750)、《论幸福》(*Discours sur le Bonheur*,1750)等哲学著作。1751年11月因误食蘑菇馅饼中毒而死,英年早逝。他的意外死亡也引来了他的论敌的攻击和中伤,说他的死亡是贪吃的结果,证明了唯物主义在实践上的危险性和无神论应得的天意惩罚。这些攻击者将唯物主义者诬蔑为好吃好喝、甚至为了吃而不惜性命。这种不好的名声使得后来德国的唯物主义哲学家费尔巴哈不愿意将自己的哲学称作唯物主义。

一、心灵和身体的关系

拉美特里认为心灵和肉体的关系问题是哲学的根本问题,围绕着这一根本问题将哲学分为两大类,一类是唯物论的体系,一类是唯灵论的体系。唯灵论对于这个问题的解决,采取的是一种先天的方法,是从上帝和精神出发的玄想和空谈,从笛卡尔们、马勒伯朗士们、莱布尼茨们和沃尔夫(Christian Wolf,1679—1754)们的深奥的玄想里、从他们的一切作品里,我们得不到任何益处。莱布尼茨的单子论将物质心灵化了,而笛卡尔的二元论认为人身上有两种不同的实体,就好像他们亲眼所见并曾经好好数过一样,是很荒谬的。唯物主义采用的是后天的方法,通过经验和观察从人体的器官把心灵解剖分析出来。只有经验和观察才能作为我们的指导,它们"打着火把走遍了、照亮了人生这座迷宫,只有他们才为我们揭开了那些隐藏在层层帷幕之下的机栝,这些帷幕遮蔽了为我们所看不到的无数奇迹"[1]。因此,在这个问题上只有医生才有发言权,因而那些曾是哲学家的医生的记录里,处处都是经验和观察;而那些不曾做过医生的哲学家,一点经验和观察都没有;至于神学家,他们的晦涩的学问正好歪曲了这个问题,把人们引导到各种偏见和宗教狂热上面去,使人们对于人体机械作用彻底无知。拉美特里本人就是曾是医生的哲学家,他力图用当时的先进的医学知识来论证唯物主义,用生理心理学(physiological psychology)来说明心灵和身体的关系,因而有人将拉美特里的哲学称作医学唯物主义(Medical Materialism)。

拉美特里在《人是机器》的扉页上援引伏尔泰的诗句作为题记:"精神与我们的官能同生同长,同样萎黄:哎呀! 它一样要死亡。"拉美特里要通过经验的观察表明:心灵的特性明显地依赖于身体的状况。

> 有多少种体质,便有多少种不同的精神,不同的性格,和不同的风俗。……只有医学才能借改变躯体而改变精神、风俗和习惯。这是真的,是黑胆、苦胆、痰汗和血液这些体液按照其性质、多寡和不同方式的配合,使每一个人不同于另一个人。[2]

每一个人的个性特征的不同是由不同的体质造成的。身体有病了,心灵也就会出现疾病。一场大病,可使白痴的痴愚消释而成为一个非凡的聪明人,也可使最了不起的天才将用无数辛苦换来的可贵知识完全遗忘,一下子变得愚不可及。脾脏、肝脏、门静脉(portal vein)里有一点阻塞就会使勇敢者变成懦夫。歇斯底里症和忧郁症这些离奇的病症,也是因为想象力和内脏一起被阻塞。而过度的身体疲劳引起睡眠。

拉美特里还考察了食物对于人的精神和性格的影响。"人体是一架会自己发动自己的机器:一架永动机的活生生的模型。体温推动它,食料支持它。"[3]没有食料,心灵就要瘫痪、死去。当你用各种富于活力的养料、各种烈酒去喂一喂躯体,就会使心灵勇气百倍。一杯白开水会使逃兵又变得懔

---

① 拉美特里:《人是机器》,顾寿观译,北京:商务印书馆1959年版,第16页。
② 同上书,第17—18页。
③ 同上书,第20页。

悍非凡、勇往直前,一顿饭会使快乐又在一颗垂头丧气的心里重生。极度的饥饿常常会使人失去良知,变得残酷。有时人甚至吃自己的同类和亲生骨肉。吃的食物不同会形成不同性格。吃生肉使野兽凶暴,人吃生肉也会变得凶暴起来。英国人吃红红的、血淋淋的肉,因而也沾染了这种凶暴的性格,这种凶暴在心灵里产生骄傲、怨恨,造成对其他民族的轻视、强悍和其他种种使性格变得恶劣的情操。

年龄对于心灵也有必然的影响。因为身体随着年龄的变化而变化,心灵随着肉体的进展而进展,年老身体衰弱时,心灵也随之衰弱。男女体质的区别也对他们的心灵产生了影响,女性柔弱的体质产生了柔顺、温情、多愁善感和易受偏见、迷信影响等性格;男性强壮的体质也就产生爽快、慷慨和坚毅等性格。从一个人的容貌和面型就可以看出他的精神品质,从无数画像中永远分辨得出哪一个是天才,哪一个是人才,甚至分辨得出骗子和好人。

气候也能影响人的精神状态,气候环境的改变会使人感到水土不服,人会随着气候改变而改变。精神和身体一样,也有它的瘟疫病和流行症的。常有人在冷时脾气就变得非常暴躁。

拉美特里通过种种经验事实和医学观察来证明心灵对于身体的依赖关系,说明心和身的统一性。他得出结论说:"各式各样的心灵状态,是和各种身体状态永远密切地关联着的。"①在《心灵的自然史》一书的结论处他写道:"心灵在本质上是依赖于身体的各种器官的,是与这些器官一同形成、长大和萎谢的。"②拉美特里进一步从生理构造上表明人的身体和人的心灵都是由物质构造的、服从于机械运动的规律,把心灵看作肉体的一个部分和原动力,否认唯灵论即唯心主义所说的有脱离肉体的独立的精神实体的存在,坚持彻底的一元论观点。

二、从动物是机器到人是机器

拉美特里直接继承了笛卡尔的机械唯物主义的思想。笛卡尔认为自然界的一切物质事物都服从于机械运动的规律,动物,包括人的肉体,都是一种非常复杂的自动机,以机械的方式对外部刺激作出反应。拉美特里反对笛卡尔的二元论而将他的机械论的思想贯彻到底,将"动物是机器"的思想发展成为"人是机器"。拉美特里将笛卡尔的"动物是机器"发展到"人是机

---

① 拉美特里:《人是机器》,顾寿观译,北京:商务印书馆 1959 年版,第 25 页。
② 拉美特里:《心灵的自然史》,见《十八世纪法国哲学》,北京大学哲学系编译,北京:商务印书馆 1963 年版,第 238—239 页。

器"的一个重要契机,就是否认动物和人有根本的区别,坚持把动物和人看成是在本质上一致的。

首先,拉美特里分析了"人和动物在生理构造上的完全相似",他从解剖学的角度对人和动物的内脏作了比较研究。四足动物脑组织的形状的组成和人差不多,只是在一切动物里,人脑的相对体积最大,表面的皱纹也最曲折。其次,猿猴、水獭、象、狗、狐狸、猫等和人相近的动物。因为这些动物的胼胝体(corpus callosum)有着一系列相同的结构正在发展着,当时的医学认为心灵就是位于胼胝体之中。除四足动物之外,脑组织最发达的是鸟类。鱼的头部尽管很大,但它完全没有胼胝体,脑髓也很少,昆虫则根本没有脑髓。

真正把人和动物区别开来的是词汇、语言和符号的运用。人除了拥有语言之外,在性质上和其他动物没有什么区别。人类在自然中获得了各种各样的感觉,并能通过语言将惊恐、欢乐、愉快、欲求等感觉表达出来。人比别的动物赋有更多的感觉,同时也具有更多的能力来表达这种感觉。人的大脑在彼此的交往中、互相帮助中,接纳了各种各样的观念,获得了各种各样的知识。

人和动物的区别就在于能否运用语言和符号。在人身上有两个重要的方面,一方面是健全的机体组织,人的一切能力、学问、道德都是从这种自然本身得来的。如果没有一个构造得很好的大脑,我们就不能得到任何观念和知识。另一个方面是教育,自然在造就人类时是使人在动物之下,如人的身体本能远不及动物。"只有教育才把我们从动物的水平拉上来,终于使我们高出动物之上。"[1]

为了证明在人和动物之间没有根本的区别、从动物到人没有剧烈的变化,拉美特里批判了当时流行的一种观点,这种观点认为"人和动物是先天的区别","在人里面有一种自然的法则,一种善恶良知,它是动物的心理所没有的"。[2] 拉美特里认为人和动物是没有先天区别的,自然的道德法则和善恶良知也不能将人和动物区别开来。因为经验和观察告诉我们,一只狗如果在主人的逗弄之下咬了主人,会表现出很悔恨的样子垂头丧气,不敢见人;一只盛怒之下的狮子,当他认出它面前站着的是它救命恩人时,它不肯去撕食他。它知道感恩戴德,懂得尊重人道。动物和人一样有着相似的机体组织,能作同样的活动,有着同样的情感,同样的痛苦,同样的快乐。知道自己的过错和我们的过错,懂得善恶,对自己的行动有所意识。只是人和动

---

[1]　拉美特里:《心灵的自然史》,见《十八世纪法国哲学》,北京大学哲学系编译,北京:商务印书馆1963年版,第40页。

[2]　同上书,第41页。

物的想象能力的大小和神经纤维的粗细不同,在敏锐程度上也有所不同,并且因为人的生活处境和需要与它们不同,它们的悔恨和羞恶感没有人那样敏锐和显著。拉美特里认为,"自然的法则"就是一种内在感觉,一种告诉我们"己所不欲,勿施于人"的道德感,它是通过想象发生作用的,自然的法则既不需要教育,也不需要启示,不需要什么立法者。因此,绝不能将自然的法则和社会的法律混为一谈。自然的法则是动物和人所共有的,因为人和动物是用同样的材料做成的。"人并不是用什么更贵重的料子捏出来的;自然只用了一种同样的面粉团子,它只是以不同的方式变化了这面粉团子的酵料而已。"①

在系统地证明了人和动物的一致性、相似性、共同性之后,从"动物是机器"就可以自然地得出"人是机器"的结论。人是一架机器,它比最完善的动物再多几个齿轮,再多几条弹簧,脑子和心脏的距离在比例上更接近一些,所接受的血液更充分一些,因而就产生了理性。除此之外再没有别的区别。拉美特里全面地揭示了人体的机械性。例如,当人突然面临万丈悬崖时,身体机械地向后退缩;一棒打下来,眼皮机械地闭起来;瞳孔在阳光下机械地缩小,在黑暗中机械地放大;毛孔在冬天机械地闭起来御寒,在夏天机械地张开散热;胃脏受到毒物刺激就机械地翻搅;肺像鼓风机一样机械地操作;心脏机械地收缩;膀胱、直肠的括约肌机械地发生作用;阴茎机械地勃起。总之,人体的一切器官都是机械地发生作用。人这架机器的每一根纤维都赋有天然的摆动能力,就像钟表的摆动一样。"人的身体是一架钟表,不过这是一架巨大的、极其精细、极其巧妙的钟表。"②

证明人体的机器性,并不能将拉美特里和笛卡尔区别开来,因为笛卡尔也承认人体是一架自动机。拉美特里比笛卡尔更彻底的地方就在于他否认有独立的心灵实体,他认为,心灵只是一个毫无意义的空洞的名词,一个思想严谨的人使用这个名词时,只是指我们身体里那个思想的部分。心灵是运动的"始基"。它是我们一切感觉、快乐、情绪和思想的来源,是推动所有这一切机栝的机栝。拉美特里把心灵看作是身体的一个部分,把它也看作是物质的东西。"这个始基是存在的,它存在的位置是在脑子里面神经起源的地方,它通过神经,对身体的其余部分,行使着权力。"③这样,拉美特里就解决了笛卡尔的身心二元论中物质性的身体和非物质

---

① 拉美特里:《心灵的自然史》,见《十八世纪法国哲学》,北京大学哲学系编译,北京:商务印书馆 1963 年版,第 43 页。

② 同上书,第 65 页。

③ 同上书,第 56—57 页。

性的心灵如何结合的问题。拉美特里认为,心灵是物质性的、是身体的一部分与心灵能够思想是不矛盾的,"思想和有机物质绝不是不可调和的,而且看来和电、运动的能力、不可入性、广袤等等一样,是有机物质的一种特性"①。人是机器,但是他能感觉思想,辨别善恶,人生而具有智慧和敏锐的道德本能,而又是一个动物,因这两件事并不矛盾。拉美特里把思想看作是物质的一种特性,反对非物质的心灵,坚持了彻底的唯物主义的一元论。这是拉美特里哲学比笛卡尔哲学的优越之处,也是拉美特里哲学的真正价值之所在。

　　但是,拉美特里对于人的理解是不正确的,首先,他否认了人和动物之间存在着根本的区别和剧烈的变化,甚至认为动物也有道德感,最终把人等同于动物,这是不对的。诚然,从生理结构上,人和高级动物有许多共同之处,但是,从动物到人确实是一次巨大的飞跃。这一巨大的飞跃是由于劳动造成的。劳动使人脱离了动物界而上升。劳动和制造工具,使猿脑变成了人脑。人在劳动中产生语言和比动物高级千百倍的思想,形成了社会性和巨大的改造自然的力量。这些是动物无法比拟的。人和动物之间是存在着使用语言和符号的区别,但这并不是最本质的区别,因为人类对语言和符号的使用也是在劳动中形成的。虽然在生物学意义上人是一种动物,但是他不同于一般动物。其次,将人的身体的运动全部等同于机械运动这也是不对的。人的各个器官的运动是多种运动形成的结果,例如,肠胃的蠕动、四肢的运动、血液的流动、心脏的跳动等是机械运动;体温的变化是热运动;另外新陈代谢、同化和异化、遗传和变异是生物的运动。这多种运动形式是密切地联系在一起、不可分离的。将人体的运动全部归结为机械运动,把物理的、化学的和生物的运动形式归结为低级的机械运动形式,这是错误的。最后,拉美特里将人的思想、意识活动也说成是机械运动,这是极其错误的。认为人的大脑之所以有理性活动,只是因为比动物多几个齿轮,多几根发条,脑子和心脏的距离成比例地更接近一些。思想是高度发展的物质器官大脑的产物,思维运动是一种最高级的运动形式,它和钟表的运动有天壤之别。人类的思维能力是在长期的社会实践中形成的,思想的内容是对客观世界的反映。动物不可能有像人一样的思想,思想也不是像钟表一样的机械活动。拉美特里对于人的这种理解是一种极端的机械论,因而在很长的时间内一直受到人们的鄙视。

---

① 拉美特里:《心灵的自然史》,见《十八世纪法国哲学》,北京大学哲学系编译,北京:商务印书馆 1963 年版,第 67 页。

三、唯物论和无神论

　　拉美特里是一位立场最坚决、态度最鲜明的哲学家。他明确地宣称哲学具有两大对立的阵营即唯物论和唯灵论，并且公开地表明自己是唯物论者。在宗教问题上，他公开地批判宗教神学，而为自然神论和无神论辩护。他的哲学的这种公开性、彻底性招致了宗教神学和唯心主义对他的猛烈攻击。

　　拉美特里在他的第一部哲学著作《心灵的自然史》的"卷头语"中公开地表明，哲学研究不是为证明自然创造主即上帝的存在，不是维护天启真理的。哲学不服从神学权威，它只听从自然，对自己死心塌地，唯命是从。"凡是并非从自然本身得来的东西，凡是并非事物的现象、原因、结果、并非研究事物的科学的东西，总之，都与哲学无关，其来源都是哲学不相干的。"①哲学研究自然是以感官为向导，是感官指引着理性去认识真理。我们只能认识我们的感官在物质形体中所感觉到的那些东西、认识在事物中实际存在的那些东西，不能夹杂任何想象，不能认识物质的抽象的本质。因此拉美特里反对形而上学的抽象的物质实体。他说："我们虽然对物质的本质毫无所知，却不能不承认我们的感官在物质中所发现的那些特性是存在的。"②拉美特里以感觉经验为根据，对物质的特性作出了明确的规定。他认为，笛卡尔将物质的全部特性归结为广袤的特性，这是一种片面性。物质的本质特性应该包括三个方面。首先，当我们睁开眼睛看我们周围的事物的时候，它们都是有广袤的东西。广袤这种特性是属于一切物质的，是与物质的实体不可分的。这种特性的前提是物质实体有三度，即长、宽、高。但是，广袤并不构成物质的本质，单是广袤并不能使我们对于物质实体的全部本质得到一个完备的观念。因为，如果像笛卡尔那样将物质的全部特性仅仅归结为广袤的话，那必将把物质中的能动完全排除掉了。因此，物质的第二个特性，就是物质的运动力。拉美特里反对17世纪的哲学家把事物的运动看作是外力的推动，而主张事物是自己运动，推动力仅存于自身。"物质本身就包含着这种使它活动的推动力，这种推动力乃是一切运动规律的直接原因。"③广袤和运动力是物质的两种本质属性，除它们之外，还有第三种属性，这就是感觉能力。一切有生命的形体中都表现出感觉能力，动物禽兽和人一样都具有感觉能力。感觉能力是潜存于物质中，而不是由一个外

---

① 拉美特里：《人是植物》，见《十八世纪法国哲学》，北京大学哲学系编译，北京：商务印书馆1963年版，第186—187页。
② 同上书，第199页。
③ 同上书，第203页。

在的与物质不同的东西将它给予物质的。拉美特里对于物质特性的规定，发展和丰富了唯物主义的物质定义。17世纪的唯物主义哲学家将物质看作是单纯的广袤，是一种惰性的、自己不会运动的、和感觉及思想根本对立的实体，拉美特里克服了17世纪物质定义的片面性、贫乏性和抽象性，他将自己运动能力和感觉能力赋予物质，使物质成为了活生生的物质，这是对唯物主义物质观的丰富和完善。

在拉美特里的自然观中存在着机械论与生机论和进化论的矛盾。一方面，他认为动物是机器、人是机器，植物和动物是相似的，理所当然也应该是机器。其他无机物的运动是机械运动就自不待言了。因而可以说拉美特里是最彻底的机械论者；另一方面，拉美特里又认为物质是充满活力与生机的，能够自我运动并赋有感觉能力。应该说，拉美特里思想的形成一方面有笛卡尔的机械论的影响，另一方面也受到了毕丰的自然哲学的影响，他不仅像毕丰一样认为自然界的一切事物是充满活动的，而且直接继承了毕丰的进化论思想。拉美特里把自然界看成是一个连续发展的系列，就像莱布尼茨所说的单子具有无限连续的等级一样，在任何两个等级之间又存在着无限的等级，在人和植物这黑白两极之间，四足类、鸟类、鱼类、昆虫类、两栖类则向我们指出各种缓和这一鲜明对立的中间颜色。拉美特里认为自然界的各种生物都是不断进化的。自然界在产生出一个完善的动物之前，必须把物质作过多少次数不清的配合。其他各种产物在达到今天的完善程度之前，也不知经过多少种其他产物。动物没有人完善，这说明它是在人之先产生的。自然产生一个健全的动物比产生一个残缺不全的动物需要更多的时间，自然产生一个人所需的时间，也应多于产生一个动物的时间。自然界用各种元素相互作用，彼此混合，终于产生出各种事物和人的各种器官，这些都是无心的、偶然的安排所产生的，自然界的齐一性并不能证明自然的目的性，人在研究自然、模仿自然时是有目的，但自然在造就自然中这些事物时是没有目的的，一切都是由运动定律使然。在这里拉美特里仍然坚持了唯物论，反对唯心主义的目的论。

拉美特里公开地怀疑和批判宗教而为无神论辩护。他认为上帝的存在并不比任何别的存在更能证明一种崇拜的必要，上帝的存在只是一种理论上的真理，在实际上是毫无用处的。上帝是超出我们的思维方式很远的征象，无论怎样详加论证，都没有人把它当作明确的真理，因为对于这些论证，无神论者可以提出许多同样有力而完全相反的例子来反证。

不仅上帝的存在是我们不能认识的，是否相信上帝对于人的生活和幸福没有任何益处，而且是否相信上帝也不能成为道德评判的标准。宗教不一定就是什么规矩老实,"无神论不一定就不规矩、不老实"①。一个真正的自然神论或无神论者,永远是遵守着"己所不欲,勿施于人"的自然法则,他会仁厚、温和、诚恳、慈祥、大度、无私,拥有一个真正伟大的心灵,集正人君子的一切品质和一切美德于一身。而那些在心里供奉着迷信和神的人,生就只能崇拜偶像,不能感觉到道德。美德可以在无神论者的心中扎下最深的根子,而这种根子在信徒心中只是浮在表面上。如前所述,拉美特里把自然法则理解为道德感,因此"谁严守这个法则,谁就是一个诚实的、值得全人类信任的人。谁不忠实遵守它,任凭他披着另一种宗教的外衣,也只是一个骗子,或者是一个我所鄙夷的伪君子"②。在这里拉美特里直接将教士们指责为骗子和伪君子。

拉美特里还进一步认为,无神论者从不为害社会,那些国内点起内讧的火把的并不是贝尔、斯宾诺莎、梵尼尼(Giulio Cesare Vanini,1585—1619)、霍布斯等人,"相反地,倒是一些神学家,一些无事生非之徒,为了侍奉一位和平的神而引起了人们的战争"③。因此,宗教比自然神论和无神论要危险百倍。贝尔曾经论证,一个由无神论者组成的社会是可能的。而拉美特里则更进一步,他借他人之口说,"宇宙如果不是无神论宇宙,就不会是快乐的宇宙"④。如果无神论广泛传播,宗教彻底被消灭了,那就会再没有那些宗教的战士,没有那些宗教的战争。自然恢复了它的纯洁性,社会会更加和平。拉美特里把无神论的社会描绘成一个理想的社会。他反对宗教和维护无神论的这种公开性和彻底性是哲学史上少有的。

拉美特里尽管吸收了进化论的一些合理思想,但是,在他的哲学中机械论占主导地位。他是一个最为典型的机械唯物论者。

第二节　霍尔巴赫论自然的体系

霍尔巴赫在 1723 年 1 月生于德国帕拉蒂内特(Palatinate)的一个小镇埃德森姆(Edesheim),原名保尔·亨利希·梯德里希(Paul Heimrich Dietrich)。父母都信奉天主教。7 岁丧母,12 岁时受侨居法国的舅父弗兰西斯科·亚当·霍尔巴赫(Franciscus Adam d'Holbach)之邀随父亲移居法国,

---

① 拉美特里:《人是机器》,顾寿观译,北京:商务印书馆 1959 年版,第 47 页。
② 同上书,第 52 页。
③ 拉美特里:《人是植物》,见《十八世纪法国哲学》,北京大学哲学系编译,北京:商务印书馆 1963 年版,第 191 页。
④ 拉美特里:《人是机器》,顾寿观译,北京:商务印书馆 1959 年版,第 51 页。

在巴黎完成了中学教育。21 岁时受舅父资助,赴当时闻名欧洲的荷兰莱顿大学求学。1749 年霍尔巴赫学成回国后不久,就在巴黎结识了正在着手编写《百科全书》的狄德罗,并通过狄德罗结识了达朗贝尔、卢梭、格里姆等人。他和狄德罗建立了亲密的友谊,二人在思想上相互影响,在事业上相互支持。在狄德罗主编的《百科全书》处于最艰难的时刻,许多学者纷纷退出了《百科全书》的阵营,而只有霍尔巴赫始终和狄德罗站在一起,患难与共。他发挥自己精通多种外语及地质学、冶金学和物理学等方面最新科技成就的特长,为《百科全书》写了近 400 个条目,内容涉及地质、地理、矿藏、冶金、物理、化学、法律和语言等广泛的领域。狄德罗对这位学识渊博而又乐于奉献的学者的支持感激不尽。

1753 年他舅父去世,他继承了舅父的财产和男爵的称号,改名为保尔·昂利·霍尔巴赫男爵。他岳父也差不多前后去世,他继承了岳父“国王顾问团理事”的贵族头衔和每年的俸禄,因此,霍尔巴赫跻身于贵族行列并且腰缠万贯。但他并没有独享贵族的荣华富贵,而是用他的财产来资助自由思想家们的学术活动。他的“沙龙”成为“百科全书派”的集会场所,这种集会的习惯持续了 30 多年之久。来这里集会的除狄德罗、达朗贝尔、爱尔维修、卢梭、格里姆、孔狄亚克、杜尔哥、孔多塞等法国名流外,像休谟、吉本(Edward Gibbon,1737—1794),亚当·史密斯(Adam Smith,1723—1790)、富兰克林等外国自由思想家也是这里的常客。霍尔巴赫的人格魅力给学者们留下了深刻的印象。

霍尔巴赫一生的著述等身,内容包括三个方面。第一方面是翻译介绍国外先进的自然科学成果和为《百科全书》撰写自然科学方面的条目。他翻译的自然科学的著作主要有《制造玻璃的工艺》(1752)、《矿物学,或物质通论》(1954)、《矿物学入门》(1756)、《冶金化学》(1758)、《论物理学、自然史、矿物学和冶金学》(1759)、《黄铁矿学,或黄铁矿的自然史》(1760)、《化学和自然史趣事》(1764)、《硫黄论》(1766)。另外还翻译出版了古罗马哲学家卢克莱修的《物性论》(Denatura Rerum；De la Nature,1768)、英国哲学家托兰德(John Toland,1670—1722)的《致塞林娜书》(Letters to Serena,1768)等哲学著作。第二方面是批判基督教的无神论著作,为了防备教会和当局的迫害,它们大都是假托他人之名、匿名或从国外翻译而来。主要有《揭穿了的基督教,或对基督教的原则和后果的考察》[Le Christianisme Dévoilé,ou Examen des Principes et des Effets de la Religion Chrétienne,1761 年出版,假托是布朗热(Nicolas Antoine Boulanger)的遗著出版于 1756 年],《袖珍神学,或简明基督教辞典》[Théologie Portative,ou Dictionnaire Abrégé de la

Religion Chretienne，1767 年，假托神父贝尔尼埃（l'Abbé Bernier）所作]，《神圣的瘟疫，或宗教意见在地上产生的结果一览表》（La Contagion Sacrée, ou Histoire Naturelle de la Superstition，1768 年，假托翻译他人的著作）。第三方面是他建立自己唯物主义哲学体系的著作，主要有：《自然的体系，或物质世界和精神世界的法则》[Système de la Nature, ou des Lois du Monde Physique et du Monde Moral，1770 年假托密拉波（Mirabaud）所作，以下简称《自然的体系》]，《健全的思想，或和超自然观念对立的自然观念》（Le Bon Sens, ou Idées Naturelles Opposées aux Idées Surnaturelles，1772 年匿名出版，以下简称《健全的思想》），《自然政治，或论政府的真正原则》（Politique Naturelle, ou Discours sur les Vrais Principes du Gouvernement，假托一位退休官员所作），《社会体系，或道德学和政治学的自然原则。附：对于政府影响风俗的考察》（Système Social, ou Principes Naturels de la Morale et de la Politique avec un Examen de l'Influence du Gouvernement sur les Moeurs，1773 年匿名出版，以下简称《社会体系》），《普遍伦理学入门》（La Morale Universelle，死后被公开销毁或禁止发行）。霍尔巴赫的著作几乎都是匿名出版，很多著作都是从国外出版后偷运到巴黎，他通常是从"走私者"那里得知自己的著作已经面世。霍尔巴赫 1789 年 1 月 21 日逝世于巴黎。直到他死后，人们才发现他这位战斗的无神论者和彻底的唯物主义哲学家的真实身份。

一、自然的整体性和必然性

霍尔巴赫的自然哲学是一个典型的机械唯物主义体系。在总的原则上它是正确的，坚持把自然看作是一个物质的整体，提出了物质的定义，并且把运动看作是物质的固有属性、整个世界是自己运动的不需要外力的推动等唯物主义的基本原则。但是在具体结论上它是不正确的，把一切运动都归结为机械的位置移动，运动导致的不是发展而是永恒的循环。只承认必然性而否认偶然性，因而走向了机械论、循环论和决定论。如果说拉美特里把笛卡尔的"动物是机器"发展成为"人是机器"，把机械唯物主义向前推进了一步；那么霍尔巴赫建立的自然体系则把机械唯物主义贯彻到自然、人的思想和认识乃至社会道德等一切方面。

首先，霍尔巴赫把宇宙看作是一切存在物的总汇、自然是一个物质的总体。"自然，从它最广泛的意义来讲，就是由不同的物质、不同的配合，以及我们在宇宙中所看到的不同的运动的集合而产生的一个大整体。"①自然中

---

① 霍尔巴赫：《自然的体系》上册，管士滨译，北京：商务印书馆 1964 年版，第 17 页。

的每一个存在物都是由有别于其他存在物的一些特性、配合、运动或活动方式产生的整体。人也是一个整体,因为它也是由某些物质配合而成的,按照有别于其他存在物的方式而活动的。每一个存在物都有自己的特殊本性,而与其他存在物相区别。自身作为整体的存在物又构成了一个大的整体即"自然",相对于自然来讲,它们又成为部分。个别事物和自然的关系是整体和部分的关系,个别存在于整体之中,依赖于整体,而不能离开整体而独立。

　　自然是由物质构成的整体。那么"物质"又是什么呢?霍尔巴赫唯物主义的重要功绩之一就是第一次提出了"物质"的定义。而这一点对后来的辩证唯物主义极富启发意义。他认为,"直到现在为止,人们对于物质还没有给予一个令人满意的定义"①。以往的唯物主义对物质只有一些不完善的、泛泛的、肤浅的概念,他们把物质看作是唯一的、粗糙的、被动的、不能运动、不能配合,什么也不能产生出来的一种东西。霍尔巴赫力图对"物质"作出一个新的定义。"一切物质的共同特性是广延、可分性、不可入性、形状、可动性或为某个物质的运动所引动的性质。"②从这些最初特性中又产生出密度、形状、颜色、重量等其他一些特性。物质是作用于我们的感官、可以被我们所认识的东西。"因此,对于我们说,物质一般地就是以任何一种方式刺激我们感官的东西;我们归之于各种不同物质的那些特性,是以物质在我们内部所造成的不同的印象或变化为基础的。"③物质是我们所认识的物质。由上观之,霍尔巴赫归于物质的一些特性都是物质的力学性质。他对于物质特性的了解虽然比 17 世纪的唯物主义有所前进,但仍然停留在机械力学阶段。

　　霍尔巴赫的唯物主义比 17 世纪的唯物主义有所进步的一个重要表现之一,就是他肯定了运动和物质是不可分,物质是自己运动。他认为,"在自然的观念中必然包含运动的观念……自然只能从它本身得到运动……运动乃是存在的一种形式,它是必然地从物质的本质中产生的;物质由于它自己特有的能力而活动"④。运动在物质之内是自行产生、自行增长、自行加速,并不需要任何外因的帮助。"运动也像物质的广延、重量、不可入性、形状等等一样,乃是物质的存在、它的本质、它的一些原始的特性的必然结

①　霍尔巴赫:《自然的体系》上册,管士滨译,北京:商务印书馆 1964 年版,第 35 页。
②　同上书,第 36 页。
③　同上书,第 35 页。
④　同上书,第 26 页。

果。"①他把运动看作是一种客观事实,是物质存在的一种形式,是物质自己运动,这就克服了笛卡尔、牛顿等人认为物质需要上帝给予第一推动、运动原因在物质外部的自然神论的形而上学和外因论。

霍尔巴赫还认为,运动在宇宙间是普遍存在的,运动是绝对的,静止是相对的。"在宇宙中,一切都在运动。自然的本质就是活动。"②自然是一个整体,它的各个不同部分都有不同特性,彼此之间都有不断的作用与反作用,一刻都没有停止过。物体虽然在总体上看上去像是静止的,可在它们之中进行着一种持续的作用和反作用,不间断地冲动的抵抗。有时表面的静止实际上是作用力的一种均衡。一块石头好像是不动的,其实它一直压着地面,地面也在不断地反抗着它。自然的各个部分没有一个是处在"绝对静止的状态","一切存在物只是继续不断地,或快或慢地在产生、壮大、衰退和消亡"。③ 从以上的观点来看,霍尔巴赫关于作为整体的自然运动的思想是充满着辩证法的合理因素的。

然而,在对于运动的具体论述和分析中就显示出了他的思想的机械性和马克思所说的形而上学性。首先,从对于运动的规定中就可以看出,他将运动只是理解为位置的移动,他上面所说的充斥于宇宙的一切运动都不过是机械运动。其次,从其运动形式看,霍尔巴赫作了两种区分。一是根据产生运动的原因的多少来将运动区分为"单纯的运动"和"复杂的运动"。"由一种唯一的原因或力所引起来的运动,我们称之为'单纯的'运动;如果运动是由若干不同的原因或力所产生的……我们都称之为'复杂的'运动。"④这种区分是按照作用力的多少来区分,不是按照运动的特殊矛盾来区分,因而不是一种本质的区别,两种运动形式在本质上仍然是同一种运动形式,即力学的运动形式。第二种区分的标准是产生运动的原因是外来的还是内在的。"在围绕着我们的存在物中,一般地只有两种运动:一是质量的运动,凭着这种运动,一个整个的物体从一个地方移到另一个地方去;……另一种是内在的和隐藏的运动"⑤,例如面粉的发酵;植物和运动的生长、壮大、衰退;以及人身之内的智能思维、情感、意欲的这些运动。这里似乎谈到了化学的、生物的、思维的运动形式,但是霍尔巴赫并没有意识到这些运动形式的特殊本质,仍然把它们看成是不可见的分子的作用与反作

---

① 霍尔巴赫:《自然的体系》上册,管士滨译,北京:商务印书馆1964年版,第30页。
② 同上书,第23页。
③ 同上。
④ 同上书,第22页。
⑤ 同上书,第20—21页。

用。它们和机械位移的区别只是,一个是被推的、"获得的"运动,原因是外来的;一个是自己动,"自发的"运动,原因深藏于物体内部。从承认物体自己运动这一点来讲,这种区分是有合理的价值的。但是,霍尔巴赫又马上自我否定这一点,把这一合理的因素丢掉了,又重新回到外因论和机械论。

霍尔巴赫虽然肯定了运动的普遍性和绝对性,但是他只讲运动,而不讲发展。自然界没有发展,只有不断地循环。运动使宇宙不断地产生一些事物,将它们保存一些时候,然后又将它们毁灭掉,存在物的总和不变。动物、植物和矿物到了一定的时期,就要把从自然中借来的原素归还给自然,把这些事物重新放到自然这个无所不有的大仓库中。"这就是自然永恒不变的进程;这就是一切存在的事物必须循行地永恒地循环。"①霍尔巴赫只看到了事物不停地运动,但没有看到质变和发展,不能理解在运动中包含着质的飞跃、发展、前进、上升。把运动只当作量的增加和减少,量的不同组合,生灭的永无止息地循环。

霍尔巴赫的机械论和形而上学观点最突出的表现为他的严格的决定论。为了说明运动的因果联系和规律性,他将因果性等同于必然性,把一切联系都看作是必然联系,把一切运动和变化都看作是必然。最终只承认必然性,否认任何偶然性,将自然界看作是一个完全由决定论支配的必然的整体。霍尔巴赫断言:

> 在宇宙中一切事物都互相关联的,宇宙本身不过是一条原因和结果的无穷锁链,……我们所见到的一切都是"必然的",或不能不是现在这个样子的;我们所看到的一切东西,以及超乎我们视觉以外的一切东西,都按照一定的法则而活动。②

霍尔巴赫从自然界中一切都是运动的前提,得出了"在自然中一切都是必然的"结论。自然无论是从整体上还是从部分上都是必然的,一切事物都受制于必然的因果锁链。

霍尔巴赫完全否认偶然性的客观存在性,把宇宙间的秩序和混乱完全归于人心主观自生的。他认为"秩序"和"混乱"只是人们观察事物的方式,是人从自己和利益出发而对于事物作出的两种判断,给人带来利益的事物称之为有秩序;危害人的福利的事物,谓之为混乱。霍尔巴赫作为一个精通

---

① 霍尔巴赫:《自然的体系》上册,管士滨译,北京:商务印书馆1964年版,第40页。
② 同上书,第51页。

自然科学的人,他并不否认自然确实有异常现象,如彗星的突然出现、地震、海啸、火山爆发、瘟疫流行等,他认为这些被人们看作混乱的东西其实也是必然的,是自然原因按照一些固定的、自然的普遍本质所规定的法则而活动的。这里霍尔巴赫没有把这些奇异现象理解为神迹,理解为上帝对于人的惩罚,坚持了无神论的唯物主义;但是他将一切都理解为是必然发生的,因而完全否认了"偶然性"。他说:

> 事实上,我们是把我们看不出同原因相联系着的一切结果归之于偶然。所以,我们使用偶然这个字,不过是来掩盖我们对于所产生的那些结果的自然原因的愚昧无知罢了。①

一切都是必然,只是我们尚未认识到某些事物的必然,才将其归为偶然,偶然客观上是不存在的。

霍尔巴赫的唯物主义从坚持客观世界运动的因果性和规律性出发,走向了把一切都归为必然,完全否认了偶然,这种绝对的决定论最终导致了宿命论和唯心主义,"一切都是必然的"和"一切都是由上帝预定"实际是一回事。将这种理论运用到社会道德领域,必将是完全否认人的意志自由。

二、人是自然的一部分

霍尔巴赫把他的机械决定论的观点贯彻到人的活动领域,把人看作是自然的一部分,人的活动和其他物质事物的活动一样,将服从同样的必然规律,人一刻也不是自由的,一切都是宿命的。霍尔巴赫毫不忌讳地将自己的哲学体系称为"宿命论的体系"(le système fatalisme),并极力为宿命论辩护。霍尔巴赫论证,"人是自然产物,存在于自然之中,服从自然的法则,不能超越自然"②。人的机体是自然的产物;人所感觉的各种运动或行为方式都是物理的;人的活动(包括可见的活动和内心的意志和思维的活动)都是他固有机械的本质和特性的必然产物以及客观环境作用的必然结果。"人这部机器的活动方式"都经常被一些法则所支配,这些法则是自然中的其他存在物所共同遵循的。

霍尔巴赫坚持唯物主义的一元论,对于笛卡尔的二元论进行了分析批判,完全否认"精神实体"的存在。他指出,笛卡尔的二元论将人二重化了,

---

① 霍尔巴赫:《自然的体系》上册,管士滨译,北京:商务印书馆 1964 年版,第 63 页。
② 同上书,第 10 页。

把人分成两个实体。一个是"物体的"、"肉体的"、"物质的"人;另一个是"精神的"、"智性的"、"意识的"人。霍尔巴赫认为这种区别是"建立在一些毫无根据的假想上面"。这些思辨哲学家创造了一些字眼,平添了一些实在,而造成的困难比他们要避免的困难大得多。霍尔巴赫和拉美特里一样,坚持用物质去说明精神,把精神还原为物质,消灭精神实体的独立性和特异性。

霍尔巴赫在批判了形而上学的"精神实体"概念之后,坚持用唯物主义的经验论去说明人的认识过程的理智能力。特别是继承了洛克经验论"一切观念都来源于感觉经验"①、"凡是在理智中的无不存在于感觉之中"②的基本原则。他强调"感觉"是我们认识的起点和基础,其他的一切认识活动都是在感觉的基础上形成的。凡是归于灵魂的一切活动方式,都被归结为刺激我们感官的事物和大脑的能力和变化。在这里,霍尔巴赫坚持的是唯物主义的反映论,和洛克一样,彻底地批判了"天赋观念论",断定"我们的灵魂并不是从本身抽出自己的观念的,没有先天的观念",我们的一切观念都是外部事物作用的结果,都是以感觉为基础。

霍尔巴赫把人看作是自然的产物,否定精神实体的存在,把人的认识活动和一切社会活动都归结为物质的原因,其目的是要论证人和自然物一样完全服从必然的法则,人完全没有自由。霍尔巴赫还特别批判了"人是自由的"观点,而主张"人在他的一生中没有一刻是自由的"③。他论证"人是一个物理的东西;无论用什么方式去观察他,他总是和普遍的自然连结着,而且服从于必然而不变的法则"④。"人,作为附属于一个大的全体的部分,不能不感受全体的影响。"⑤人来到世上就不是出自他的心愿;他的机体也不由他做主;观念也是无意中来到心中的。人的趋乐避苦、自我保存的本质,决定着人总是被一些对他有益的东西所吸引,而拒斥一些对他有害的东西。人的意志活动是必然的,他必然被作用于人的那个对象或动力的好或坏、可爱或可恶的性质所决定。人的欲求也不由人做主。当极度口渴时人就有强烈的喝水的欲求,而当他知道这水有毒时,尽管口渴难忍也不去喝它。这并不说明人是自由,只能说明人对于死亡的恐惧必然地胜过口渴的感觉。想喝水或不喝水都是出于必然。人的选择也不是自由的,经常在权

①　洛克:《人类理解论》,第 2 卷第 1 章第 2 节。
②　同上书,第 1 卷第 1 章第 2 节。
③　霍尔巴赫:《自然的体系》上册,管士滨译,北京:商务印书馆 1964 年版,第 177 页。
④　同上书,第 163—164 页。
⑤　同上书,第 165 页。

衡利弊而处于两难境地,往往是以选择最大的利益而告终。人也不能自由地唤起自己的观念,观念是在人不知不觉之间,不管人愿意不愿意,在大脑中自行组织起来的。"我们的思维方式必然被我们的存在方式所决定。"①因此,人的行动绝不是自由的,人既不是他形体的主人,不是自己意志的主人,也不是大脑中观念的主人。

霍尔巴赫完全否认了人的自由意志和自由活动,把人的一切活动都理解为必然的。

> 教育不过是指示给儿童的必然性;立法就是指示给一个政体的成员的必然性;道德就是把存在于人与人之间的关系指示给有理性的生物的必然性;最后,宗教就是指示给无知和懦弱的人的一个必然的存在的法则或必然性。②

无一不是必然,一切皆是命定。霍尔巴赫把"定命"看作是在自然中建立起来的永恒、不变和必然的秩序。

> 这种定命就像支配着整个宇宙那样,也支配着我们这个特殊的体系;在我们身上,一如在自然中,没有一个结果产生于偶然。偶然,像我们已证明过,乃是一个空洞的毫无意义的字眼。③

霍尔巴赫以自称"宿命论"为荣,并证明宿命论的合理性和社会作用。

三、宗教产生于对自然的无知

霍尔巴赫之所以要反复强化他的决定论,一个非常重要的目的就是要用物质世界自身的规律性和必然性去代替神迹和天意。既然自然界中的一切都是依照自然的必然性而活动,上帝就是不必要的。霍尔巴赫认为,人们之所以陷入有神论,有一个重要的原因就是未能对"物质"的"秩序"形成一个正确的认识。例如,因为有些人将"物质"看作是一个被动的、惰性的、无生气的、不能自己运动的东西,把物质和运动分割开来,无法说明宇宙万物的运动和变化,因而就设想出一个第一推动者,宇宙的最后动因。其次,人们为世界的和谐和美好所折服,无法解释它形成的原因,因而设想出宇宙必

---

① 霍尔巴赫:《自然的体系》上册,管士滨译,北京:商务印书馆1964年版,第174页。
② 同上书,第188页。
③ 同上书,第191页。

定有一个设计者,他设计和安排这个精妙绝伦的世界,给它以"秩序"。霍尔巴赫的唯物论认为,物质和运动是不可分的,运动是物质固有特性,物质无须一个第一推动者。世界上的一切事物都服从必然的规律,不需要一个设计者给它以秩序,秩序只是主观的东西,客观世界只存在着必然性。这样一来,上帝没有任何存在的必要了,由此可见,霍尔巴赫的唯物主义的机械决定论,对于反对宗教、坚持无神论是有着非常重要的价值的。

自然神论用神、上帝去指产生自然的那个最初的原因或未知力量。虽然泛神论和自然神论都具有唯物主义的倾向,他们对自然的认识和解释有合理之处,但是他们的唯物主义都是不彻底的,还不能完全了解自然产生和运动的原因,他们都保留了神的观念,因而仍然是有神论。

霍尔巴赫分析了宗教产生的认识论根源。他认为宗教产生于对自然的无知。他设想在遥远的古代,"散居的野蛮人,对于自然规律只是一知半解,或根本一无所知;……整个自然对他们就是一个谜"①。一切自然现象不能不是奇妙和可怕的。特别是各种自然灾害,如地震、洪水、风暴、瘟疫等等使他们陷入深深的恐惧之中,他们不知道这些灾难产生的原因,于是把这一切归于一个强有力的动因,设想有一种超自然的力量存在,由此引出了他们关于神的一些最初概念。可见,神的观念最初产生于对于自然的无知和恐惧。

神的观念实际上是人的一种虚构。人总是根据他已知的客体去判断未知的客体。人"就是照着他自己,把一种意志、智慧、计划、打算、情欲、总之,一些与他自己的相类似的性质,赋给所有他觉得在作用于他的未知原因"②。也就是说,人是根据一种"拟人观"将人所具有的一切属性都赋予神,设想神和人一样也有人格,有智慧,有喜怒哀乐,有善恶良知。根据这种"神人同形同性论",人就塑造出了一个人格化的神或上帝。"人们只能以他自己的品质赋予这个实体。他们称之为人类完善性者就是神的完善性的缩影。"③因而,不是神创造了人,而是人创造了神,神的本质实际上是人的本质的一种投射。霍尔巴赫这种宗教异化的思想,使他的无神论达到了那个时代的最高水平,为 19 世纪的德国哲学家费尔巴哈对宗教的批判提供了重要的理论指导。

霍尔巴赫还分析了宗教产生的社会根源。宗教产生于无知和恐惧,而骗子手又利用了人的愚痴,用奇迹和圣礼引诱无知者。统治阶级出于他统

---

① 霍尔巴赫:《自然的体系》下册,管士滨译,北京:商务印书馆 1977 年版,第 9 页。
② 同上书,第 13 页。
③ 同上书,第 352 页。

治的需要利用了人们的无知。

由于统治阶级的倡导、教会的传播以及教育的灌输,使得人们在童年时代还未能获得独立思考能力时,就被宗教的偏见所影响,被神学教条的谬论所欺骗,因而在心中形成了难以消除的信念。因而,宗教就这样世代流行、相沿成习了。在世上如此广泛流传的上帝的观念不过是人类的一个普遍谬误。霍尔巴赫在这里已清楚地看出了宗教是统治阶级统治人民的工具。霍尔巴赫揭穿了在当时历史条件下,神的概念在道德、政治、科学、民族以及个人的幸福等诸方面造成的种种危害。他指出,宗教败坏和消灭了人的道德,不是使人联合,而是使人分裂;不是使人相亲相爱,而是使人们"互相争执、互相轻视、互相仇恨、互相迫害、互相残杀"①。为了神学观点上的争论,搞得民族分裂、君臣相犯、父子兵戎相见、夫妻离异、亲属不相认。宗教既不促进社会,也不造福个人。而只能有害于人类精神的进步。因此消灭宗教是霍尔巴赫得出的必然结论。

第三节　狄德罗的《百科全书》和唯物主义

狄德罗是 18 世纪法国启蒙哲学的杰出代表,他的唯物主义自然观力图超越当时的机械论和目的论,而走向辩证论,代表了 18 世纪唯物主义哲学的最高水平,并对辩证唯物主义的形成产生了重要影响。

狄德罗在 1713 年 10 月生于法国朗格尔市(Langres)的一个世代刀剪匠的家庭,1728 年赴巴黎求学,在路多维克大公学院(Collegium Ludovici Magni)学习了修辞学、逻辑学、伦理学,数学和物理学的成绩尤为出色。特别是在此期间接触到了培根和霍布斯等人的唯物主义经验论的哲学。19 岁时他获得了巴黎大学文科硕士学位。

离开学校后,狄德罗在巴黎经历了 10 年的自由文化人的流浪生活,此间经人介绍结识了卢梭和孔狄亚克,和他们建立了深厚的友谊。1742 年他开始翻译美国人斯塔尼安(Tempel Stannian)的三卷本《希腊史》(*A History of Greece*),1743 年开始和杜桑(Toussaint)、艾杜(Eidous)合作翻译詹姆斯(Robert James, 1703？—1776)的《医学辞典》(*Medical Dictionary*; *Dictionnaire Universel de Médecine*,六卷本)。1745 年他翻译的英国哲学家沙夫茨伯利的《道德哲学原理或功德论》(*An Inquiry concerning Virtue and Merit*; *Essai sur le Mérite et la Vertu*)在荷兰出版,翌年他还协助翻译出版了

---

① 霍尔巴赫:《自然的体系》上册,管士滨译,北京:商务印书馆 1964 年版,第 201 页。

洛克的《人类理解论》法译本。这两位哲学家的著作对于狄德罗哲学思想的形成产生了重要影响。

一、狄德罗和《百科全书》

1745年英国人密勒斯(John Mills)和德国人塞留斯(G.Sellius)与书商勒伯勒东磋商将美国人钱伯斯(E.Chambers)主编的《百科全书或艺术与科学百科辞典》(*Encyclopaedia, or an Universal Dictionary of Art and Sciences*, 1728年出版,1745年发行第五次修订版)译为法文出版,勒伯勒东一人独占从政府取得的出版专利权而与两位译者发生了冲突,导致翻译工作落空。经协商,狄德罗同意接受翻译钱伯斯的《百科全书或艺术与科学百科辞典》的工作,出版商正式聘请他为该书的编辑。

狄德罗接手翻译出版《百科全书或艺术与科学百科辞典》的工作,彻底改变了他的人生道路。当狄德罗接手工作之后就发现,简单地翻译钱伯斯的辞典是不够的,因为该书中有些东西已经过时,有些东西是从法国人的著作中不加选择地吸取过去的,而还有一些重要的方面又根本未提及(如缺少有关工艺技术方面的条目)。狄德罗认为,该书编成15年以来,各个思想领域都有了巨大的进步,科学发展了,读者的好奇心也觉醒了,所以这个辞典也需要更新和发展。如果将一些过时的、不完全的东西冠以一个新的书名而出版的话,那将引起学者们的公愤。因此,狄德罗决心另起炉灶,重新编撰一本体现出人类知识的体系、最新科技成就的百科全书。这时狄德罗认识到,编纂百科全书是一个伟大的事业,也许是他一生中唯一的事业。他提出了一个宏大的编写计划,他自己担任主编,并且邀请当时在科学界已负盛名的青年数学家达朗贝尔为《百科全书》的副主编。狄德罗表明他的百科全书绝不是以钱伯斯的《百科全书或艺术与科学百科辞典》为基础,尽管在他的百科全书中出现了相同的词条,但是它们都被重新写过。

狄德罗曾经在《百科全书》的发刊词中提出,《百科全书》要描写出一切时代人类理智的努力的总图景,要建立一切科学和一切技术的谱系之树,要揭示出各门科学分支的起源和发展与共同的主干之间的联系。物质世界是统一的和相互联系的,作为自然界的认识和反映的科学也应该是统一的和相互联系的。狄德罗认为,要完成这一巨大的工作,单靠一两个学者或一两个科学院是不可能的,因此需要动员无数文人学士和工艺家共同努力,由友情和对人类共同之爱将他们联系在一起。当时一大批著名学者集聚在狄德罗周围,支持他的《百科全书》的编写工作(撰稿人约有160之多),孟德斯鸠、伏尔泰、卢梭、孔多塞、魁奈、杜尔哥、伊丰长老(Abbé Claude Yvon,

1714—1791）都曾为《百科全书》写过大量的条目。毕丰、孔狄亚克、丰特奈尔、爱尔维修等人虽然没有为《百科全书》撰写过条目，但是他们是这项工作的忠实支持者。狄德罗本人一共为《百科全书》撰写了 1139 个条目，内容涉及哲学、文艺、道德、语言和科技，特别是最为困难的关于工艺和技术方面的条目几乎全部由狄德罗承担。收入大量的工业生产技术、实用工艺、工具、机械制造、操作方面的词条是狄德罗主编的《百科全书》的一大重要物色，具有非常重要的科学价值。因为 18 世纪是工场手工业非常成熟、工业革命已经开始的时代，推广先进的科学技术为生产服务，推进生产力的发展，是新兴资产阶级的要求。以传播人类新兴科学知识为己任的狄德罗的《百科全书》把这个方面看作是它的重要内容之一。在这一点上，狄德罗大大地超越了此前的一些工具书的编纂者。为了写好关于工艺和技术的条目，狄德罗亲自到工场、作坊、车间去考察，向能工巧匠们求教，向工人们求援，将他们的宝贵经验记录下来，厘定各科技术术语，绘制图表，准确地描述各种机器、工具，解释它们的操作规程和生产工艺。狄德罗所做的这些工作为近代技术学留下了一笔宝贵的财富。

《百科全书》的编写过程也是和封建专制斗争的过程。首先是同封建的文化专制作斗争。1750 年狄德罗发表百科全书的发刊词《前景》（Prospectus）一文，1751 年 10 月《百科全书》的第一卷问世，全名为《百科全书，或科学、艺术和工艺详解辞典》。该书的出版受到学术界的热烈欢迎，订购第一卷的有 2000 余人，在当时这是一个不小的订数。然而，《百科全书》的问世立即遭到了反动势力的攻击和围剿。首先，耶稣会想通过对《百科全书》的撰稿人之一普拉德神父（Abbé Jean-Martin de Prades，1720—1782）的学术观点的攻击来搞垮《百科全书》，普拉德神父是狄德罗的朋友，具有自然神论倾向，反对天赋观念论，赞成洛克的经验论，他的学术观点被索邦神学院和耶稣会斥为异端邪说，迫使普拉德神父逃亡国外。1752 年《百科全书》第二卷出版后，国民议会便立即下令禁止第一、二卷的发行，并还说要没收原稿。由于统治当局内部各种矛盾的相互钳制，致使该禁令未能生效。狄德罗在广大学界同人的支持、鼓励下，继续坚持编撰工作，每年出版一卷，到 1757 年共完成七卷。其时当局又对《百科全书》的内容进行检查和刁难，1759 年 1 月法国议会下令对已出版的七卷进行全面的审查和修改，如不接受，将禁止发行。同时下令禁止以后各卷的继续出版，命令出版商退还读者订书的预付款。同时教皇、大主教们通过攻击和《百科全书》的作者们有着密切关系的爱尔维修的新作《论精神》来谴责《百科全书》，企图达到一石双鸟的目的。为了完成这项伟大的工作，狄德罗不辞劳苦，亲临印刷车间去熟悉制版和操作机器,自己动手。由于《百科全书》被禁止公开发行和增订,编撰工作在经费方面遇到了巨大的困难,狄德罗和他的战友们自己筹措甚至卖掉自己的房子来补贴经费的不足。普鲁士国王腓特烈二世和俄国女皇叶卡特琳娜二世要装潢门面,充当"开明君主",多次给狄德罗发出邀请,请他去普鲁士和俄国继续编写《百科全书》。伏尔泰也主张他到国外暂避风头。但都被狄德罗一一谢绝,他仍坚持在巴黎完成他的事业。为了解决狄德罗的经费困难,叶卡特琳娜以购买狄德罗的全部图书为名,给了他很大一笔钱。但图书仍归狄德罗使用,她聘任狄德罗为这些图书的终身保管员,并给以优厚的佣金。

除了来自外部的打击,在"百科全书派"的内部也产生了分歧。曾经为《百科全书》写过不少条目的启蒙思想家卢梭与狄德罗吵翻断绝了关系。给狄德罗更大的打击是,在各种压力和围攻之下,达朗贝尔辞去了《百科全书》副主编的职务。在这种极端困难的条件下,狄德罗独立坚持工作,1765年最终完成了全书的后10卷。在1766年出版商勒伯勒东因秘密出版《百科全书》而被当局抓进巴士底狱。而狄德罗在随时有可能被逮捕的险恶条件下,继续出版了图版11卷。到1772年狄德罗主编的《百科全书》全部出齐,文字部分17卷,图版11卷,共计28卷。1773年出版商勒伯勒东将版权卖给了另一位出版商,《百科全书》又经孔多塞和哈勒(Albert de Haller,1708—1777)补写了文字部分四卷,图版一卷,索引两卷,共计35卷,1780年出齐。狄德罗主编的《百科全书》不是一般性的工具书,而是反对封建专制制度、反对宗教神学、启蒙人类思想的武器。《百科全书》的编写工作是18世纪法国资产阶级革命的一个组成部分。《百科全书》的出版为1789年大革命的爆发吹响了号角。狄德罗为《百科全书》的编写奋斗了27个春秋,他不屈不挠,为完成这一人类的伟大事业不惜贡献自己的一切。因此,恩格斯说:"如果说,有谁为了对真理和正义的热诚(就这句话的正面的意思说)而献出了整个生命,那么例如狄德罗就是这样的人。"①然而,从某种意义上讲,狄德罗《百科全书》强烈的时代感、战斗性、政论性影响了它作为工具书的价值。作为工具书,它要求中立性、公正性、准确性,以事实数据说话,不带主观或政治党派的色彩。这也许是狄德罗的《百科全书》未能再版流传至今的原因。在今天它是一部古典学术名著,而不再是一部工具书。

狄德罗在哲学思想上经历了从自然神论向无神论和唯物主义的转变。

---

① 《马克思恩格斯选集》第4卷,北京:人民出版社1995年版,第232页。

他 1746 年出版的第一部哲学著作《哲学思想录》(*Pensées Philosophiques*)，1947 年出版《怀疑论者的漫步》(*La Promenade du Sceptique*)，1749 年出版的《供明眼人参考谈盲人的信》，这几本书的出版完成了向无神论和唯物主义的转变。《对自然的解释》(*Pensées sur l'Interprétation de la Nature*, 1753—1754)是狄德罗哲学走向成熟的著作，系统地表述了他唯物主义的世界观和观察、思考和实验三结合的认识论。1762 年发表的哲理小说《拉摩的侄儿》，被人们誉为辩证法的杰作。《达朗贝尔和狄德罗的对话》(*Entretien entre d'Alembert et Diderot*)、《达朗贝尔的梦》(*Le Rêve de d'Alembert*, 1769)两部著作则是以一种文学的形式生动活泼地阐释他的唯物主义的思想，深化和发展了他的哲学的一些基本概念。1770 年狄德罗又写了《关于物质和运动的哲学原理》(*Principes Philosophique sur la Matière et le Mouvement*)这篇短文，对于唯物主义的物质定义、物质和运动的关系、运动的绝对性和静止的相对性、物质世界的普遍联系和相互作用以及当时科学中的难题惯性和重力、能和力的相互作用等问题都作了精辟的论述和深入探讨。在 1773 年至 1775 年间，狄德罗写出了《对爱尔维修〈论人〉一书的反驳》(*Réfutation de l'Ouvrage d'Helvétius*)，这篇长达 200 多页的文章就人性、道德、自然、教育等问题对爱尔维修展开了批判。狄德罗晚年致力于生理学的研究，《生理学基础》(*Éléments de Physiologie*, 1774—1780)就是这一方面研究成果的总结。

为了感谢俄国女皇叶卡特琳娜的支持，在完成《百科全书》出版后，1773 年狄德罗应邀访问了俄国，在圣彼得堡(Saint Petersburg)停留了五个月。狄德罗帮助女皇制订了"俄国大学计划"，试图说服女皇进行政治改革，并和女皇商谈在俄国编写出版《百科全书》的事情。但由于女皇在内心和狄德罗的观点存在分歧，运用各种托词使狄德罗的理想化为泡影。

1784 年 7 月 30 日，狄德罗走完了他为真理和正义奋斗的人生历程。

二、物质世界的普遍联系和运动

我们说狄德罗的唯物主义哲学代表 18 世纪法国哲学的最高水平，是因为他力图超越在那个时代占主导地位的机械论，尽力勾画出物质世界的普遍联系和自身运动，反对用孤立的、静止的、片面的观点去看待世界。

狄德罗反对机械论者将物质形体或有生命的物质抽象为"形体"概念，而主张将世界看作是由物质元素构成的一个活生生的世界。他说："我将把为自然现象的一般产生所必需的、各种不同的异质的物质称为元素；并且

将把元素的组合的一个现实的一般结果或许多一个接一个的一般结果称为
自然。"①这种物质元素和单子的共同性就是,各个元素在本质上是相互区
别的、自身运动的,彼此结合在一起构成物质事物和现象。狄德罗认为,物
质元素的无限分割在逻辑上是可能的,在现实上是不可能的,"因为理性告
诉我们,物质在理智中虽然可以无穷地加以分割,在自然中却有一个最后的
分割限度"②。因为这一方面受自然法则的限制,另一方面也受到技术能力
的限制。③ 狄德罗认为物质元素不能无限分割的思路是符合唯物主义的基
本原则的,因为即使在科学发展的今天,物质的无限分割仍然是受技术能力
限制的,仍然是一种逻辑上和理性上的可能性,而不是现实的可能性。

狄德罗坚持唯物主义的一元论,认为物质世界的统一性在于物质性。
他说:

> 要假定任何一个处在物质宇宙之外的实体,都是不可能的。④
> ……
> 在宇宙中,在人身上,在动物身上,只有一个实体。⑤

物质世界是普遍联系的,各种事物和现象不可能是孤立的。自然界从
来没有产生单独的事件,自然界是一个整体。"如果现象不是彼此联系着,
就根本没有哲学。"⑥"而没有全体的观念,也就没有哲学了。"⑦狄德罗站在
哲学家的高度上预言了,各种物质形式之间也是相通的,具有共同性和相互
转化。他先于科学100多年而断言"电和磁是出于同样的原因",电和化学
物质之间也有联系。世界上的一切事物都互为中介、互为过渡,"所有的东
西都在彼此循环,因此一切物种也都如此。…… 全体是一个不断的
流。……一切动物都是或多或少的人;一切矿物都是或多或少的植物;一切
植物都是或多或少的动物"⑧。狄德罗改造了单子论中单子的连续律来说
明世界的普遍联系。

狄德罗吸收了古希腊唯物主义哲学家赫拉克利特(Herakleitos,公元前

---

① 《狄德罗选集》,江天骥、陈修斋、王太庆译,北京:商务印书馆1983年版,第105页。
② 同上书,第125页。
③ 参见上书,第105页。
④ 同上书,第118页。
⑤ 同上书,第132页。
⑥ 同上书,第106页。
⑦ 同上书,第60页。
⑧ 同上书,第152—153页。

540—前470)的"流变哲学"(philosophy of flux)的思想,认为一切皆流、一切皆变,世界犹如一团永恒的活火。狄德罗说:

> 一切都在变,一切都在过渡,只有全体是不变的。世界生灭不已,每一刹那都在生都在灭,从来没有例外,也永远不会有例外。①
>
> ……
>
> 自然中的一切都有它的不同的活动,就像你们称之为火的这一团东西一样。在你们称之为火的这团东西中,每一个分子都有它的本性,它的活动。②

狄德罗反对机械唯物主义的外因论。外因论将物质看成是一种惰性的、没有活动能力的东西,要描述运动,除了说物质存在以外,还要设想有一种力去推动它。狄德罗认为运动和物质是不可分的,物质本身就赋有运动的能力。他吸收了单子论中每一个单子本身就是一种活动的力、单子自动并且相互作用的思想,认为物质事物的分子本身就是一种活动力,它作用于另一个分子,另一个分子也作用于它。狄德罗就是这样批判地吸收唯心主义哲学中的合理成分去克服机械唯物主义的局限性,从而将唯物主义提高到一个新的水平。

物质的分子有其内涵的、固有的、内部的力,也有其外部的力,这就引起分子从内向外作用的活动和其他分子作用于它的活动,狄德罗将前者称为"激动"(émouvoir),将后者称为"移动"(mouvoir)。这实际上就是分子的自身运动和相互作用。狄德罗既看到了事物运动的内因,也看到了外因,是从内外结合上来把握事物的运动。但是他把分子内部的力看作是运动的最后根源,"作用于分子的力是会消耗的;分子内部的力是绝不会消耗的,这种力是不变的,永恒的"③。

根据这种物体自身运动、运动的动力存在于物质分子内部的力的思想,狄德罗认为,运动是绝对的,静止是相对的。"静止与运动的真正区别,就在于绝对的静止是一个抽象概念,根本不存在自然中,而运动则是一种与长度、宽度和高度同样实在的性质。"④运动和物质是不可分的,运动是物质固有的性质,是绝对的。而静止只能是一块物质对另一块物质的相对静止。

---

① 《狄德罗选集》,江天骥、陈修斋、王太庆译,北京:商务印书馆1983年版,第146页。
② 同上书,第114页。
③ 同上书,第115页。
④ 同上书,第114页。

狄德罗以一只被风浪袭击的船为例来说明一切都是相对静止的。"船里面没有一样是绝对静止的,连组成船和组成船中物体的那些分子也不是绝对静止的。"①当人们设想物体无所谓运动和静止时,大理石块却在趋于解体。认为静止是绝对的,那只是在思想中取消一切物体的一般运动和相互作用,而不能改变运动的规律。

狄德罗用物质的运动来解释世界的质的多样性。狄德罗吸收了莱布尼茨"单子的差异律"的思想,认为"在这个物质的大洋里,没有一个分子和另一个分子类似,也没有一个分子有一刹那和自己类似;'Rerum novus nascitur'(万象日新月异)这就是它的永恒铭文"②。莱布尼茨说在同一个花园里找不到两片完全相同的树叶,找不到两颗完全相同的水珠;狄德罗进一步说,并且也许将来也永远不会有两根绝对一样绿的草。一切事物都相互差异,都在变化。物质世界的异质性和多样性是由于物质元素的特殊的力和自身运动造成的。狄德罗说:

> 我看见一切物体都在作用与反作用之中,都在一种形式之下破坏;都在另一种形式之下重新组合;我看见各种各类的升华、分解、化合,各种与物质的同质性不相容的现象;我由此得出结论:认为物质是异质的;认为自然中有无数不同的元素存在;认为其中的每一个元素都因其不同之点而有其天赋的、不变的、永恒的、不可毁灭的特殊的力。③

狄德罗在这里实际上是对机械唯物主义把物质看作是同质的、没有相互作用和自身运动的错误观点的批判。

狄德罗还探讨了运动量的守恒与转化、能量和质量之间的辩证关系。他提出了运动量守恒的思想。"力的量在自然中是守恒的;但是激动的总和与移动的总和是可变的。激动的总和越大,移动的总和就越小;反过来,移动的总和越大,激动的总和就越小。"④总量的守恒与具体量的互相转化是一种辩证的统一。另外,狄德罗还反对把能量和质量混为一谈,认为能量和质量不是一种正比关系。"可以有大的质量和小的活动。可以有小的质量和大的活动。一个空气分子便使一块钢爆裂。四颗炸药便足以分开一块

---

①　《狄德罗选集》,江天骥、陈修斋、王太庆译,北京:商务印书馆 1983 年版,第 113 页。
②　同上书,第 146 页。
③　同上书,第 117 页。
④　同上书,第 115 页。

岩石。"①狄德罗没有提出 19 世纪才出现的"能量守恒与转化定律",也未能像爱因斯坦(Albert Einstein,1879—1955)那样揭示出能量与质量和运动速度之间的辩证关系($E = MC^2$),但他在 18 世纪能作出这样的科学论断,这确实显示出了他超越时代的科学天才。

三、进 化 论

把反对机械论、主张世界的普遍联系和相互作用的思想贯彻到生物学领域,狄德罗提出了生物进化论的思想。这也是辩证法的具体体现。对狄德罗进化论思想的形成有直接影响的是毕丰和莫泊都依。生物学家、皇家植物园园长毕丰提出了有机自然论,将自然看作是一个有机联系的整体,一切物种之间都是可以相互转变和演变的,动物和植物之间也没有硬性的界限。莫泊都依,是法国著名的数学家、天文学家,曾任柏林科学院院长。1751 年他用拉丁文出版了《论宇宙自然体系》(*Essai de Cosmologie：Système de la Nature*,*Response aux Objections de M.Diderot*)一书,在该书中他发展了莱布尼茨关于自然的同一性、连续性的存在物的联系的思想。狄德罗接受了莫泊都依关于自然的基本见解。也许是狄德罗通过莫泊都依而继承了莱布尼茨单子论中的一些合理思想,在狄德罗的进化论中我们可以明显地看出单子具有感受性,不同等级的单子构成了一个从低到高的连续系列等理论的痕迹,只是狄德罗将单子赋予了唯物主义的物质内容。

狄德罗具体地说明了从只有迟钝感受性的大理石雕像过渡到有感觉有思想的人的过程。大理石雕像是无机物,只有迟钝的感受性;将它捣成极细的粉末,与粪土或腐殖土和匀,浇上水,让它腐烂上百年。再在这些粪土里种上各种豆类或蔬菜,它们从土壤吸取营养。人吃了豆类和蔬菜就可以长肌肉、产生思想。这个从大理石到粪土、从粪土到植物界、从植物界到动物界、从肉体到思想,这虽然是一个漫长的过程,但是它说明了物质进化的可能性。狄德罗的这个例子虽然具有朴素和直观特征,不是一种科学的说明,但是他向我们表明了物质世界是一个进化发展的过程。

没有感觉的鸡蛋,经过在一定温度下的孵化,就过渡到有感觉性的生命,最后变成一个活蹦乱跳、有感情的小动物,这是一个从迟钝的感受性向活跃的感受性的进化过程。人从散布在父亲和母亲血液和淋巴液里的更小的分子转变成一束细丝;细丝的每一个尖儿都仅仅靠着营养作用和形成作用,转化成一个特殊的器官;不同的感官能接受不同的刺激而形成不同的感

---

① 《狄德罗选集》,江天骥、陈修斋、王太庆译,北京:商务印书馆 1983 年版,第 116 页。

觉,直至产生记忆、自我意识和有限的理智。这也是一个从迟钝的感受性向活跃的感受性进化的过程。世界上的一切事物都有一个产生、发展和死亡的过程。

狄德罗还认为生物进化中也存在着矛盾运动。首先,在生命运动中存在着作用和反作用的矛盾。他说:

> 生命是什么呢?……生命,就是一连串的作用与反作用。……我活着,就以块体的方式作用与反作用。我死了,就以分子的方式作用与反作用……那么我就根本不死了?……不死,当然不死,在这个意义之下我根本就不死,不但是我,无论什么东西都不死。……诞生,生活,死去,乃是形式的变换。①

在狄德罗看来,矛盾的存在和运动是绝对的,矛盾永远不会消灭,只会转换形式,在生命运动中也是一样。"通常的作用与反作用……这种带有特殊性质的作用与反作用……合起来于是产生一种仅仅存在于动物中的统一"。② 尽管狄德罗不懂得新陈代谢、同化和异化是生物界的特殊矛盾,而是简单地将机械运动形式中的矛盾套到生物运动形式中来,使其理论具有机械论的特征,但是他却敏锐地把握到了生命的运动是对立面的相互作用与统一,这确实是天才的和辩证的。

其次,狄德罗还看到了在生物中存在着遗传和变异的矛盾。狄德罗特别强调遗传因素的重要性,他认为人的生理结构和遗传因素对人的精神和社会道德的影响,以此来批判爱尔维修片面强调教育、法律等环境因素的观点。由于科学水平的限制使狄德罗不可能发现基因和 DNA 等遗传物质,但是他把"有生命的活的细丝束"当作遗传的物质基础,认为"丝束构成一切动物种类之间的最初根本差异"。③ 这种决定遗传特征、有生命的细丝束和今天发现的有双链螺旋结构的 DNA 又何其相似。另外,生物有遗传还有变异:"一个物种的丝束的那些变异,造成这个物种的一切千奇百怪的变种"④。对于这个细丝束的任何干扰和破坏都会造成畸形和"怪物"。可见"怪物"也不怪,它是遗传和变异过程中出现的必然现象。因此可以说"男

---

① 《狄德罗选集》,江天骥、陈修斋、王太庆译,北京:商务印书馆 1983 年版,第 154 页。
② 同上书,第 140 页。
③ 同上书,第 164 页。
④ 同上。

人也许只是女人的怪物,或者女人只是男人的怪物"①。男人和女人在本质上是共同的,男人的各种器官女人也一一具备,只是细丝束上的差异造成了性别的特征、结构的差异。此外,生物的变异还可以表现为"返祖现象"。一般说来,人的遗传"将会遵循着一般的结构,不过他的孙子的孙子们中间的某一个,在一百年之后(因为这些反常的性质是跳跃着遗传的),会恢复他的祖宗的这种奇怪结构的"②。狄德罗把"返祖现象"看作是遗传和变异这对矛盾作用的结果,是一种正常的现象。在生物学还处在孩提时代的时候,狄德罗能对遗传和变异作出如此精辟的论述,真让人叹为观止。

最后,狄德罗认为在生物中存在着生存竞争、优胜劣汰。他认为在各种生物中间存在着"自然淘汰",那些太异常的怪物和太矛盾的生物,生活中的弱者,将在竞争中被无情地淘汰掉。只有强者才能生存下来,"世界是强者的家"③。

狄德罗早在拉马克(Jean-Baptiste de Monet, Chevalier de Lamarck, 1744—1829)之前就提出了关于"获得性遗传"的假设,认为器官产生了需要,反过来,需要也可以产生器官、改造器官。因此,把狄德罗当作拉马克和达尔文等进化论者的思想先驱是当之无愧的。

狄德罗用进化论的思想反对当时盛行的"预成论"(Preformation)。预成论是一种形而上学的观点,它将一切事物都看成是一成不变的,假定动物原来就是它现在这样,似乎一切都是由完全相似的预先存在的种子产生的,各种成熟的器官早已以压缩的形式存在于胚胎之中,个体的生长发育只是纯粹量的增长过程。狄德罗认为预成论的观点既违背经验又违反理性,因为经验不能使我们在卵和未达一定年限的动物里找到预先存在的种子,理性也不能设想一个完全成形的大象在一个原子里。如果坚持预成论的观点,把一切生物都看成是一成不变的,必将陷入是鸡生蛋还是蛋生鸡的恶性矛盾中去。狄德罗主张,"在一个关于动物最初形成的问题中,把注意力与思想固定在已经形成的动物上面开始得太晚了一点;我们应该要上溯到它的最初根苗"④。狄德罗要说明自然中的一切都生灭不已、发展变化的物种也一样。在自然中没有一成不变,也没有完全的重复,"一个人如果假定一

---

① 《狄德罗选集》,江天骥、陈修斋、王太庆译,北京:商务印书馆1983年版,第164页。
② 同上书,第163页。
③ 狄德罗:《生理学基础》,《狄德罗全集》(*Oeuvres Complètes de Diderot*),阿赛札(J. Assézat)版,第9卷,第428页。
④ 《狄德罗选集》,江天骥、陈修斋、王太庆译,北京:商务印书馆1983年版,第161页。

种新的现象或者恢复过去的一刹那,就是重新创造一个新的世界"①。由此可见,狄德罗的进化论是他辩证法学说中的一个有机组成部分,它是对客观物质世界辩证发展的具体说明。

四、观察、思考和实验

在认识论和方法论方面,狄德罗继承和发展了英国哲学家培根和洛克的唯物主义经验论。

首先,狄德罗坚持感官是观念的来源、感觉是对外部世界的反映的唯物论原则,反对贝克莱的主观唯心主义。外部对象作用于感官,使我们形成了感觉、记忆和理智的注意力,在我们心灵中形成了观念,而且观念是相互联系的,一个观念可以唤醒另一个观念,在此基础上形成了人的认识和思维活动。狄德罗特别强调我们的认识是对于客观世界的反映,他和洛克一样,将外部感觉和内部感觉作为我们观念的来源。认识的先决条件就是承认客观世界的存在和对我们的作用。他把贝克莱否认感觉是对外部物质世界的反映的唯心主义比作是"一架发疯的钢琴,因为它不要人弹奏会自己响","在一个发疯的时刻,有感觉的钢琴曾以为自己是世界上存在的唯一钢琴,宇宙的全部和谐都发生在它身上。"②狄德罗认为,认识不能是主观自生的,钢琴没有弹它就不会自己响。

列宁曾经说过,贝克莱和狄德罗二人的哲学都来源于洛克,他们都承认感觉经验是我们认识的来源,在这一点上是共同的。但他们的差异则存在于下面这个进一步的追问之中:感觉经验是否是对于客观物质世界的反映?贝克莱的回答是否定的,他把感觉经验看作是主观自生的,不反映外界的任何东西,甚至外界事物是我们感觉的集合。因而走向了主观唯心主义。③

狄德罗认为几何学不能帮助发现真理,它的发展将受其方法的局限,科学的发展必然引进实验的方法。他预见到"我们正接触到科学上一个大革命的阶段。由于我觉得人心似乎都倾向于道德学,文艺,博物,及实验物理学,我几乎敢于断定,不用再过一百年,在欧洲数不出三个大几何学家"④。狄德罗的这一预言说明狄德罗在当时已经敏锐地觉察到新的科学革命的到来,数学、几何学已经丧失了科学霸主的地位,它将被各种实验科学的繁荣取而代之。

---

① 《狄德罗选集》,江天骥、陈修斋、王太庆译,北京:商务印书馆1983年版,第126页。
② 同上书,第133页。
③ 参见列宁:《唯物主义和经验批判主义》,北京:人民出版社2015年版。
④ 《狄德罗选集》,江天骥、陈修斋、王太庆译,北京:商务印书馆1983年版,第55页。

狄德罗强调哲学和科学的实际效用,要使它们服务于人民,从而获得人民对于哲学和科学的尊重。"要使哲学在俗人眼中成为真正可尊重的,只有一个唯一的方法;这就是为他指出哲学伴随着效用。"①狄德罗和培根、笛卡尔这些近代哲学的先行者一样,不再将哲学看作是一门为了知而求知的独立的、自由的学问,而是为人类谋幸福的一种手段。这体现了资产阶级哲学家一种要改造社会的积极的入世精神。

狄德罗将哲学和哲学家分为两种,一种是实验的哲学,一种是理性的哲学。实验哲学家有很多的仪器而很少观念,他们毕生从事于聚集材料,是劳苦的工匠。理性哲学家有很多观念而根本没有仪器,他们是骄傲的建筑师,专门忙于让别人动手操作。实验哲学注重搜集新的事实;理性哲学则注重对照、比较和联系。

> 实验的哲学既不知道从它的工作中什么东西将要出来,也不知道什么东西将不会出来;但它总是毫不懈怠地工作着。反之,理性的哲学权衡着各种可能性,一作出宣告就立刻停止了。②

因而,以上两种哲学都是片面的,需要的是将二者结合起来,要让经验和理性联姻。理论和实践应相互结合而不可偏废或扬此抑彼。"完全没有理论而要想大大推进实践,或者相反,完全没有实践而要想成为理论大师,这如果不是全无可能的话,至少也是非常困难的。"③哲学家既不能是蚂蚁,也不能是蜘蛛,而应该是蜜蜂。"一切都归结到从感觉回到思考,又从思考回到感觉:不停地重新进入自己里面去,又从里面出来,这是一种蜜蜂的工作。"④读到这里,我们犹如正在阅读培根的著名《新工具》(*Novum organum*,1620)。

狄德罗比培根前进了一步,提出了观察、思考和实验三者结合的方法。他的名言是:

> 我们有三种主要的方法:对自然的观察、思考和实验。观察搜集事实;思考把它们组合起来;实验则证实组合的结果。对自然的观察应该

① 《狄德罗选集》,江天骥、陈修斋、王太庆译,北京:商务印书馆1983年版,第64页。
② 同上书,第65—66页。
③ 《丹尼·狄德罗的〈百科全书〉》,梁从诚译,辽宁:人民出版社1992年版,第118—119页。
④ 《狄德罗选集》,江天骥、陈修斋、王太庆译,北京:商务印书馆1983年版,第58页。

是专注的,思考应该是深刻的,实验应该是精确的。①

这三种方法应该结合起来达到一种有机的统一。只有将经验和理性结合起来才能形成正确的认识,同时认识最终还需要接受实验的证实和检验。狄德罗虽未能提出实践是检验真理的标准,但将实验作为检验认识正确与否的重要手段,这在人类认识史上是一大进步。

实验如何检验认识的正确性呢? 狄德罗认为,实验在一定的时间内,由于方法和其他条件的限制,它不足以证实或否证某一理论系统。一个理论系统在未经证实之前,似乎是假的,但我们不要轻易地放弃它。同样,我们也不能固执已见,要让我们的理论随时接受新的实验的检验。试验必须是多次的、反复的,一次实验不足以证实或反驳一个理论体系。即使有些理论系统是由一些空泛的观念、轻率的猜想、骗人的模拟和幻想组成的,"在没有先经过反证以前,也不应该放弃任何一个"②。真理和错误常常是不可分的两极。实验有时不能帮助我们发现我们要找的东西,但常会使我们得到许多重要的、始料未及的发现。"用来探访自然的时间是从不会完全白费的"③,其次,"有一些骗人的现象,第一眼看起来,似乎是推翻了一个系统,而经过更多的认识以后,结果是证实了这个系统"④。这就是说,我们不要被表面现象所迷惑,要善于对实验的结果进行分析,把原因和结果区别开来,把一个很复杂的现象还原为单纯的现象,或者以某种新实验来弄明白这些原因的复杂性。最后,"必须让实验有它的自由;如果只是显示它能证明的方面而掩盖起它抵触的方面,那就是把它当俘虏了"⑤。实验既有证实的功能,也有证伪的功能,它可以证实一个理论系统,也可以推翻一个理论系统。因而我们对待实验的态度应该客观公正,不应该报喜不报忧,为我所用,否则它就失去了检验真理的作用。

狄德罗的自然哲学代表了18世纪唯物主义哲学的最高水平,他已经开始脱离了17、18世纪的机械唯物论而走向辩证法。但是他并没有达到辩证唯物主义的水平,在他的理论中仍然具有朴素唯物主义和机械论的特征,未能提出系统、科学的辩证法的规律和范畴。但毫无疑问,他的辩证法思想为德国古典哲学中的唯心主义辩证法和马克思主义哲学中唯物辩证法的诞

---

① 《狄德罗选集》,江天骥、陈修斋、王太庆译,北京:商务印书馆1983年版,第62页。
② 同上书,第87页。
③ 同上。
④ 同上书,第90页。
⑤ 同上书,第90—91页。

生,提供了直接的思想来源。

拓 展 阅 读

一、必读书目

1.《十八世纪法国哲学》,北京大学哲学系编译,北京:商务印书馆 1963 年版。

2.拉美特里:《人是机器》,顾寿观译,北京:商务印书馆 1959 年版。

3.霍尔巴赫:《自然的体系》上册,管士滨译,北京:商务印书馆 1964 年版。

4.霍尔巴赫:《自然的体系》下册,管士滨译,北京:商务印书馆 1977 年版。

5.霍尔巴赫:《健全的思想》,王荫庭译,北京:商务印书馆 1985 年版。

6.霍尔巴赫:《袖珍神学》,单志澄、周以宁译,北京:商务印书馆 1983 年版。

7.《狄德罗选集》,江天骥、陈修斋、王太庆译,北京:商务印书馆 1983 年版。

8.[法]亨利·勒费弗尔:《狄德罗的思想和著作》,北京:商务印书馆 1985 年版。

二、参考书目

1.《丹尼·狄德罗的〈百科全书〉》,梁从诚译,沈阳:辽宁人民出版社 1992 年版。

2.[法]安德烈·比利:《狄德罗传》,张本译、管震湖校,北京:商务印书馆 1984 年版。

3.列宁:《唯物主义和经验批判主义》,北京:人民出版社 2015 年版。

第四章 意大利启蒙哲学家维柯

丁　耘

我们的新科学必须演证天意在历史中所塑造的东西,因为它必须成为这样一种制度史,天意通过这种制度,无须人类的辨识与意见,甚至经常与人类的谋划相反,宰制着人类的伟大城邦。因为,虽然这个世界是在时间中被创造出来的,并且是特殊的,但天意在其中建立的诸制度却是普遍的、永恒的。

——维柯:《新科学》

立法者就人的实然看人,这是为了将人转变到能在人类社会中发挥好作用。

——维柯:《新科学》

维柯是启蒙运动时期意大利杰出的学者,是从近代形而上学向古典实践哲学反转的关键性人物。但是,维柯曾经是个比较边缘化的人物,他的著作反响平平并且屡遭误解。与生前的寂寞潦倒相比,维柯身后的声名鹊起、影响久而弥远,多少有些让人惊讶。从根本上说,引导维柯整个思想兴趣的完全不是笛卡尔以降的近(现)代形而上学问题(知识的确定性、主体与客体的关系等)。这并不意味着,维柯是一个脱离自己时代的学究式人物。恰恰相反,维柯之所以没有被 17 世纪形而上学乃至整个近(现)代哲学的问题意识所支配,这正是因为他深切了解并彻底估量了文艺复兴以来的新时代的基本问题意识。这个问题意识的实质就是现代性。历史神话始于人的畏惧之情,终于超越人之意图的历史规律。通过历史论证天意,通过天意论证律法,这就是"新科学"的全部意图。

在此,我们应注意如下两大问题:一是注意从维柯的精神脉络与思想历程中考察他的问题意识。二是应将维柯"新科学"观念的产生与演变当作一个主要线索,以此揭示出维柯基本学说中引人注目的大变化。

问题意识;新科学;立法智慧;历史哲学;政治哲学

在哲学史中,那不勒斯的詹巴蒂斯塔·维柯(Giambattista Vico,1668—1744)曾经是个比较边缘化的人物。这首先是因为,在维柯生活的时代,意大利已不再是欧洲学术思想的中心,以至于维柯从事学术研究的主要动机就是为祖国重新赢得文艺复兴之后逐渐失去的荣誉。[①] 另一方面,更重要的原因在于,维柯并未像17、18世纪的那些天才一样,生前就已作为必定跻身不朽的大人物名满天下。他的著作反响平平并且屡遭误解。与生前的寂寞潦倒相比,维柯身后的声名鹊起、影响久而弥远,多少有些让人惊讶。思想史的通行解释是"维柯远远超越了他的时代以致很少产生直接影响"[②]。因此有学者认为,超越了时代的维柯代表了对现代性的反省,是所谓"启蒙的批评者"。[③] 而来自其祖国的专家则认为,维柯实际上在自己的时代里浸淫很深,足以代表意大利人对启蒙运动的重要贡献。[④] 这两种看法都有根据,也各有说明不了的问题。为了比较恰当地把握维柯在思想史中形象的变化,应当首先对维柯神话的发生史做一概观。

维柯对思想史的影响——这里指有文献可稽的明确影响——大致可分为五个阶段:

首先是18世纪晚期,其母邦那不勒斯的一批法律改革者开始注意并运用维柯关于法律演化的研究,以呼应法国大革命。随着他们的流亡,维柯的著作也开始传往巴黎等地。同时,保守的德国历史法学派也将维柯视为先驱。这个阶段对维柯发生的兴趣基本集中在法律及政治方面。与他的同代人孟德斯鸠类似,维柯的援引者既有激进派也有保守派。所不同的是,维柯的影响很快越出了法律与政治领域。

19世纪前期,维柯开始在语文学领域,也就是诗学、史学以及古典学方面发挥持续影响。这个阶段受维柯著作影响较大的有德国古典学家沃尔夫(F.A.Wolf,1759—1824)与尼布尔(B.G.Niebuhr,1776—1831)、英国史学家麦考莱(Macaulay)、英国诗人与文艺理论家柯勒律治(S.T.Coleridge,1772—1834)和法国史学家米什莱(J.Michelet,1798—1874)。其中米什莱为建立维柯神话起了关键作用。他视维柯为"伟人"、"先知",亲自翻译他的著作,甚至自称为维柯之裔。值得一提的是,在这个阶段的德国,哈曼(J.G.Ha-

① 参见《维柯自传·乙编》,见维柯:《新科学》,朱光潜译,北京:人民文学出版社1986年版,第657页。

② Burke,P.,*Vico*,Oxford University Press,1985,p.1.

③ Berlin,I.,*Vico and Herder*,the Viking Press,1976;该书中所有论文又被收入其著作,*Three Critics of the Enlightenment*,Princeton University Press,2000。

④ 参见科斯塔为《维柯著作选》所作的中译本序;庞帕编:《维柯著作选》,北京:商务印书馆1997年版,第3、7页。

mann,1730—1788)与赫尔德(J.G.Herder,1744—1803)都研究过维柯。这两位思想家对启蒙运动的反省与维柯相当接近,虽然他们都没有注意到这点。

在第三个阶段,也就是19世纪后期,维柯开始在社会思想领域产生影响,实证主义与马克思主义赞扬维柯的不同方面。前者对维柯有关法律演化的研究感兴趣,而后者则重视维柯关于社会冲突、阶级斗争的学说。正是卡尔·马克思本人评论说,《新科学》有不少"天才的闪光"。

19世纪末以来,维柯的影响最终进入哲学领域,且拥有了"近代历史哲学奠基人"、"历史主义先驱"的形象。由于狄尔泰、克罗齐、科林伍德乃至洛维特等一系列重要历史哲学家的不断解释、发挥与鼓吹,维柯的这个面目逐渐固定下来,成为思想史研究中最流行的意见之一。① 迄今为止,这个意见仍是通行的哲学史关于维柯的权威结论。②

20世纪中叶以降,维柯研究的若干变化也不应被忽视,可以说正是这些变化构成了维柯影响史方兴未艾的第五阶段。其中,思想史方面比较引人注目的是以赛亚·柏林对维柯的文化政治学解释。③ 柏林把维柯置于"启蒙与反启蒙"这一思想史情境下,试图从更开阔的视角赋予维柯活生生的当前效果。同时也有从政治思想史的脉络把握维柯的尝试。④ 另一方面,与思想史研究的变化相平行,维柯专家们的焦点也有从《新科学》转向其他论著的迹象。意大利以外各国对维柯另一部主要著作《普世法权》的翻译、评注与研究更是20世纪80年代以来维柯研究的重点。⑤ 总的来看,专家们的这些研究尚不足以改写思想史关于维柯的定论。实际上,维柯专家们的流行兴趣仍然被思想史中的流行意见引导着。⑥ 至于柏林与施特劳斯的解释视角,虽颇有从历史哲学转向政治哲学之意,但都不够彻底,都没

---

① 以上综述可以参见 P. Burke, *Vico*, Oxford University Press, 1985, pp. 3 - 7; Croce, *The Philosophy of Giambattista Vico*, New York, Russell & Russell, 1964. 该书题献给文德尔班,由科林伍德英译。又见科林伍德:《历史的观念》,北京:中国社会科学出版社1986年版,第72页以下;洛维特:《世界历史与救赎历史》,北京:三联书店1997年版,第135页以下。

② 例如可以参见文德尔班:《哲学史教程》下卷,北京:商务印书馆1993年版,第720—721页。

③ 参见 Berlin, I., *Vico and Herder*, the Viking Press, 1976。

④ 参见 Strauss, L., *Vico: a course in the Autumn Quarter*, 1963 in the Department of Political Science the University of Chicago,打印稿。

⑤ Vico, *Universal Right*(下文简称为 U. R.), Amsterdam-Atlanta GA 2000,英译者之导言,p. xiv, ff。

⑥ 例如参见 *Vico and Contemporary Thought*, edited by Giorgio Tagliacozzo, etc, New School for Social Research, 1976。

有在较全面的研究基础上深究维柯的根本意图,因此只能算思想史家中持论不力、意见不一的少数派。

以上的回顾与其说是解决,不如说是展示了维柯研究中的诸多疑问:为什么这个人能够于其身后的各个时代,在相当不同的多种学科,被差别很大甚至截然对立的思潮引为灵感的来源?这个被其同代人讥为"晦涩、玄想、古怪甚或半疯"的作者究竟应当如何归类?他那些论题开阔、旁征博引、内容庞杂的著作究竟想说些什么?要回答这些疑问,必须首先探究维柯的问题意识。200年来的研究史给出了纠缠着维柯的不同论题,于是我们有了法学、文学、史学、社会学、历史哲学或者政治哲学的许多维柯。不可否认维柯确实同时涉及了这些领域,但或许这正说明不能用其中的任何一个框住他。这些学科无非向维柯提供了解决唯一问题的众多工具。这些工具的目的是什么?各门学科围绕着的共同问题是什么?诗?史?还是政治、法律?我们首先应该从维柯的精神脉络与思想历程中考察他的问题意识。

第一节　维柯的思想历程与问题意识

詹巴蒂斯塔·维柯生于那不勒斯的一个书商家庭。幼年即表现出博闻强记、才思敏捷的特点,性情则偏向忧郁暴躁。早年所受教育不很系统,但维柯通过刻苦自学,对文艺复兴以来以语文学为中心的人文课程,以及以逻辑学为中心的经院课程全都相当熟悉。维柯早年对于古今诸学科的广泛涉猎使他养成了一种相当难得的开阔视野。当他试图集中思索一个问题时,这种博学并未造成妨碍,反倒提供了帮助——使他在相当大的程度上摆脱时代成见或学科成见的束缚。作为一个意大利人,维柯的教养仍然保留了几分文艺复兴时期的特点,尤其值得注意的是他没有17、18世纪哲人在学习年代容易滋生的一种习气:对古典文化或者经院哲学的整体轻视。

维柯具有强烈的自学兴趣与广泛的阅读范围,这导致他度过了相当漫长的学习时期。实际上,在1719年准备撰写真正的鸿篇巨制之前,维柯的研究兴趣经常随着阅读上的新发现不断转变。研究旨趣与学习内容的复杂互动是维柯形成问题意识、探索研究方法的主要原因。对此最清楚的是维柯本人,他思想成熟之后撰写的《自传》就是这种自觉的见证。

在维柯的自学生涯中,真正具有挑战性的起点是对经院派形而上学特别是对苏亚雷兹的阅读;而他不断转换的研究兴趣的开端则是民法与教会法及有关的神学。① 维柯在自己漫长多变的研读生涯中不断回到形而上学与法学这两大主题。对罗马法注释家的揣摩尤其"预兆到维柯的一切研究都在探求普遍法权的一些原理"。② 事实上,仅当意识到可以把形而上学(神学)与法学以一种前所未有的方式统一在一门"新科学"中,维柯才真正开始赢得思想史上的一席之地。

应该指出,维柯曾经对诗艺产生过短暂的、过渡性的兴趣。诗艺本身从来不是维柯的目的,它毋宁只是产生了两个重要的结果,一是引起维柯对拉丁语的长久热爱与考察,同时培养了他对语词意蕴的敏感;另一则是促使他研究古代诗学的背景——古希腊伦理学说。后者使维柯认识到了罗马法学与希腊政治哲学的差别,正义之技艺与正义之科学的差别。这个认识正是"新科学"赖以建立的基础。

这些促使维柯回过头来比较全面地研究希腊理论哲学,也就是形而上学与自然哲学。他就这样找到了自己的第一导师。这是维柯的柏拉图时代,他以对照的方式从不同方面确立了柏拉图的权威。他让柏拉图在形而上学与自然哲学方面与古今各派轮番比较,进而借此断定实践哲学(伦理学与政治学)上的优劣。

维柯认为,亚里士多德的形而上学不可避免地假设独立在理念之外的质料,这样亚氏的形而上学便是物理学化的。相反,柏拉图的物理学——以《蒂迈欧篇》(*Timaeus*)为代表——倒是形而上学化的,"永恒理念从它本身伸展和创造出一切质料",于是柏拉图就能够"创建出一种以理念起建筑作用、以德性与正义为基础的伦理哲学"。③ 对维柯而言,柏拉图是"政治哲人"④,所有的形而上学或自然哲学的沉思之所以值得赞赏,乃因可以为政治哲学或伦理哲学提供更合适的基础。柏拉图的形而上学终于让维柯找到了自己的基本问题:"要思索出一种应为一切城邦都按照天意或神旨来共同遵守的理想的永恒律法。此后一切时代、一切民族的一切政体都是由这种理想来创造的。"另一方面,斯多亚派和伊壁鸠鲁派都是在倡导"孤独汉们的伦理哲学",因此同样无法充当作为城邦动物的人的政体安排的基础。不要忽略,修辞学教授维柯对古典哲学的检讨同时也不无当代意涵。对亚

---

① 参见《维柯自传》(下文简称《自传》),见维柯:《新科学》,朱光潜译,北京:人民文学出版社1986年版,第615—617页。

② 同上书,第617页。

③ 参见上书,第621页。

④ Vico,*The New Science of Giambattista Vico*(即第三版《新科学》,下文简称N.S.),Cornell University Press,1970,p.130。

里士多德的批评也许对托马斯一样适用——维柯对托马斯的一贯沉默与他
对亚里士多德的不断批评同样非常引人注目——而斯多亚派和伊壁鸠鲁派
则是从马基雅维利到维柯之间的所有主要政治哲学家——霍布斯、斯宾诺
莎、洛克等等的思想源泉。对此,维柯倒从不讳言。

　　在近代哲学家中,维柯批评最多的是笛卡尔,这当然与后者在近代哲学
中所起的奠基性作用有关。可以说,批评笛卡尔就是批评近(现)代形而上
学与自然哲学。这就为维柯在伦理与政治领域内对近代哲学发动更猛烈的
攻击做了最好的准备。笛卡尔体系假设了心灵与物质二元实体的平行,论
证了两种实体在上帝那里的最终统一。这样的体系很好地调和了科学(物
质)、宗教(上帝)与形而上学(心灵),因此一方面受到方兴未艾的近代物理
学的欢迎,另一方面也迎合了宗教神学的需要,乃至风靡一时,有在僧俗两
界全面取代亚里士多德之势。出于同样原因,笛卡尔的批评者基本集中物
理学、形而上学与宗教神学三方面。只有维柯,这位"现代的古代人"敏锐
地看到了笛卡尔哲学的最大问题并不在于理论哲学,而在于实践哲学;并不
在于自然哲学本身,而在于政治哲学;并不在于修正,而是矮化了毕竟是古
人的亚里士多德。笛卡尔将使古人谨慎对待的道德哲学或者说实践哲学不
复可能。就其物理学把物质实体最终归于偶然而非神意而言,笛卡尔的错
误与伊壁鸠鲁如出一辙,比亚里士多德更甚。维柯在此物理学问题上发言
的动机仍然是政治哲学的,正如思想史家指出的,赋予自然目的或神意,正
是古人立法的第一前提。① 自然哲学与立法智慧的关系问题实际上汇集了
维柯政治哲学的所有秘密。维柯对笛卡尔的批判是苏格拉底对阿那克萨戈
拉的批判②,是政治哲学对自然哲学的批判。正如维柯所云,对笛卡尔以及
诸如此类自然哲人的阅读只不过让他"对柏拉图的信心更加坚定"③。

　　维柯对柏拉图的态度是颇堪玩味的。他固然继承了文艺复兴时期意大
利思想家所谓"柏拉图复兴"的余绪,但与那些津津乐道柏拉图自然哲学的
前人相比,维柯明确而又不引人注目地称柏拉图为"政治哲人"。在表述上
他对柏拉图的评价有过反复。④ 出现批评的地方无非总是两个理由:要么

① 参见施特劳斯:《自然正当与历史》,北京:三联书店2003年版,第8页。维柯对物理学本
　　身毫无兴趣可言,"因为它对于研究人的哲学毫不相干,而维柯所关心的主要是对罗马法
　　的研究"《维柯自传》,见维柯:《新科学》,朱光潜译,北京:人民文学出版社1986年版,第
　　628页。
② 参见柏拉图:《斐多》98c—e。
③ 《维柯自传》,见维柯:《新科学》,朱光潜译,北京:人民文学出版社1986年版,第631页。
④ 参见 U.R.,p.311、316;Vico,*the First New Science*(即第一版《新科学》,下文简称 N.S.I),
　　Cambridge University Press,2002,pp.12–13,p.12f;N.S.,p.130。

由于柏拉图毕竟没有直接表达天主教教义;要么由于柏拉图过于重视哲学而在立法时忽略了众人的质料毕竟不同。但无论如何,柏拉图是维柯的第一导师,或者说,第一"作者"(author)。他在《自传》中从未给予其他导师那么长的篇幅。

维柯的第二导师是政治史家塔西陀,柏拉图被批评之处也正是塔西陀被赞扬之处:"维柯敬仰柏拉图作为隐微智慧(esoteric wisdom)的代表,敬仰塔西陀作为庸常智慧(vulgar wisdom)的代表。"[①]"这两人都凭一种高明无比的形而上学智慧,柏拉图按应有的样子看人,而塔西陀按实际的样子看人。"[②]由于这话的口气很像马基雅维利,故有的政治哲学教师认为,维柯用塔西陀之名指的正是这位意大利先哲。[③]不论这个判断是否准确,至少可以断定,维柯非但懂得如何"按实际的样子看人",而且知道这对于"新科学"多么重要。因为按照那位佛罗伦萨人的看法,只有现代的、新的政治理论才以实际而非梦想的人与政体为基础。维柯提出塔西陀来,也许是想提醒马基雅维利,古人并非不懂得按实际的样子看人,否则何来那么多政治史家呢?塔西陀代表的"庸常智慧"正是"新科学"所研究的立法者之智慧。也就是说,维柯对塔西陀的尊崇表明,研究立法决不可能绕开史学。

在古代的两位导师那里,哲学的隐微智慧与史学的庸常智慧是分开的。但现代的两位导师弥合了这一鸿沟。弗朗西斯·培根的出现直接开启了维柯通向新科学的道路。正如尊崇柏拉图意味着反对亚里士多德,尊崇塔西陀意味着补充柏拉图,提出培根在相当大的程度上是针对笛卡尔的。培根对理论与实践诸学科的一视同仁给维柯留下了深刻印象,以致他用不无夸张的口吻赞扬前者道:"培根以一人而兼备无与伦比的庸常智慧与隐微智慧,在理论与实践方面都是一个完人……"[④]这样的描述是否过誉无关紧要,关键是维柯通过培根领会到"既要有柏拉图那样的隐微智慧,又要有塔西陀那样的庸常智慧,才可以造就真正的哲人"[⑤]。也就是说,维柯此时已经意识到,"真正的哲人"必须懂得将哲学的隐微与史学的俗白结合起来。"新科学"——这个名称对应着培根的"新工具"——就是从这个意识开始的。对于培根的研究直接导致了维柯在1699—1708年的七次大学入学演

---

①　《维柯自传》,见维柯:《新科学》,朱光潜译,北京:人民文学出版社1986年版,第638页。

②　同上书,第637页。

③　参见 Strauss, L., *Vico: A Course in the Autumn Quarter*, 1963 in the Department of Political Science the University of Chicago, Lecture Ⅱ, p.4,打印稿。

④　《维柯自传》,见维柯:《新科学》,朱光潜译,北京:人民文学出版社1986年版,第639页。

⑤　同上。

讲。其最后一讲(《论我们时代的研究方法》)交代了方法论中的古今之争,剖析了以笛卡尔为代表的现代哲学方法的缺陷。正是这篇体现方法论自觉的作品标志着维柯前期思想的完成。基于这种自觉,维柯试图通过对拉丁语源的阐发找寻与笛卡尔体系大不相同的古代形而上学。这种形而上学探索得到了若干发人深省的结果,但就总体而言并未完成——纯粹的形而上学家毕竟缺乏足够的"庸常智慧",因此并算不上"真正的哲人"。培根本人的构想还是停留在方法论的预备阶段,维柯尚需一个范例来展示如何真正地结合两种智慧。与格劳修斯著作的遭遇让他找到了这个范例。

出于某种原因,维柯对法学怀有一贯的兴趣。在这个问题上,只有格劳修斯这位迟来的最后导师展示了如何用一种普遍法施于一切民族,用一种体系来包罗全部哲学与语文学。维柯通过评注《战争与和平法》熟悉了格劳修斯方法的精要,并最终确定了自己的问题意识:"维柯就想用他的知识来为天主教服务。维柯终于察觉到在知识界以往还没有构成一种体系既能使最高明的柏拉图哲学服从基督教信仰,又能与一种语文学和谐一致,这种语文学有两个分支,或两种历史,一是语词本身的历史,一是相关事物的历史,用有关的事物历史来证明语词历史之确切,来使学院哲人们的箴规能和政治哲人们的实践办法协调一致。"①这段回顾是理解维柯问题意识的关键:即结合哲学与语文学——也就是史学,语词的与制度的史学——来解释宗教律法与世俗法律。柏拉图哲学的隐微智慧必须包藏在塔西陀史学的庸常智慧之下。除此而外,是无法"为天主教服务"的。通过这种服务让柏拉图哲学"服从基督教信仰",就是"政治哲人们的实践办法"。哲学实践即服从宗教,懂得服从宗教即政治哲学。为什么维柯身处启蒙时代还要搞这些蒙昧主义把戏?因为"人大多是愚者,并不受理性支配,而受任性与命运支配……不发展常识,满足于单一真理而不追求或然性,那么就根本不会考虑人们对真理的共同感受如何,也不考虑这些或然性是否在人们看起来是真实的。这可是个绝大的错误……'君主们不仅应当保证事情合乎真理与正义,而且还要保证它们看上去如此'……罗马人特别擅长处理实践智慧方面的事务,他们恰到好处地关心事情看上去如何。"②人之愚弱无法追求真理而只能接受意见,这就是哲学必须为宗教服务的理由,也是哲学必须与史学结合的理由。不懂得隐微智慧与庸常智慧之间的微妙关系,不懂得这种微妙与人性等级的关系,就无法把握维柯的深意。

---

① 《维柯自传》,见维柯:《新科学》,朱光潜译,北京:人民文学出版社1986年版,第652页。

② Vico, *Selected Writings*, edited and translated by Leon Pompa, Cambridge University Press, 1982, p.43.

问题意识的确立将维柯带入自身思想的成熟期,带入伟大著作的创造期。1720—1722 年间两卷本《普世法权》(Il diritto universale/Universal Right,即《论普世法权的唯一原则与唯一目的》以及《论法学家之学统》,后来增补了第三卷《注释》)是维柯将哲学与史学相结合的构想首次运用到法律史上的尝试。正是在这部著作中,维柯首次将那种构想命名为"新科学"。值得注意的是,新科学首次出现的部分谈论的是"语文学之学统",其位置在全书中相当靠后。也许可以这么说,维柯为实践哲学或道德学说找到的方法论是所谓哲学与语文学(也就是说,史学)的结合,其途径既可以是从哲学下降到史学,也可以是从史学上升至哲学。《普世法权》的论证明显采取了前一种途径。但也正是在对这一途径的方法论反省中,维柯意识到,或者只有从史学上升的道路才可算真正的"新科学",而前一种道路,则与隐藏隐微智慧的"真正哲人"相去甚远,或仍属于某种《拉丁语源论》(即《论意大利人最古老的智慧》)式的形而上学。更重要的,正是立法前提与哲学前提的巨大差异,才使立法之科学必须从普通的、实际的人性事实出发,而这无疑意味着哲学在立法中必须是后至的;哲学的智慧在立法中决非以纯粹的 logos 形态出现。法哲学可以是演绎,但立法则必须是从实际给定状况出发的折中。在这个意义上,《普世法权》仍与例如从神学推演出自然法原则的天主教传统吻合,所差者无非维柯为自然法原则补充了许多异教史料以揭示神启自然法的普世性而已。于是就有了《新科学》之撰写。

维柯写过的以《新科学》为名的著作有四种。首先是 1724 年写就的所谓《否定形式的新科学》(Scienza Nuova in Forma Negativa),此版主要是批评一些权威的政治理论。书稿被拒绝出版而后亡佚。维柯决意以正面方式重写此书。1725 年,《关于导致发现万民自然法新体系原理的民族本性的新科学原理》(Principi di una scienza nuova intorno alla natura delle nazioni per la quale si ritruvano I principi di alttro sistema del diritto naturale delle genti/The Principles of a New Science of the Nature of Nations through which the Principles of a New System of the Natural Law of the Gentes are discovered)一书问世。此书便是所谓第一版《新科学》。此书保留了前一种新科学对一些主要哲学、法学体系的批评。这部著作遭到了很多的曲解与批评,其反响似乎尚不如《普世法权》。同时维柯认识到,这一版的错误在于离开语言讨论观念的起源。于是维柯在 1730 年推出了经过重大修改的第二版,书名亦改为《论民族共同本性的新科学之原理》(Principi d'una scienza nuova d'Intorno alla commune natura delle nazioni/The Principles of a New Science of the Common Nature of Nations)。此书出版后,维柯认为自己已实现了此生的心愿,虽然

他仍不断修订该书的第三版直至临终。1744年，维柯逝世的同一年，此书第三版问世。它与第二版并无内容上的重要差别。后人一般认为，这一版就是维柯传世的代表作，并主要凭此书了解维柯的基本贡献。

与他书相较，第三版《新科学》有这样几个特点：首先是方法论方面。维柯此时已将自己特有的方法论掌握得如此纯熟，以致不再像《普世法权》或第一版《新科学》那样以相当长的篇幅专门论述方法论问题。这里的方法无疑已将哲学与语文结合得浑然一体①，以致我们看到的不再是形而上学分析本身的锋芒，而只有对神话与史诗的解读，这些解读仅仅上升到对历史演进与重演的描述便戛然而止。或者说我们看到的是一部不再有《逻辑学》的《精神现象学》；与之相比《普世法权》则显得有似《法哲学原理》甚或整部《精神哲学》。第二个特点体现在论域方面。此著研究各异教民族的整个世俗史，也就是《旧约》的民族（选民）与历史（圣史）之外有关人类的一切。从这里可以看出此书的对手实在是《旧约》。考虑到"四作者"与"四福音书作者"的隐然对应关系②，维柯在《新科学》中究竟想做什么实在令人不敢深究——《新科学》之"新"与其说是《新工具》的"新"，毋宁归为《新约》之"新"。《旧约》以律法为经贯穿犹太民族历史，《新科学》同样以自然法为经贯穿万民历史。《旧约》中两次立法，合《新约》共三次。《新科学》中的自然法同样是三种。《新约》中前四福音书谈受难，其后谈复活。《新科学》则是前四卷谈自然法的演历，第五卷谈其复演。也许可以说，《旧约》是圣父时代的约，《新约》是圣子时代的约，而《新科学》则意在圣灵时代之约。与《普世法权》相比，《新科学》的论域更明白地越出了罗马法的历史。前者主要据成文的史书、法典阐释第三阶段的人道自然法，而后者则主要解读成文史前的神话、史诗以阐释神与英雄时代之自然法。罗马法则如希腊哲学那样，在《新科学》中暗自隐藏而无处不在。最后一个特点则是问题意识在表面上的变化。正是第三版《新科学》中明确出现了"历史的演历与重演"这个主题。这当然是在谈论历史规律而非单纯的历史现象，显得给出的是历史哲学而非单纯的历史。但维柯为什么不直接考察历史规律本身，而仍然要以自然法为经谈论历史呢？他又何以在史前历史那里停留许久，关于规律与未来又匆匆而过呢？维柯如何理解自己的新科学？确实理解为我们所理解的历史科学吗？然而他为什么又明明白白地自陈其为"民政神

---

① 可以参见其卷首图，其中的主要形象是仰望天穹的形而上学女神与俯视土地的荷马。前者代表哲学，后者代表语文学。折射着的神意之光将两者联系起来——详见本章第五节的分析。

② 这层对应关系可以参见 U.R.英译者之导言，p.xiiv。

学"(civil theology,下文有的地方也译为"公民神学",以与"公民宗教"相呼应)呢？这些问题自然是维柯研究的全部关键所在,我们希望能在本章结束时给出有足够说服力的答案。

第二节　新科学:政治的与历史的维度

在维柯解释史上,第三版《新科学》占据了举足轻重的地位。它基本上被当成维柯的唯一代表作,在相当长的时期内成为维柯研究者的关注中心。① 维柯"近代历史哲学开创者"的形象便由此确立。这一评价是片面的,更是表面的,但它之所以被广泛接受,则与这部著作本身的立论与表述有相当大的关系。如果孤立地考察这部作品,同时预先假设只有此书代表了维柯的主要贡献,那么作出那样的评价是不足为怪的。这也正是维柯解释者们的主流做法。必须承认,在维柯的著述史中,第三版《新科学》确实具有不可替代的首要地位。但这并不意味着,对此书的阅读与理解就可以犯片面化、孤立化与表面化的错误。任何作品都须被放到著述史的前后脉络中加以对照研究,以便突显贯穿始终的问题意识与前后变化的方法、学说。必须将维柯"新科学"观念的产生与演变当作一个主要线索,以此揭示出维柯基本学说中引人注目的大变化。最后,特别要将第三版《新科学》的全部学说作为一个整体加以理解,以避免对那位在现代学科体系中难以归类的作者作出支离破碎的现代解释。

一、"新科学"概念的提出与演变

"新科学"不是维柯突如其来的构想,而是他对现代知识体系之下实践哲学如何可能这一基本问题的最终回答。但"新科学"的正式提法出现得相当晚,其基本含义、使命与架构也几经变化。这些变化均显示了维柯最重要思想生成与变奏的痕迹。

"新科学"这一概念首先出现在《普世法权》的方法论总结部分。这部著作的基本任务是研究作为实践智慧顶峰的立法智慧。由于法固有的理性—权威的双重性,使得法学家们的智慧必须同时包含发现理性自然法(发现真实)的哲学品质与阐释权威意志法(阐释确实)的文史品质。法学正统(the Constancy of Jurist,又译为"法学家之学统")也就包含了哲学正统(the Constancy of Philosophy)与文史正统(the Constancy of Philology,亦可译

_____

① 参见 U.R.英译者之导言。

为语文学正统)两个方面。这在维柯那里意味着对哲学冲突的"判教"和文史晦暗的澄清。而后者,仅仅后者,被设想为一门新科学。① 哲学品质是被排除在这门新科学之外的。

从这一最初语境能够发现"新科学"这个概念所针对的是怎样的一个问题意识。非常清楚,对维柯而言最重大的事情并非历史,而是实践智慧如何存在、如何被认识的问题。历史乃至历史哲学的现代问题则从属于实践智慧与实践哲学的古典问题。虽然历史哲学与实践哲学的这种相关性必须在现代性的处境下得到理解与解释,虽然历史哲学的声部逐渐强大到压倒了实践哲学这一主干,虽然新科学的地位、范围乃至内涵发生了引人注目的变化,但其背后的基本问题意识始终没有改变。

在《普世法权》中,维柯对他研究立法智慧的整个方法论是有自觉与好评的。这正是他早年一系列探索的最终目标。维柯指出,古希腊人与拉丁人一向割裂哲学与史学,因此造成了哲人之法与立法者之法之间的致命断裂,以至在进行法的研究时,总是必须提防以哲人臆想出来的"自然法"来取代实际存在的法。为了获得研究法的整全视野,必须在方法上将哲学与文史结合起来,从文史开始,然后引入作为文史结果的哲学。② 这是时间顺序,与法从权威到理性的历史发展顺序相吻合。但由于《普世法权》本身的立场属于自然法传统。按照自然,理性自然法必然先于权威实定法。故《普世法权》的研究秩序是逻辑先于历史,由此在方法论总结中,哲学依然先于文史。也就是说,在《普世法权》中,新科学是狭义的,从形式到内容都是史学性(而非历史哲学性)的。文史与哲学必须统一起来,但这种统一仅表现为外在的结合。逻辑并不是内在于历史的规律总结,而表现为历史叙述之前的理论演绎。这就直接导致了这里的所谓新科学必定是狭义的,与哲学不相割裂而彼此有别。但维柯在方法论上分立哲学与文史,其最根本的理由仍然是立场性的。在《普世法权》中,维柯仍然坚守古典自然法学说的基本界限,明确将自然法与各民族的共同实定法(即所谓万民共识)区别开来,并没有像第三版《新科学》那样预先统一自然法与万民法,将"万民自然法"作为最基本概念为史学面目的实践哲学立论。也就是说,造成这个分别的最终原因并不在于维柯没有像黑格尔那样掌握法的概念与定在之间的辩证法③,而是其直白的古典立场。也正是这一立场赋予《普世法权》中的"新科学"概念如下几个有别于后来著作的特点:

---

①　参见 U.R.,p.329。

②　参见 U.R.,p.299f。

③　参见黑格尔:《法哲学原理》,导论第三节,北京:商务印书馆 1961 年版,第 4 页以下。

　　首先,立法智慧的原则是《普世法权》与《新科学》的共同主题。但前者提出的"新科学"并不像后者那样意味着整个方法论,而只是方法论的某一方面。

　　其次,这里的新科学完全是史学性的而非历史哲学的。这与《普世法权》方法论中哲学与文史的判然两分有关。非哲学性的特点导致了《普世法权》适可而止地停留在对历史本相的猜测与还原上,而没有提出作为"维柯历史哲学"之标志的"理想永恒历史"与"历史演变规律"问题。

　　再次,具体地说,作为文史的新科学包括了彼此区分开来的"语词史"与"事物史"(即"制度史"),但这里对语词史的地位明显估计不足。维柯的根本目的是长久以来沦于晦暗的制度史,此间的语源考证只是服务于这个目的之工具。但这一工具的运用并未使维柯得到全面、丰富的结论。他对史前"黑暗时代"的看法仍然停留在体系性的猜测上。对语词史意义估计不足是造成这一情况的直接原因,而最根本的原因在于维柯尚未清晰地认识到,铭刻初民制度的史料不是别的,就是原始语言;制度史与语词史本是一回事。第三版《新科学》则建立在对以下命题的明确认识上:万民自然法起源于人类已有语言但理性尚未发育成熟的时代。由此,法与制度的本源仅在诗性语言中得到表达。是以新科学的主要工作将是对诗性时代真相与诗性实践智慧的还原。正如哲学将与文史合为一体,语词史与制度史也将融为同一个东西。在新科学那里,哲学终将作为史学存在,而史学终将作为解释学存在。

　　最后,以研究万民自然法为基本任务的《新科学》所关注的是人类的普遍历史乃至理想永恒的历史,罗马史至多只作为普遍史的范例起作用。但就《普世法权》而言,新科学的目的不是泛泛而言的人类普遍历史,而是培育了"世间最明智法理学"[1]的罗马之历史。由于《普世法权》没有表达政体生灭循环的历史观,罗马的法治混合政体显得像是整个历史叙述的终点与顶峰。这种叙述的意图与其说是基督教末世论的,不如说归属于被文艺复兴重新激活的罗马政治史论传统。在新科学部分的结束处(这也正是整部著作的终点)是关于罗马伟大之原因的讨论。维柯精心选择了普鲁塔克、波里比乌斯与马基雅维利作为自己的辩论对手。在他人强调决断权变的英雄德性之处,维柯指出了罗马圣贤的法学智慧传统。马基雅维利将其著作献给君主,而维柯将这部他自己的罗马史论献给了母邦的元老兼法官。这第一部新科学的目的是罗马的复兴,但对维柯而言,那更多地意味着西塞

---

① U.R.,p.523.

罗的而非恺撒的罗马。

当"新科学"概念被当成维柯主要著作的名称时,其任务、含义、范围与地位便都发生了实质性的转变。这一概念断裂更多地发生在《普世法权》与第一版《新科学》之间,因为著名的第三版《新科学》只是改进了后者的方法以便将其立场推到极端而已。

在第一版《新科学》那里,最引人注目的是"新科学"方法论地位的变化:即从实践哲学方法论的一个方面提升为这一方法论本身。但这一变化是以维柯基本立场的改变为前提的。这部著作的完整标题是"关于由之发现万民自然法新体系原理的各民族本性的新科学之原理"(The Principles of a New Science of the Nature of Nations through Which the Principles of a New System of the Natural Law of the Gentes are Discovered)。这表明,维柯的最终目标是将自然法与万民法合为一体的"万民自然法",而不再是与万民共识有着不可还原差别的自然法。[①] 万民自然法意味的不是对纯粹自然天理的阐发与演绎,而是必须到各民族共同的自然本性中去发现立法的根基。但只有首先打通民族与自然,才能打通万民法与自然法。正因如此,史学品质的新科学才从方法论的一个方面提升为方法论整体。但也正是同一个步骤为新科学的史学含义带来了变化。新科学固然仍以整理制度史为其基本工作,但已将原先独立于外的"哲学正统"包含在自身之内。维柯明确指出,这个意义上的新科学是一门前所未有的"科学,它既是关于人性的史学,又是关于人性的哲学"[②]。这并不意味着哲学性概念推演与史学性材料综述的外在结合,而是在史学工作本身中引入哲学的预设,推出哲学的结论。新科学在哲学方面引人注目的结论,就是被第三版《新科学》推到极致的"理想永恒历史"观,正是它构成了近代历史哲学的真正内核。但结论依赖于预设。对思想史而言,使历史哲学得以可能的预设,以及它对古典立场未必明言的更动,是更为重要的。

如果说,第三版《新科学》更多地表明了历史哲学的结论,那么其预设从古典自然法立场的脱离则在第一版《新科学》那里得到了更清晰的显示。该著正文的起始两句便言简意赅地表达了这一预设:"万民自然法当然是随着各民族的共同习俗而产生的。况且,世界没有一个由无神论者组成的民族,因为一切民族均源于某一宗教。"[③]

这两个命题透露出这样几层意思:首先,自然法的问题已被转换为万民

---

①　参见施特劳斯:《自然正当与历史》,北京:三联书店 2003 年版,第 183 页。

②　N.S.I,p.18.

③　Ibid.,p.9.

自然法问题,自然法与万民法之间不言而喻的融合,是成熟意义上的"新科学"最重要的前提。自然法的万民法化,意味着这样一门科学不再可能从人性自然的普遍概念出发推导出自然法,而是必须诉诸对民族风俗的历史研究。另一方面维柯指出,民族风俗都是宗教性的。在下文很远的地方他宣称,万民自然法源自神圣天意。宗教和神意的差别是微妙而重大的。法的历史不再像《普世法权》那样从人的神赋理性开始,而是源于神的启示,或者不如说是初民对神意的想象。在基本预设与方法上,可以很清楚地看到维柯与霍布斯的现代自然法理论,斯宾诺莎的神学政治论以及孟德斯鸠、卢梭的史学式法学理论的关联与差别。无论如何,可以确定的是,成熟"新科学"最基本的问题意识并未切断与实践哲学最基本问题的关系,但却要求一种与例如《普世法权》所阐发的古典自然法理论完全不同的方法,进而导致了历史哲学的结论。《新科学》的第一、三版之间,方法上的差别多于结论上的,而结论上的差别又多于问题意识上的。方法与结论上实质只有程度上的差别,而背后的问题意识则始终保持未变。

第一版《新科学》的方法是对《普世法权》方法的修正,即更加突出法学家智慧的正统性,同时通过批评扬弃独立的哲学传统与文史传统,完全以史学的方法发现民族本性与万民自然法的基本原理。此间值得注意的是,维柯一方面给予古今哲学传统几乎颠覆性的彻底批判(例如,在第一版《新科学》中,被《普世法权》所肯定的柏拉图也遭到清算——这表明的是维柯对哲学本身的态度),另一方面,新科学的史学方法已从《普世法权》的事物—语言史变成了彼此关联的观念—语言史。正如第一版《新科学》清算了《普世法权》中哲学与文史的两分,而最终将哲学吸收到文史中一样,第三版《新科学》则批判了前者观念—语言的两分,而最终将观念吸收到了语言之中。在初民那里,制度—观念—语言之三一体不是别的,就是诗。诗性智慧就是初民的实践智慧。作为实践哲学,新科学必须首先成为史学,而关于初民的史学,就是诗学。这正是《新科学》第三版最引人注目的结论之一。

二、第三版《新科学》的题旨、问题与方法

在思想史上,所谓"维柯的新科学"基本指称的是第三版《新科学》所代表的成熟学说。思想史研究有一种积习,总是从与后人的相似之处出发来理解前人。由于其历史观方面的结论,维柯的新科学便被大多数思想史研究者依据这种积习判断为近代历史哲学的滥觞。要评判这一结论是否符合维柯的意图,以及维柯本人的修辞要在多大程度上为该结论负责,就必须以维柯对"新科学"的自我理解为基本准则,特别应当注意其问题意识与基本

预设。正如维柯研究者经常抱怨的那样,人们很难明白"新科学"究竟研究些什么。① 这个抱怨有其一定的理由,因为维柯从未试图给出一个正式的界说。此著第三版是唯一接近提出一个明确说明的,这或可被看作新科学体系成熟之标志:"因而在它的一个主要方面,这门科学必须成为关于神圣天意之理性公民神学(civil theology),这种神学似乎至今尚付阙如。"②

在该说明出现的整个段落中,维柯指出,先前的思想流派,不是无神论就是自然神学,即要么不承认神意,将自然界的根本原因归诸偶然或盲目的命运;要么仅从自然界出发论证神意并借此沉思神。考虑到近代思想史的另外一些特点,我们可以换一种方式叙述维柯的这个主张:大多数古代哲人基本考察自然世界(natural world),按照其不同倾向,或为自然无神论,或为自然神学;而近代哲人则将问题转移到公民世界(civil world,一译民政世界)。照维柯的看法,他之前的一切近代哲学都是伊壁鸠鲁派或斯多亚派的当代变种,或者说无神论在公民世界问题中的运用,也就是政治无神论。③ 在这个背景下,新科学的公民神学立场就能被显示得更加清楚。一方面,对自然无神论的反驳实质为了批评其在公民世界政治问题上的延伸,亦即近代政治哲学。另一方面,公民神学实际上将实践哲学(政治哲学)而非理论哲学(自然哲学)作为通向神学的真正阶梯,这就在亚里士多德式形而上学之外另外开辟了第一哲学之途径。就此而言,实践哲学似乎是为了神学而存在的,但对政治哲学最基本的问题来说,神学却是为了实践哲学而存在的,为此,才必须将古典自然神学转变为公民神学——对古典思想略有了解者都会清楚,这正是将亚里士多德在《物理学》里谈论的自然神学转变为柏拉图在《政治家》中谈论的政治神话。为此维柯进一步解释说,公民神学通过政治事物而非"次要的自然事物"来卜知神意,这对法学是至关重要的。因为文史所考察的人类制度依赖于哲学所观照的神的制度。到此为止,维柯对新科学基本题旨的说明并未越出整个《普世法权》的研究范围,借此可以判断,新科学的基本问题意识与古典实践哲学相同。但何以前者竟被当作了"历史哲学"的滥觞呢? 文本表明,与《普世法权》不同,维柯对公民神学的附释并未在法学那里结束。在解决公民神学亦即实践哲学基本问题的道路上,最终出现了历史观,作为那一古典难题的"维柯式解答":

---

① 参见 Vico, *Selected Writings*, 编者之导言, edited and translated by Leon Pompa, Cambridge University Press, 1982, p.13。

② N.S., 342.

③ 关于"政治无神论",可以参见施特劳斯:《自然正当与历史》,北京:三联书店 2003 年版,第 173 页。

"因此,我们的新科学必须演证天意在历史中所塑造的东西,因为它必须成为这样一种制度史,天意通过这种制度,无须人类的辨识与意见,甚至经常与人类的谋划相反,宰制着人类的伟大城邦。因为,虽然这个世界是在时间中被创造出来的,并且是特殊的,但天意在其中建立的诸制度却是普遍的、永恒的。"①

同时,可以参考第一版《新科学》对历史观的经典表述:"于是,与天意安排的事物之当前秩序相符,这门科学便成了一种理想永恒历史(an ideal eternal history),各民族之历史在时间中的演历均与之相一致。只有从这里出发,我们才能获得关于具有特定起源与特定连续性的普遍历史的科学知识……"②

这两段阐述向我们显露了新科学的问题意识与基本理路。自"第七演讲"与《普世法权》以来,维柯实践哲学的最高问题始终是阐述法律制度及其演变的正当性。在《普世法权》那里,古典立场促使维柯始终沿着神意—自然法—实定法的道路演证那种正当性。在第一、三版《新科学》那里,"法的正当性最终源于神意"这一首要原理始终并未被放弃。归根结底,法理学研究的本源与目的始终都是"公民神学"。但从神意出发演证实定法律制度的道路则有了重要改变。或者不妨说,《普世法权》与《新科学》的差别正在于公民神学的表现形态。"理想史"取代了"自然法"成为从神意到万民实定法之间的本质性过渡。这个概念策略上的转变之所以可能,乃因维柯放弃了古典自然法的基本立场。也就是说,维柯对自然以及人之自然的看法发生了决定性改变。在《新科学》中,维柯自然观、人性观方面的改变是首要的,正是这种改变导致了"实践哲学之史学策略"的出现。此时,维柯的自然观既不同于近代物理学,也不同于苏格拉底、柏拉图式的古典自然法。也许它在某些方面比较偏向基督教历史神学,却在更重要的地方复活了前苏格拉底,特别是赫拉克利特生灭循环的自然观。首先,维柯认为,人只能理解他自己创造的民政世界(civil world,注意,这个概念并非直接地就与历史世界相等同),而无法理解神所创造的自然世界(natural world)。这样,对人而言,作为公民科学或者历史科学的新科学实际上是唯一可能的科学。③ 这主要是针对笛卡尔传统的近代物理学的。其次,民主世界中制度

---

① N.S., p.342.

② N.S.I, p.90.

③ 试对照马克思的如下断言:"我们仅仅知道一门唯一的科学,即历史科学。"见《德意志意识形态》,第一卷第一章,见《马克思恩格斯选集》第1卷,北京:人民出版社1995年版,第66页。

之自然不是别的,正是其生成(coming into being)过程,亦即历史。① 维柯通过考证自然(nature)与民族(nation)两词的同源性彻底颠覆了古典自然法的基础。这正是维柯可将自然法与万民法合为万民自然法的根本理由。对自然概念的生成论解释意味着把古典哲学赋予自然观的地位托付给了神意,自然法的内涵必定被神启实定法所替代。同时,与制度的自然相一致,人之自然也不再像《普世法权》那样被界定为与败坏做斗争的理性,而是人自我成就的历史。在历史的开端,人不是什么理性、德性的动物,而是败坏、邪恶、凶暴的。与《普世法权》相反,《新科学》对法的演证不再从理性开始,神意对人的启示所诉诸的恰恰是一种基本激情——畏惧。神对人之自然的造就正是对人之历史的推动。法源于启示。启示是在人之黑暗中照亮的光,但它不是阿波罗的理性之光,而是宙斯的雷电之光。启示不是照亮事物的真理,而是初民对不可理解的自然现象之大畏惧。畏惧之所以发生恰恰因为初民是想象能力丰富而理性能力薄弱的。法源于神意,这个基本命题所意味的已不再是法源于理性,而是法源于想象与恐惧。没有宗教迷信,就没有法律、没有人的历史与人的自然。可以理解,与《普世法权》相反,《新科学》中的理性不再作为法的首要原则出现,取而代之的是权威。

对维柯本人而言,新科学的历史观并非自然观的对立物,而恰恰源于对自然观的特定理解。同样,正如历史观是自然观内在演进的结果,制度史学式的法理学是自然法内在演进的后果,历史哲学也是实践哲学内在演进的后果。维柯历史观的要义在于,首先,人及其世界之自然无非就是民政世界亦即制度世界的生成过程。但必须注意的是,维柯对于自然世界并没有这种赫拉克利特式的理解。换言之,维柯的赫拉克利特主义仅仅是政治的(或者说民政的),而非自然的。而维柯的"历史主义"实质上就是政治赫拉克利特主义,而非源于《圣经》信仰。在维柯那里,历史不是一个拥有顶点的、上升的末世论过程(不管是直线上升还是螺旋上升),而是一生一灭之循环。这位虔诚的天主教、耶稣会学堂培养出来的法学家几乎从不谈论末世。其次,作为理想之制度史并非任何一个民族实际的历史,而是各民族生活的共同史。作为普遍史的新科学之所以可能,在于设定了各民族历史的共同性。这一设定需要对《圣经》信仰的运用与修订,由于一神天意,各民族的生活才有共同性可言,但在这个意义上也抹消了异教与正教的差别。最后,对于理想永恒制度史的研究,应当诉诸民族间的共同意见与观念,观

---

① 参见 N.S.,p.147。

念与语言不当割裂。在语言之外无所谓观念可言,永恒制度史乃应以人类心灵共同拥有的语词史的方式展开。新科学必然包含一部各民族共同拥有的心灵词典。

可以看到,维柯以史学策略解决的,仍是古典实践哲学的基本问题:普世法权何以可能? 史学策略之所以成立,乃是维柯将赫拉克利特式自然观运用于政治世界的结果。史学策略的展开,则更多地借鉴了近代以来形而上学之反对派,特别是英国经验论的方法。维柯必须设定万民心灵中的普遍观念,借此才能引出作为共同意见的万民自然法。但维柯并未像唯理派那样从心灵中推出所谓天赋观念,而是采取了培根式的方法,从生活之流的多样性中上升到普遍性。更确切地说,维柯建立的是被洛克化了的培根方法,即从若干特定民族的特殊语词(这是约定而非自然的)出发,找到其后为一切民族共有的普遍观念(这则是自然而非约定的),再从中抽出一切民族法律制度成立、演变的共同规律。而这一切则基于一个霍布斯式的前提:法源于意见而非知识,支配初民心灵的是激情,而非理性。在这个前提下,第三版《新科学》的立论框架大体有如下步骤:(1)法从心灵的意见,更确切地说,谬见开始。立法者的实践智慧因而必须与哲人建立在知识基础上的理论智慧相区别;(2)法是民族内与民族间的共同意见;(3)法的本性就是万民法自然法的展开历史,该制度史亦即语词史;(4)各民族历史的演变与重演有着一致的规律。

三、第三版《新科学》的基本学说

(1)立法智慧与哲学智慧。

新科学的主题源于古典实践哲学的最高问题:立法智慧何以可能。但维柯对此问题的解决恰以叛离哲学为开端。那么,他何以确认古今实践哲学均无法解决它为自己提出的这一最高问题,而要代之以所谓新科学呢?

人类的法均源自理性尚不充分、哲学尚未产生的初民时代。初民立法者的心灵并非如哲人立法时假设的那样充满自然理性与政治智慧,把自己并不相信的立国神话作为"高贵的谎言"教育公民。与哲人为了少数人的、暗藏理性真言的所谓"隐微智慧"(esoteric wisdom)不同,立法者所拥有的是为了普通人的"庸常智慧"(vulgar wisdom)。实定的万民自然法远在"自然法"学说出现很久以前便随人类历史而产生了。前者并非源于提出自然法理论的哲学智慧,而是出于对自然现象的诗性想象。哲学源于隐微智慧,而律法则源于庸常智慧。正是后者,才是新科学的目标。哲学按照人的应然考察人,以至于人只能服务于那些希望居住在柏拉图的理想国而非罗慕路斯之洞穴的少数人服务。① 但人类社会从来就是罗马立法者的洞穴而非希腊哲人的理想国。立法智慧的源泉只能到实际的立法活动中去寻找,而后者"则以人的实然来考察人,以便将人变为能在人类社会中发挥好的作用"②。我们撇开"应然"与"实然"各自在法的构成与演进中所起的效用不谈,就法的实际发生而言,无疑应以史学描述的方式探索立法智慧的实然,而非依据哲学推论悬想其应然。③ 这种以哲人已开化的心智妄加揣度初民立法秘密的习惯,早就被维柯批评为"学者的虚骄妄见"。这个习惯尤其体现在现代自然法理论家那里。他们忽视了,法本是共同意见。万民自然法归根结底源于意见而不是知识。意见就是无证据的信念。无知导致意见,而意见导致法律。一切共同意见的根基在于初民由于对自然现象无知而导致的关于天意的假设与信念。正是这种假设带来了最早的人类制度,这些假设者便是初民立法者,也就是那些其心智尚未有足够的理性能力去探究自然现象的真正成因,而就天意这一属性沉思神的人。初民智慧是自然无知导致的政治智慧。其关键并不在于对自然本源的错误猜测,而在于正是这种猜测促使人类法律制度诞生。因此自然方面的无知恰恰就是政治方面的智慧。或者说,人类各民族赖以建制的智慧均本于对自然的无知。万民制度产生的前提不是理性的自然科学,而是关于起源的诗性神话。不尊重这种使世界历史发生的至关紧要的无知,恰恰是政治研究最大的无知。哲人智慧试图从自然的盲目命运中推出人类制度,与此相反,立法者所运用的则是设想神话从而安排制度的实践智慧。这种智慧正是全部新科学的研究目标。新科学在方法与学说上的所有特性,都基于立法智慧本身的特征。

　　初民立法智慧的开端是对自然现象乃至世界起源的猜测。由于初民心灵是意见的渊薮,这种猜测毫无理性根据可言,而是充满了激情与想象。换言之,初民的心灵是诗性的而非理性的,这样的心灵倾向于将某类震撼性的自然现象臆想为天神的启示,并从而创建各种制度。在自然理性尚未成熟、自然哲学尚未产生之前,人类的实践智慧都是诗性智慧。几乎同时发生的语言也是诗性的,因而语言作品同样是诗性的,制度的创建与演变的事实掩藏在神话与史诗的本文之下。由于初民实践智慧的这种诗性宗教特征,作为实践哲学的新科学必须成为具有诗学技艺的神学—政治论或者不如说政治(即民政、公民)—神学。总之,立法智慧的诗性乃是新科学必须从文史

---

① 参见 N.S.,p.131。

② Ibid.

③ 这不是说,政治哲人就一定用后者立法。维柯的工作当然与柏拉图的《理想国》差别甚远,但正合《法律篇》之旨。懂得以哲学推论之外的方式立法的,才是真正的政治哲人。

而非哲学开始的最终理由。

（2）法律制度的起源神话。

新科学的哲学性并未体现为纯粹的概念推演，而体现为对文史材料（包括语词、神话与史诗）的破解，体现为对世俗史年表的制定，最终体现为对各民族制度史共同规律的归纳。根据新科学对各民族起源神话的考证，它们不约而同地拥有同样的基本制度。这就说明了，万民自然法这个基本概念是可以成立的。

维柯首先效法斯宾诺莎，对《旧约》神话做了史学批评。但这种批评的意图比斯宾诺莎更为深沉隐晦。这意味着将希伯来人的历史与各异教民族的历史对勘，最终把圣史与俗史衔接起来。维柯通过接受圣史来悬置圣史，为各民族之世俗史留下余地。他将《旧约》中的大洪水神话与各异教民族的洪水神话联系起来，从而一方面从《旧约》那里接受了大洪水之前的创世神话，另一方面通过肯定《旧约》来肯定异教民族的洪水神话乃至从历史方面肯定异教，从而顺理成章地将大洪水之后各异教民族的历史材料容纳进来。维柯的关注点是大洪水之后亦即所谓二次创世以来民政制度创建、演进的历史。大洪水之前的创世是基督教自然神学关注的问题，对于公民神学没有直接影响。① 在首次创世的问题上接受《旧约》，就是为了在二次创世的问题上抛开它。实际上，对大洪水之后人类民政制度的重新创建与演进，维柯的描述确有所本。但这个范本不是基督教的《旧约》，而是古典政治哲学的立法之作——柏拉图的《法律篇》第三卷。② 维柯关于人类制度演进阶段的猜测，甚至通过对荷马的解读来证实这些猜测的方法，都源自柏拉图。《新科学》第三版无非把《法律篇》第三卷的方法充实、放大了，无非为柏拉图增加了更多的荷马因素。我们不必惊异，第三版《新科学》的结论部分拥有这样的首句："现在让我们以柏拉图来结束这本书"③——因为这本书本来就是以柏拉图开始的。

维柯根据《旧约》或者不如说《法律篇》对人类制度的起源做了如下描述：

大洪水之后，被上帝所造的人类散居各地，孤独地漫游于森林之中，处于无他人、无家庭、无城邦的前社会状态。孤独的初民早已忘却大洪水之前的文明与技艺，过着近乎禽兽的生活，只是出于情欲与异性野合以繁衍后代，事毕则仍继续孤独的漫游生活，不定居、无生产。真正属人的生活始于

---

① 《普世法权》则将首次创世中的亚当堕落作为自然法学说的逻辑起点。

② 参见柏拉图：《法律篇》677a 以下。

③ N.S., p.1097.

对天神的敬畏。维柯对各异教民族主神称号进行了语源学考证,他发现,它们都与"雷电"这种自然现象有关。于是维柯猜测,让初民结束漫游、野合的禽兽生活的正源于对雷霆——这在初民那里被认作神意的显示——的大畏惧。少数野合着的初民突然遭遇了雷霆。在大惊吓、大震撼之下,立刻寻找洞穴躲藏起来,并因此结束了漫游、野合的丛林生活。对天神的敬畏产生了一系列具有法律制度史意义的结果。首先是直接导致了婚姻制度与家庭制度的产生。而婚姻与家庭意味着定居,定居则意味着耕种。初民刀耕火种,烧毁森林,露出土地。林中空地的显露一方面是农业的起源,另一方面导致初民建立了入土为安的丧葬制度。

维柯看到,各民族不同的法律传统中,在其创建之初,都具有三大相同的基本制度,即宗教、婚姻与丧葬。正是这三大制度将人类与野兽相区别。它们的共同性正是所谓万民自然法的基础。通过维柯对世俗史起源的描述可以看到,这三大基本制度的中心是宗教。婚姻源于畏惧天意,丧葬乃因相信灵魂不灭,这两项制度都依赖于初民的宗教信仰。初民的宗教是神学诗人的启示宗教,而初民的政体则是家长掌握祭祀这一权力之源的神权政体。该政体的主要关系,是人与神之间的占卜关系。这个阶段的史实,主要隐藏在各民族的神话传说中。维柯就是通过对希腊、罗马神话的破解还原初民的诗性智慧与各种制度的。这种智慧与制度的全部秘密就是立法者的庸常智慧。这种智慧的出发点是通过天意建立人的权威。宗教建立神的权威,而神权政体则通过神的权威建立人的权威。法律与政治制度,或者不如说人类社会本身的全部基本制度,均源于这种权威。

如果说,关于天意的公民神学的是新科学的首要方面,那么权威原则就是它的第二方面。这两个方面的关系,就是神学与法学的关系。这个关系的实现,就是从天意权威到人类权威的必然过渡。这种过渡表明,神学是为了法学而存在的,天意权威是为了人类权威而存在的。人的权威,才是律法的直接基石:"就'权威'这个词全部的哲学意义而言,它指的是人类的特性,而这是连神也无法从人身上拿掉而不至于把人类毁灭掉的。""自然法中的权威就是从人类本性中固有的权威而来的。"①《普世法权》的论证策略是从理性之自然法推论出权威之意志法,再由此进入对实定制度的描述与总结。与之对照,可以清楚地发现,在第三版《新科学》中,律法的基石已从理性转为权威;同时,对于改换了内涵、与意志法合流的自然法而言,权威原则也是无可置疑的基础。与此相应,理性已从律法史的基本原则转为以

---

① N.S.,pp.388,389.

权威为原则的律法史的某一阶段。这种转变原因主要在于"万民自然法"作为基本概念的确立。也就是说,对近代自然法理论以及自然状态学说的扬弃,是维柯起源神话的基本背景。而这一扬弃则是哲学与诗的统一,是柏拉图式古典政治神学作用于荷马传统的结果。维柯的起源神话倒转了近代自然法学说哲学化的主流的两个基本假设:人的理性化本性与自然界的盲目命运。另一方面,虽然同样坚持神圣天意对于立法的奠基作用,《新科学》第三版的起源神话也与古典政治哲学有所不同。维柯认为,立法的庸常智慧属于神学诗人而非哲人。在对待诗艺(维柯名之为文史)的态度上,与不时敲打荷马的柏拉图正相反,维柯恰恰通过破解神话与史诗来还原成文法之前的立法智慧及其所建立的制度。这种破解技艺在起源时代之后的其他时代同样得到了充分运用。

(3)英雄法与人性法。

法律制度史大体可以分为三个时期:以神话为代表的神法时期,以史诗为代表的英雄法时期,以及以成文法(确切地说是十二表法)为代表的人性法时期。对于维柯而言,法的历史就是法的本性,不同时期的律法就是不同的自然法。而不同自然法的演替同样是符合天意的自然过程。对每一种自然法的考察必须从相应的本性或习俗(这是同一东西的不同方面)出发。不同时期的律法以不同的方式记载于不同的语言文本之后。解释神话可以还原起源时代的神法与神权政体的真相,特别可以还原作为神学诗人的立法者或者说民族建立者的庸常智慧。而破解史诗特别是荷马史诗,则可以发现英雄时代、黑暗时代的希腊以及罗马人的万民自然法与相应政体的若干特征。同样,对十二表法的运用同样的解释技艺,则可以发现作为变法者的行政官与法官们的实践智慧之秘密。律法的演变是人类社会生活演变的钥匙,通过这个维度,可以把逻辑、伦理、政治、经济、习俗与人性等其他方面的演变规律统摄其下。也就是说,《新科学》的论域虽较《普世法权》更为全面,但前者恰恰是依靠后者带动的。因此,世界史就可以落实为律法史,而律法史也就是隐藏在不同语言文本中的立法智慧之历史。新科学最终面对的,正是语言及其文本。

维柯指出,神、英雄与人是同时开始的,三种语言也可说始于同时。通过一系列神话学、语源学与历史学上的猜测与考证,维柯大致为英雄时代与人的时代给出了这样一些描述与概括。

少数被天意或者不如说雷霆震撼的初民建立了以宗教、婚姻与丧葬制度为基本特征的神权政体。他们定居、开垦、生产。其他仍然过着游荡丛林生活的弱者依附他们寻求庇护。原初人类制度的关键在于神、婚姻与土地。

有神者成为土地所有者,其后裔血统通过合法的婚姻被追溯到神。这样,制度建立者的后裔就成为占有土地、有婚姻与祭祀权的贵族。而寻求庇护者则依附土地所有者成为佃户,其后裔成为平民。由于其祖先并未获得天神启示,并未从天神的权威那里获得人间政治权威,他们遂丧失了祭祀、婚姻与土地所有之权。而这些,正是平民向贵族斗争所要求的基本内容。

定居祭祀的初民通过婚姻创建家庭。他们则顺理成章地成为有权支配其配偶与子息人身的家长。不同氏族的联合将部族发展为城邦。相应地,作为家政权威的家长演化为作为城邦权威的贵族,而城邦则将佃户们的后代变为平民。至此,氏族时代的家长与佃户遂演化为城邦时代的两大对立阶级:贵族与平民。城邦建立之时就是两大对立阶级出现之日。城邦乃是英雄法与人道法、英雄政体与人道政体出现的基本背景。

通过对荷马史诗的解释,维柯发现了英雄时代的若干特征。英雄时代的统治者是婚姻制度的后代。由于婚姻制度是天神启示的结果,故他们相信自己的血统源于天神,比没有婚姻与祭祀之权的平民高贵,是天生的君主。他们的性格暴躁、笃信宗教,凭借强力统治他人。宗教一方面约束,另一方面保证了贵族们的强力。维柯特别指出,英雄时代统治者的典型便是《伊里亚特》中的阿喀琉斯。而英雄时代的政体则是强者们(optimates)的统治——贵族政体(aristocracy)。此名源于古希腊语"德性"(arete),而德性实源于战神之名(Aris)。英雄时代的德性实即勇敢与强力。这是德性的本源,也是阿喀琉斯唯一能够理解的善。[1] 总之,英雄时代的律法就是被宗教所约束的强力之法。对这种律法的最佳表达可能是阿喀琉斯对赫克托耳所说的:"人和狮子之间不可能有信誓,狼和绵羊永远不可能协和一致。"[2]这一切与所谓丛林法则的唯一区别在于,强者恰恰是那些通过宗教最早摆脱丛林状态的人。实际上没有人比柏拉图笔下的色拉叙马霍斯更准确地把握了荷马生动描述的东西:"正义就是强者的利益。"[3]

人性法对英雄法的替代首先是自然本性的转变。随着理性的发展,伴随着宗教或者说诗性想象的欲望(神的时代)与激情(英雄时代)的律法必须让位于更为符合自然天理的平等法。根据维柯的描述,人的时代具有如下特征。首先,人的自然本性是以理智而非激情为主导的。与此相应,他也是节制、善良、有责任感的。在这样的本性那里,公民的责任感应当交付给每个人,从而在本性与习俗上保证了平等(equality)之可能。立法的主要原

---

① 参见柏拉图:《小希庇阿篇》(Lesser Hippias),304c;《伊里亚特》(Iliad),IX313ff。
② 《伊里亚特》(Iliad),XXII262f。
③ 柏拉图:《理想国》338c。

理是依据理性发现的真实之理(在这里就是出于人之自然的平等),而非权威凭靠的确实之俗。也就是说,仅在这个时代,哲人意义上的"自然法"亦即人之自然法、人道法才是可能的。人道法时代兴起的标志性事件就是首部成文法——《十二表法》的出现。撇开其具体内容,成文法的出现本身就意味着平等原则的确立:文字(在维柯那里这意味着不同于英雄语言的人的语言)首次使得被垄断在贵族私宅中的法律有了公开的可能。成文法的出现不会没有其政制条件。从这方面看,以平等为基本原则的人道法必然要求保证同样原则的政制——实际上立法的基本政治条件就是平民与贵族的混合政制的结果。所谓保障平等,归根结底是对贵族的限制,这可以通过民主政体实现,也能,或许以更有力的方式,通过君主政体实现。这是符合罗马政治史的基本经验的。

在《普世法权》的结尾,维柯将罗马伟大之原因归结为罗马法理学传统。而在《新科学》中,他面临着进一步的问题:这个传统本身得以建立、发展的根据又何在呢?这就是维柯必须展开其历史观的基本处境。我们知道,该传统的建立实际上始于对十二表法的制定与解释,而这又是罗马共和国贵族与平民之间反复斗争、最终妥协的结果。罗马法的发展表现为,在不同的法令颁布者,特别是在法官与法学家手中,对法律的明智解释越来越偏向以平等理念指导下的衡平技艺去逐渐淡化残留的英雄法的野蛮、僵硬元素。这个被维柯赞誉为世间最明智的罗马法理学传统,其兴起与发展有着多方面的原因。对此,其他伟大的史学家或史论家所强调的与维柯有所不同。例如波里比乌斯将之归于具有特定宗教的贵族,而马基雅维利归结为平民派的明智让步。维柯则强调了法官与法学家的解释智慧。[①] 也就是说,他并没有将罗马法发达的原因简单地还原为政治条件。维柯所关注的始终是立法者的实践智慧,在突然事件中相互妥协的贵族与平民只是偶然分享了这一智慧。立法智慧才是一个伟大法律传统得以确立与传承的最终保证。在维柯讨论罗马伟大之原因的上一段落,他有意无意地谈到了在"野蛮复归"的中世纪,封建贵族们如何敌视以衡平为主要特征的罗马法,而削平贵族的君主专制政体又如何使得罗马法的复兴成为可能。考虑到维柯的写作对象既非贵族又非平民,而是在君主资助的大学中修习法学的学院人,他从何种角度考虑罗马帝国之伟大也就十分清晰了。学院教育的存在表明智慧是可教的,学院教育对构造朝臣灵魂的意义则表明城邦的长久稳定唯有仰仗可教的智慧。城邦的伟大不能求诸偶然命运摆布下的贵族与

---

① 参见 N.S.,p.1003。

平民,只能依赖法律的执掌者与解释者。维柯与马基雅维利怀着相同的对祖国之爱,他们都以为一个君主专制的、统一的意大利才能恢复罗马帝国的荣光。但与那位主要关注创立(founding)国家的佛罗伦萨人不同,维柯更为关注城邦的长治久安。对此,需要的是法官通过智慧所沉思的神圣天意,而非君主通过勇毅所把握的瞬息机运。也就是说,人道自然法与罗马法理学出现的最终根据,乃是被现代思想史解释为世俗历史规律的神圣天意。这,才是维柯对于那一根本问题处境的最终回答。

(4)从天意的历史化到历史的天意化:人类生活的演历与重演。

在《普世法权》的结尾,维柯将罗马伟大的根本原因归于罗马法统而非个别的制度与德性。在《新科学》靠近结尾的地方,维柯进一步将罗马法传统成立的原因归于法学家们的智慧而非统治者或被统治者的私德。作为公民神学,新科学认识到,建立法统的首要原则是天意,而只有立法智慧才能沉思、把握天意,从而推动法的演化。法之成立与演进的正当性,仅仅在于天意。反过来说,也正是在法的演进中,天意才揭示、证实了自身。正因如此,意在全面认识天意的公民神学必定要作为关于法之历史的科学展开自身。天意与历史的关系是新科学的基本原理与首要结论。这一关系分为两个方面,即天意的历史化与历史的天意化。

维柯对近(现)代政治哲学的批评方式是将他们追溯到古代的政治无神论,同时他也没有放松对近(现)代物理学代表的自然无神论的回应。此间他依靠的主要资源是柏拉图。或毋宁说,他对自然与政治的无神论的应对方式是把柏拉图拉丁化。一方面,在赞誉以《蒂迈欧篇》为代表的柏拉图自然哲学来批评亚里士多德的同时,维柯更试图借着阐释意大利人的古老智慧发展出新的形而上学以对抗笛卡尔建立在物质实体基础上的物理学。另一方面,维柯一切工作的更重要目的乃是阻挡政治哲学中的无神论。对古代政治无神论的清算主要依赖柏拉图及其拉丁阐释者(西塞罗以及奥古斯丁),这一清算实质上是为批判现代政治哲学传统所做的思想史准备。维柯的根本意图是在现代政治无神论面前扮演西塞罗曾在古代政治无神论面前所扮演的角色。实施这个意图的关键是阐释他与西塞罗的共同导师柏拉图,效法《法律篇》将神圣天意建立为立法的首要原则。然而,历史情势的改变决定他无法简单地模仿西塞罗。他与柏拉图、西塞罗之间隔着一个在希腊罗马传统之外另开律法源泉的《圣经》传统、一个破坏了基督教与罗马法之和谐的中世纪。对于借助《圣经》(而非只是罗马法)形成万民视野的维柯来说,柏拉图《法律篇》中仅用于特定部族(多里安人)的起源神话必须在各民族宗教的普遍背景下给予重述,在此之前必须抹去正异教之别对这种重述的影响——因此维柯必须赋予公民神学以"万民神学"的特性来支持万民法。

西塞罗从异教神学出发支持罗马法,托马斯则从基督教神学出发支持自然法。对于坚持罗马法与万民法一样遵循自然法普世之道的维柯来说,只能把异教神学与基督教神学糅合为可支持一切民族之自发法律传统的"公民神学"。在这方面,奥古斯丁对从圣史—俗史、圣城—俗城之间关系的思考能带来很大的启发。奥古斯丁提出这样的概念是为了解决这样两重矛盾,即基督宗教普世性与罗马文明特殊性的矛盾,以及基督教超越性与罗马凡俗性的矛盾。由于基督教与罗马文明某种程度上的重合,而基督教化了的罗马帝国又顷遭覆亡,这便将这两对矛盾突显出来。维柯面对了类似的处境:基督宗教应该是一切普世真法的源泉,但堪称世俗律法楷模的罗马法,其产生与基督宗教毫无关系;罗马法典在一位伟大的基督教君主手中达到其顶峰,但深入基督宗教化了的西方却是罗马法治传统废弛的中世纪(维柯所谓复归的黑暗时代)。在维柯那里,罗马的特殊性与自然法的普遍性、基督教神法的超越性与罗马法的凡俗性之间,特别是罗马法治传统的建立与毁灭之间的矛盾必须得到合理的解释。这一切迫使维柯在接受神圣天意原则的基础上,用一种更为复杂的奥古斯丁式理论来处理基督宗教与罗马文明的矛盾以及普世法统与各族特殊律法的矛盾。

维柯首先必须协调罗马律法与基督教神法,他拒绝了托马斯的协调方式[①],推进了奥古斯丁的方式。维柯对人性的解释使各民族尤其是古希腊罗马的原始宗教均具有其正当性,借此赋予了罗马法与基督宗教同等的普世性。从律法的角度看,新科学完成了圣史与俗史之间,神法与自然法、万民法之间,选民(神法的选民是犹太人,罗马法的选民是罗马人)与外邦人之间的三种统一。这一切则归根结底依赖于神圣天意、自然本性与历史过程三者间的统一。而这也就意味着神学、哲学与史学的统一。天意被还原为自然,而自然则又被还原为民政世界的生灭过程。这样,天意就成了理想永恒之历史,也就是各民族不约而同的普遍史。通过这样一个论证过程,公民神学最终落实为世界史。

对于维柯而言,"历史"就是作为律法"唯一源泉"的神圣天意的等价物,但也正因如此,维柯的历史观就具有不可被还原的公民神学意涵。要全面、准确地把握维柯的历史观,必须诉诸维柯的整个天意观。从表面上看,

---

① 在《普世法权》这部讨论神法—自然法关系的广征博引的著作中,维柯居然一次都没提到在这个问题上具有最高权威的圣托马斯。

这个概念似乎具有一种难以调和的双重性。维柯是在批评斯多亚派之盲目命运与伊壁鸠鲁派之纯粹偶然的基础上提出自己的天意学说的。这意味着，在自然观、人性观上，他既不赞成完全取消人的意志，仅从必然性出发说明人类历史的基本现象，也不同意无视命运之力，将解释历史的基础完全系于自由与偶然。维柯批评这两种古代学说的主要目的在于平议古今，特别是检讨自马基雅维利与霍布斯以来的整个现代政治哲学的基础。现代政治哲学的发展特别昭示了伊壁鸠鲁主义的命运。从马基雅维利那里控制命运女神的英雄德性，一直到创造历史的自由精神的黑格尔主义，主流现代哲学走着一条主体性的自我张扬之路。这条道路最彻底的逻辑结果是实践哲学的虚无化。诚如给予主体性哲学最深刻批判的海德格尔所揭示的，被伊壁鸠鲁主义当作律法与政治之正当性基础的"自由"，既已摆脱必然、摆脱天意、摆脱一切人之上的超越之维，那就无非是绝无依傍的任意，是在其中无可立足的"深渊"。应当看到，维柯强调天意观的主要理由之一就是避免现代性的虚无主义后果。舍此则无法奠定律法的正当性基础。

但维柯对于历史之属人方面的强调为其天意观带来了更复杂的光谱。维柯确实反复指出，人只能理解他所创造的东西，而民政世界是人而非神的创造物。但这并不意味着，人可以像神那样无中生有地进行创造，更不能说天意本身是人所创造的。天意与人所创造的民政世界有何关系呢？在什么意义上说，人无法创造天意，但人对民政世界的创造又符合天意呢？这些问题能使我们避免在维柯研究中一贯可见的片面解释，于神学、政治与历史之间恰如其分地把握维柯的天意概念。

天意概念与自然神学并不相悖，从毕达哥拉斯—柏拉图派出发的自然解释应该有助于演证自然中的天意。然而归根结底，天意是公民神学的基本概念，它的启示与效能是对民政世界而言的。但是，从表面上就能发现，维柯的天意概念具有某种不可偏废的双重性。它既具有公民神学及其神学政治蕴涵（特别表现在《普世法权》中），又具有演化—重演规律之历史蕴涵（特别出现在《新科学》中）。那么，天意概念的这种两重性表明了什么？是否不同著述中的维柯思想发生了转变？这两重性是模棱两可还是截然分开甚至自相矛盾的？

在维柯那里，天意无论在什么意义上都是人创造民政世界的首要条件，是立法的唯一原理、最高源泉与最终目的。《普世法权》的开端提出，天意是民政世界与法律制度在逻辑上的第一原理。《新科学》的开端表明，对天意的信仰是民政世界与初民礼法在历史上的第一推动。这个意义上的天意概念统一了神学与政治，既是对上帝存在的政治证明，更是对政治正当性的神学论证。人固然创造了自己的民政世界与政治生活,但政治的开端与目的只能通过天意确定。在维柯那里,天意这个概念表达的神义论与"人创造、理解民政世界"这个命题透露的人义论非但并不冲突,而且相互成就。

天意概念确实是贯穿维柯公民神学体系整个发展过程的首要概念。在天意与民政世界及法律制度的渊源关系这个问题上,维柯的基本立场也从未有过松动。但就证明天意的途径而言,就对天意在人类政治生活史中所起作用方式的揭示而言,以《新科学》为代表的维柯晚期思想存在着将天意历史化的明显特点。对于维柯天意概念乃至其整个思想基本意图的所有误解都与这个特点有关。无疑,在叙述方式、史料归纳、规律概括以及学科归属方面,"新科学"都有非常明显的历史科学面貌,以至于人们很容易忽视维柯关于新科学仍然属于"公民神学"的提醒,甚至割裂这两者,从而将维柯的历史观与天意概念对立起来。似乎对这样的误解有所预见,维柯在《新科学》起始处便强调,所谓史学性、语文性的新科学,仍然属于公民神学。这意味着,天意并未被还原为历史。恰恰相反,历史归属于天意,历史揭示、印证了天意。新科学之"新",并不在于用历史取代天意,而在于通过历史阐释、证明天意。

从民政世界出发证明天意是公民神学区别于自然神学的总特点。但天意在律法制度与民政世界中所起作用的方式则并不是始终相同的。维柯在不同的著述中强调了天意的不同方面。或者不如说,维柯以不同的方式揭示了天意在律法制度与民政世界中不同的存在样态。《普世法权》与《新科学》的差别,归根结底是建立在不同样态天意之上的不同样态公民神学的差别。以文史方式展开的、拥有某种"历史哲学"外表的新科学,就是建立在特殊天意样态上的特殊样态的公民神学。天意是整个公民神学体系的首要概念。新科学之"新",正在于它以不同于《普世法权》的方式论证了天意。因此,剖析天意概念的不同方面,是全面理解维柯学说的关键。

如果将《普世法权》与《新科学》关于天意的教诲综合起来,便能发现,维柯在不同的语境中强调了天意发挥民政作用的不同方式。前者将法的源头追溯到天意对人类理性的启示上。作为上帝安排自然秩序的智慧,天意"适时产生万物"[1];就人性自然的秩序而言,天意"要求理性统领意志"[2]。而统领着意志的理性正是法权的直接来源。维柯同时指出,天意实现自己的途径则远非必然的。机运、机缘与机会都是天意实现自己的方式。人之

---

[1]　U.R.,p.30.

[2]　Ibid.,p.31.

被赋予理性,这是让万物各成其己的神圣智慧之安排,这本身是必然的。但理性(也就是法的正当性)在人性中的产生机缘(例如通过亚当的被造而获得理性)则是偶然的。在这个意义上,《普世法权》中的天意概念既是理性化的,又是机运化的。而在《新科学》中,天意概念的理性化一面被扬弃与转换了,机运化的一面则得到了加强。实际上,天意概念在新科学体系中的出现方式并非一义性的。人们很容易忽视,新科学其实以两种类似的方式引入了天意概念。由于它们均是所谓"历史"概念的神学对应物,这也就意味着,新科学体系是从两个维度出发赋予历史以意义的。对这两重维度的片面把握是误解维柯整个学说的根源。

首先,天意或不如说对天意的信仰出现在大洪水之后的世俗史开端。被自然现象震惊的初民,以诗的方式想象、信仰神的存在。因此这里的天意概念不妨可被称为诗学的。初民由之沉思神本身的属性是为天意。对神的畏惧直接导致人类法律制度的开端。在这里,虽然立法智慧仍被追溯到天意,但理性则被剥夺了天意与律法之间的中介地位。取而代之的是初民的畏惧之激情(passion)。同时,创建律法的智慧也被清楚地表明为源于想象力的诗性智慧、俗白智慧,而非源于理性的哲学智慧、玄奥智慧。强调激情与想象在立法中的地位,也就意味着强调机运在立法中的作用。在《新科学》中,天意的机运面相被等同于雷霆这一物理现象。古人对神的信仰遂被断定出于臆想。在这里,维柯很明显借鉴了霍布斯与斯宾诺莎的《圣经》批评方法。这一方法的基本前设是从实然而非应然考察人性、建立政制。这个前设是现代政治哲学的基本前提,但它可以通过马基雅维利一直追溯到维柯的第二导师塔西陀。这意味着,新科学历史观的第一维度是关于人的实际历史的。它是神话学的,也就是解神话的。这个意义上的历史观从人之实然状态即激情与想象出发抽空了天意的神话内涵。所谓维柯的诗学实质上从属于这一层面的历史观。这是新科学离开公民神学最远、离开启蒙哲学最近的地方。一些激进的解释者就此把整个新科学定性为无神论的甚至启蒙的。在另外一些比较温和的评论者那里,这一点也带来了混乱。①他们都没有足够重视维柯从另外一重历史维度重新引入天意概念的意图。

历史的第二重意义在于,历史世界是人超越其意图的产物。维柯诚然

---

① 参见科斯塔为《维柯著作选》所作的中译本序。见庞帕编:《维柯著作选》,北京:商务印书馆1997年版,第3页以下;Croce, The Philosophy of Giambattista Vico, New York, Russell & Russell, 1964;又,科林伍德:《历史的观念》,北京:中国社会科学出版社1986年版,第72页以下;洛维特:《世界历史与救赎历史》,北京:三联书店1993年版,第135页以下。

说过:"这个包括所有各民族的人类世界确实是由人类自己所创造的。"①但这并不意味着,人类活动自身的意图与目的就是历史世界。实际上,在维柯那里,民政世界的终极原因并非属人,而是假手人类的、近乎精神乃至上帝的心智(mind):"……无疑这个世界所源自的心智有别于、有时相反于、总是超越于人自己所追求的特殊目的;那将狭隘目的做成广泛目的之手段的,总是运用[这些手段]来将人类保存在地球上。"②

实际上,人类活动的结果总是超出其本有的目的与意图。正是这点而非别的,也是整个新科学体系在对于历史做培根式研究后所归纳出的主要结论。维柯对这一结论的概括被重要的解释者所注意:"所有这些(引者按:指人类意图与历史结果的差异)都是心智(mind)的作品,因为人们这样做凭借的是理智(intelligence);这不是盲目的命运(Fate),因为人们这样做凭借的是选择;这也不是机运(Chance),因为每当他们这样做,就产生相同的结果。"③

毫无疑问,这是第三版《新科学》最重要的结论,也是理解、评价维柯整个学说的决定性段落。很明显,这段论述将历史世界④及其演化规律归诸某种心智。该心智超乎人类的谋划与意图,这昭示了天意。可以说,《新科学》第三版只是以对史料的归纳总结证实了第一卷的这一结论:"天意……无须人类的辨识与意见,甚至经常与人类的谋划相反,宰制着人类的伟大城邦。"这就是整个新科学体系对天意概念的第二次引入。这里的天意概念不是诗学意义的,并非出自初民的激情与想象,而是史学意义的,出自运用现代技艺而持古典立场的政治哲人的归纳。

这个新的天意概念为评论者带来了一些麻烦。解释者们要么纠缠于神圣天意与属人自由之间的"历史辩证法"(克罗齐),要么关注这个概念与基督教历史神学的关系(洛维特)。但解释的关键在于维柯本人提出该概念的意图。在阐明历史世界归因于天意而非人类的谋划之后,维柯立刻发动了对伊壁鸠鲁式机运论与斯多亚式命定论的最后批判。如我们所知,这个批判实质上针对着整个现代政治哲学。前者针对马基雅维利与霍布斯,后者针对斯宾诺莎。正如维柯为对手找了古人做先驱,他也为自己找到了最

① N.S.,p.1108.
② Ibid..《新科学》德译本"心智"(mind)作"精神"(Geist),且径自将"那将狭隘目的做成广泛目的之手段的"译为"上帝"。见 Karl Loewith, Weltgeschichte und Heilsgeschehen, Metzler,Stuttgart,1983,S139 上的引文。
③ N.S.,p.1108.洛维特摘录,克罗齐复述了这一段。见洛维特:《世界历史与救赎历史》,北京:三联书店1993年版,第151页。
④ N.S.,p.342.

后的导师——柏拉图:"证据清楚地证实了以柏拉图为首的那派政治哲人的立场……"①

如果说,谈论伊壁鸠鲁派与斯多亚派就意味着马基雅维利、霍布斯与斯宾诺莎,那么谈论柏拉图就意味着维柯本人。从中可以清楚地看到,提出天意只是为了指导人的立法。天意本是作为立法者的政治哲人的教诲。立法必定从宗教开始,教育必定从虔敬(Piety)开始。似乎与柏拉图以"神"这个词开始《法律篇》相呼应,维柯为整部《新科学》安排了一个真正的古典政治哲学的尾声:"综上所述,……本科学与对虔敬的研究不可分,一个不虔敬的人,就不可能是真正有智慧的。"②

四、立法智慧、政治哲学及其新神话

难道现代政治哲学家们不正是摆脱了宗教臆想、从人之自然开始构造法律与契约的吗?为什么一定要站在古典立场上,从天意开始立法?为什么维柯反复批评无须宗教而仅凭哲学就能建立政治社会这一深合启蒙精神的观点?难道不正是维柯本人在自己的诗学中考证了,古人所谓天神实指某种自然现象,而初民之所以需要、拥有宗教乃因其凶暴、愚昧?然则启蒙了的现代人难道还需要宗教作为政制与法律的基础吗?

维柯对哲学与宗教之关系究竟持何种态度?如果天意概念透露了维柯的意图,那么这一问题就是理解这个意图的关键。为什么在立法事务上必须拒绝排除了天意的自然哲学?让我们回忆维柯的基本视域。在"第七演讲"中他指责现代哲学说:"研究在今天的目标只是真理。"维柯十分清楚,"人大都是愚者,并不受理性支配,而是受任性与命运支配",在政治社会中起决定作用的并非真理(知识),而是人对真理的看法(意见)。对于人这样愚妄凶暴的动物,赤裸裸的真理是有害的。政治社会由理性绝对受制于情—欲的动物所组成。对于这样的动物来说,实话实说是败坏性的,教导纯粹自然真理的哲学当然是有害的。哲学不能忘记自己的教化使命,必须按自己所面对的质料安排教化的修辞:"哲学要对人类有用,就必须提升和指导孱弱与堕落的人,就不得割裂其自然天性或是任其败坏。"③这是对哲学之教育本质的强调,它被维柯以最高的强度称为新科学的"公理"。这条公理是关于哲学的,它表述了政治哲学的基本自觉,引出了政治哲学基本主

---

① N.S.,p.1109.

② N.S.,p.1112.这里必须特别注意,正是柏拉图在《理想国》中用"智慧"取代传统的"虔敬"占据德性之首位。

③ N.S.,p.129.

张。根据这一公理,有政治自觉与教育担当的哲学非但不能抛弃宗教,而且应当认真讲述作为法律"序言"①的神话。否认天意的一切政治学说无法通过教育诱导人性向上,归根结底无法赋予法律真正的正当性。这些政治学说都是"自然哲学"式的,都可归于缺乏政治自觉的前苏格拉底哲学。在维柯看来,只有为了教化之故主张天意存在、灵魂不朽与节制情欲的柏拉图派才称得上政治哲人。这三大主张作为立法的基本原则,乃是政治哲人与立法者的共识。

于此可见,维柯对哲学与宗教之关系的考量有一个政治哲学—立法的双重出发点。无论从政治哲学还是立法的角度看,天意神话都是不可或缺的。那么,进一步的问题自然是,政治哲学与立法是完全一致还是有所差别而彼此贯通? 也就是说,要彻底了解维柯在哲学与宗教关系问题上的态度,就不能不追问他对政治哲学与立法之关系的看法。这个关系是实践哲学的顶峰,政治哲学最后的自我意识。

哲学与立法的差别是相当明显的。哲学是关于自然的知识。即使对于讲述高贵谎言的政治哲学来说,自然知识也是律法神话的前提。在政治哲学看来,"有意撒谎高于无意撒谎"、"知道真相者才有资格撒谎",以自然哲学为前提的神话才是高明的、不会被自然哲人及智者所消解的神话。神话是俗白的,无须教师讲解,只供诗人吟诵。而哲人讲述的神话中则隐约留下了通往自然知识的入口。这个入口对于哲学是如此重要,以至维柯不得不表明,虽然关心凡人的教育,政治哲学归根结底仍然"按人之应然看人",以求"服务于少数人"。② 整个新科学建立在这样一种关于智慧的划分上:政治哲人的智慧是隐微的,而立法者的智慧则是俗白的。法律在政治社会中的作用决定了立法智慧的这一特质。政治社会的质料是大众,大众需要的是法律而非哲学。因而,维柯关于立法的唯一一条公理便是:"立法者就人的实然看人,这是为了将人转变到能在人类社会中发挥好作用。"③

这条"公理"透露了维柯在古—今之间、律法—哲学之间的微妙位置,颇堪玩味。单就其前半句看,维柯是站在马基雅维利以来的现代立场反对古典政治哲学的。该公理的后半句则表明,维柯从未放弃古典政治哲学的最高目标:善(好)。就其实然看人,正是为了人能在政治社会中达到其应有的"善(好)"。这就是说,实然的目标是应然。我们知道,现代政治哲学同时降低了政治的基础与目标。与此不同,维柯的立法是从较低的基础

①　法的"序言"或者说"序曲"是柏拉图的提法,参见柏拉图:《法律篇》768e。
②　N.S.,p.131.
③　N.S.,p.132.

（人之实然）出发达到较高的目标（人之应然）。人之实然是其"从古到今都有三种邪恶品质：残暴、贪婪与野心"，人之应然则是被立法者所塑造的武士、商人与政治家的三种对应德性：勇敢、节制与明智。不可忽视，维柯这里所谈的邪恶与善好，是遍赅古今的。换言之，维柯非常清楚，对于立法智慧来说不存在什么古今之争。古典政治为人树立的较高目标并不就是"臆想的乌托邦"。立法智慧超越了实然—应然的简单对立，也超越了政治哲学的古今之争。人的实然本就含有应然之可能，这种可能性从自然的角度看是自由，从神话的角度来说则是天意对人的帮助，而神话的角度是立法智慧与政治哲学所不可或缺的。对这一点的真正证明源于该公理自身。与《普世法权》不同，在《新科学》第三版中，天意概念居于低于公理的定理地位，而有关天意的定理正是附属于有关立法公理的唯一定理。这就是说，正是立法证明了天意而非相反："这条公理证明了存在着神圣天意，进而证明了这神圣天意就是神圣的立法心智。"①

可以确定，人之所以能够形成政治社会，乃因其自然中即包含了社会性，也就是说，人之品质终能被从邪恶中挽救出来发挥其特定的好处。将孤立凶暴的人组成社会，这是立法的最终成就。立法之能达到这一成就，正依赖于将人性转恶为善。而制服凶暴者的唯一有力手段就是宗教。② 因此立法的精神必然蕴涵着对天意的主张。立法者必定同时是立教者，用维柯的话说，是神学—诗人。

很清楚，在天意存在与人当向善这两方面，立法技艺与政治哲学完全一致。但同样清楚的是，立法智慧是起源—统治，远较哲学智慧古老。立法无须政治哲学就早已蕴含着这些主张，那么新科学为什么还要通过政治哲学来引出并论证立法固有的天意神话？新科学自己的立场何在？从表面上看，作为立法智慧之自觉，新科学明快、决然地划清了俗白智慧与隐微智慧的区别。就一般知识门类作出这样的划分早在亚里士多德时代就有了，但在立法问题上给出这样的划分则显示了维柯特有的意图，即悬置一切哲学对立法智慧的猜测，直接从古代史料出发阐释作为神学诗人的立法者本身的智慧。现代自然法学说的基础是自然观。鉴于发现自然正是哲学的根本任务，也可以说正是哲学才使自然法得以可能。对自然法基础的检讨毋宁说正是对哲学本身的检讨。现代自然哲学在律法基础问题上的主张实际上顺应的是哲学自身的态度。即使古典政治哲学，也是将自然哲学作为其隐

---

① N.S., p.133.

② 参见 N.S., p.177。

微教导安排在天意神话背后的。在包括古典政治哲人在内的一切哲人看来，古代立法者倡导的神话实际上也只是他们俗白的教导。指导立法的最终智慧是哲学固有的智慧。这种在立法活动中坚持自然、理性与真理的哲学态度是现代"政治哲学"、现代自然法的根源。而这个态度并非现代哲学特有的。哲学自其诞生之日起，就蕴含了这种态度。这样，检讨自然的基础，首先就意味着将立法技艺从哲学解释中挽救出来，明确其不同于哲学智慧的特性。这就是维柯强调俗白智慧的用意。

所谓俗白智慧即是从众人之实然出发，顺人情、制礼仪，为使众人向善合群而立教、立法的智慧。作为神学诗人，立法者以天意神话感化作为激情动物的人类。可以说，俗白智慧与隐微智慧的区别无非在于，为众人着想还是为哲人着想。在新科学第一卷第三部分，当维柯试图从关于哲人的公理——即哲学必须教育众人的政治公理——转而引出关于立法者的公理时，他提到了政治哲学的隐微本性："哲学按人之应然看人，于是就能服务于少数人，这些人希望生活在柏拉图的理想国里而非罗慕路斯的洞穴里。"①

我们必须注意，维柯十分清楚古典政治哲学（在维柯那里这等于政治哲学，更确切地说是柏拉图式政治哲学）的显白一面。之所以可用"隐微的"来称呼政治哲学的智慧并以此批判现代自然法学说，这正说明政治哲学是有显白修辞的。之所以要强调哲学必须对提升众人之自然负责，这也说明政治哲学是必须有修辞的。之所以可以指出政治哲学与立法者的一致，这更说明政治哲学的修辞就是立法者实际讲述的天意神话——既然如此，维柯为什么要批评柏拉图？

要探明维柯的立场就要检查他对政治哲学的态度，而最能表明这种态度的莫过于他对柏拉图哲学的处理。从《普世法权》到《新科学》，维柯多次在关键之处正面援引柏拉图。正因如此，第一版《新科学》之第一卷第三部分的批评就显得非常引人注目——该部分是此书第三版中多次重复过的那套天意论证的原型。然而，与第三版的类似论证不同的是，在照例赞扬了柏拉图的天意观之后，维柯严肃地批评说，后者犯了不同于政治无神论的另一种错误，即所谓学者的虚骄妄见。他本应当从自己的理念下降到实际的历史起源，却把后者抬高到哲学的境界，用自己的隐微智慧来解释初民律法的那种"蒙昧而野蛮的起源"。这些被柏拉图认为具有隐微智慧的初民立法者实际上只是些"不敬神、未开化的人种"、甚至"只是好奇而凶暴的野兽"。

---

① N.S., p.131.

这一虚妄的结果是,柏拉图而没有去思考上帝在大地上实际安排的永恒国家与永恒正义之法律,而是去臆想理想的国家与理想的正义,以至大大冒犯了常识。

看起来维柯指责柏拉图之处正是新科学不同于古典政治哲学之处。后者混淆了应然与实然、真实与确实、哲人与诗人、哲学与律法。看起来柏拉图的错误无非就是第七演讲中所谓试图从最高真理导出最低真理的"轻率学究"的错误。这之所以是一个错误,乃在于哲学智慧永远无法"导出"神学—诗人的智慧。哲学永远无法包容诗,它只是与之不断争吵而已。

维柯对柏拉图的指责并不意味着新科学未曾包容政治哲学的立场。整个新科学是立法者之俗白智慧的自觉。但所谓自觉,就是知道自己只是俗白的,天意云云只是想象的产物。而这就已经以自然知识及其隐微智慧为前提了。可见俗白智慧的自觉并非俗白智慧,而正是隐微智慧。维柯是政治哲人,不是神学诗人,因为他知道后者所谓天意只是自然现象。维柯是政治哲人,不是自然哲人与政治无神论者,因为他同样论证了天意的存在。维柯是新的政治哲人,不是古典形态的政治哲人,因为他建立天意神话的方式与后者完全不同。维柯是从历史与人意的绝对差异中,从历史不以人意为转移的演化—重演之法则中引出天意的。维柯是一个讲述新的天意神话的古典政治哲人。

在这个意义上,我们不能被他对柏拉图的指责所误导。这很大程度上是为了引出罗马民族自己的立法者。而这些立法者,以西塞罗为代表,都是以柏拉图为师的。柏拉图有云,国家是建立在高贵谎言之上的①,而有意撒谎者高于无意撒谎者,知道真相者才有资格撒谎②,法律以诗人的神话为序言。③ 正是维柯对柏拉图的深刻了解赋予了他批评,或者说发挥后者学说的资格。无意撒谎的诗人时代早已过去。新科学是诗学而不是诗艺。新科学夺取了诗的法律序言的地位,将之转而赋予了历史。早在撰写《新科学》近 20 年前,维柯就清楚地指出,只有历史是无须教师的俗白科学。从阿喀琉斯、亚历山大与恺撒的例子中能够清楚地发现历史的教育作用。第一位是诗中的英雄,而后两位则是史书中的英雄。也许维柯是在暗示,只有历史才继承了诗,是古典政治哲学在现代的显白修辞。有了这个修辞,古典政治哲学也许就可以被称为现代政治哲学了吧。

综上所述,我们不能从思想史上的效果或者影响去判断思想的本意。

---

① 参见柏拉图:《理想国》414b-c。
② 参见柏拉图:《小希庇阿篇》367c。
③ 参见柏拉图:《法律篇》890b 以下。

相反,理解与评判思想之效果的唯一恰当标准是思想的意图,以及这意图背后的整个问题情境。通过本章的研究,我们大体可以确定,从根本上说,引导维柯整个思想兴趣的完全不是笛卡尔以降的近(现)代形而上学问题(知识的确定性、主体与客体的关系等等)。这并不意味着,维柯是一个脱离自己时代的学究式人物。恰恰相反,维柯之所以没有被17世纪形而上学乃至整个近(现)代哲学的问题意识所支配,这正是因为他深切了解并彻底估量了文艺复兴以来的新时代的基本问题意识。这个问题意识的实质就是现代性。按照维柯的诊断,现代性在问题意识上对哲学的影响表现为这样几种彼此相扣的后果:第一,哲学将对自然的研究作为自己的首要任务,这种研究首先必须撇开基督宗教关于创世、造人、立法的一系列神话,继而将神意驱逐出了自然界,在哲学问题域中只剩下孤独的自我与盲目的自然彼此相对,最终导致“主体与客体之关系”成为最重要的哲学问题。作为经院哲学亚里士多德主义的激进后果,近(现)代哲学将理论哲学而非实践哲学当作头等重要的哲学分支。严格说来,关于人的科学在笛卡尔传统的近(现)代哲学中是找不到正经位置的。第二,作为第一种后果的延伸,在霍布斯传统的近(现)代实践哲学看来,对于人世的立法必须以自然哲学而非传统神话为前提。人性学说附属于关于万有的自然哲学。第三,按照17世纪哲学的观点,人的自然归根结底是欲望、激情以及处于从属地位的理性推算能力,而这些要么是偶然存在的,要么是受自然界的整体规律决定而存在的。最后,人的律法应该是以哲学的自然学说为基础的自然法。而这种自然法的最终根据要么是偶然,要么是命运。总之,“正当性”归根结底只是约定而已,在自然上真实存在的无非是一些盲目的物理力量。这就是说,按照17世纪哲学的观点,人世的律法和万物一样,严格说来最终是只有原因而无理由的。

我们知道,18、19世纪哲学是以倡导“自由”概念来克服这个正当性危机的。“自由”意味着自我,意味着自我意识与自我设定,意味着人的自我立法是律法的正当性根据。当20世纪哲学最终把这个根据揭示为偶在的决断,揭示为深渊也就是无根据(Abgrund)时,这就应验了维柯的判断:偶然与命运全都没有资格充当律法的正当性根据。维柯的全部诊断其实只有一句话:推到极点的现代性就是律法(nomos/ius)不再可能,就是消解传统、无法无天、普遍战争。在这个基本的问题情境下,维柯的所有工作只有一个目标:为新罗马重新论证(justify)律法。

“重新论证律法”正是柏拉图政治哲学,也就是说古典实践哲学的基本任务。维柯在笛卡尔—霍布斯传统下的处境也正是苏格拉底、柏拉图面对阿那克萨戈拉—德谟克利特式自然哲学的基本处境。智者们把前苏格拉底的自然哲学的结论引申至人世也就是政治领域,强调自然与律法(约定)的对立,公然怀疑、否定神话、"败坏青年",威胁了城邦生活的传统根基。政治哲人与智者们的区别不在问题意识上。苏格拉底—柏拉图哲学是在与智者们的论争中成熟起来的,这正说明他们之间的问题是共同的,全部区别在于解说、解决问题的方式。自然与律法的关系是全部政治哲学的最基本问题。就这个问题本身而言不存在什么"古今之争"。"古今之争"的前提恰恰是以某种方式解决或遮掩这个问题。处于现代性中的"今人"试图通过强调或者说宣讲自然以抹杀律法的既定性(用维柯的说法,确实性),从而遮掩这个问题的基本性。在这个意义上,近(现)代"政治哲学"无非是前苏格拉底自然哲学(在人事领域,这就是智者之智术)的回归而已。维柯对17世纪乃至整个近(现)代哲学的首要贡献就是打掉了现代人的无知傲慢,恢复了自然—律法这个基本关系的原始地位,从而在问题意识上实现了向古典政治哲学的返转。

返转并非意味着在问题解答上照搬古典政治哲学的律法修辞。如果说维柯对近(现)代哲学的贡献在于逼出政治哲学基本问题的话,那么他对古典哲学本身的贡献则是给予这个基本问题一个与时而化、因势利导的解决:在一个知识扩张为"科学"以至于每个人都有权利乃至有义务"运用他自己的理智"的时代按照古典政治哲学的用意设计了一套"新"的修辞——律法神话。所谓政治哲学就是让自然与律法、"知识与信仰"各就其位的哲学。律法的前提既不可能是物理学式的自然观点,也不可能是新教式的自由观点。谁想运用科学的自然观或者新教的自由观去引出律法,只能适得其反地毁灭律法。正如柏拉图反复教导的,律法只能源于神,律法的"序言"只能是神话,公民的灵魂教育只能是诗人的神话—音乐教育。然而,在一个以自然科学为自然观之典范的时代里,如何才能重写神话呢?维柯对此做了三次努力,或者说他为了律法书写过三种关于天意的神话。在《论意大利人最古老的智慧》(《拉丁语源论》)中,维柯试图像后来德国古典哲学所做的那样书写自然神话,即直接阐释自然界中的精神以夺取近代科学在自然解释上的至尊地位。这项工作并没有达到预期的目的。于是维柯转向人之自然,在《普世法权》中他试图从天意在人性中的体现——理性出发引出整个普世律法。由于理性与天意的矛盾(这个矛盾体现为哲人之自然神学与立法诗人之公民神学的冲突),归根结底由于哲学与诗的争论,这项工作——我们可以称之为理性神话——是不可能成功的。立法者之所以必须书写神话,正因为需要被给予律法者之理性不够发达。也就是说,实际存在的律法必定是诗人的而非哲人的作品。诗教传统面对的必定是非理性的对象。于是维柯必须从更低的起点开始。

历史神话始于人的畏惧之情,终于超越人之意图的历史规律。通过历史论证天意,通过天意论证律法,这就是"新科学"的全部意图。这个意图从前半部分看起来似乎是"历史哲学的",但就其整体而言完全是政治哲学的。"新科学"中被现代的思想史学者认为"历史哲学"的东西正是政治哲学为重新论证律法所写的"历史神话"。如果我们把维柯在思想史上的脉络追溯到柏拉图《法律篇》,而非像洛维特那样追溯到《圣经》,那么这个误解在一定程度上是能够消除的。然而这个误解也许正是维柯所期待的——还有什么别的神话比"哲学"更加完美呢?

拓 展 阅 读

一、必读书目

1. Verene, D., *Vico's Science of Imagnation*, Cornell University Press, 1981.

2. Vico, *Universal Right*, trans by Giorgio Pinton and Margaret Diehl, Amsterdam Atlanta GA, 2000.

3. Vico, *On Humanistic Education*, trans by Giorgio Pinton and Arthur Shippee, Cornell University Press, 1993.

4. Vico, *On the Most Ancient Wisdom of the Italians*, trans by Palmer, L, M, Cornell University Press.

5. Vico, *Selected Writings*, edited and translated by Leon Pompa, Cambridge University Press, 1982.

6. Vico, *The First New Science*, ed. and trans by Leon Pompa, Cambridge University Press, 2002.

7. Vico, *The New Science of Giambattista Vico*, trans by Thomas Goddard Bergin and Max Harold Fisch, Cornell University Press, 1970.

8. Warrender, Howard, *The Political Philosophy of Hobbes: His Theory of Obligation*, Oxford, 1957.

二、参考书目

1. [意]维柯:《新科学》,朱光潜译,北京:商务印书馆 2012 年版。

2. [意]维柯:《论意大利最古老的智慧:从拉丁语源发掘而来》,张小勇译,上海:上海人民出版社 2013 年版。

3. [意]维柯:《论人文教育》,王楠译,上海:上海三联书店 2007 年版。

4.《维柯著作选》,陆晓禾译,北京:商务印书馆 1997 年版。

5.[意]贝奈戴托·克罗齐:《维柯的哲学》,陶秀璈、王立志、[英]R.G.柯林伍德译,郑州:大象出版社,北京:北京出版社 2009 年版。

6.汪堂家、孙向晨、丁耘:《十七世纪形而上学》,北京:人民出版社 2005 年版。

7.[美]里拉:《维柯:反现代的创生》,张小勇译,北京:新星出版社 2008 年版。

8.刘小枫、陈少明编:《维柯与古今之争》,北京:华夏出版社 2008 年版。

第五章　苏格兰启蒙运动及其哲学

周　晓　亮

苏格兰启蒙运动主要是在18世纪进行的,它是一次引人瞩目的理智繁荣,是对西方文化有重大意义的事件。

——A.布罗迪:《剑桥指南:苏格兰启蒙运动》,"序言"

某些行为对人有一种直接的善;或者说,凭借一种我称之为道德感的高级感觉,我们在沉思他人的这种行为时知觉到快乐,并被决定了去爱行为者,而不考虑此外从这些行为中得到任何自然的利益。

——哈奇森:《美和德观念的起源研究》,"序言"

常识是我们能与之交往和处理事务的人共同具有的那种程度的判断……常识的唯一职能就是判断自明的事物,因此它的全部领域都与理性相合,它只是某一程度理性的另一个名称。

——里德:《人类理智能力论》,"第六论",第二章

苏格兰启蒙运动是英国"光荣革命"后在苏格兰出现的一次大规模的思想文化运动,它主要起因于苏格兰与英格兰合并而带来的社会进步,表现了在新形势下苏格兰对于发展思想文化事业的强烈追求和由此取得的巨大成就。由于社会条件的不同,苏格兰启蒙运动与法、德等国的启蒙运动有十分不同的特点。苏格兰启蒙运动中的哲学思想主要是以哈奇森为代表的情感主义伦理学和以里德为代表的常识哲学。前者强调情感对于道德判断和道德行为的决定作用,提出了以"道德感"为核心的系统理论;用利他主义的道德观反对以霍布斯为代表的利己主义道德观,并进而提出了"为最大多数人谋取最大幸福"的功利主义原则。后者在批判"观念论"的基础上,试图用常识原则来克服经验主义中蕴含的怀疑主义因素;在对人的认识活动的探讨中,虽然承认经验是知识的源泉,但过多强调人心中固有的天赋能力和直觉的作用,表现出某种理性主义的倾向。两种哲学在各自的领域都产生了广泛的影响:前者在休谟和亚当·斯密那里得到了继承和发展,后者则为众多苏格兰哲学家所追随,形成了著名的"苏格兰常识学派"。

在此，我们应注意把握以下几点：

（1）由于社会环境和条件的不同，苏格兰启蒙运动在起因、宗旨、进程、结果等方面与法、德等国的启蒙运动有很大不同，应予以明确的区分，由此也有助于加深理解苏格兰启蒙哲学的特点和倾向。

（2）虽然以情感主义伦理学和常识哲学为代表的苏格兰启蒙哲学表现出明显的地域性特征，但它们并未脱离西方哲学发展的主流：一方面，它们都坚持英国经验主义的基本原则，将经验看作一切知识的源泉，另一方面，它们又借鉴大陆理性主义的原则和方法，强调人类天赋的内在结构和能力，表现出将经验主义与理性主义融会贯通的倾向。

（3）情感主义伦理学从情感入手探讨人的道德本性，遵循了霍布斯通过人性研究道德问题的思路，但两者的观点是针锋相对的：情感主义伦理学强调人的社会性和仁爱本性，坚持利他主义的道德观，反对霍布斯等人的人性自私和利己主义的道德观。情感主义伦理学表现出英国资本主义上升时期的社会道德取向，哈奇森提出"为最大多数人谋取最大幸福"的功利主义原则不是偶然的。

（4）常识哲学是苏格兰启蒙运动的主流哲学，它首次将常识上升为重要的哲学论题并将其系统化。它的重要意义不仅在于反对怀疑主义，更在于它为后来哲学认识论的发展提供了一个可资借鉴的思路。它表明，要获得可靠的科学知识，不但应当坚持一切知识来源于经验的原则，还应当诉诸人类内在固有的认识源泉。尽管常识哲学在理论上不够深刻，但在这一点上，它与康德批判哲学的取向是一致的，因此应当予以充分的重视。

苏格兰启蒙运动；苏格兰与英格兰的合并；情感主义伦理学；内感觉；道德感；仁爱和自爱；"为最大多数人谋取最大幸福"；同情；良心；观念；"观念论"批判；感觉和知觉的区别；直觉与"提示"；常识；常识原则

苏格兰启蒙运动是18世纪初在苏格兰兴起的一次规模宏大的思想文化运动，其时间跨度大致与法国和德国的启蒙运动相吻合。虽然在总体上我们可以将苏格兰启蒙运动看作整个欧洲启蒙运动的组成部分，但正如各国的启蒙运动都因其各自的环境、条件和思想传统而具有不同的特点一样，苏格兰启蒙运动的缘起、宗旨、进程和实际结果均呈现出与其他启蒙运动大不相同的面貌。作为一个文化运动，苏格兰启蒙运动涉及的范围十分广泛，在各个领域都取得了举世瞩目的成就，但其思想核心仍然是哲学：在实践哲学方面主要以哈奇森等人的情感主义伦理学为代表,在理论哲学方面主要以里德创立的常识哲学为代表。

第一节　苏格兰启蒙运动

英国是近代启蒙思想的发源地之一,英国的启蒙运动首先出现在资本主义发展比较成熟的英格兰地区。弗朗西斯·培根是启蒙思想的先驱者,彻伯利的赫伯特、剑桥柏拉图主义者、霍布斯以及后来的理神论者都是英格兰启蒙运动中的思想家,而洛克的学说和理论则代表了这一运动发展的最高成就。

洛克之后,随着1688年"光荣革命"的完成,英格兰的启蒙运动逐渐趋于平静,欧洲启蒙运动的中心转移到法国。但这并不意味着这个岛国上的启蒙运动已经完成使命、寿终正寝。因为在英国北方的苏格兰,一场声势浩大的文化启蒙运动才刚刚孕育开始,在18世纪中期达到高潮,并一直延续到19世纪初。在这场运动中,苏格兰文化和科学界呈现出前所未有的繁荣景象,在哲学、经济学、历史学、社会学、文学、艺术、建筑学、自然科学各方面都取得了惊人的成就,涌现出众多的杰出人物。这些人中包括:古典政治经济学的创始人亚当·斯密(Adam Smith)、重商主义的后期代表詹姆斯·斯图亚特(James Stuart)、社会学的创始人亚当·弗格森(Adam Ferguson)、近代编史的开篇者威廉·罗伯逊(William Robertson)、著名文学家、诗人沃尔特·司各特(Walter Scott)、对美国的文学语言有重要影响的修辞学家休·布莱尔(Hugh Blair)、画家阿兰·拉姆齐(Allan Ramsay)、建筑学家罗伯特·亚当和詹姆斯·亚当兄弟(Robert and James Adam)、近代地质学的奠基人詹姆斯·赫顿(James Hutton)、以发现二氧化碳和提出潜热说而闻名的化学家约瑟夫·布莱克(Joseph Black)、瓦特蒸汽机的发明者詹姆斯·瓦特(James Watt)等,以及弗兰西斯·哈奇森(Francis Hutcheson)、亨利·霍姆(Henry Home)、大卫·休谟(David Hume)、托马斯·里德(Thomas Reid)、杜阁尔德·斯图尔特(Dugald Stewart)等一批哲学家。在苏格兰这样一块狭小地域上,在不长的时期内,出现了这么多举世瞩目的优秀人物,取得了如此辉煌的学术成就,这在历史上是不多见的。苏格兰成为18世纪英国文化繁荣的中心,苏格兰的首府爱丁堡被誉为"大不列颠的雅典"。

可是,与苏格兰启蒙运动的辉煌成就形成反差的是,在西方思想史上,与法国和德国的启蒙运动在其发展过程中即受到高度关注不同,作为一个特定思想文化现象的苏格兰启蒙运动长期以来未受重视。"苏格兰启蒙运动"（Scottish Enlightenment）一词迟至 1900 年才由威廉·罗伯特·斯考特（William Robert Scott）首次提出,①而后学界对这一概念鲜有论及,对是否存在这样一个"运动"也多有疑问,甚至苏格兰的大学也基本不开设关于哈奇森、里德等启蒙哲学家的课程。这一情况直至 20 世纪 60、70 年代才有了改变,主要由于苏格兰学者的推动,并得到各国学者的积极响应和参与,逐渐掀起了对苏格兰启蒙运动研究的热潮,至今方兴未艾。这些研究涉及苏格兰启蒙运动的起因、条件、范围、特点、思想成就、代表人物、发展过程、历史影响等方方面面,并由此确立了苏格兰启蒙运动在整个西方启蒙运动发展中的重要地位,肯定了它所取得的巨大成就。苏格兰启蒙哲学也作为西方哲学史上不可或缺的必要环节而受到关注。

　　苏格兰启蒙运动之所以长期未受重视,其中一个重要原因是它与法、德等国的启蒙运动有很不相同的表现,使人们起初不把它当作启蒙运动看待。比如,按照康德的论断,启蒙运动的目的就是要用"意志"、"决心"和"勇气"来打破各种限制,达到"公开运用理性"的"思想自由"。从原则上说,康德的论断普遍适用于法、德等国的启蒙运动,尽管在具体情节上有所不同。但这一论断不适用于说明苏格兰启蒙运动,因为在当时的苏格兰,康德设定的启蒙目标已经实现,苏格兰人已经充分享受到法、德启蒙思想家梦寐以求的"思想自由",以致休谟可以不无自豪地说:"我们可以向公众告知我们想说的任何想法,可以公开谴责国王或大臣们提出的每一项法案,没有什么事情比我们享有的这种极端自由更让外国人惊叹的了。"②

　　苏格兰启蒙运动的不同表现与它发生的历史背景、社会条件有密切关系,在某种意义上,苏格兰启蒙运动正是它所处的历史和社会环境的产物。

　　在历史上,苏格兰和英格兰是两个互相独立的国家,一条传统边界线将两国分开。与英格兰相比,苏格兰多山、高寒,自然环境恶劣。在英国资本主义的早期发展中,不论在政治制度变革、经济发展、海内外贸易、殖民地拓展等任何方面,苏格兰都远远落后于英格兰。尤其在"光荣革命"后,英格兰政局稳定,经济繁荣,海外扩张迅猛,这些都对苏格兰产生了强烈的示范作用。虽然受民族自尊心和独立意识的驱使,苏格兰人曾试图凭一己之力

---

① 参见 W.R.斯考特:《弗朗西斯·哈奇森:他的生平、学说及其在哲学史上的地位》（*Francis Hutcheson: his Life, Teaching and Position in the History of Philosophy*）, Cambridge University Press, 1900,第 265 页。

② Hume, *Essays and Treatises on Several Subjects*, vol. I., "Of the Liberty of the Press", London, 1742, p.20.

发展经济,但屡屡受挫。① 在此情况下,经过激烈的争论,苏格兰的统治阶层和知识精英逐渐形成了一个共识:与英格兰合并,在英格兰的带动下迅速摆脱政治和经济的落后状态。1707 年,经过英格兰和苏格兰议会的分别讨论同意,两国于同年 5 月 1 日正式合并。此后,英格兰和苏格兰不再是两个独立的国家,而是成为"大不列颠联合王国"的组成部分。

　　1707 年的合并是苏格兰历史上具有深远意义的重大事件,给苏格兰社会带来了翻天覆地的变化。在政治上,合并加强了苏格兰与英格兰的联系,逐渐改变了苏格兰人长期以来的政治保守倾向,使资产阶级革命的成果在苏格兰得到实现和加强;②在经济上,由于合并后国内大市场的形成和英格兰经济发达地区的带动,苏格兰的工商业出现了前所未有的发达景象,借助英格兰广阔的海外市场和强有力的贸易手段,苏格兰的海外贸易也兴旺起来。而这一切又在而后到来的工业革命的推动下得到更加迅猛的发展。与政治和经济变化相伴随的是思想文化环境的宽松和自由,其中最突出地表现在宗教方面。合并以后,在苏格兰采取何种宗教形式的问题上有主教制和长老制两种选择。③ 英国政府选择了长老制,放弃了主教制,并要求苏格兰教会必须实行宗教宽容,不允许宗教极端分子掌握教会权力。经过这样的改造,苏格兰教会大力推行基督教"温和主义"(moderatism),成为当时欧洲最宽容的教会。法、德等国启蒙思想家都把反对宗教思想禁锢和教会迫害作为首要任务之一,而苏格兰思想家则无此迫切要求,因为教会的宽容已经使他们的思想表达有了充分自由的空间,而且教会的许多领导人本身就是世俗学者或启蒙运动的参与者。④ 在某种意义上可以说,苏格兰教会的宽容政策是苏格兰启蒙运动得以兴起的最重要条件之一。

　　在教育方面,合并后的苏格兰积极进行教育改革,创造了良好的教育环境。比如,苏格兰的大学合理调整课程配置,既注意根据科学发展开设新知识课程,又注意继承和发扬重视古典文化教育的传统,较好地保持了两者的

---

① 例如,17 世纪末,苏格兰为拓展海外贸易,实施"达连计划"(Darién scheme),打算在达连湾的巴拿马地峡建立殖民地,后遭到失败,使投入巨资的苏格兰贵族几乎全部破产。

② 虽然在法国和詹姆斯党人的发动下,1715 年和 1745 年分别出现了主要由高地人参加的以恢复旧制为目的的反英起义,但很快被镇压下去了。在此过程中,苏格兰各阶层民众表现出对新制度的普遍拥护和支持。

③ 主教制由主教任命一切教职人员,以主教为主体来统辖和管理所属教会,决定一切教会事务和施行圣事,因此往往有宗教专制的极端倾向。长老制由从事世俗职业的教徒担任教会领导,经教徒选举产生,专职牧师由全体教徒授权长老聘任,管理日常事务,因此有较多的民主色彩。

④ 例如,前面提到的亚当·弗格森、威廉·罗伯逊、休·布莱尔既是杰出的启蒙思想家,也是苏格兰教会的牧师、宗教温和主义者。罗伯逊后来任丁堡大学校长。

平衡。苏格兰编写的教材不但在英格兰使用,而且也在欧美其他许多国家使用。尤其是苏格兰较早放弃了大学教育中传统的"导师制",采用了从荷兰引入的先进的"专业教授委任制",①使苏格兰教育在相当一段时间内走在了英格兰的前面。在学术活动方面,与其他国家相对个体化的研究活动不同,苏格兰形成了广泛社会性的特点。苏格兰思想家不必像他们的法国同行们那样秘密聚会于文化"沙龙",而是公开活跃在各种有组织的专业学会和社会团体中,②在那里,他们可以无拘无束地表达思想、进行论辩和展示学术成果。哈奇森、休谟、亚当·斯密、里德等人的一些著作在发表前都曾在学会上宣读过。正如有人在谈到苏格兰哲学的发展情况时说,苏格兰哲学是"苏格兰哲学研究的长期传统的继续,这项工作是由互相认识的一些人做的,对他们来说,哲学研究是一项社会活动,是某种面对面的、或通过书信或印刷品来讨论的事情。"③而这种有序的、社会化的研究方式,对于推动学术发展,使之形成规模、扩大影响是十分有益的。

　　正是由于上述独特的历史背景和社会环境,使苏格兰启蒙运动呈现出与法、德启蒙运动很不相同的面貌。苏格兰启蒙思想家对自己国家的现状和进步有高度的认同感和自豪感,对它的未来发展充满了乐观的期待,他们具有强烈的使命意识和历史意识,把自己从事的事业看成是推动社会进步、创造人类历史的伟大事业。"这是历史的时代,我们是历史的人。"④休谟的这句话真切地表现了当时启蒙思想家的思想状态。如果说法、德启蒙运动的主要任务是要为即将诞生的资本主义制度的造舆论、发预言、做论证,那么,苏格兰启蒙运动就是要为一个已经确立的资本主义制度及其未来发展唱赞歌、绘蓝图、做说明。如果说法、德启蒙运动的最终结果是导致革命或对旧制度的彻底变革,那么,苏格兰启蒙运动则追求对新制度的推进和完善。或者说,苏格兰启蒙运动的主题是"渐进的社会进步",而不是"颠覆性的革命";是建构和完善现代的"公民社会",而不是对现存制度的"彻底更新"。鉴于以上特点,并与其他的启蒙运动相区别,我们可以做如下界定:苏格兰启蒙运动是资本主义制度在苏格兰确立之后,由于社会的解放和相

---

① "导师制"(the traditional system of "regents" or generalist tutors)是指由教师一对一指导学生包括生活在内的各方面学习;"专业教授任命制"(specialized professorial appointments)是指任命教师或教授担任某一专业教席,使之能集中精力于该专业的教学和研究,以有利于提高教学质量和引起学生兴趣。这一制度尤其对确保逻辑学、形而上学、道德哲学等抽象学科在教学中的地位有重要意义。

② 影响较大的有文化各界重要人物参加的"上流社会"、爱丁堡哲学会、格拉斯哥文学会等。

③ Alexander Broadie, *A History of Scottish Philosophy*, Edinburgh University Press, 1988, p.5.

④ Hume, *The Letters of David Hume*, 2 vols. edited by J.Y.T.Greig, Oxford, 1932, p.230.

应的思想解放而带来的理智能量和文化热情的充分涌现,是伴随着进步的社会变革而出现的一次文化繁荣。①

　　虽然苏格兰启蒙运动在思想文化的各个领域都有卓越的表现,但它的思想核心仍然是哲学,以哈奇森的情感主义伦理学和里德的常识哲学为主要代表。哈奇森是苏格兰启蒙运动的思想领袖,由于他对欧陆自然法学说的引进以及对道德感理论的完善和发展,使他成为当时最有影响的思想家。里德的主要建树在理论哲学方面,他创立的常识哲学以及由此形成的常识学派成为当时苏格兰哲学的主流,以致后来的哲学史家一致把常识哲学看作18世纪苏格兰哲学的代表,甚至称苏格兰常识学派是"18世纪不列颠哲学中唯一真正的哲学派别"。②

　　如同任何哲学思想或流派都有其发生、发展的思想来源一样,苏格兰启蒙哲学也不例外。大致而言,除了深厚的古代哲学素养和对苏格兰本土思想的传承外,其思想来源主要有以下几个方面:

　　(1)格老秀斯(Hugo Grotius)和普芬道夫(Samuel Pufendorf)的自然法理论。这一理论由哈奇森等人引进苏格兰并广泛宣传,产生了很大的影响,与苏格兰政治哲学和道德哲学的发展有密切联系。尤其是格老秀斯将神权和人权严格区分开,坚信人的理性能力,强调从人的理智本身发现自然法的来源,这一基本思想为苏格兰哲学家与神学决裂、关注人性本身提供了动力。

　　(2)以牛顿力学为代表的实验科学。苏格兰启蒙思想家有一个普遍的共识,即认为牛顿力学为其他一切科学树立了样板,一切科学都可以按照实验科学的方式进行改造,通过观察和实验发现各自学科的规律,获得普遍有效的真知识。他们强调,在本质上,研究人性规律与研究自然规律是一致的,用自然科学的方法来研究和发展精神科学是他们义不容辞的使命。与此相联系,他们赞赏弗兰西斯·培根对归纳法的研究,将归纳法作为发现科学真理的重要方法。

---

①　至于苏格兰启蒙运动的起止年代,考虑到它与1707年英格兰和苏格兰合并的密切联系,人们一般把那一年看作是苏格兰启蒙运动的政治起点,而将哈奇森的主要著作《美和德观念的起源研究》发表的1725年看作是它的学术起点。对于苏格兰启蒙运动的终止年代尚存争议,一般认为是18世纪末或19世纪初,也有人认为一直延续到19世纪中期。

②　*The Cambridge History of Eighteenth-Century Philosophy*,edited by Knud Haakonssen,Cambridge University Press,2006,pp.55-56.曾任美国普林斯顿大学校长的苏格兰哲学家詹姆斯·麦克什(James McCosh,1811—1894)在其著作《苏格兰哲学》(*The Scottish Philosophy*,1875)中首先将"常识哲学"称作"苏格兰哲学"。在西方哲学文献中,"苏格兰哲学"(Scottish philosophy)与"苏格兰常识哲学"(Scottish philosophy of common sense)在专指的意义上可以通用。

（3）以洛克、贝克莱为代表的经验主义哲学。在某种意义上,这是苏格兰哲学家获取理论素材最直接、最主要的来源。苏格兰哲学家对英国经验主义的发展密切关注,他们本人也大都是经验主义者。他们遵循经验主义的基本原则,认为人的一切知识都来自于经验;他们乐于接受洛克等人对经验种类的基本划分,并将其作为研究的一个起点;他们欣赏经验主义的心理分析方法,并将它运用到自己的学说中去。

（4）以笛卡尔为代表的理性主义思潮。这一思潮是较早进入苏格兰的大陆思潮之一。在坚持经验主义原则的同时,苏格兰哲学家看到了经验主义的局限,即经验推理缺乏确实必然性的保证。他们试图从理性主义的原则中寻找解决的办法,而其中最主要的就是诉诸人性结构中固有的成分或先天的源泉:在哈奇森就是"道德感",在里德就是"常识原则"。而对经验主义原则的这一偏离,恰恰成为苏格兰启蒙哲学的一个显著特色。

（5）以莎夫茨伯利（Shaftesbury）、孟德威尔（Bernard Mandeville）、巴特勒（Joseph Butler）、克拉克（Samuel Clarke）等人为代表的道德哲学思想。这些道德哲学家沿着霍布斯从人性入手研究道德问题的路径,并与经验主义和理性主义的原则相结合,提出了各具特色的理论观点。他们的学说不但为苏格兰启蒙思想家提供了丰富的思想资料,而且深刻影响了后者的论域范围和发展方向。这一点,从哈奇森等人的情感主义伦理学中可以十分明显地看到。

最后,还需要说一下休谟。休谟是苏格兰哲学家,他的主要哲学活动在苏格兰。按以上所说,休谟在苏格兰启蒙哲学中的地位显然被贬低了。实际的情况是:虽然休谟是苏格兰启蒙运动中有重要影响的思想家,但在当时他主要是作为经济学家、历史学家、道德哲学家和政治评论家的面目出现的,而对于他的主要哲学贡献认识论,却往往受到轻视和排斥。因为在主流的常识哲学家看来,休谟认识论的主旨是极端的怀疑主义,它颠覆了一切哲学、宗教和德行,与一切真理的知识相反对,与整个社会积极、乐观的建设性倾向格格不入;而且,受哲学发展水平的限制,当时的苏格兰哲学家还不能真正理解休谟的深刻思想,更不能对之做出公正的评价。因此,休谟哲学只是作为被批判的对象而进入主流哲学的视野,仅仅被看成是对洛克经验主义哲学的彻底贯彻,甚至认为它主要属于英格兰的哲学传统而将它排除于苏格兰哲学之外。而对于休谟哲学的真正价值,直至康德批判哲学的出现以及后来实证主义哲学的兴起,才得到高度的重视和积极的评价。本书根据西方哲学发展的内在理路,将休谟哲学主要放在由洛克肇始经贝克莱发展的英国经验论传统中,作为它的终结和完成,并设专章加以论述,是完全恰当的。同时,我们尊重历史的事实,在本章关于苏格兰启蒙哲学的范围内不再赘述休谟的认识论思想及其意义,而将重点放在哈奇森的情感主义伦理学和里德的常识哲学上,也是恰当的。

第二节　哈奇森与情感主义伦理学

弗兰西斯·哈奇森于 1694 年出生在北爱尔兰唐郡的德拉马利戈。1730 年任格拉斯哥大学道德哲学教授,直至 1746 年逝世。他的主要著作有:《美和德观念的起源研究》(*An Inquiry into the Original of Our Beauty and Virtue*,1725)、《论激情和情感的性质和活动;关于道德感的说明》(*An Essay on the Nature and Conduct of the Passions and Affections and Illustrations on the Moral Sense*,1728)、《道德哲学体系》(*A System of Moral Philosophy*,1755)、《逻辑学概要》(*Logicae Compendium*,1756)等。

哈奇森的主要贡献在伦理学方面,他的理论基础是以洛克为代表的经验主义。在讨论道德问题之前,他仿效洛克,首先讨论了知识或观念的起源。他坚持经验主义的原则,同洛克一样认为我们心中的一切观念都来自于感觉和反省。但与洛克不同的是,他将反省也称为感觉,即所谓的"内感觉"(internal senses)。根据他的划分,感觉有两种,一种是"外感觉"(external senses),它们是"对作用于肉体感官的有形物的知觉",[1]在他看来,这种感觉是我们心中观念的最初来源,因为它们是"外界对象一出现并对我们的身体发生作用,我们心中就产生出来的观念。"[2]内感觉也被称为"意识"或"反省能力",它们"首先被提供给纯粹的理智。这种感觉影响到所有的行为、情感和心灵样式,即判断、推理、确信、怀疑、高兴、悲伤、欲求、厌恶、爱、恨、德、恶"。[3] 由于感觉的多样性,不论是外感觉还是内感觉都可以进一步细分,观念有多少种类,就可以分出多少种感觉。于是,我们将外感觉分为视觉、听觉、味觉、嗅觉、触觉五种;将内感觉分为审美感

---

① Francis Hutcheson, *Logicae Compendium*, in *Logic*, *Metaphysics*, *and the Natural Sociability of Mankind*, edited by James Moore and Michael Silverthorne, Liberty Fund, Indianapolis, 2006, p.11.

② Francis Hutcheson, *An Inquiry into the Original of our Ideas of Beauty and Virtue*. edited by Wolfgang Leidhold, Liberty Fund, Inc, Indianapolis, 2004. p.19.

③ Francis Hutcheson, *Logicae Compendium*, in *Logic*, *Metaphysics*, *and the Natural Sociability of Mankind*, edited by James Moore and Michael Silverthorne, Liberty Fund, Indianapolis, 2006, p.12.

（对事物美或丑的知觉）、公众感（对他人的幸福感到快乐、对他人的苦难感到不快）、荣誉感（当他人赞扬或谴责我们的行为时感到快乐或不快）和道德感（moral sense）。按哈奇森所说，道德感指的是"我们心灵的一个决定，使我们在观察到一些行为时，在对这些行为给我们自己造成的利益或损失形成任何看法之前，就得到对这些行为的愉快或不快的观念。正如我们对匀称的形式或和谐的结构感到高兴，而不需要有任何数学知识，不需要在那形式或结构中看到不同于直接快乐的任何利益。"①也就是说，道德感是心灵对道德对象（行为、动机或品格）的"善"或"恶"的知觉，凡是一个道德对象使人感到愉快，它就是善的或有道德的；凡是一个道德对象使人感到厌恶，它就是恶的或不道德的，从而也决定了人们对它的赞成或不赞成。

不过，对于人具有道德感这一关键问题，哈奇森没有给出有效的证明，甚至他自己也认为道德感是"秘密的"，②它的存在并无直接的证据。但他坚信道德感的存在，他根据的是这样一个类比推理：当我们观察到一个外界对象，我们心中就有了这个对象的观念，因而我们一定有接受这个观念的相应感觉；同样，当我们观察到一个道德对象，我们心中就有了关于这个对象的道德观念，因而我们一定有接受这个观念的道德感存在。因此他断言："我们一定有一种对道德行为的知觉。我们可以将接受这些知觉的能力称作道德感，因为它与感觉的定义是一致的，即它是人心不依赖于我们的意志，接受由一个对象呈现于我们而引起的任何观念的决定。"③可是，哈奇森的推理是无效的。因为类比推理要求被类比的对象是相似的，使我们能从一个对象的性质推出另一个对象也有相似的性质。可是哈奇森类比的对象是外感觉和内感觉，两者的情况很不相似。比如，外感觉的发生必须要有眼睛、耳朵等"外部感官"作为接受对象刺激的器官，而我们从未发现有接受对象刺激的"内部感官"的存在，更谈不上内感觉如何借助内部感官而产生。所以，哈奇森关于道德感存在的论断至多只是一个推测，并无客观事实的依据。

总之，在哈奇森看来，作为一种感觉，道德感不是后天培养的，而是与生俱来的，是人性结构的一部分，因此为人们普遍具有。虽然为了避免洛克所反对的天赋观念，哈奇森强调"如同对其他感觉一样，我们并不认为这种道

---

① Francis Hutcheson：*An Inquiry into the Original of our Ideas of Beauty and Virtue*.edited by Wolfgang Leidhold，Liberty Fund，Inc，Indianapolis，2004.p.100.

② 参见 Ibid.，p.92。

③ Ibid.，p.90.

德感以任何天赋的观念、知识或实践命题为条件"①,但根据他的理论,作为一种判断官能,道德感显然是天赋的。这样,哈奇森的观点就与强调"天赋能力"的理性主义观点接近起来。

"道德感"概念不是哈奇森的发明,而是他从英格兰道德哲学家莎夫茨伯利(1671—1713)那里接受下来的。莎夫茨伯利提出了道德善恶由"道德感"决定的观点。他认为,作为有理性的生物,人不但能把外界物体当成情感的对象,而且能通过"反省"将人的行为本身和各种情感也当作心灵的对象,由此产生了一种新的情感,即道德感,它是对一个行为是否符合道德的感觉或感受,道德的"普遍概念"就是在此基础上形成的。不过,莎夫茨伯利的理论既不够明确,也不够系统,哈奇森的一个主要贡献就是根据莎夫茨伯利的设想,发展出一个明确、系统的道德感理论。

道德感以愉快或不快的感觉作为判定道德善恶的标准,那么,何种道德对象使人愉快,何种道德对象使人不快? 哈奇森认为,使人感到愉快的道德对象一定是普遍的仁爱之心和追求社会和公共利益的行为;使人感到厌恶的道德对象一定是自私自利之心和由此引起的破坏社会和公共利益的行为。因而前一种对象是善的,得到道德上的赞成;后一种对象是恶的,受到道德上的谴责。在此过程中,道德感一身而兼二任:一方面它对道德对象进行感知,获得愉快或不快的感觉,另一方面它对道德对象的性质进行判断,做出善与恶的区分。可是,愉快的感觉并非只来自对象的道德性质,比方说,对行为者有利的东西也会使人感到愉快。为了说明何种对象才是道德感的对象,哈奇森区分了"道德善"和"自然善"。"道德善"是指即使我们不能从中得到利益,仍对其感到愉快和赞许的品质,比如忠实、诚信、慷慨、仁慈等;"自然善"是指能给拥有者带来好处或利益的东西,比如,房屋、土地、健康、力量、睿智等。虽然两者皆称之为"善",但我们对于两者及其拥有者的感受是大不相同的:"我们将发现,我们必然会热爱和赞许拥有前者的人,而拥有后者的人完全不能博得我们的爱,反而往往会引起嫉妒和憎恨的情感。"②在这里,哈奇森实际上强调,道德感指向的是高尚的美德,肉体感觉指向的是个人的利益,对两者不能混淆,因为混淆了两者,也就混淆了道德的区分,那样一来,"我们对一块肥沃土地或宽敞居所的欣赏和热爱,

①　Francis Hutcheson:*An Inquiry into the Original of our Ideas of Beauty and Virtue*.edited by Wolfgang Leidhold,Liberty Fund,Inc,Indianapolis,2004.p.100.

②　Ibid.,p.85.

就会与我们对仁慈的朋友或任何高贵品格的欣赏和热爱完全成了一回事。"①

虽然道德感是判别道德善恶的标准和手段,但对人的道德行为和品性起决定作用的不是道德感,而是人的道德本性。人的本性是一切道德行为和道德品性的基础,因此,只有从研究人性入手,才能真正理解人的道德本质。在近代哲学中,霍布斯首先将对人性的研究引入道德领域。他认为人的本性是自私的,人人都想将一切东西占为己有,人的一切行为都由利己的动机所决定,他主张的是一种利己主义的道德观。后来的孟德威尔接受了霍布斯的思想,并做了精致的发挥。他认为人的本性是自私的,普遍的仁爱和公益思想根本不存在,一切所谓的仁爱之心和利公行为都是为了达到个人目的、实现个人利益的手段,他还提出了"私恶即公利"的主张为利己主义的道德观辩护。莎夫茨伯利持相反的观点,他认为人性中除了利己的一面,还有关心公众利益的一面,而这一方面是更根本的,是人性中最原始、最本质的部分,他称之为"自然的情感"。在人性利己还是利公的对立中,哈奇森站在莎夫茨伯利一边,并做了更系统的阐述。他认为道德中最原始的情感是爱与憎,其他情感都是由这两种情感的不同变化而来。自爱和仁爱虽然都是爱的情感,但在性质上是对立的。自爱追求的是个人利益,仁爱追求的是社会和公众的利益。虽然自爱之心人皆有之,对人的行为也有影响,但它主要是作为罪恶或不道德行为的根源而起作用。在人的本性中,自爱不是本质的、主导的因素,决定道德根本倾向的是仁爱,而不是自爱。自爱的基础是个人的利益,霍布斯将自爱普遍化,把它看成是一切行为的根源,也就是将是否对自己有利当作道德行为的评判者。而这种看法是不能成立的,因为它与事实不符。比如,在实际生活中,我们经常看到友谊、感激、慷慨、同情、公益等道德行为与个人利益并无关系,我们会赞赏在遥远的地方和年代发生的与我们毫无关系的道德行为,而且对同样与我们个人利益无关的行为,我们却可以具有不同的道德观念。他问道:"假设一幢大厦仅仅因为偶然的原因而倒塌,与建筑师的设计或疏忽都无关,或者它的倒塌是因为设计的粗陋或恶意,那么,虽然这两个行为对我们都没有利益,可是谁会说我们对这两个行为有同样的观念或情感呢?"②

哈奇森强调,仁爱是纯正的感情,它与个人的利害无关。每当我们看到

---

① Francis Hutcheson:*An Inquiry into the Original of our Ideas of Beauty and Virtue*.edited by Wolfgang Leidhold,Liberty Fund,Inc,Indianapolis,2004.p.89.

② Ibid.,p.92.

仁爱和利公的行为,就会感到愉快并赞赏,每当我们看到相反的行为就会感到厌恶并谴责,道德感的作用丝毫不受那个行为与我们的利害关系的影响。因此,任何从自爱或自利的观点来理解仁爱都是不恰当的。他反驳了人是出于个人利益而爱他人的观点,认为那无异于说为了私利可以爱最邪恶的人,可以不爱为我牺牲因而不再对我有用的人。他还反驳了人是为了快乐而追求道德的观点,认为在许多情况下,与善行相伴的往往是痛苦和不安,比如在救助他人、解除他人不幸或纠正自己错误时所显示的那样。他的这一观点并不意味着他否认道德感是"愉快的"感觉,也不表明他否认善行带来快乐。他的意思是说善行有多种多样的形式,有些善行当时并不带来快乐,如果没有成功,后来也不会带来快乐。可是,因为善行乃出于仁爱之心,所以从长远看,当我们回想起这些善行合乎愉快的道德感,它们仍然会使我们感到快乐。

以仁爱和公益为德、以自爱和私利为耻的观念代表了人的道德本性,说明了人的道德本性,也就说明了人的行为动机。哈奇森认为,与道德感的倾向相一致,决定道德行为的直接动机和原因必定是普遍仁爱的情感,而不是自私自利的情感。在此,他表现出动机决定论的倾向。他认为,如果一个行为出于普遍的仁爱之心,是为了他人的利益和快乐,那么,这个行为在道德上就是善的,即使它没有完全达到给他人带来利益和快乐的目的;如果一个行为出于自私自利之心,就不能认为它是善的,即使这个行为给他人带来某些利益。而如果一个行为与行为者的情感没有关系,那么,它就既不是善的也不是恶的,而是在道德上"没有意义"的。与莎夫茨伯利相比,哈奇森对道德动机的强调更理想化、绝对化。比如,他认为在好的道德动机驱使下,对最邪恶的人示以仁爱、施加善行同样是德,而且是比对普通人所表示的更高尚的德。

当然,他并不主张绝对排除自爱,因为某种程度的自爱也是社会所需要的,这里的关键是要将自爱限制在一定的范围内,在仁爱的大前提下追求自爱。也就是说,人在追求自己的利益时,也应当遵从全体的利益,从而使自己的行为成为有道德的;如果对自爱之心不加节制,做出了有害于他人和全体的行为,那就会成为罪恶,并受到谴责。哈奇森还认为,人有仁爱和自爱的各种情感,它们既有程度之分也有范围之分,但最普遍的仁爱是统辖一切的,它使各种情感在一个共同的方向上一致起来,形成了以仁爱(仁慈)为核心的情感秩序。他说:"我们能够拥有许多仁爱的情感,它们最终以他人的利益为归宿,它们既不是由任何自私的观念引起的,也不以私人的利益为终结。这种道德官能清楚地表明:我们也能拥有冷静、牢固的普遍仁慈,而且它作为仁爱的最高决定,不但注定要主宰和控制自私的情感,而且也注定要主宰和控制特殊的仁爱情感。"①

既然人的情感有仁爱和自爱之分,它们影响的范围和程度也不同,那么很显然,由此引起的各种行为的道德性质和层次也会千差万别。在各种各样的行为中,哪些行为是最道德的,体现了最大的善,哪些行为是最不道德的,体现了最大的恶,对此应如何选择呢? 哈奇森设想用"计算"的方法来解决这个问题,即将影响行为的性质、程度和后果等的各种要素放在一起进行衡量和计算,然后根据计算结果做出最佳选择。关于道德可以"计算"的思想此前也有人提出过,但哈奇森的设想最系统、最具体。他提出了如下五条公理:②

(1)任何行为者所造成的公益的量是他的仁爱与能力的复合;

(2)任何人所造成的私利的量是他的自爱与能力的复合;

(3)当两个行为者的能力相等时,他们的行为在相同情况下造成的公益的量与他们的仁爱成正比;

(4)当两个行为者的仁爱相等,其他情况也相同时,他们造成的公益的量与能力成正比;

(5)所以,行为者的德或他们的仁爱,永远与相同情况下他们造成的公益的量成正比,与他们的能力成反比。

对这种"计算"方法,哈奇森概括说:"为了规范我们在人们提出的各种行为中做出选择,或发现其中哪一个行为是最大的美德,在对各种行为的道德性质进行比较时,我们在关于德性的道德感指引下,做出如下判定:在预料从该行为中得到同等幸福的情况下,德性与幸福将惠及的人数成正比;在人数相等的情况下,德性与幸福或自然善的量成正比。也就是说,德性与善的量及享受幸福的人数成复比。同样,道德恶与痛苦的程度及受苦的人数成复比。所以,为最大多数人谋取最大幸福的行为是至善的行为;而且同样,使最大多数人遭受最大痛苦的行为是至恶的行为。"③后来,"为最大多数人的最大幸福"成为以边沁(Jeremy Bentham)为代表的功利主义伦理学的根本原则,哈奇森因而成为现代功利主义思想的先驱者。

---

① Francis Hutcheson,*A System of Moral Philosophy*,published from the original Manuscript by his son Francis Hutcheson.M.D.,London,1755,p.74.

② 在《美和德观念的起源研究》第四版中,哈奇森将这五条公理去掉了,称它们是"无用的"。这里仍然列出,是为了说明他的基本思路。

③ Francis Hutcheson,*An Inquiry into the Original of our Ideas of Beauty and Virtue*.edited by Wolfgang Leidhold,Liberty Fund,Inc.,Indianapolis,2004.p.125.

如果我们将判断道德性质的功能完全寄托在道德感上，由此造成了两个理论缺陷：一个是强调了感觉的作用，忽略了理性的作用；另一个是强调了道德感动机的当下性，忽略了对行为后果的考虑。为克服此缺陷，哈奇森在后来的著作中做了一些补救。在《论激情和情感的性质和活动；关于道德感的说明》中，他承认理性在道德活动中发挥一定的作用，这种作用主要在表现在它可以在道德感因受无知、偏见、错误信念的干扰而发生偏差时对后者进行"纠正"。不过，"纠正"并不意味着"取代"，因为与道德感相比，理性绝不能凌驾于道德感之上，它既不能发现道德的性质，也不能区分道德的善恶，它永远在道德感之后起作用。在《道德哲学体系》中，哈奇森做出了更大的举措。他从巴特勒那里借用了"良心"（conscience）概念，赋予它两个功能：一个是它与道德感相一致，甚至就是道德感本身；另一个是对行为的动机和后果进行判断，以此来确定一个行为者在道德感驱动下做出的行为是否真正符合道德，这一判断具有理性活动的色彩。良心概念的提出不但表明哈奇森对道德判断中理性地位的某种强调，同时也显示出他试图将动机论和后果论结合起来的倾向。

值得注意的是，哈奇森还意识到，霍布斯等人的利己主义人性观与他们所主张的"自然状态"说有很大关系。因为在霍布斯设想的"人与人是战争"的自然状态下，人与人之间是绝对孤独的，互相都唯恐避之不及。这时，不但仁爱、友谊、公益等情感无法存在，甚至连人的生存都无法保证。哈奇森斥责将这种状态称作"自然状态"是"愚蠢地滥用辞藻"，①他强调人具有天赋的社会性，并从道德情感的基本要求出发对"自然状态"做了新的界定。他说："自然创立的那种最初状态绝不是战争和敌对的状态，而是由于我们内心的天生感受和许多温柔的情感，使我们清白、仁慈地对待一切人的状态。战争只不过是我们或我们的某些同伴违背天性的命令时，由于伤害而引起的偶然状态之一……那个最初状态的一切法律和义务都要求和平、公正和仁慈。"②这里，哈奇森试图从人的社会存在的角度为道德情感的合法性做辩护，这一角度转换为他从道德研究过渡到对自然权利、社会契约、政府体制等的政治理论研究提供了进路。③

---

① Francis Hutcheson, *A System of Moral Philosophy*, published from the original Manuscript by his son Francis Hutcheson.M.D., London, 1755, p.283.
② Ibid., p.281.
③ 虽然哈奇森的政治理论在学术史上并无突出地位，但他认为如果宗主国的统治损害了殖民地的利益，殖民地就没有服从该统治的义务，并且对它有"反抗权"（the right to resistance），他的这一观点对北美殖民地争取独立的斗争产生了极大的影响。

哈奇森把情感看作一切道德行为和道德判断的基础,成为英国情感主义(sentimentalism)伦理学说的创立者。遵循这一学说的苏格兰哲学家还有休谟和亚当·斯密。如我们所知,休谟接受了哈奇森的基本思想,坚持仁爱论反对自爱论,认为道德的根源和道德评价的标准是情感而不是理性,甚至断言"理性是情感的奴隶"。他将观念联想原理用于说明道德活动,提出了判别道德原则普遍性的"同情"概念。亚当·斯密则在休谟学说的基础上,发展出以"同情"概念为核心的系统的道德哲学理论。

亚当·斯密于1723年出生在苏格兰的柯科迪(Kirkcaldy),1737年进格拉斯哥大学,曾聆听哈奇森的授课。1752年任格拉斯哥大学道德哲学教授,1790年去世。他的主要道德哲学著作是《道德情操论》(*The Theory of Moral Sentimens*,1759)。斯密认为,同情是人天生的原始情感,同情的作用在于使同情者感受到他人在某一处境下具有的情感,并对他人的幸福感到高兴,对他人的不幸感到悲痛。在同情活动中,同情者不是被同情者本人,因此在许多情况下两者的实际感受很可能不一致。为解决这个问题,斯密赋予同情以"判断"功能,认为同情者可以根据自己的情感与被同情者的情感是否"合宜"或"一致",对被同情者的情感和行为作出赞成或不赞成的判断。人的情感分为多种,其性质各不相同,因而对不同情感的同情也具有不同的"合宜性"和力量。其中对仁爱、友谊、宽宏、善良、怜悯、尊敬等"友好情感"的同情是最"合宜"、最有力的,远高出于对"自私情感"的同情之上。因此,只有仁爱等"友好情感"是人性中最适宜、最普遍、最令人愉快,因而是最有价值的部分,美德就寓于仁爱行为之中。斯密认为,与哈奇森的"道德感"概念相比,同情不但具有人性的本质特征和道德感所具有的一切功能,而且还克服了道德感不能很好解决在千变万化的情感活动中保持一致判断的缺陷,因此他主张用同情来取代道德感。除了坚持休谟意义上的"同情"原理之外,斯密还将同情用于对自己的情感和行为的反省。他设想每个人都可以努力从"旁观者"的角度观察自己的情感和行为,从由此产生的同情中对自己的情感和行为做出判断。在此,做判断的不是外界的他人,而是自己这个内在的"旁观者",他具有更大的权威性,是自己的情感和行为的最终裁判者,也即所谓的"良心"。就这样,通过缜密系统的阐述,斯密进一步发展了情感主义伦理学。

第三节　里德与苏格兰常识哲学

托马斯·里德于1710年出生在苏格兰东部的斯特罗思。后入阿伯丁马里沙尔学院学习,1752 年当选为阿伯丁王家学院的哲学教授,1764 年接替亚当·斯密任格拉斯哥大学道德哲学教授。他的主要著作有《根据常识原则来探究人类心灵》(*An Inquiry into the Human Mind on the Principles of Common Sense*,1764)、《人类理智能力论》(*Essays on the Intellectual Powers of Man*,1785)、《人类主动能力论》(*Essays on the Active Powers of Man*,1788)等。里德于 1796 年去世。

里德的主要思想倾向是经验主义的,他认为在人通过心灵所获得的知识的范围内,经验是知识的来源和保证。在自然观上,他秉承了牛顿的思想,认为上帝是自然的第一推动力,他在创造了自然万物和自然界的规律之后,就不再干预自然按照规律运行,从而为自然科学研究留下了空间。他热烈拥护以牛顿实验科学为代表的自然科学,认为心灵科学实际上也属于自然科学,完全可以像发现自然规律那样发现心灵活动的规律。在科学方法上,他赞成 F.培根和牛顿在观察和实验基础上的归纳方法,认为要认识自然必须首先接触自然、观察自然,并借助实验获得新的证据,然后通过循序渐进的归纳,从个别的真理逐渐上升到比较普遍的真理,直至达到最普遍的真理。牛顿说"实验科学不考虑假设",与牛顿稍有不同的是,里德并不一概反对假设。他认为单纯的假设只能提供观点,不能提供知识,只有通过观察和实验证明假设是正确的,假设才成为知识。在这个意义上,假设可以作为增进知识的一个步骤和有益的研究方法。笛卡尔提出"漩涡说"来解释太阳系的形成,这个学说没有观察和实验的证据,因此只是假设,不是知识。与此相反,牛顿的"万有引力论"虽然从形式上看也是一个假设,但它得到了观察和实验的证实,因而成为公认的科学真理。

在上述思想背景下,里德将哲学研究的重点放在认识论上,他主要关心的不是我们是否有科学知识的问题,而是我们如何获得这种知识的问题,亦即科学知识是如何可能的问题。从理论上看,他的贡献主要体现在如下三个方面:

一、对"观念论"的批判

里德自称起初信奉贝克莱的唯心主义哲学,认为它是经验主义哲学的真正成果。然而,当他看了休谟的《人性论》之后,其中的怀疑主义理论使他感到震惊,思想上发生了重大的转变。他看到,休谟同贝克莱一样也是从经验原则出发的,但却得出了彻底怀疑主义的结论。这种怀疑主义没有给知识、信仰和道德留下任何余地,因此不论在理论上还是在实践上都是不可接受的。不过,他在认真研究了休谟的论证之后不得不承认,虽然休谟的结论是错误的,但他的论证是严密的、无懈可击的。这使他意识到,如果一项论证的过程是正确的,而结论是错误的,那么,它的错误一定出在论证的前提下,即它所依据的根本原则是错的。他发现,这个前提或根本原则就是许多哲学家普遍接受的一种"观念论"(theory of ideas)。他所说的"观念论"是指这样一种观点,即认为心灵认识的直接对象不是心灵之外的事物,而只是心中的观念或影像,外界事物只是心灵通过观念间接认识的。里德认为,既然心灵直接认识的对象是观念而不是外界事物,那么,就没有理由说心灵获得了关于外界事物的确实知识。这样一来,我们所谓的关于外部世界的知识都因失去了确切的证据而成为虚幻的、可疑的,至多是一种推想或猜测,而这恰恰蕴含了怀疑主义。休谟的"功绩"就在于他从"观念论"出发,用严格的论证将"观念论"中隐藏的怀疑主义因素揭示了出来。里德认为要彻底铲除怀疑主义,使心灵哲学站在正确的基点上,必须对"观念论"进行批判。

里德首先考察了"观念"(idea)一词的用法。本来在日常语言中,观念指的是思想、概念等心灵的活动,可是哲学家们却把观念说成是心灵的"直接对象",插入在心灵与心灵所要认识的外界对象之间,像一块"屏风"将心灵与外界对象隔开,使心灵无法直接认识外界事物。紧接着,里德详细考察了"观念论"的发展史。他认为,"观念论"是哲学家们为了说明心灵如何与外部世界联系的问题设计出来的,在古代表现为"流射说"和"影像说"。近代"观念论"的始作俑者是笛卡尔。笛卡尔把古代哲学所说的"影像"改称为"观念",将它作为心灵认识外界事物的"中介"和认识活动的材料。笛卡尔的这个认知模式被后来的哲学家所继承。在经验主义者中,洛克把观念和外界事物都看成是思想的对象,于是,思想就有了双重对象,一个是直接的,存在于心中,另一个是间接的,存在于心外。虽然这个双重对象的说法是由于洛克对"观念"一词的滥用造成的,但其根源在于其经验主义理论本身不够严谨。贝克莱看到了洛克的观念学说的这个缺陷,认为如果把观念作为心灵的直接对象,那么,就其原始性和确定性来说,它就是"唯一的",所谓的外在对象是不必要的。他按照这一思路修正洛克的观点,认为既然观念是心灵面对的"唯一"对象,那么,我们只能确定观念的存在,其他所谓的"物质对象"都是没有根据的虚构,因此是不存在的。里德认为贝克莱的这个结论是从"观念论"合乎逻辑地推导出来的,因为观念本身不蕴含外界对象的概念,所以试图从观念出发推出外界事物存在的任何推理都是不合法的。不过,贝克莱的观点仍然是不彻底的,因为他虽然否定了外界事物的存在,却没有根据同样理由一以贯之地否定心灵实体的存在,反倒认为观念的存在依赖于产生它的心灵,所以必定有心灵实体存在。休谟则在贝克莱的理论止步之处继续前进,将"观念论"贯彻到底。他证明,既然我们认识的对象只有知觉(印象和观念),而知觉没有告诉我们除它们之外其他任何东西的存在,那么,我们就没有理由相信外界事物和心灵的存在,因此,我们只能接受怀疑主义。

通过对"观念论"发展线索的梳理,里德勾勒出近代认识论从笛卡尔追求确实性知识开始,经过洛克、贝克莱和休谟的经验主义发展,最终陷入怀疑主义的基本脉络。虽然他的论述在细节上也许会有出入,但他毕竟对这一时期的认识论发展提供了一个清晰的概括,并为许多哲学家所接受,对后来的西方哲学史研究有深远影响。正如有学者评论说:"里德对现代哲学的解释很快就成为教科书采纳的版本,直到今天仍然如此,必须承认,这是他对西方思想最持久的影响。"①里德也因此同康德一起被称为现代哲学史概念的奠基者。②

里德对"观念论"进行了批判,他主要提出了如下观点:

首先,根据解剖学的证据,在人脑中从未发现有影像或观念存在的证据,因此在人脑中有观念存在的说法不足为信。

其次,"观念论"认为我们所感觉到的外界事物只是人心中的观念,这一说法违背了人的通常感觉或常识。比如,没有人会相信自己每天所见的日月星辰只是心中的观念,一旦未知觉或未想到它们,它们就不存在了。

再次,哲学家们认为观念的存在理所当然,是根据与物体的类比。一个物体可以通过碰撞使另一个物体运动,并以这个物体为中介,将运动传递给第三个物体。于是,人们认为,与物体的情况相似,心灵虽然与外界事物远隔,却可以以观念为中介,与外界事物发生关系,达到对外界事物的认识。而类比推理的可靠性依赖于类比对象的相似程度,心灵和物体是最不相似的两样东西,根据物体的性质来推测心灵的性质,无异于说对心灵可以用尺子来测量、用秤来称重一样可笑。

最后,尽管哲学家们都断言观念的存在,但对它的性质从来没有形成任何一致的意见,而且从科学的角度看,"观念论"并未使我们对心灵的活动有任何真正的了解,对于心灵科学的发展没有任何帮助。因此,我们与其做出一些虚幻的假设,还不如依据我们的意识和反省来发现心灵活动的

---

① 努德·哈孔森:《自然法与道德哲学》,马庆、刘科译,杭州:浙江大学出版社2010年版,第187页。

② 参见 *The Cambridge History of Eighteenth-Century Philosophy*. Edited by Knud Haakonssen, Cambridge University Press, 2006, pp.8—9。

本性。

里德的上述批判很难说是深刻的,这主要是因为他试图用机械论的方式理解人认识外界事物的过程,不了解人的感觉与外界事物刺激——反映的关系,正是感觉观念将人的意识与外部世界联系了起来,完成了外界刺激向意识的转化。不过,他指出"观念论"的错误就在于把观念看成是认识的"唯一"对象,把它像一块"屏风"那样放在人心与外物之间,成为阻挡人认识外界事物的障碍,他的这个观点对于揭示这种认识原理的唯心主义性质却是有帮助的。我们可以对照一下列宁对唯心主义的批判:"唯心主义哲学的诡辩就在于:它把感觉不是看作意识和外部世界的联系,而是看作隔离意识和外部世界的屏障、墙壁;不是看作同感觉相符合的外部现象的映像,而是看作'唯一存在的东西'。"①

二、感觉和知觉理论

里德对"观念论"的理解和批判实际上指出了人的认识从心中的观念过渡到外物的性质所遇到的困难。他看到,哲学家们对外物性质的把握实际上是以观念为材料,通过推理达到的。"观念论"的错误表明了这种推理的无效。那么,如何克服这个困难?里德诉诸直觉,在他看来,只有"直觉"才能避免"推理"的间接性,使认识外界事物的真理成为可能。里德对直觉的运用特别表现在他的感觉和知觉理论中。

里德像他的经验主义前辈一样,对人的认识过程做心理分析。他认为,感觉和知觉是心灵在认识外部世界过程中的两种活动方式,两者虽紧密联系,但性质完全不同。将两者混淆起来是哲学家们所犯的一个普遍错误。

什么是感觉呢?按里德所说,在认识活动中,感觉是最原始的,它的存在是人的天生结构使然。感觉和感觉的对象是同一的,两者没有差别。"每一种疼痛都是一种不适的感觉。当我痛时,我不能说我感到的疼痛是一回事,我对这疼痛的感觉是另一回事。它们是一件事,不能分开,甚至在想象中也不能分开。"②既然感觉活动中没有感觉与被感觉的差别,那么,感觉就是它直接呈现出来的那个样子,无所谓错误可言。"感觉中不可能有任何谬误:因为我们意识到我们的所有感觉,它们在本性上既不可能是任何其他东西,在程度上也不可能比我们感觉它们那样有所增减。人们在痛时

---

① 列宁:《唯物主义和经验批判主义》,见《列宁全集》第 18 卷,北京:人民出版社 2007 年版,第 45 页。

② Thomas Reid, *The Works of Thomas Reid*, edited by William Hamilton, Edinburgh, vol. I, 1895, p.229.

没有感到痛,这是不可能的;他们在感到痛时,这疼痛不真实,或不是所感到的那种程度,也是不可能的。"①感觉的这一性质说明,感觉只在人心中,它不表示任何外界事物的性质。比如,我嗅一朵玫瑰花,有了"香"的感觉,这香味只在我心中,不在玫瑰花中,而且我的感觉也与玫瑰花的性质不相似。不过,我的感觉不会是无缘无故的,一定有一个引起它的外部原因存在。感觉的出现向我们"提示"出与感觉相关的两个东西的存在:一个是心灵,一个是外界事物的性质。前者是感觉的主体,后者是感觉的原因。

这里要特别注意里德所用的"提示"(suggestion)一词,这个词是他从洛克和贝克莱那里借来的,用以表示无须推理直接断定的认识方式,具有直觉和本能的性质。他描述这种认识方式说:"我请求允许使用'提示'一词,因为我不知道有更恰当的词来表示心灵的一种能力,这种能力似乎全然不被哲学家们所注意,而我们把我们的许多既非印象又非观念的简单概念,以及信念的许多原始原则都归于它。我要用一个例子来尽力说明我用这个词指的是什么。我们都知道,特定的一种声音可以直接提示心灵一辆马车正从街上驶过;而且不仅产生出马车正在驶过的想象,还产生出对马车正在驶过这一情节的信念。然而这里既没有观念的比较,也没有一致或不一致的知觉去产生这个信念:因为在我们听到的声音和我们想象并相信的正在驶过的马车之间没有一点相似之处。诚然,这个提示不是自然的或原始的,它是经验和习惯的结果。但是,从我刚才所说的,我认为似乎存在着自然的提示:尤其是,感觉提示出当下的存在的概念和我现在知觉或感觉到的东西现在确实存在的信念;记忆提示出过去的存在的概念和我记得的东西在过去确实存在的信念。而且我们的感觉和思想也提示出一个心灵的概念,提示出它的存在以及它和我们的思想的关系的信念。根据同样的自然的原则,一个存在的开始或性质上的任何变化,都给我们提示出一个原因的概念,并促使我们相信它的存在。"②

里德所说的"提示"实际上是指一种不依靠推理的直觉能力,当感觉一出现,心灵就直接获得了当下感觉的存在和被感觉到的东西的存在的概念和信念,并在此基础上直接获得了关于感觉的主体心灵的存在以及感觉的外部原因的存在的概念和信念。通过感觉的"提示",我们得到了关于感觉材料、心灵主体、外界对象等认识要素存在的基本规定,但对于认识的目的而言,这些规定仍然是贫乏的,因为它们没有解决如何获得关于外界事物知

---

①　Thomas Reid,*The Works of Thomas Reid*,edited by William Hamilton,Edinburgh,vol. Ⅰ,1895,
　　p.335.

②　Ibid.,p.111.

识的问题。在这方面,感觉的作用是十分有限的,它不能提供关于外界事物的任何知识和信念。里德认为,获得外界事物的知识不是感觉的职能,而是知觉的职能。如前所说,感觉和感觉的对象是同一的,因此它仅仅是心灵自身的活动,并不以外界事物为对象;而知觉却不同,它以外界事物的存在和性质为对象,它是心灵的"认识"活动,关于外界事物的知识是通过知觉获得的。所以,作为一个完整的认识过程,人的心灵活动单有感觉是不够的,还必须有知觉。单有感觉我们只是一个有"感觉能力"的存在,有了知觉我们才是一个有"理智能力"的存在。

里德认为,能否将感觉与知觉区分开来,是正确理解人的认识活动的关键。但由于两者是心灵最基本、最简单的活动,不适于用种加属差的定义方法来区分,所以他诉诸心理描述。他举例说,"我感觉到疼痛"是一个感觉陈述;"我看到一棵树"则是一个知觉陈述。两者在语法结构上是一样的,但表达的实质内容不同。在前者中,感觉的活动与感觉的对象(疼痛)的区别只是语法上的,实际上没有差别;在后者中,知觉的活动(看)与知觉的对象(树)则有实质的差别。"知觉,就我们这里所理解的,总有一个对象,它与知觉它的活动不同;这个对象不管它是否被知觉,都可以存在,我知觉我窗前长着的一棵树,这里有一个被知觉的对象,还有一个知觉它的心灵的活动;这两者不仅可以区别开来,而且它们在性质上是极不相同的。"① 他以嗅玫瑰花为例说明感觉活动与知觉活动的不同:"当我嗅一朵玫瑰花时,在这个活动中既有感觉也有知觉。我感到的那种清香气味,只就其本身来说而不考虑与任何外部对象的关系,仅仅是一个感觉。它以某种方式影响心灵。我可以想象心灵上的那种影响,却没有关于这朵玫瑰花或任何其他对象的思想……让我们再来看看我们嗅一朵玫瑰花时所具有的知觉。知觉总有一外部对象;在这里所说的情况下,我的知觉的对象就是我用嗅觉所闻的玫瑰花中的性质。由于注意到玫瑰花在近处时清香的感觉出现,玫瑰花移开时,这种感觉消失,于是我的本性就引导我得出结论:有某种性质在玫瑰花中,是这种感觉的原因。玫瑰花中的这种性质是被知觉的对象;而我借以获得对这种性质的确信和信念的活动,在这种情况下,我称之为知觉。"②

对感觉和知觉做了区分之后,里德描述了从感觉出发通过知觉认识外界事物的心理过程。他认为,虽然知觉可以使人获得关于外界事物的知识,但它只是在满足了一系列条件后出现的,这些条件主要是:外界物体给感官

---

① Thomas Reid, *The Works of Thomas Reid*, edited by William Hamilton, Edinburgh, vol. I, 1895, p.183.

② Ibid., p.310.

以印象;印象经感官、神经传递到大脑;有感觉出现。里德对这一心理过程做了如下描述:首先,外界事物对感官发生作用,使感官上产生印象。但印象还不是感觉,只是外界对象在感官上造成的机械变化。然后,感官上的印象通过神经传递到大脑,于是产生了感觉。最后,与感觉相伴随,知觉也出现了。感觉与知觉是一一对应的,某种感觉(如某种颜色的感觉)的出现必定伴有某一特定知觉(如某种颜色的知觉)的出现。因此,里德也把感觉与知觉的关系说成是记号与被记号者的关系,也就是说,两者不相似,但却必然联系在一起,记号必定标记被记号者。由于这种记号与被记号者的关系是由心灵的天生结构所决定的,所以感觉记号又被称作"自然的记号"。当某一感觉出现,心灵立刻从感觉过渡到感觉所标记的知觉,知觉同时带来了对外部对象的概念和信念。里德举例说,当我手中握住一个象牙球,就有了某种触觉;这种触觉只是心灵本身的活动,不表示象牙球的任何性质,然而这种触觉作为记号立刻带来了它所标记的知觉,从而使我们得到了手中一个实际存在的、圆而硬的物体的概念和信念。对于上述心理过程,里德坦言对它的内在机制一无所知,也是我们无法理解的,只能认为是上帝的卓越安排。他把这一过程比作一出剧,"在这出剧中,自然是演员,我们是观众。我既不知道作用于感官、神经和脑的每一不同印象展现其相应感觉的机制,也不知道每一感觉展现其相应知觉的机制。"①不论怎样,在里德看来,感觉的主要作用是为知觉创造条件,而将心灵和外部世界联系起来,使人相信外界事物的存在并获得关于该事物知识的,不是感觉,而是知觉。"对外部对象的知觉是那条连接物质世界和理智世界的神秘链条中的一个主要环节。"②

同对感觉的看法一样,里德认为知觉活动的本性也是直觉的,是"我的构造的直接结果"。③ 他对知觉的直觉性的强调,其目的之一是为了反对洛克和休谟等人的经验分析方法,即把经验分解为最简单、最原始的元素,然后通过对这些元素的结合、分离、联系和比较形成各种概念和判断。里德将这种方法斥为"虚构"。在他看来,在最基本、最原始的知觉经验中已经包含了概念、判断和信念,因此原始的经验不是简单的,而是复合的,不是特殊的,而是一般的,根本不必像洛克等人对待观念那样进行分析和比较。

里德强调不但应当将知觉与感觉区分开,还应当将知觉与根据知觉所

---

① Thomas Reid, *The Works of Thomas Reid*, edited by William Hamilton, Edinburgh, vol. I, 1895, pp.187-188.

② Ibid., p.245.

③ Ibid., p.183.

作的推理区分开。因为知觉已经是对外界事物的某种认识,所以我们可以将知觉知识当作原始的原则,从中推出进一步的结论,如同在数学中从公理出发推出各种命题一样。比如,我们曾知觉到圆形、弯钩形、扁圆形等各种形状的月亮,根据这些知觉,我们可以"推断"月亮实际上是圆形的。根据推理的不同层次,里德区分出"通常的理智"(common understanding)和"科学",前者使正常人与白痴区分开来,后者构成了自然科学的各个领域。但不论推理的知识能走多远,它的源头始终是知觉。于是,里德将关于自然的知识比作一棵树,知觉是它的根,"通常的理智"是树干,"科学"是树枝。

三、常识与常识原则

真正的科学知识如何可能?里德从对自然科学的考察中认识到,要使一门知识成为真正的科学,就必须将它建立在一系列自明原则的基础上。他认为,能作为哲学之基础的自明原则就是人类常识。他断言,常识具有绝对的真理性和权威性,任何哲学理论都应当放到常识面前来检验,凡是符合的就是正确的,凡是违背的就是错误的。他注意到,虽然他的经验主义前辈都毫无例外地推崇常识,但他们只是把它当作一个"预设",并没有对它本身进行深入的研究,因而也不能使它真正成为哲学理论的基础。

里德首先对"常识"概念本身进行分析,认为常识本质上是判断。他的感觉和知觉理论已经表明,这些最初的心灵活动中都包含着判断,比如对外界事物的存在、性质等的判断。在这个意义上,洛克所说先有了经验材料然后再作判断是完全错误的。原始经验中所包含的判断是人人都有的,由人心的天生结构所决定,人类要生存和繁衍离不开这种判断,不论是圣人、贤哲还是文盲、野人都概莫能外。里德称这种判断为"自然的判断"或"偶然事情的判断"。此外,还有另一类判断仅仅与抽象概念和必然的事情有关,比如"三乘三等于九"、"整体大于部分"等。要做出这类判断必须通过教育和学习提高相应的能力,因此,只有在这个领域中,受过教育的人才显出比文盲和野人优越。里德称这类判断是"纯判断"或"必然事情的判断"。根据判断的不同方式,里德又把判断分为"根据论证的判断"和"直觉的判断",认为这是关于判断的最重要区分。前者是指必须经过推理和证明之后才能作出的判断;后者是指不需要任何推理和证明,完全出于自然的构造和人类的原始能力就能作出的判断。前者可以比作人走路的能力,需要经过反复练习,不断努力,甚至摔许多跟头才能学会;后者可以比作吞咽食物的能力,是天生就会的,不需要任何学习和训练。

作为一种判断,常识既具有自然禀赋的特征,又具有非推理的直觉特征,因此可称作"自然的直觉判断"。常识是人类普遍同意和接受的判断,"是对我们可以与之交谈和处事的人共同具有的那种程度的判断"。① 人可以有不同程度的判断,但常识判断是人们在生活中辨别真假、区分对错、处理事务、与人交往、相互理解所必不可少的。不懂常识的人无异于疯子和白痴。常识并不与理性相悖,它实际上是某种程度的理性,其职能是判别自明的事物。只有在常识的基础上,抽象推理等其他理性能力才能通过学习和训练而发展起来。

当我们从哲学的角度考虑常识,就可以从中概括出一些自明真理。这些真理构成了人类知识的"第一原则",它们为分析推理提供了终点,为综合推理提供了开端,从而使真正可靠的知识成为可能。里德称这些原则为"常识原则"。常识原则涉及"偶然的真理"和"必然的真理"。偶然真理是关于事物的存在、性质、关系的真理;必然真理是表示概念之间关系的抽象真理,概念确定了,概念之间的关系就确定了,它的反面是不可能的。与此相应,常识的第一原则可以分为"偶然真理的第一原则"和"必然真理的第一原则"。里德列举了12条偶然真理的第一原则和6条必然真理的第一原则,每一条原则又包括一些具体的说明。我们选取其中几条原则如下:偶然真理的第一原则包括"我们所意识到的每一个东西存在","我们所意识到的思想属于我们称之为自我、心灵、人格的一个存在者","我们借感官清楚知觉到的东西的确实际存在,而且就是我们所知觉的那样","在自然现象中,将要发生的事情与类似情况下已经发生过的事情很可能相似"(即"自然的一律性"原理),"我们用以区分真理和谬误的自然的官能不是虚妄的"、"我们与之交谈的人类同胞都是有生命和理智的"等;必然真理的第一原则包括公认的"语法规则"、"逻辑公理"、"数学公理"、"趣味公理"、"道德公理"和"形而上学的原理"。其中"形而上学的原理"包括"我们知觉到的性质必有一主体,即物体;我们意识到的思想必有一主体,即心灵;凡开始存在的东西必有产生它的原因"等。可以看出,这些原则涵盖了哲学研究的基本问题,而且有明显针对休谟的怀疑主义的意味。里德认为,只有在这些常识原则的基础上,才能避免怀疑主义,真正建起人类知识的大厦。

综合上述,里德的哲学观点可以概括为三个方面。首先,他通过对"观念论"的批判表明,以观念或"心像"为特征的心理主义模式不适合于说明人类知识的本性,彻底的经验主义必定会导致怀疑主义;其次,他通过对直

---

① Thomas Reid, *The Works of Thomas Reid*, edited by William Hamilton, Edinburgh, vol. I, 1895, p.421.

觉和本能的诉诸表明,在对人类认识的研究中,必须注重人类固有的、内在结构的方面,这是理解人类认识本性的关键。而正是在这一点上,他与康德"不谋而合";①最后,他用常识原则对一系列哲学问题做出规定,把这些原则看成是绝对正确、不容争议的,反对一切与之相违背的哲学探讨的可能性。这样一来,他实际上为哲学研究划定了不可逾越的界限,否定了哲学研究不受限制的批判和探索功能。在这一点上,他表现出明显的保守倾向。

里德的常识哲学得到了一批苏格兰哲学家的响应,形成了一个以常识原则为基础的哲学派别,其主要成员有詹姆斯·贝蒂(James Beattie,1735—1803)、詹姆斯·奥斯瓦尔德(James Oswald,?—1793)、杜阁尔德·斯图尔特(Dugald Stewart,1753—1828)等人。苏格兰常识哲学试图将常识脱俗和理论化,第一次赋予常识以系统的理论形态,这是它对西方哲学的重要贡献。在18世纪末19世纪初,苏格兰常识哲学有十分广泛的影响。在法国、意大利和比利时都有人拥护和传播它的思想,德国的通俗哲学也与它有密切关系。在美国,直至实用主义兴起之前,苏格兰常识哲学被当作一种"直接实在论",一直是美国大学中的主流思想。在当代,尽管苏格兰常识哲学的具体观点已经鲜有提及,但它对常识的理论态度仍然有可资借鉴的哲学意义。艾耶尔(A.J.Ayer)说:"哲学家没有权利轻视关于常识的信念。如果他轻视关于常识的信念,这只表明他对他所进行的探究的真实目的毫无所知。"②在对各种哲学问题的探讨中,"常识的理解"作为一种理论模式,仍然受到人们的关注,其中日常语言学派的创始人 G.E.摩尔为常识信念所做的辩护尤其引人注目。

由上述可知,苏格兰启蒙运动发生在当时堪称先进的资本主义制度已经确立的社会条件下,它的主要任务和目的不是要"打破限制"、争取"思想自由",而是为了巩固和完善新型的社会制度,繁荣和发展与新制度相适应的社会文化事业。因此,苏格兰启蒙运动是在乐观自豪、宽松和谐的思想氛围下进行的,这不但为它在广泛的文化领域取得丰硕成果创造了条件,而且也或多或少影响到它的学术思想的取向。在哲学方面,情感主义伦理学所主张的利他、公益和仁爱的道德原则,常识哲学所坚持的捍卫既有常识、反对怀疑一切的保守立场,应当说都与此有一定关系。虽然苏格兰启蒙运动有其独树一帜的特点,但对于其哲学表现的情感主义伦理学和常识哲学,都不应孤立看待,而应当放到西方哲学发展的总体脉络中来理解和把握:两者

---

① 参见黑格尔:《哲学史讲演录》第4卷,贺麟、王太庆译,北京:商务印书馆1978年版,第209页。

② 艾耶尔:《语言、真理与逻辑》,尹大贻译,上海:上海译文出版社1981年版,第53页。

都继承了英国经验论的传统,都受到大陆理性主义的影响;它们的理论成果既是在借鉴前人思想观点的基础上完成的,也是后来哲学发展的理论源泉之一;而如同当时的大多数哲学一样,近代实验科学的发展为它们提供了共同的科学思想背景和理论推动力。

拓 展 阅 读

一、必读书目

1. A. Broadie, *The Cambridge Companion to the Scottish Enlightenment*, Cambridge University Press, 2003.

2. F. Hutcheson, *An Inquiry into the Original of our Ideas of Beauty and Virtue*. edited by Wolfgang Leidhold, Liberty Fund, Inc, Indianapolis, 2004.

3. F. Hutcheson, *A System of Moral Philosophy*, published from the original Manuscript by his son Francis Hutcheson. M. D., London, 1755.

4. T. Reid, *Essays on the Intellectual Power of Man*, in *The Works of Thomas Reid*, edited by William Hamilton, Edinburgh, vol. Ⅰ, 1895.

二、参考书目

1. *The Cambridge History of Eighteenth-Century Philosophy*. Edited by Knud Haakonssen, Cambridge University Press, 2006.

2. A. Broadie, *The Tradition of Scottish Philosophy*, Polygon, Edinburgh, 1990.

3. 周晓亮主编:《西方哲学史》第四卷,凤凰出版社、江苏人民出版社2004 年版。

第六章　德国浪漫主义与启蒙哲学

高 宣 扬

我不做推理,不像哲学家那样思考。……我不得不向伟大思想的混沌状态投降……我渴望奔向无限……于是,我的精神融入无限的狂喜之中。

——卢梭:《孤独漫步者遐想录》

人类是在不知不觉中获得了对相互间的义务以及履行这些义务的好处的粗浅观念。

——卢梭:《论人类不平等的起源及基础》

只有朝向内心深处才能达到神秘的路径(Nach Innen geht der geheimnisvolle Weg)。

世界必须浪漫化(Die Welt muss romantisiert werden)。只有这样,人们才会重新发现原初的意义。

——诺瓦利斯:《诺瓦利斯文集·第二卷》

一切诗性的都必须同时是神话式的。

——诺瓦利斯:《奥夫德丁根的海因里希》

只有通过充满神秘魅力的自我,才能将我们看到的现象世界纳入超验的绝对世界,并在那里,我们由于受到神的启示,终于理解到失去了的世界的真正意义。

——诺瓦利斯:《童话》

浪漫主义并不局限于哲学,它毋宁是贯穿于人文社会科学及文学艺术领域中的思想创造运动,一种特殊的思想风格和生存方式。就其起源和发展空间而言,它也并不局限于西方国家的个别地区,而是跨越整个西方国家并散布于法国、德国、英国、美国、意大利及西班牙等国家的多元化的流派。浪漫主义在西方不同国家中,适应于各民族、各具体思想家自身的思想、情感、生存方式的特点，采取了令人眼花缭乱的"万花筒模式"，或"嘉年华方式"，形成了西方思想和文化史上最灿烂和富有生命力的历史篇章。同时，浪漫主义也不局限于思想创造活动以及哲学人文学科领域之内，而是扩散到科学、宗教和艺术等领域，特别是在文学创作中显现出来，包含一系列多质化的成分，而且也以多学科形式表达出来，并在极其不同的代表人物的作品及其生活风格中，以多样化的形态表现出来，以致难以使用简单的概括性定义或单一化范畴加以归纳。

为了把握浪漫主义，本章集中围绕历史、代表人物、核心概念以及它在文学、哲学、政治、语言、美学以及神学方面的各种典范表现，对浪漫主义进行分析。

在此，我们要注意以下几点：

第一，浪漫主义，不论就其历史发展过程，还是其思想构成和理论来源，都是很复杂的。为此，我们只有像浪漫主义本身的风格那样，以有时清晰明确，有时又混沌模糊的方式，并从多学科的变换视野，具体地深入研究浪漫主义的主要代表人物的基本思想，才能把握浪漫主义的各种表现形式并分析其特征。值得注意的是，近代浪漫主义从一开始就与启蒙思想的发展交错在一起，因此，揭示浪漫主义的复杂内容有助于全面评价启蒙运动的性质。

第二，从思想和文化的角度来看，浪漫主义是向往自由和歌颂人性解放的自然表现。所以，浪漫主义是一种内心情感的特殊表现形态，它所流露的是人对自身遭遇的情感敏感程度和形式，往往在难以预测的瞬间，以突发的激情形式集中地表现出来。

第三，浪漫主义是从纯情感方面来表达的一种生活态度和创作方式，因此，浪漫主义就自然地包含一系列自相矛盾的因素，而且它还把这些矛盾本身看作是浪漫主义所不可缺少的基本构成部分；没有矛盾，没有悖论，就不是浪漫主义。既然浪漫主义把矛盾看作是它自身生命的本质部分，那么，浪漫主义就很自然地永远追求不确定的形态和方式。诺瓦利斯及其他浪漫主义者都采取片段式、断裂式和碎片式来表达其哲学思想。

第四，贯穿于浪漫主义的基本精神，就是对"自我"、"爱情"、"自然"和"梦幻"的绝对追求和崇拜。

第五，浪漫主义纵情于语言游戏，并使之推进到神秘的境界，以致由此与神秘的宗教情感相交错，形成浪漫主义思想家的特殊的语言风格和神秘的宗教性质。

浪漫主义；卢梭；赫尔德；高特舍特；谢林；施莱尔马赫；荷尔德林；诺瓦利斯；斯列格尔兄弟；天才；爱情；激情；个性；想象；神秘性

　　浪漫主义（Romanticism）是西方思想和文化史上一个富有创造性的思想运动和具有浓厚历史底蕴的一种生活技艺、思想风格和语言表达方式。但它又是一个非常复杂的社会文化思潮，不但包含一系列多质化的成分，而且也以多学科形式表达出来，并在极其不同的代表人物的作品及其生活风格中，以多样化的形态表现出来，以致难以使用简单的概括性定义或单一化范畴加以归纳。这一特点，与其说是"缺点"，不如说是它的优点。它的多质性、多样性、复杂性和变动性，恰恰为它自身高度灵活的创造活动及其发展的多向性、随意性和渗透性，提供了最好的条件。

　　从词源学的角度，其实，"浪漫的"（romantique；romantisch；romantic）这个词的出现及其演变史本身就是一部不折不扣的浪漫史。"浪漫的"的词根"浪漫"（roman），最早是与法国境内从1135年起流传于民间中的古罗马语Romanz有关；也与法国人所说的"小说"（le roman）有关。但是，作为"浪漫主义"意义上的"浪漫的"（romantique）一词，是从英国开始的。1650年，首先是作家柏里（Thomas Haynes Bayly，1797—1839），接着，另一位英国诗人格雷维尔（Sir Fulke Greville，The First Baron Brooke，1554—1628）于1652年以及作家斯密斯（John Smith，1659—1715）在他们的作品中使用了"浪漫的"一词，表示一种"想象的"或"非现实的"倾向。所以，同时期的作家斯古德里（Georges de Scudery，1601—1667）在他的《阿拉里克》（Alaric）一书的序言中，明确地使用"浪漫的"一词，表示"一种精心创作出来的想象作品"，这就是后来统称为"小说"（Roman）的文学体裁，因为正是在小说中，作家才有可能最大限度地发挥杜撰的想象能力。从那以后，romantic就被赋予新的意义，特指具有想象杜撰性质的各种创作活动及其基本精神，小说就是它的最基本表现形式。斯密特就是在这种情况下，以这个新的词义，谈论一种"浪漫的创造"（romantic inventions）。接着，"浪漫的"一词很快就传入德国，先是以romanisch的形式，接着很快又变成romantisch，在18世纪末广泛地在文学界和哲学界使用开来。正是诗人兼作家赫尔德、诗人兼小说家威兰（Christoph Martin Wieland，1733—1813）等人，全面地使用"浪漫的"（romantisch）这个新语词，表示一种冒险的、非现实的和杜撰的创作活动。在诗人路德维希·狄克（Ludwig Tieck，1773—1853）的作品中，进一步引用卢梭所采用的"浪漫的"词义，表示某种美景如画的自然景色以及存在于内心深处的自然憧憬。最后，莱辛的朋友、著名的评论家、记者和作家尼古莱依（Christoph Friedrich Nicolai，1733—1811）也反复地用"浪漫的"，表示非现实的、想象的、烂漫多彩的和颂扬夸张的创作心灵。至此，"浪漫的"隐含了对于理想的追求心情和对于现实的无限超越的欲望以及对于审美境界的大胆想象,也包含着纵情冒险、跨越极限和突破禁忌的逾越精神。

第一节　在多学科和多领域漫游历险的浪漫主义

作为一种思潮,浪漫主义源远流长,其形成可以上溯到古希腊时代,此后,它也始终贯穿于西方思想和文化的发展过程中,深刻地影响着西方哲学和人文社会科学的演化进程;而且,浪漫主义还深深扎根于许多西方人的思想和精神生活内部,成为他们的生活方式的一种思想基础。

浪漫主义并不局限于哲学,它毋宁是贯穿于人文社会科学及文学艺术领域中的思想创造运动,一种特殊的思想风格和生存方式。就其起源和发展空间而言,它也并不局限于西方国家的个别地区,而是跨越整个西方国家并散布于法国、德国、英国、美国、意大利及西班牙等国家的多元化的流派。浪漫主义在西方不同国家中,适应于各民族、各具体思想家自身的思想、情感、生存方式的特点,采取了令人眼花缭乱的"万花筒模式",或"嘉年华方式",形成了西方思想和文化史上最灿烂和富有生命力的历史篇章。同时,浪漫主义也不局限于思想创造活动以及哲学人文学科领域之内,而是扩散到科学、宗教和艺术等领域,特别是在文学创作中显现出来。为此,浪漫主义在各个领域的表现是难以按传统学科的区分来分析的;我们只有像浪漫主义本身的风格那样,以有时清晰具体,有时又混沌模糊的方式,阐述它们的各种表现并分析其特征。

迄今为止,不同的思想家和历史学家对浪漫主义的内容、特点及其历史分野,存在许多的争论。但这些争论并不妨碍我们把它作为一个专门的探讨对象来研究。这一章节的重点和基本内容,当然是浪漫主义哲学。但是,由于浪漫主义具有跨学科、多样化和不稳定的含糊性特征,所以,即使是专门论述浪漫主义哲学的著作和章节,也不可避免地要跨出哲学的范围,远远地涉及文学、艺术、宗教和其他各个学科的领域。超出哲学之外探讨浪漫主义,不但不妨碍,反而有助于我们更深刻地把握浪漫主义的思想原则。

第二节　浪漫主义的历史背景及其基本特征

一、浪漫主义的先驱

浪漫主义在欧洲有它自身漫长而曲折的存在和发展的历史。学术界往往把18世纪末以前的各种浪漫主义思潮及其代表人物所表达的复杂思想情怀，称为"前浪漫主义"（préromontisme）或"早期浪漫主义"
（Frühromantik），而它们的代表人物就成为了浪漫主义的先驱。在这一时期，从法国和意大利开始，接着是英国、西班牙、德国和荷兰等国的文学、哲学、史学、宗教学和艺术领域，都先后不知不觉地显现出浪漫主义思潮和风格，并逐渐与启蒙运动及其思潮混杂和交错起来，或相互渗透和相互激荡，逐渐地成为18世纪至19世纪80年代的重要思潮。

如果要探索浪漫主义的更早思想来源，就应该追溯到中世纪末期正处于风云变幻的欧洲，最突出的是在17世纪下半叶，整个社会正处在激烈动荡的前夕：旧政权极端腐败，而新的社会力量正积极准备革新，"山雨欲来风满楼"的气势笼罩社会。旧贵族中的一部分踌躇满志却又深感生不逢时的"骑士"们，抒发出既对现实愤世嫉俗，又充满幻想的无奈心态。散播于没落贵族中的孤独、忧伤、怀才不遇的情绪以及对难以把握的未来的憧憬和幻想，在他们动荡不定的流浪生活中，逐步地从神秘莫测的"流浪情怀"转化成一股浪漫主义的激情；它们同正在逐渐兴起的市民阶层的自由观点和生活理念，相互交融，推波助澜。他们的思想风格及其作品已经隐含了浪漫主义的基本要素，即突出自我、爱情、崇拜自然以及充满幻想。所有这些，与迫切期待新出路的革命阶层的激情，既相互碰撞、又相互穿插，在当时的宗教、哲学、文学和艺术作品中展现出来，想成为浪漫主义的思想根源。

在文艺复兴时期，法国的蒙田（Michel de Montaigne，1533—1592），作为机敏灵活的人文主义思想家，就已经在他的散文和随笔中生动地表露了浪漫主义的风格，而产生伟大成果的意大利思想家维科（Giovanni Battista Vico，1668—1744）也是很早就表现了浪漫主义的倾向。

但只有到18—19世纪，当欧洲进入工业革命和法国大革命的历史转折时刻，为了叛逆封建贵族的奴役统治，为了对抗启蒙运动所推动的政治规范，为了反对技术革命对自然的破坏，才涌现出最具有典范意义的浪漫主义思想家和创作家，其先锋人物首推卢梭（Jean-Jacques Rousseau，1712—1778）和青年歌德（Johann Wolfgang von Goethe，1749—1832）；他们先后发表《孤独漫步者遐想录》（Les Rêveries du promeneur solitaire，1776—1778）和《少年维特之烦恼》（Die Leiden des jungen Werther，1774）在浪漫主义运动史上被称为"前浪漫主义"的典型。[1]

卢梭尤其在他逝世后发表的遗作《忏悔录》（Professions，1782/1789）和

---

① 参见 Frank，M.Unendliche Annäherung.Die Anfänge der philosophischen Frühromantik.Frankfurt a.M.：Suhrkamp.1997。

《孤独漫步者遐想录》中，公开地宣布同启蒙的理性理念和社会共识制度的决裂，主张回到自然和放纵个人的内心世界。卢梭说过："我不做推理，不像哲学家那样思考。……我不得不向伟大思想的混沌状态投降……我渴望奔向无限……于是，我的精神融入无限的狂喜之中"①。

同样地，歌德在他的《少年维特的烦恼》一书中，歌颂了一位迷恋于情人而陷入精神崩溃的年轻人维特。这位追求"不可能的爱情"的年轻人，终于选择了自杀的道路。维特说："为什么造成人的幸福的那些事情又变成他的痛苦的根源？在我心中对于自然和生活的如此强烈的情感，淹没了我的整个的心，它们从环绕着我的外部世界蔓延到我的全身，以致形成了一个天堂式的乐园。它现在变成为一个难以忍受的杀手，也变成为一个凶恶的精灵，处处困扰着我"。尽管歌德在晚年经常强调他的现实主义态度，但他在青年时代的浪漫情调很快就成为德国浪漫主义的基本精神，推动着德国浪漫主义运动的发展。

在英伦三岛，彭斯（Robert Burns, 1759—1796）、威廉·沃兹华斯（William Wordsworth, 1770—1850）和威廉·布莱克（William Blake, 1757—1827）等人，受到法国大革命的感召，发起波澜壮阔的浪漫主义运动。彭斯所写的小歌剧《快乐的乞丐》（*The Jolly Beggars：A Cantata*, 1785）轻快地唱出浪漫主义者蔑视权贵、追求自由的旋律：

> 滚开！靠法律保护的顺民！
> 自由才是光荣的盛宴，
> 法庭只为懦夫开设，
> 教堂只给牧师方便！②

威廉·华兹华斯在法国大革命发生后的第一和第二年连续两次访问法国，并在他的传记性诗歌中写道：

> 啊，一个值得荣耀的时刻，
> 那段令人快活的年代。
> 胜利的豪情
> 似乎成为了

---

① Rousseau, *Les Rêveries du promeneur solitaire*. Paris. Gallimard. 2005［1776—1778］.
② Burns, R. *The Jolly Beggars：A Cantata*, 1785.

当时所有的眼睛散发出来的共同语言；

如同从睡梦中苏醒，

各民族怀抱

他们各自伟大的期望①

　　同样地，威廉·布莱克也称法国大革命为"快乐的日子"（Glad Day），
而雪莱则直截了当地说：法国大革命是"时代的主题"。

　　总之，从宏观的历史基础来观察，只有当发生震撼人心并给予社会转折
以极大希望的重大历史事件发生的时候，才促使充满激情的思想家抒发出
浪漫主义的创作情感，推动浪漫主义取得突破性的进展。而从微观的个人
生命历程来观察，浪漫主义总是在个体生命遭遇严重危机，特别是当个人情
感生活发生根本性转折的时候，才火山爆发式涌现出来。

二、浪漫主义的三个发展阶段

　　整个欧洲的浪漫主义，作为一场文学和人文精神的创造性运动，是在
18世纪末和19世纪初，将其中心转向了德国，直接成为德国"狂飙突进运
动"的思想基础，并在德国的耶拿学派那里被推进到鼎盛状态。歌德、席
勒、荷尔德林、费希特、谢林、狄克（Ludwig Tieck，1773—1853）、瓦根洛德
（Wilhelm Heinrich Wackenroder，1773—1798）、利希特（Jean Paul Friedrich
Richter，又名 Jean Paul，1763—1825）、弗利德利希·斯列格尔（Friedrich
Schlegel，1772—1829）、奥古斯特·威廉·斯列格尔（August Wilhelm
Schlegel，1767—1845）、诺瓦利斯以及施莱尔马赫，都是这一时期的代表人
物。与此同时，在英国，以沃兹华斯（William Wordsworth，1770—1850）和科
列力兹（Samuel Taylor Coleridge，1772—1834）为代表的一群文学家以及以
弗兰西斯·哈奇森、托马斯·里德、大卫·休谟、亚当·斯密和亚当·弗格
森②为代表的苏格兰学派，进一步发扬了浪漫主义的精神③。而在法国，夏
杜布里昂、斯泰尔夫人及本雅明·康斯汤（Benjamin Contant，1767—1830）
等人，也积极推动浪漫主义的进一步传播。此后直到19世纪80年代为止，
浪漫主义经历了从19世纪初到30年代末的第二发展阶段，然后，又从19

①　Wordsworth，*The Prelude*.1805：Ⅵ，pp.681-685.

②　参见 Robert Mitchell，*Sympathy and the State in the Romantic Era*：*Systems，State Finance，and
the Shadows of Futurity*.New York：Routledge，2007，p.280。

③　参见 Murray，Christopher John.Ed，*Encyclopedia of The Romantic Era*.1760-1850.New York &
London：Fitzroy Dearborn.2004。

世纪 40 年代至 80 年代进入第三发展阶段,并由此全面地在哲学、文学、艺术及宗教等领域扩散开来,直接成为 19 世纪末至 20 世纪初欧洲非理性主义、虚无主义和存在主义的理论先驱。

三、浪漫主义与启蒙运动的三重穿插关系

从中世纪转变到启蒙与近代化的过程,对法国、英国、意大利、荷兰和德国来说,是很不一致的:不仅内容及其代表人物,而且连历史发展阶段及其历史特征,也千差万别;这不仅与各国传统及其历史发展特征有关,而且也决定于各国启蒙运动的实际状况。

早在启蒙运动的前夕,法国的思想家和作家蒙田(Michel Eyquem de Montaigne,1533—1592)就以其变化多端的随笔和散文表达其敏感情怀;在他之后的丰特奈尔(Bernard le Bovier de Fontenelle,1657—1757)等人就更明朗地抒发了浪漫主义情调,在他们的作品中表现出多样化和灵活机动的风格,对创造活动寄托无限的期望,对人的情感赋予崇高的价值;接着,在启蒙运动初期和整个时代中,卢梭和贝尔纳丁·德·圣皮埃尔(Henri Bernardin de Saint Pierre,1737—1814)等人,无拘无束地抒发浪漫情调,赞颂情感的敏感性和放荡性,尽情地歌颂浪漫的理想和欲望,视之为人生的最大快乐。

由于浪漫主义是在启蒙运动中孕育并在其后期发展起来的,所以,它同启蒙运动的关系是三重性的:第一,它是启蒙运动的一个组成部分,指的是它作为启蒙运动的内在成分,补充了启蒙运动的内容,使启蒙运动成为更为丰富和多面的思想革新运动。例如,在启蒙运动中,卢梭所提倡的自然主义和对于文化的批判,实际上使启蒙运动更加全面地构思了未来的思想文化发展的方向。第二,浪漫主义作为启蒙运动的对立力量,牵制了启蒙运动的发展方向,使西方人更为冷静地反思启蒙运动的口号和成果。同肯定理性的权威及其知识成果的启蒙思想相反,浪漫主义主张回到自然,歌颂情感和意志,重视神秘的宗教因素,崇尚个人才华,赞扬个别性、特殊性和原创性。第三,浪漫主义作为启蒙运动后期的发展产物,乃是启蒙运动本身的一个成果。在这个意义上说,浪漫主义进一步完成了启蒙运动的理想。这两个流派,一方面相互区分,另一方面又相互渗透,共同推动了欧洲近代社会和文明的诞生。

四、浪漫主义的核心范畴

从思想和文化的角度来看,浪漫主义是向往自由和歌颂人性解放的自

然表现。所以，浪漫主义是一种内心情感的特殊表现形态，它所流露的是人对自身遭遇的情感敏感程度和形式。法国人往往用"敏感性"（la sensibilité）来表达浪漫主义情感反应的那种特殊形式。波德莱在《1846 年的沙龙》中指出："浪漫主义的特征恰恰既不在题材的选择，也不在准确的真实，而在感受的方式。"①显然，敏感性是浪漫主义情感的主要标志。波德莱又说："在我看来，浪漫主义是美的最新近、最现实的表现。"波德莱严厉地批评他的同时代人对浪漫主义的错误态度，指出他们只从外部、从形式看问题，对浪漫主义的内在情感方面的特征一窍不通。接着，波德莱又说，浪漫主义是从纯情感方面来表达的一种生活态度和创作方式，因此，浪漫主义就自然地包含一系列自相矛盾的因素，而且它还把这些矛盾本身看作是浪漫主义所不可缺少的基本构成部分；没有矛盾，没有悖论，就不是浪漫主义。既然浪漫主义把矛盾看作是它自身生命的本质部分，那么，浪漫主义就很自然地永远追求不确定的形态和方式。而且，也正因为这样，浪漫主义者把自身的矛盾和悖论，不但当成其存在的基本形式，也当成其创作的基本动力。浪漫主义的这一特点，决定了它的最自由的本质。

夏杜布里昂的《勒奈》中主人公勒奈几乎和歌德塑造的维特那样，不可自拔地陷入一场乱伦之恋，疯狂地爱上了自己的妹妹阿梅丽，最终不得不在修道院中躲避那不可实现的爱情②；本雅明·康斯汤的《阿多尔夫》的男主人公少年阿多尔夫则深深爱上一位有了两个孩子的年长妇人，最终因自己的怯懦而坠入绝望深渊③。自我、爱情、幻想和自然，交错在一起，让浪漫主义者在难以克制的情感纠葛中痛苦万分，并面临习俗与自然的冲突所造成的人格分裂。然而，正是这种情感的苦难，使他们体验到生命自身的神秘和兴奋。

五、浪漫主义与神秘主义的关系

浪漫主义文学家、哲学家和思想家，往往都不同程度地具有神秘主义的色彩。这一方面同欧洲传统的神秘主义思想的顽强性及其历史特征有密切关系，另一方面也决定于浪漫主义本身的深奥性、乌托邦想象性质及其秘传性。荷尔德林、哈曼及施莱尔马赫等人的思想在这方面所表现的神秘主义性质，具有一定的代表性。

从最早的时候起，神秘主义就是一种多多少少带有深奥费解特征的思

---

① Baudelaire, *Salon* 1848. Paris. Gallimard, 2005.

② 参见 Chateaubriant, *René*. Paris. 2006[1802]。

③ 参见 Constant, *Adolphe*. Paris. 2006[1816]。

潮。它执着于神奇、奥妙、奇特、魔术性的甚至是超自然的现象,但又迷恋于自然本身,对自然寄予期望,并把个人情感、理想、生活方式,同自然的复杂而巧妙的过程及其运作,联系在一起,希望从中找到克服个人生活和思想有限性的可能性。所以,有相当一部分数量的神秘主义思想家是神正论者和神智学家(Theosophe);也有一些思想家声称自己的哲学是一种"自然哲学",对思想和生活中的各种人为的约束表现出超然的态度,试图在真正自然状态中,自由自在地思想和生活。

诺瓦利斯与索菲·冯·昆(Sophie von Kühn,1783—1797)小姐的生死恋经历,生动地体现了浪漫主义与神秘主义之间的转换融合关系。当诺瓦利斯与年仅13岁的索菲·冯·昆相遇时,便感受到了她神仙般的魔术魅力,诺瓦利斯决意与她订婚,全心奉献,做她的贴身不离的幻影,并同她共呼吸和心灵神通,唱诗吟曲,探讨世界的奥秘。但她仅仅15岁就不幸染上肺结核并即刻离开人世。从此诺瓦利斯与她成为生死恋的情人,阴阳两个世界并不能阻挡他们的神圣爱情。诺瓦利斯时时在生活中与她的幻影相遇,并进行神秘的沟通。诺瓦利斯在好几封信中提到他与索菲·冯·昆小姐之间的奇特幽会,并声称从她的幻影那里获得灵感,使他感受到"一种导向不可见的世界的亲切呼唤"(der Beruf zur unsichtbaren Welt)。1797年5月13日,在格律宁根(Grüningen)的索菲·冯·昆的墓旁,诺瓦利斯亲自遇到独一无二的奇迹:他感受到索菲就在他身旁,偎依在他的肩膀,听到她的微弱而充满爱情的呼吸声,两个人的身体的温暖交流在一起。诺瓦利斯为此坚信,可见的时空界限是有限的,并可以被超越。诺瓦利斯的朋友们把他的亲身奇迹描绘成"神圣的索菲"的再现及其威力。诺瓦利斯的上述精神经历和情感伤害,使他通过与新的女友朱莉·冯·莎尔邦济耶(Julie von Charpentier)订婚的转换形式而抒发出来,并由此获得精神解放。

诺瓦利斯说:"只有朝向内心深处才能达到神秘的路径"(Nach Innen geht der geheimnisvolle Weg)。而且,他还认为,唯有在诚信的世界才存在浪漫化的境界。"世界必须浪漫化(Die Welt muss romantisiert werden)。只有这样,人们才会重新发现原初的意义"。诺瓦利斯认为,浪漫化并非单纯只是质的方面的潜伏,而是要靠自身对内在境界的反复体会和沉思。但这样的过程并不容易理解。要通过千百次的精神磨炼,使自己逐步地了解那些本来很难理解的层面,一再地对不可认识的世界进行尝试性的探索,以致使自己尽可能地提升到更高的精神境界。他后来在其童话般的作品《奥夫德丁根的海因里希》(Heinrich von Ofterdingen,1802)和《童话》(Märchen)中更明确地说:"一切诗性的都同时必须是神话式的"。这位充满诗性的哲学家一再地宣称:"只有通过充满神秘魅力的自我,才能将我们看到的现象世界纳入超验的绝对世界,并在那里,我们由于受到神的启示,终于理解到失去了的世界的真正意义"。

第三节　作为一种政治态度的浪漫主义

浪漫主义者都很关心政治,并对政治的性质及其现实表现寄予理论和实践的关注。这一传统可以一直上溯到浪漫主义的先驱者那里,特别同1798 年前后的法国大革命的爆发紧密相关。在法国,作为浪漫主义的最早杰出代表人物,卢梭总是很激进地表达其政治见解,并对时弊给予严厉的批评。他并不随波逐流,所以,在自由主义者高唱自由民主和平等的时候,卢梭就一针见血地揭示了自由主义关于自由民主观念和及其所设想的制度的矛盾性,尤其批判其在现实中的虚伪表现。

作为浪漫主义的重要代表人物,雨果在他的著名剧本《克伦威尔》和《赫尔纳尼》中明确地把浪漫主义文学同积极参与革命政治活动联系在一起。雨果认为,艺术自由必须同政治自由紧密相伴;而艺术自由最主要的标志就在于宣布一切古典规则是死亡,反对一切集权政治,反对一切对于法制和规则的独裁。[1]

法国思想家本雅明·康斯汤是一位浪漫主义的自由主义政治思想家,他在青年时代来往于法德和瑞士三国之间,而且他同德国杰出的浪漫主义女思想家斯泰尔夫人的友谊及思想交往关系,又促进了两国浪漫主义的进一步合流及相互影响。

在德国,诺瓦利斯也直言不讳地表示了他的政治理论和见解。此后,几乎所有的浪漫主义思想家都表现出类似的政治思想风格。

尽管如此,浪漫主义的政治理论及其实际立场往往是很复杂多变的。这种多变性也正是表现了他们的政治观点及立场的高度灵活性。如同他们在其他领域的表现那样,浪漫主义者基本上不愿意恪守固定不变的政治教条和信念。他们对个人思想情感的自由的追逐,使他们绝对不可能在政治态度上表现僵化,以致约束自己的言论和行动。这种状况往往会使人误解他们的政治理论的非一致性和非一贯性。但他们宁愿如此,也不愿意附和他人的批评而改变自己的实际政治态度。尽管浪漫主义者在政治上总是自行其是,灵活行事,但他们毕竟始终有自己的政治主张和行动原则。总的来

---

[1]　参见 Hugo, *Préface*, *Cromwell*. Paris. Gallimard. 2008[1827]。

讲,在政治上,他们既不愿意给自己套上理论和观念的枷锁,也不愿意受历史的约束。实际上,他们本来就否认各种理性原则、逻辑规定和历史规律的存在,因为他们认为世界是极度复杂的,人类社会更是复杂得无规律可循;至于如何对待政治问题,由于涉及的是政治的复杂性和个人自由对待的重要性两大方面,所以,浪漫主义政治派别就顺理成章地与传统政治派别有很大不同。在他们看来,一切人为的规则和法则,只能局部地和临时地发生作用。作为人类社会中最复杂的政治,更不能用简单的法律和规则来对待,而在政治哲学方面更不需要建构这样或那样的具有系统性的理论体系。

撰写《德国 19 世纪政党史论》(*Beiträge zur Deutschen Parteigeschichte im 19 Jahrhundert*)的阿达尔伯特·瓦尔(Adalbert Wahl)指出:在法国大革命中,浪漫主义派别是很模糊的,以致很难将自由主义和浪漫主义作严格的区分;而浪漫主义队伍本身也充满着多元的政治意见和主张。[1] 另一位政治史研究专家冯贝娄(G.von Below)也指出:在 1789 年,第一批革命者和第一批反革命派回来都被称为浪漫派。[2] 这就证明:浪漫主义政治理念和实践原则,不只是浪漫派本身所追求的,而且也是其他各种政治派别中的真正把握政治本质的政治哲学家所实际贯彻的。远的不说,历代最卓越和最有政治实际经验的政治哲学家,尽管具有各种不同的政治信念,但他们都像浪漫派政治哲学家那样,对政治采取随机应变的浪漫态度。就此而言,浪漫派政治哲学最深刻地把握了政治的本质。

第四节 浪漫主义的语言观

法国早期浪漫主义先驱对语言的崇奉已经预示了法兰西浪漫主义与法语之间的特殊关系。如果说,法国浪漫主义不同于英国和德国的浪漫主义,归根结底,主要取决于法国浪漫主义作家和艺术家内心中的法语涵养底蕴,决定于他们对法语特殊情怀及其运用技巧。

德国浪漫主义对于语言的研究,从一开始表现在赫尔德(Johann Gottlieb Herder, 1744—1803)那里的时候,而且,赫尔德的语言观同卢梭的语言观有密切关系。

其实,整个浪漫主义的语言观,早在卢梭的《论人类不平等的起源及基

---

① 参见 Wahl, A. Beiträge zur deutschen Parteigeschichte im 19 Jahrhundert. In 〈 Historische Zeitschrift〉 104, 1909, p.344。

② 参见 Below, G.von.Die Anfänge der konservativen Partei in Preußen.In 〈Internationale Wochenschrift〉 3, 1911, p.1089。

础》的著作中,就已经奠定了其基本的原则。卢梭说:"人类是在不知不觉中获得了对相互间的义务以及履行这些义务的好处的粗浅观念。""人们相互间的这种关系,并不需要比差不多同样结合成群的乌鸦或猴子的语言更为细腻的语言系统。在很长时期内,人类普通语言必定是由无音节的叫声、很多的手势和一些模拟的声音所组成的。"卢梭还进一步指出,语言的使用随着人类生活的演化而不知不觉地趋于完善;他首先指出了人类家庭生活的演化所产生的影响,接着还揣测各种特殊的原因,特别是自然界的各种原因,推动了语言的发展。他说:"洪水泛滥或者地震,使一些有人居住的地方被水或悬崖峭壁所包围。地球的变迁使大陆的某些部分割裂为岛屿。我们不难想象这样接近起来而不得不在一起共同生活的人们之间,比起在大陆森林中漂泊流浪着的人们之间,应当更容易形成一种共同的方言。因此,很可能是这样:岛上的居民经过最初的试航以后,便给我们大陆带来了使用语言的习惯。或者,至少也可能是这样:在大陆上还不知到什么叫做社会和语言之前,岛上就已经建立了社会产生了语言,而且这两者已经达到了相当完善的程度。"①由此可见,卢梭在研究人类语言与文化的起源和发展的问题时,已经采取了浪漫主义的基本原则,即从人与自然的相互关系,并以人的精神生命作为基本模式去说明:在从自然向文化过渡过程中,人,作为具有精神创造能力的自然生存者,是如何创造语言和他的文化的。

德国浪漫主义者普遍地在语言中寻求创作的启示和灵感,也在语言中寄托个人的希望和憧憬。他们往往将语言当成人与世界、自然和他人进行神秘沟通的理想渠道,又是他们发泄个人情感、理念、幻想和精神探险的符号王国。他们认为,语言在这方面所能提供的可能性是无止境的,也是深不可测的。唯其如是,语言才是创作、生命的最好归宿。

赫尔德、哈曼和洪堡等浪漫主义者,不但在他们的作品中探索语言创造的各种可能性,把语言游戏当成创作的主要手段和基本途径,而且,他们还集中地专门研究语言本身的性质及其神奇运作机制,试图探讨语言的内容和形式同人类文化演变过程的历史关系,并不断揭示语言与宗教、文学、哲学、科学、艺术之间的内在交融关系。

德国浪漫主义还探索语言的神秘性,并以此为基础形成各种重视语言的非理性、非逻辑及其日常生活性的语言哲学。它们都共同地反对把理性的确定性和准确性绝对化,同时也反对把形式和规则模式化,反对各种条条

---

① Rousseau, *Discours sur l'origine et les fondements de l'inegalite parmi les hommes*. Amsterdam: Rey. 1755, pp.95-100.

框框,特别是逻辑方面对语言的管束。哈曼还认为思想和语言之间,既有密切联系,也有各自不同的规律,因此他主张使思想跳出语言的约束,并相信思想和精神有必要、也有能力把语言仅仅当成表达的工具,而不是限制思想创造的表达手段。与此同时,哈曼还很重视个人的思想及其创作风格的特殊性,并强调语言的运用与个人的特质有密切关系。接着,哈曼也和荷尔德林一样,明确地把诗歌语言看作是人类文化的母亲。①

在众多探讨语言的思想家中,威廉·冯·洪堡(Wilhelm von Humboldt,1767—1835)是最值得注意的一位语言哲学家。威廉·冯·洪堡和其他浪漫主义者一样,是多才多艺的思想家,他是著名的哲学家、语言学家、诠释学家、人类学家、教育家以及政治活动家。洪堡也是柏林大学的创始人。洪堡作为"多面手",对于人文社会科学的各个领域,都有深湛的理解和把握。他和德国当时其他精通各门学科的天才一样,不仅有惊人的天分和才智,而且一生始终不满足已有的成果,总是不知疲倦地试图开阔新的视野。

洪堡的语言研究并不是孤立进行的,更不是偶然的。在启蒙运动时期,对于《圣经》的诠释以及神学对宗教语言的研究,都取得了辉煌的成果。在浪漫主义时代,同语言研究密切相关的诠释学,得到了蓬勃的发展。洪堡和前述的赫尔德一样,认为"民族的语言就是民族的精神,而民族的精神也就是民族的语言"②。语言就是民族的最大特征,民族文化的差异主要表现在语言上。正如赫尔德所说:"一个民族怎样思维,就怎样说话;反之亦然,怎样说话,就怎样思维。"③

洪堡认为语言是各族人民的民族精神的活生生的和有机的表现。④ 洪堡在研究语言与民族精神的内在关系时,一反以往语言学家将语言看作是一种被动的人类文化活动产品的传统观点,直截了当地将语言看作是一种主动创造能力本身。洪堡的名言是:"语言绝不是产品(Ergon),而是一种创造能力(Energeia)。"⑤各个民族使用语言的过程,就是各民族语言进行自我创造的过程。语言是民族精神的创造能力的主要发挥通道。各个民族仰

①　参见 Hamann, *Kreuzzrege des Philologen*, 1762。

②　Humboldt, K.W.Von, *Werke*in Fünf Bänden, Bd.Ⅲ, herausgegeben von Andreas Flitner und Kaus Giel, Darmschaft, 1963, p.414.

③　Herder, J.G.*Sprachphilosophische Schriften*, aus dem *Gesamtwerk*, ausgewahlt mit einer Einleitung, Anmerkungen und Registern, versehen von Erich Heintel, Hamburg: Verlag von Felix Meiner, Zweite und erweiterte Auflage, 1964, p.101.

④　参见 Humbolbt, K.W.Von, *Über die Verschiedenheit des menschlichen Sprachbaues und ihren Ein-fluss auf die geistige Entwicklung des Menschengeschlechts*, 1836。

⑤　Humboldt, K.W.Von, *Werke*in Fünf Bänden, Bd.Ⅲ, herausgegeben von Andreas Flitner und Kaus Giel, Darmschaft, 1963, p.418.

赖着其独特的语言进行各种文化创造活动。语言随民族的成长而发展,它运载着各民族的文化创造成果的历史经验,同时又实现着各民族的精神创造活动。正如洪堡所说:语言是"精神不由自主的发挥"(eine umwilkürliche Emanation des Geistes)①。洪堡认为,每个民族都不可避免地会把自身的某种独特的主观意识带入自己的语言之中,使其语言形成一种特殊的"世界观"(Weltansicht);作为"世界观"的语言符号体系又反过来影响着各民族的非语言性的行动。从这个意义上说,在语言中符号体系化的"世界观",构成为各民族行为和生活方式的指导性密码:一方面,使行为和习俗通过语言的运用而无意识地实现系列化和系统化,有助于民族习俗和民族文化传统的巩固和发展;另一方面却使语言本身转化为一种特殊的精神屏障,使各民族在自己的语言中做茧自缚,坐井观天。因此,各个民族要扩大自己的精神创造,就必须像熟谙本族语言那样掌握异族语言。

第五节　浪漫主义的历史哲学

几乎所有的浪漫主义者都主张"变动"、"生成"和辩证法。对他们来说,变动性和生成性,就是事物多样性、多元性及其不可预测性的基础,也是进行浪漫创造的根据本身。所以,浪漫主义者在分析历史过程的时候,其重点不在于归纳历史发展的规律性,也不在于说明历史本身的单一性和统一性,不在于刻意将历史纳入理性、逻辑等形式性的框架之中,而是与理性主义与科学主义相反,主张历史的复杂性、偶然性及其变动的各种可能性。这样一来,历史并非像理性主义者所说的那样是单向、单线以及以单一形式发展,而是曲折复杂和充满偶然性、或然性和不确定性,是无目的和无规律的过程。历史,作为一种有自身的独特生命的过程总体,是充满个体性、相对性、神秘性、不可测性、内在性、精神性、情感性和意志性的力量。

浪漫主义的历史哲学不同意启蒙派所说的"进步论"。他们认为,历史的前一阶段和后一阶段之间,没有必然的联系,不存在因果性,更没有由"低级"向"高级"发展的规律;有的只是跳跃性、片断性、裂变性和多维度性。在哈曼、荷尔德林和施莱尔马赫等人的历史描述中,看不到有规律的"发展"和"进步",只有充满斗争、矛盾和悖论的复杂可能性的表演过程。

早在浪漫主义的最早代表人物之一维柯(Giambatista Vico, 1688—

---

① 　Humboldt, K.W. Von, *Werk*e in Fünf Bänden, Bd. Ⅲ, herausgegeben von Andreas Flitner und Kaus
　　　Giel, Darmschaft, 1963, p.387.

1744)那里,就已经指明了人类历史的浪漫性质及其不可化约性和不可归纳性。维柯的《新科学》(Scienza Nuova)指出:历史过程的重演和复归,就像潮水起落那样,本不一定沿着原来的途径,而是可以沿着相反或多种可能的方向,但也可能再现或复演,走回头路。总之,历史的复演并非走同一个轨道,而是纯自然地走它自己所可能走的道路。更重要的是,维柯始终强调历史中的诗性创造的力量。他认为,人类创建自身的民族历史时,并不是经过深思熟虑的谋划,并非理性的推动,而是靠诗人原本固有的想象、激情和敏感性。

维柯的主要贡献,并不只是在于提出有关历史发展过程及其各个阶段的节奏性(Rhythmus)的理论,而是在于严厉地批判了以笛卡尔为代表的理性主义知识论,特别是批判笛卡尔将数学置于至高无上地位的主张。维柯认为,只有历史的知识才有可能引导人类智慧提升到最高阶段,因为历史所承载的价值才是人类对其自身进行彻底认识的基础。维柯强调,我们的知识的真正目标,并非仅仅为了认识自然,而是掌握人类自己对自身的知识。因此,人类必须超出数学和自然科学的知识之外,在人类自己所创造的文化作品(Werke)中,寻求人类精神的创造力的限度及其发展可能性。维柯认为,正是在作品中,凝聚了创造者个人的精神的个别性及在历史中展现的人类总体精神的历史性。各种文化作品的重要意义,就在于它以一种"概念构思性的存在"(ein begrifflich-erdachtes Sein)的形式,巧妙地把上述个别性和历史性结合在一起,从而为人类更深刻地认识其自身提供了最具典范意义的场所。文化作品的典范意义,就在于使用了语言的魅力和神奇力量,把个别性和历史性通过作品中的思想、内容、局部与整体的关系等审美构造方式结合起来。为此,维柯特别重视精湛地表达语言创造力量的诗歌、神话和宗教,把它们当成文化作品的最高形式。

但是,维柯的思想中的天才设想和模糊观念,只有到赫尔德那里才更深刻地表现出来。赫尔德认为,文化把人类推向合理的社会秩序,而"理性"和"历史",双双各自起了独特的作用。赫尔德看到了人类精神中潜伏着统一其内在能力的神秘力量,因此,"人类所力争实现的一切,定然源自对其自身各种能力的总体驾驭以及使之不致碎裂地构成的统一性"(Was der Mensch zu leisten hat, muβ aus der Zusammenfassung und der ungebrochenen Einheit seiner Kräfte entspringen)。因此,在人类创造其文化的历史过程中,人类总会尽力克服一切可能导致割裂和离散的倾向。这就是人类历史同一性的真正基础。

当然,在赫尔德的早期思想中,人类的这种统一性,往往被理解为发自历史源初的神秘必然性。赫尔德甚至把这种"统一性"说成为一个伤逝而去和被丢失的、然而又是备受赞颂的乐园。

赫尔德提出了与启蒙思想家相对立的历史观点,有力地推动了他所处的时代的多元化文化创造倾向。他的那部《关于人类形成的又一种历史哲学》,简直就是一部批判启蒙思想的檄文,因为他集中地清算了启蒙思想家的理性主义历史观,批判启蒙思想家的进步观,也为那些被启蒙思想家所否定的历史文明恢复名誉,强调被启蒙思想家所贬低的中世纪文明的重要价值。赫尔德指出:所谓的"野蛮"的中世纪、宗教以及成为希腊文化的牺牲品的埃及文化等等,实际上都具有不可取代的珍贵价值。赫尔德认为,历史并非那种可以脱去躯壳、具有世界普遍性的理性的表现,而是各种文化个体的对比化以及形成为各种特殊共同体的人民的各自无秩序的表演场所。因此,历史的更替和变化是无可预测的,也是非统一的。人类历史的总体中,古代与近代,东方与西方,各个民族的文化,各自都有其无可代替的存在和繁荣的理由。

而且,历史本身具有其自身的生命力,还可能存在某种特殊的"意志"和"神性",以致使它超出人的愿望和期许,经常同人开玩笑,玩"捉迷藏"的游戏。但是,在历史与个人之间,有时还存在神秘沟通的可能性。这就是浪漫主义历史观中的个体性原则和天才原则。

席勒在《关于朴素的和感情的诗歌》("Über Naive und Sentimentliche Dichtung",1795—1796)一文中,席勒则把美学和历史哲学结合起来,看作是自然协和的重要途径。

席勒同赫尔德一样,不但重视对于历史的研究,而且也深入地分析了语言。席勒在这两方面的研究成果,成为了他的美学思想的基础。席勒的历史观点,强调了人类社会和文化的单向演化特点。他在1798年发表的耶拿大学就职演说《什么是人类通史以及为什么要研究它?》("Was Heisst und zu Welchem Ende Studiert Man Universalgeschichte?")中,精辟地提出了他的独特的人类历史观,对于今后德国哲学的发展产生了深远的影响。人类学家格列布纳曾经多次强调席勒在德国人类学史上的关键地位。格列布纳在《民族学方法》这本书中,强调德国的文化史研究的基本观点是同席勒所提出的历史演化论有密切关系(Graebner, F. Methode der Ethnologie, Heidelberg:Winters Universitätsbuchhandlung,1911)。

席勒在《历史与理论》著作中提出了人类文化形构过程的"阶段论"。他提出了"文化熏陶的阶段"(Stufen der Bildung)的概念。这个概念具有三方面的重要意义。第一,席勒所提出的Bildung这个概念,原义是"形构"或

"形成"。但他所指的,不是可见的各种事物所成的那种结构,而是指人类心灵的陶冶和形塑的过程。人类心灵的陶冶和形塑的过程,不同于世界上其他事物的地方,就在于它要靠心灵自身的自我提升和自我超越,同时,也要靠心灵在消化外来的各种因素的过程中,自我创造出提升和超越的内容和形式。因此,心灵的陶冶,绝不是像事物的形成那样,是靠外在的形状的量的变化来进行,而是经历自我肯定和自我否定的复杂过程同外来的各种新的因素相结合,发展出一种新的"自身"。所以,Bildung 无法用"形构"和"形成"来表达,毋宁用"教育"或"陶冶"。正因为人类心灵的陶冶是非常复杂的,所以,席勒极端重视心灵同语言的密切关系及其自我创造精神,也坚持认为它的发展的阶段性。但是,心灵成长的这种阶段性,不能像事物的发展的阶段性那样,可以用外表的特征的差异来区分。语言的使用及其灵活性,倒是可以成为文化和心灵发展的阶段性的参数。

赫尔德、哈曼、荷尔德林等人,一再地指出历史真理的具体性、个体性和特殊性。赫尔德认为,历史并非统一固定的,而是由时空上相互交替的各个不同民族,依据他们各自毫无关联的想象力和激情力量所诗性地创造出来的产物。赫尔德在他的著名历史哲学著作《人类历史哲学的观念》(*Ideen zur Philosophie der Geschichte der Menschheit*. 3 *Bde*. 1785/1785—1788)中说:"每个民族的表象方式都有其特殊的风格,它们是与其风土特色、生活方式的特征密切相关的,也是由其祖辈那里继承而来的。"因此,各个民族的思想、文化和经验,都是各自不同,其差异性甚至可以达到使各民族间相互嘲笑,或者,相互不可理解的程度。尽管如此,各民族还是各行其是,视其特殊的思考方式为正常。历史上的一切规定都是没有生命力,都是暂时的和中断性的。

浪漫主义的历史观还坚持历史本身的语言性。语言是历史的奥秘所在。然而,历史的语言性并不是易于揭示或解码。要靠天才的思想家和诗人,才能理解历史的语言的密码,才有可能与历史对话。

历史的偶然性和个体性是同历史本身的神性相关联的。几乎所有的浪漫主义者都最终导致对神性的向往和期待。他们在历史的漫漫长河中看到了某种令人神往的创作源泉和动力。唯其如是,历史才是浪漫主义者的最终归宿。

浪漫主义的上述历史观具有强大的生命力,不但未能被黑格尔的理性主义历史哲学所淹没,反而还深远地影响了德国哲学的发展。直至 19 世纪末 20 世纪初,这种浪漫主义的历史观仍然在狄尔泰等人的历史哲学中发出铿锵的回音。

第六节　浪漫主义美学

一、高 特 舍 特

早在启蒙运动第一阶段,诗人兼哲学家约翰·克利斯朵夫·高特舍特
(Johann Christoph Gottsched,1700—1766)就已经在他的著作中提出了非常
深刻的浪漫主义原则。他在 1728 年为莱比锡大学讲授批判诗学的讲义,系
统地论述了作为哲学理论的一个不可分割的组成部分的诗学的重要意义。
他在这本题名为《论一种批判的诗学艺术》(Versuch einer Kritischen
Dichtkunst,1730)的著作中认为,诗学并不只是探讨诗歌的写作技巧,而是
更深刻地探索诗学的形而上学基础,论证诗学与哲学的一致性和相互补充
性。他说,诗学首先必须是严格的思想系统;它是一种“规则的科学”。他
立足于沃尔夫学派的哲学体系,强调诗歌是对自然的一种“模拟”。接着,
他更具体地探讨了三种类型的诗歌模拟:对于事件的典型描述、对于情感个
性的表象形式以及对于诗性情感心态的寓言式表达。作为浪漫主义的最初
代表,他并不满足于描述或表达,而是主张把模拟同想象和创造的机智
(Witz)结合。诗歌应该成为最精巧的“似是而非”的艺术。他的另一部哲
学著作《总体世界智慧的首要根据》(Erste Gründe der Gesammten
Weltweisheit,1733—1734)更进一步探讨被称为“总体世界智慧”的哲学的基
本原则。他的这本书首先批判图米斯(Ludwig Philipp Thümmig,1697—
1728)所写的《沃尔夫哲学教程》(Institutiones Philosophiae Wolfiane,1725—
1726),然后全面说明他的哲学概念。高特舍特分别在理论和实践两个部
分强调哲学是一种可能性的科学。这本书在当时成为了最普及的哲学
读物。

二、赫 尔 德

早在浪漫主义时代的初期,在维柯(Giovanni Battista Vico,1668—1744)
和卢梭的影响下,赫尔德(Johann Gottfried Herder,1744—1803)就已把人类
历史分化成多种多样的文化发展阶段,并认为所有的文化都显示其自身固
有的同一结构。

维柯的主要贡献,并不只是在于提出有关历史发展过程及其各个阶段
的节奏性(Rhythmus)的理论,而是在于严厉地批判了以笛卡尔为代表的理
性主义知识论,特别是批判笛卡尔将数学置于至高无上地位的主张。维柯

认为,只有历史的知识才有可能引导人类智慧提升到最高阶段,因为历史所承载的价值才是人类对其自身进行彻底认识的基础。维柯强调,我们的知识的真正目标,并非仅仅为了认识自然,而是掌握人类自己对自身的知识。因此,人类必须超出数学和自然科学的知识之外,在人类自己所创造的文化作品(Werke)中,寻求人类精神的创造力的限度及其发展可能性。维柯认为,正是在作品中,凝聚了创造者个人的精神的个别性及在历史中展现的人类总体精神的历史性。各种文化作品的重要意义,就在于它以一种"概念构思性的存在"(ein begrifflich-erdachtes Sein)的形式,巧妙地把上述个别性和历史性结合在一起,从而为人类更深刻地认识其自身提供了最具典范意义的场所。文化作品的典范意义,就在于使用了语言的魅力和神奇力量,把个别性和历史性通过作品中的思想、内容、局部与整体的关系等审美构造方式结合起来。为此,维柯特别重视精湛地表达语言创造力量的诗歌、神话和宗教,把它们当成文化作品的最高形式。

但是,维柯的思想中的天才设想和模糊观念,只有到赫尔德那里才更深刻地表现出来。赫尔德认为,文化把人类推向合理的社会秩序,而"理性"和"历史",双双各自起了独特的作用。赫尔德看到了人类精神中潜伏着统一其内在能力的神秘力量,因此,"人类所力争实现的一切,定然源自对其自身各种能力的总体驾驭以及使之不致碎裂地构成的统一性"(Was der Mensch zu leisten hat, muβ aus der Zusammenfassung und der ungebrochenen Einheit seiner Kräfte entspringen)。因此,在人类创造其文化的历史过程中,人类总会尽力克服一切可能导致割裂和离散的倾向。这就是人类历史同一性的真正基础。

当然,在赫尔德的早期思想中,人类的这种统一性,往往被理解为发自历史源初的神秘必然性。赫尔德甚至把这种"统一性"说成为一个伤逝而去和被丢失的、然而又是备受赞颂的乐园。

赫尔德的著作涉及各个领域的重要问题,他是一位很有才华的思想家,他尤其提出了与启蒙思想家相对立的历史观点,有力地推动了他所处的时代的多元化文化创造倾向。他的主要著作《论语言的起源》(*Über der Ursprung der Sprache*,1772)、《关于人类形成的又一种历史哲学》(*Auch eine Philosophie der Geschichte zur Bildung der Menschheit*,1774)、《歌曲中的人民心声》(*Stimmen der Völker in Liedern*,1778—1779)、《关于人类的历史哲学的观念》(*Ideen zur Philosophie der Geschichte der Menschheit. 4 Teile*,1784—1791)、《关于人性交通的书信集》(*Briefe zur Beförderung der Humanität*,1793—1797)、《理智与经验、理性与语言:对"纯粹理性批判"的总批判》

(*Verstand und Erfahrung. Vernunft und Sprache. Eine Metakritik zur Kritik er reinen Vernunft*,1799)等,以极其活泼的形式,表达了赫尔德的浪漫主义观点及方法。

他的那部《关于人类形成的又一种历史哲学》,简直就是一部批判启蒙思想的檄文,因为他集中地清算了启蒙思想家的理性主义历史观,批判启蒙思想家的进步观,也为那些被启蒙思想家所否定的历史文明恢复名誉,强调被启蒙思想家所贬低的中世纪文明的重要价值。赫尔德指出:所谓的"野蛮"的中世纪、宗教以及成为希腊文化的牺牲品的埃及文化等等,实际上都具有不可取代的珍贵价值。赫尔德认为,历史并非那种可以脱去躯壳、具有世界普遍性的理性的表现,而是各种文化个体的对比化以及形成为各种特殊共同体的人民的各自无秩序的表演场所。因此,历史的更替和变化是无可预测的,也是非统一的。人类历史的总体中,古代与近代,东方与西方,各个民族的文化,各自都有其无可代替的存在和繁荣的理由。

赫尔德和他的启蒙者哈曼(Johann Georg Hamann,1730—1788)一样,坚持认为:唯有在远古时代的最原始形式的诗歌中,还隐约保留着对这一丧失掉的人类乐园的记忆(Herder,*Von der Urpoesie der Völker*)。因此,对于赫尔德来说,只有诗歌才是"人类的真正的母语"(die eigentliche Muttersprache des menschlichen Geschlechts)。

赫尔德把语言当成人类生存、文化建构、思想创作以及社会运作的基础。任何一个社会离开其语言、宗教和习俗,都将是不可理解的;因为正是在由语言、宗教和习俗为主体的各种精神性因素所构成的文化总体之中,我们才可以把握到组成社会的各个个体的经验及其对待社会的态度、情感和认知(J.G.Herder,*Ideen zur Philosophie der Geschichte der Menschheit*,1791)。赫尔德认为:美学的任务,是为艺术的象征性创造提供一个普遍的逻辑。为此,赫尔德发展了其独具特色的语言演化理论。他引用并发展卢梭的浪漫主义和自然主义的人类进化观点,强调人和社会历史进程一样,摆脱了最初的儿童般天然纯朴的状态乃是一种悲剧。

作为一位诗人,赫尔德总是在其创作中力图重新发现和尽力复活那些在原始诗歌语言中表现出来的语言魅力。那是儿语般的天真、朴素、自然、充满活力、想象、烂漫、无邪,含有无限变数,潜伏可能性,曲折而明朗,含蓄、寓意连篇、声色具备,既层层远逝而又时时返回,淙淙清泉和惊涛骇浪相互转化,为人类开创无限审美意境。但是,赫尔德又不像卢梭那样,仅仅停留在对原始诗歌和自然语言的憧憬和怀念,而是进一步揭示诗歌语言的纯朴性和无穷变化可能性。

赫尔德不仅是诗人,而且也是一位思想家,他对当时的德国著名哲学家都有很深刻的影响。如前所述,赫尔德与康德、费希特和谢林以及黑格尔等,都有直接的密切来往,并曾经同他们一起,探讨过许多重要的哲学和美学论题。但赫尔德不喜欢康德那样严谨刻板的哲学思维方式,更不追求建构系统化的理论体系。对于赫尔德来说,最重要的,不是像康德那样进行分析批判,而是进行直观观察(shauen)。赫尔德像所有的诗人一样,推崇一种神奇的洞察力,强调心灵、精神、思想、感情及意向在创作中的关键角色。

黑格尔早在中学时代,就深受赫尔德的影响。赫尔德鼓励黑格尔将索福克勒斯的悲剧《安迪贡》翻译成德文。后来,黑格尔的著作《历史哲学》的某些观点,就是吸收了赫尔德的历史哲学的成果。

歌德和赫尔德一样,深受斯宾诺莎哲学的影响,热衷于浪漫的理论思考方式,主张在创作中,尽可能地使"在自然中的神和在神中的自然"巧妙地结合起来。他的《论色彩》与《浮士德》将浪漫主义的方法运用得天衣无缝。歌德一再地强调语言运用的象征性及寓言性,使浪漫主义能够找到自我表达的微妙途径。

三、席 勒

著名剧作家兼诗人席勒(Friedrich Schiller, 1759—1805)可以看作是从狂飙突进时代转变到浪漫主义时代的过渡性人物。他是天才文学家,又是康德和费希特哲学的狂热追求者。席勒早期在卡尔学校(Karlsschule)读书时,曾经接受过雅可布·弗里特里希·阿贝尔(Jakob Friedrich Abel, 1751—1829)等人的古典文献教育。席勒的康德主义思想的典型表现,就是他在1793年所写的《论恩惠与尊严》("Über Anmuth und Würde")一文。席勒认为,道德上的秉性,即思想与自然、义务与癖好的协调,是道德尊严的情感表现,也是精神多于自然的表现。在《关于人的美学教育的信件》(*Briefe über die ästhetische Erziehung des Menschen*, 1793—1795)中,席勒认为,美学教育是提高道德精神水平的最好手段。至于在《关于朴素的和感情的诗歌》("Über naive und sentimentliche Dichtung", 1795—1796)一文中,席勒则把美学和历史哲学结合起来,看作是自然协和的重要途径。席勒晚年从事《三十年战争史》(*Geschichte des dreissigjaehrigen Krieges*, 1791—1793)的写作,就是这种观点的实践。

席勒同赫尔德一样,不但重视对于历史的研究,而且也深入地分析了语言。席勒在这两方面的研究成果,使他成为了德国思想史上一个重要的人物。席勒的历史观点,强调了人类社会和文化的单向演化特点。他在1789

年发表的耶拿大学就职演说《什么是人类通史以及为什么要研究它?》("Was heisst und zu welchem Ende studiert man Universalgeschichte?")中,精辟地提出了他的独特的人类历史观,对于今后德国哲学的发展产生了深远的影响。人类学家格列布纳曾经多次强调席勒在德国人类学史上的关键地位。格列布纳在《民族学方法》这本书中,强调德国的文化史研究的基本观点是同席勒所提出的历史演化论有密切关系(Graebner,F.Methode der Ethnologie.Heidelberg:Winters Universitätsbuchhandlung,1911)。席勒在《历史与理论》著作中提出了人类文化形构过程的"阶段论"。他提出了"文化熏陶的阶段"(Stufen der Bildung)的概念。这个概念具有三方面的重要意义。第一,席勒所提出的 Bildung 这个概念,原意是"形构"或"形成"。但他所指的,不是可见的各种事物所成的那种结构,而是指人类心灵的陶冶和形塑的过程。人类心灵的陶冶和形塑的过程,不同于世界上其他事物的地方,就在于它要靠心灵自身的自我提升和自我超越,同时,也要靠心灵在消化外来的各种因素的过程中,自我创造出提升和超越的内容和形式。因此,心灵的陶冶,绝不是像事物的形成那样,是靠外在的形状的量的变化来进行,而是经历自我肯定和自我否定的复杂过程同外来的各种新的因素相结合,发展出一种新的"自身"。所以,Bildung 无法用"形构"和"形成"来表达,毋宁用"教育"或"陶冶"。正因为人类心灵的陶冶是非常复杂的,所以,席勒极端重视心灵同语言的密切关系及其自我创造精神,也坚持认为它的发展的阶段性。但是,心灵成长的这种阶段性,不能像事物的发展的阶段性那样,可以用外表的特征的差异来区分。语言的使用及其灵活性,倒是可以成为文化和心灵发展的阶段性的参数。

四、荷尔德林

18 世纪末 19 世纪初期,歌德和席勒之外,德国的最优秀的抒情诗人是荷尔德林(Johann Christian Friedrich Hölderlin,1770—1843)。在图宾根大学求学时期,荷尔德林经常同黑格尔、谢林一起,讨论时代的最重要的问题。他们在新教论坛(Stift)发表了一系列有关法国大革命的激情言论。1796 年8 月,黑格尔写了一首献给荷尔德林的诗《厄勒西斯》,颂扬自由及其珍贵性。而荷尔德林也赞美黑格尔的智慧,称之为"智力过人的才子"。

在荷尔德林就任家庭教师时期,他还同席勒结成很深的友谊。后来,他到新兴的文化中心魏玛,与诗人威兰、赫尔德和哲学家兼教育家涅德哈姆(Friedrich Immanuel Niethammer,1766—1848)来往甚密。

此后,荷尔德林还到法国的波尔多地区担任过一段农庄管家的工作。

这位天才诗人和哲学家,在1806年时发生神经错乱。在这个期间,许多他的旧日朋友,都纷纷离开他;因为他们认为从此已经无法继续与荷尔德林进行"理性的交谈"。但是,据说,即使是精神错乱,荷尔德林仍然继续进行创作,他疯狂地在各种纸片上乱写,以惊人的速度和近乎神秘的情趣,写诗、写短句和残缺不全的诗句;但字字句句,闪烁着令人神往的智慧之光。荷尔德林患精神错乱症后,在图宾根内卡河畔的一座塔楼里,静静地度过他的36年的余生。

其实,荷尔德林的厄运,开始于图宾根大学神学系的大学生活。他本来一心要献身于文学、哲学和艺术,却阴差阳错地入了神学系的门,从此他不得不深受神学系古板的思考方式的约束。荷尔德林原来是在母亲和妹妹的温柔怀抱中长大的。到了神学系之后,他被禁锢成一个孤独、悲伤和忧郁的人。据说,荷尔德林在16岁时,身处修道院,却深深地爱上了他的一位同学的母亲。荷尔德林还常常秘密地在神学系的后花园里与他所追求的美女约会,给她们奉献鲜花和点蜡烛。

在荷尔德林的诗歌中,隐藏着他从少年时代起就熟知的古希腊精神,那是对于人性和神性的无限向往,对于辽阔虚空的浪漫憧憬。

荷尔德林早年丧父,从小在孤寂而枯燥的教会学校中受教育,从内心深处深切地厌恶禁锢着他的精神自由的教会生活,渴求静谧、自由的自然生活,倾慕大自然的美和纯朴。1788年荷尔德林进入著名的图宾根神学院,结识了著名哲学家黑格尔。黑格尔比他晚两年入学,但却与他同居一间宿舍。在同黑格尔的共同探讨和争论中,荷尔德林增长了哲学反思的才能,对他今后的创作产生了深远的影响。

1789年法国大革命的爆发,激起黑格尔和荷尔德林等人的革命豪情,他们在图宾根市中心广场植起了"自由树",高唱《马赛曲》,环树彻夜狂欢。荷尔德林最初的一些颂歌就是在这次大革命的激励下写出的,例如其中的《自由颂》(1791—1792)和《人类颂》(1792)等,充分地表露出他对人类、对自由的深沉的爱,对美好未来的坚定信念。

1794年荷尔德林来到耶拿,更多地同浪漫主义作家兼美学家席勒(Friedrich Schiller,1759—1805)相接触,听费希特的哲学课,同时认识了一位对他一生发生深刻影响的女人——一位银行家的妻子苏赛特·贡塔特(Suzette Gontard),她成了他的情妇。因此,1801年,当荷尔德林历经在法国和瑞士颠沛流离的生活、返回德国而获悉苏赛特·贡塔特的死讯之后,他痛不欲生,使他此后数年心力交瘁,于1806年被送入图宾根精神病院,从次年起,他已经完全陷入精神错乱状态,直至1843年逝世为止。

　　从荷尔德林结识苏赛特·贡塔特起,他便以惊人的精力和狂热的情绪,投入创作。他写的两首情诗《狄奥蒂玛》(Diotima),就是献给他的情妇的。接着,在 1797 年和 1799 年发表的长篇小说《喜贝里昂》(Hyperion),乃是诗人的苦心孤诣之作。

　　早在图宾根神学院时期,荷尔德林就已着手写《喜贝里昂》。1793 年,荷尔德林曾将《喜贝里昂》的片断发表在席勒主编的《新塔利亚》杂志上。在耶拿时,荷尔德林将发表了的片断改写为五步韵的诗,但没有完成。直到在法兰克福时期,由于受苏赛特·贡塔特的激励,荷尔德林才于 1797 年完成《喜贝里昂》第一部,并于 1799 年完成其第二部。

　　《喜贝里昂》讲的是希腊年轻人喜贝里昂的故事。他爱上年轻貌美的姑娘狄奥蒂玛。但时值俄国与土耳其交战,喜贝里昂投身战争,为争取使希腊摆脱土耳其的统治而战。但军队中的黑暗、腐败,钩心斗角,相互残杀,使他十分沮丧、悲观。

　　喜贝里昂为了制止一次内讧,身负重伤,于是愤而参加俄国海军,想在战争中以求死获得解脱。但他后来又命定在历负重伤后复员,在偏远的山区购买了一片土地,幻想在远离丑恶社会的“桃花源”式的角落里,同狄奥蒂玛过和平幸福的田园生活,与人无争,与世隔绝。但就在这时,狄奥蒂玛去世,并在临死前期望喜贝里昂作为“神圣自然的传教士”而留在世间。喜贝里昂悲痛欲绝,在极度悲痛下,他离开希腊前往德国。但德国却同样地令他绝望,他只好重返希腊,试图在大自然中寻回失去了的宁静。

　　荷尔德林的这部小说,采用书信体的形式,有喜贝里昂写给朋友阿拉邦达和情人狄奥蒂玛的信,也有少数狄奥蒂玛写给喜贝里昂的信。小说的内容和形式深受歌德的《少年维特的烦恼》(Werther)及卢梭的《朱莉或新艾洛依斯》(Julie ou La Nouvelle Heloise,1761)的影响。实际上,喜贝里昂就是希腊的维特——他是一个热爱生活、钟爱自然的青年,有才干、有理想,又有雄伟的抱负,愿为国家和社会作出贡献。但这一切都在鄙陋的现实和腐朽的社会里破灭了。当他试图在爱情中寻找寄托,幻想在无限的爱的情海中欢度精神上的乐趣的时候,心爱的人又死去,世界就是如此无情地将他抛到相互猜忌、尔虞我诈的人间社会中,困受着任人凌辱的孤独凄凉的生活。他没有像维特那样自己结束自己的生命,而是在大自然中去了结自己的一生的“存在”。

　　荷尔德林的著作,包括《研究恩培多克勒的基础》(Grund zum Empedokles,1799)、《流逝中的生成》(Das Werden im Vergehen,1799)、《从古代所看到的视野》(Der Gesichtspunkt aus dem wir das Altertum anzusehen haben,1799)、《诗歌创作精神的操作规程》(Über die Verfahrungsweise des *poëtischen Geistes*,1800)、《诗歌形式的区分》(*Über den Unterschied der Dich-tarten*,1800)、《对奥狄浦斯和对安狄冈的注释》(*Anmerkungen zum Oedipus und Anmerkungen zur Antigonae*,1804)等。

荷尔德林在哲学上幻想把古希腊的精神与德意志文化融合在一起,以便建立"大一"和"大全"相统一的理想世界。

荷尔德林所写的《人类理想颂歌》(*Hymnen an die Ideale der Menschheit*),表现了对"大全"和"总体性"(Totalität)的追求;他那梦幻式的、充满忧郁的渴望,试图把消逝了的罪恶世界,重新唤醒过来,并对此怀抱热切的憧憬,使他更深切地痛恨丑恶的现实。他说,只有通过"大全",才能建立"大一"与"大全"的和谐,这是上帝的生命所在,是"人之天国之所在"。

第七节　施莱尔马赫

施莱尔马赫(Friedrich Daniel Ernst Schleiermach,1768—1834)把浪漫主义彻底地贯彻到哲学和人文社会科学领域中。他尤其发展了浪漫主义诠释学,因而成为浪漫主义诠释学的主要代表人物。

德国诠释学的理论和方法,经历了好几个世纪的漫长的酝酿过程。这一酝酿过程,一方面指德国哲学史上各个时期的哲学家们对于"诠释"和"理解"的基本概念的理论探索;另一方面也是指法学史和基督教神学史上对于文本的"诠释"和"理解"的特殊研究过程。到了浪漫主义时代,由于施莱尔马赫从神学和语言学两方面为诠释学的发展开辟了新的方向,使原来从马丁·路德以来的《圣经》诠释学,又发生了一个新的转机。

施莱尔马赫,作为德国浪漫主义哲学家和神学家,系统地总结了他以前的诠释学理论和方法,使之成为完善的浪漫主义诠释学。实际上,施莱尔马赫的诠释学,就是从中世纪、特别是从德国启蒙运动以来长期探索诠释方法的一个产物。施莱尔马赫从《圣经》的诠释学出发所建构的浪漫主义诠释学,使诠释学扩展成为哲学和人文社会科学的一般方法基础,将诠释学变成为近代认识论和方法论的一个重要组成部分,同时也成为宗教哲学的一个组成部分。

施莱尔马赫在总结诠释学的历史成果时,并没有忽略古希腊罗马和近代诠释学的传统。在他以前,弗拉西乌斯·伊利里克斯(Matthias Flacius Il-lyricus,1520—1575)就已经试图将马丁·路德的《圣经》的诠释学,发展成为一般的认识和研究方法。[①] 施莱尔马赫高度评价了弗拉西乌斯·伊利里

---

① 参见 Matthias Flacius Illyricus, Über den Erkenntnisgrund der Heiligen Schrift,1567。

克斯对《圣经》诠释学所作出的贡献。

在弗拉西乌斯·伊利里克斯之后,真正对诠释学的原则发表独创见解的,乃是荷兰伟大哲学家斯宾诺莎(Baruch Spinoza, 1632—1677)。斯宾诺莎在《神学政治论》一书中深刻地指出,只有全面了解《圣经》及其作者的历史,才能真正地把握《圣经》的原义。斯宾诺莎说:简言之,我认为,对于圣经的诠释方法,并不是什么与对于自然的诠释方法有所不同的东西,而是与之完全相同。因此,既然对自然的诠释方法要求同对于自然史的说明联系在一起,就好像人们必须依据可靠的数据而引导出对自然事物的定义那样,那么,对于《圣经》的诠释所必不可少的事情,也同样是对于《圣经》的历史进行研究,以便据以可靠的数据和原则对《圣经》作者的原意得出正确的结论。

施莱尔马赫指出:斯宾诺莎的卓越贡献,就在于把对于原文的写作背景、历史及作者意图的研究,同对于作者所使用的语言的研究,紧密地相互联系在一起。具体地说,他把《圣经》的历史研究归结为三个主要方面:第一,对原文作者所使用的语言的性质及特点进行历史的考察。第二,把原文的概念及术语同历史联系在一起加以考察,并依据主要的内容加以排列。为此,尚需弄清那些往往是在意义上和表达方式上有些模糊不清的概念和术语。斯宾诺莎认为,在语言上弄清一个概念的含义,比弄清其理论意义更为重要,因为在语言上弄清问题前,是不可能真正把握概念的理论含义的。第三,不仅必须对整个的先知预言书的一般命运和历史环境作出研究,而且必须对其中每一篇预言的作者们的生平、道德面貌和意图进行鉴定和分析。

施莱尔马赫认为,斯宾诺莎的诠释学,对德国启蒙运动时期的诠释学发展产生了积极的影响。

如果说施莱尔马赫是近代所谓浪漫派诠释学原则的奠基人的话,那么,阿斯德(Friedrich Ast, 1778—1841)的著作《语法、诠释学和评论的基本原则》(Friedrich Ast, *Grundlinien der Grammatik, Hermeneutik und Kritik*, Landshut, 1808)和费希特的《知识学基础》(Johann Gottlieb Fichte, *Gesammte Wissenschaftslehre von*, 1794)就成为施莱尔马赫的诠释学理论的直接启蒙作品。

费希特曾说:任何一个固定的正确判断,都无法指出它自身的根据;但是人的精神所用的方法,在一般正题判断里,都是以自我的设定为基础,"绝对"通过自己而建立起来的。如果我们将一般正题判断的这个基础与反题判断和综合判断的基础加以比较,那是有用处的,我们可以从对于批判体系的特点中得到最明白、最确切的见解。

那么,什么是"批判"呢? 他说:批判哲学的本质,就在于把一个"绝对的自我",陈述为绝对无条件的、不能被任何更高的东西所决定的东西;如果这样的哲学根据这条原理作出结论,它就成为知识学了。

费希特的知识学原理表明了这样一个原则:一切知识学都以绝对的自我作为出发点;但是,绝对的自我一经树立起来,又必须经与反题和综合判断的基础加以比较,才能得出最明白、清晰的见解。诠释学的原则实际上也是从诠释者的自我的绝对确立出发的,然后,它必须同各种假定的反题、综合命题相比较,分析和总结出更为可靠的结论。这种结论是自我经历反省、比较和创造之后,在更高的基础和更广阔的视野内对于原文作者的"自我"的统一的回归或回归。这种回归或回归,包含了诠释者的自我和自我扩展的思索成果,但又不是对原文作者的自我的绝对否定——它毋宁是原文作者的自我在诠释者的自我之中的回音。自我的诠释,通过这样的否定和肯定过程之后,终于在自己的自我意识中找到了真正的和坚实的知识根基。

费希特在论述哲学中的精神与字母的关系时,也精彩地启示了诠释哲学语言、概念及文字的重要意义。费希特的这些思想,使后来的伽达默尔把他当成"浪漫主义时期的诠释学的顶峰"的人物(参见伽达默着《真理与方法》)。

施莱尔马赫的诠释学就是在上述一系列诠释学家的研究成果基础上提出来的。施莱尔马赫的主要贡献,就在于第一个系统地效仿数学的严密的知性关系模式,力图寻求一种有能力全面把握世界的精神力量,从而奠定了诠释学的基本原则和方法。施莱尔马赫在谈论诠释学的时候,从一开始就尝试为诠释学界定一个明确的一般性范围,他为此提出一个很深刻的问题:"一般的理解意味着什么?"(Was bedeutet Verstehen überhaupt?)他指出:迄今为止,作为理解的技艺的一般诠释学,还不存在。现在存在着的,是各种特殊的不同的诠释学。

显然,施莱尔马赫试图将诠释学界定为"一种诠释的艺术"(Auslegekunst),并使之成为具有一般方法论意义的、关于诠释的学问。他认为,诠释,是一切文化和思想得以被创造、并能够正常运作起来的关键因素。诠释,把人的思想、文化和创造活动连接起来,也使创作本身有可能借助于语言而扩大和深化。同时,也正是通过诠释的过程,使人能够通过语言的运用,把当前的思想和创作过程,同历史上的创作及其产品联系在一起。

对于施莱尔马赫而言,"理解"并不单纯地可归结为这种或那种"原文"(Text)的"语法上的认识";而是"构成一个总体"。换句话说,"理解"是一个"总体",一种"包含一切"的事实或过程。因此,"理解"不只是一种"诠释的技术"（eine Technik der Interpretation），而且是同人的整个意识活动及其本质联系在一起的极其复杂的过程。诠释学的原则和方法只有同人的意识活动总体相适应，才真正称得上是一种理论体系。

在深入研究诠释学的一般原则及方法论之前，有必要对"诠释"及"说明"作出明确的区分。在施莱尔马赫那里，"诠释"与"说明"是根本不同的。"说明"与"诠释"的区别就在于：前者更多地表明"说明者"的主观认识，是对于其面临的问题或事物的主观认识的展示过程——这一过程虽然关系到"说明者"同"被说明者"的某种联系，但它归根结底只是一个"说明"而已；它在相当大的程度上可以不顾及说明者对于其说明对象的"责任"，即可以不顾及对说明对象的"忠实性"。因此，"说明"与其说是对某一对象的"说明"，毋宁说是"说明者"对于其所说明的事物的"自我说明"或"自我认识"，只不过这种"自我认识"过程是借助于"说明对象"，即以"说明对象"作中介物而获得自我展示的过程罢了。

在这里，"说明"的主观性程度因以下两种因素而显得突出：第一，"说明"的展示或表白过程，是"说明者"的"看法"、"观点"或"认识程度"的公开化过程；第二，"说明者"在"说明"过程中，始终不把说明对象对于其说明的反应看作决定性的因素，即不考虑说明过程中来自说明对象的各种可能的反应。

这种发自说明对象的反应是同说明过程相反相成地存在着的。尽管这种反应是反方向的，但在某种意义上说，它可以导致说明者与说明对象之间关系总体的本质性变化。"说明"之所以不同于、又亚于"诠释"，就在于它的自外于上述反方向反应过程；或者，更确切地说，它自外于由说明者与说明对象所统一构成的"总体性"，自偏于"说明者"的主观方面。

与"说明"不同，"诠释"是一个"总体性"，它所包含的因素远远地超出"说明者"的主观方面和由此主观方面所产生的一切单方向的运动过程。

"诠释"所要考虑的，不只是"诠释者"与"被诠释者"，即"原文"的总关系，而且还要考虑由"诠释"所可能产生的一切后果，要考虑"诠释"之前的一切历史性因素，又要考虑环绕着这一"诠释"的周在的现实的及潜在的条件。"诠释"作为一个总体，对于"诠释者"所提出的要求，已经不是单纯地表白诠释者的主观看法，也不单纯是诠释者与被诠释者的关系；而是整体性的、多向的因素，是那些包含在诠释总活动之内和之外的一切因素——但对于这些因素的承认与否，还只构成"诠释"过程的起步阶段。更重要的，"诠释"之难度，还体现在：基于对上述一切复杂因素之承认作为出发点，还要尽量展示上述复杂因素总体内外的纵横方向的发展过程，使诠释成为对于整个世界的本质认识的决定性契机。

施莱尔马赫说过："在诠释的问题上,根本的问题是要善于避免诠释者的本人观点的干扰,以便把握原文作者的观点。"为了避免诠释者的主观观念的片面干扰,施莱尔马赫继承和发扬弗列德列克·施列格尔《语言学的哲学》和斯宾诺莎关于局部与全局的关系的重要观点。施莱尔马赫指出:一切对于局部的认识,都决定于对于全局的认识。

施莱尔马赫明确指出:"诠释学是一种技艺——这种技艺的法则只能依据一种积极的、正面的公式而沉思出来。所谓积极的和正面的公式,乃是依据被研究的言谈而获得的既是历史的,又是直觉的;既是客观的,又是主观的意识重建过程。"在这里,直觉的(intuitive)意识重建过程起着极其重要的作用。通过直觉能力,诠释者要尽可能使自己的诠释与"经验"相符合——与"经验"(die Erfahrung)相符合,就是同"对象"相协调。

施莱尔马赫是一位神学家,他所崇尚的"直觉",实际上包含着许多对于神的"信仰"的因素。在神学家看来,信仰是一种无须寻找其理由的灵魂特性;人的灵魂有其自然的直觉体验,能与神"对话",一方面,人的灵性会自然地向往着神,向神显示其隶属地位;另一方面,人的灵魂又可以很自然地领会上帝的启示。

在这种情况下,诠释过程所展示的,是人的心灵深处所体验到的神的启示。人与神相比,永远是有限的;人不可能达到和把握神的启示的"总体",但可以通过具体的体验,从不同的局部的角度,去试图趋近于总体。真正的、有深刻修养的灵性,其高明之处就在于能从局部与总体的关系中,逐步把握那在总体中所包含的真正的意义。

把神学领域中的这种对于神的启示的直觉体验,推广到一般的诠释学原则中,施莱尔马赫强调借助于直觉把握原文作者意图、视野及其思路总体的重要性。施莱尔马赫说:"借助于直觉,应该把握原来意义上的作者的创作工作的一切。"

然而,要使"直觉"显示其决定性作用,必须同全面的"比较"相联系。他说:从诠释学的问题的总体来说,从一开始就存在着两种方法:直观的方法与比较的方法——这两种方法是不可分割的,是相互补充的。接着,施莱尔马赫又说:神性的直觉方法是这样一种方法,即设身处地地和尽可能地直接把握"个体"。所谓比较的方法,首先是尽可能普遍性(或一般性)地理解某种事物,然后,在此基础上,进一步去把握那些个别事物——但这一把握过程是在同其他个体对于同一对象的体验相比较的历程中实现的。可以这样说,在人类的认识中,直觉的方法是女性的力量,而比较的方法则是男性的方法。

在诠释学历史上,施莱尔马赫是第一个全面探讨诠释学方法的思想家。在他看来,要使诠释过程构成一个总体,必须考究诠释的方法。如上所述,施莱尔马赫是从总体性的观点出发而强调直觉方法与比较方法的相互补充性。他认为,只有把两种方法联系起来而加以实行,才能把握原文背景的一般内容,并使这一般性的背景同联结的普遍法则相对照。

施莱尔马赫还指出,在上述两种说明方法之间,还存在着多样的和变动着的"摆动"性原则。对这种所谓"摆动",研究施莱尔马赫的诠释学理论与方法卓有成效的舒尔兹(Walter Schultz,1912—2000)曾经在其著作《无止境的运动》(Walter Schultz, *Die unendliche Bewegung*)中有详尽的论述。

当施莱尔马赫深入论述诠释学理论与方法时,他发现了语言所起的神秘作用。他说:"在诠释学中所假设的和在其中所发现的一切,都无非是语言现象。"但他作为神学家,接着很明确地说:"基督教乃是语言的创造者。从一开始并一直到现在,基督教都是一种语言的强有力者和它的灵魂。"

施莱尔马赫在论述作为"方法"和"艺术"的"诠释学"时说,诠释学的原则和规则的制定,必须依据已经被研究过的言谈的性质;在这个意义上说,诠释就是被研究过的"言谈"的历史的和直观的、客观的和主观的"重建"。在此基础上,施莱尔马赫越来越细致地研究在思想的外化过程中思维者是如何借助于语言而表达其意图和意识活动的。

发表在普鲁士王室科学院的 1829 年科学讨论会上的发言中,施莱尔马赫强调诠释学的方法的目的,必须有助于使内在地进行的思维过程得到形象化的展示。他说,一门关于诠释的科学和方法的建立,必须以分析和揭示"语言"和"思想"的本质为基础。他明确地说:"言语是使一种共同性的思想成为可能的中介。"他指出,每一个言词都同时地与原作者的语言的总体性和原作者的整个思想存在双重的关系(Jede Rede hat eine zwiefache Beziehung auf die Gesamtheit der Sprache und auf das gesamte Denken ihres Urhebers)。因此,对原文的理解必须同时地在对语言进行语法学上的诠释(grammatische Interpretation)和对"思想中的事实"(die Tatsache im Denken)进行"心理学上的诠释"(psychologische Interpretation 或 geistige Auslegung)的过程中来实现。

问题在于:具有独特的"内在性"的思想到底是怎样借助语言而进行自我表达的? 这也就是说,揭示语言与思想的内在关系乃是把握诠释学原则的关键。为了回答这个问题,施莱尔马赫特别突出了"直观"(Intuition 或 Anschauung)所起的作用。正如前面所指出的,施莱尔马赫把直观看作是能够直接地"猜测"并把握原文作者的整体思想的本能。他认为,直观具有与客观对象相同的功能和进行比较的倾向。直观的这一特性使思想在人类共同体中的传播和扩展成为实际的可能。这种可能性又通过语言——作为交通的中介物——而变成为事实。

换句话说,人的主观的直观功能,具有与思想的主体——"自我"——相同一的倾向,同时也具有与原文作者的思路相同一的能力。直观的这种倾向和能力,在未与语言发生实际的相互渗透过程之前,只是一种潜在的可能性,同时也只停留在思想主体的主观精神的范围之内。语言的应用使存在于思想主体与原文作者间的观念同一性在循环的交流中活跃起来了。这种交流是"直观的外化",也是多向地进行的——内向和外向、主观与客观、回溯与前进、分析与综合、自我确定与比较等等。这一过程也是无止境的、永久性的循环,一直到思想主体不愿再进行同化的诠释过程为止。但从整个人类作为一个整体来说,诠释的可能性和发展过程是永恒的、无休止的。而且,历史发展得越长,原文作者经"时间"的累积和延伸而沉淀的"思路",越包含着更大的被发挥的可能性。

在"时间"的问题上,施莱尔马赫显示了其卓越的见解。他说:"正是时间的本质起到了限制性的作用。许多作者都执着于现在和将来,都不能通过语言把它表现出来。"按照康德的观点,时间乃是一种直观形式,是自我的内感纯形式——通过它,思维的主体以连续性等关系把客观的本属于杂多的原料加以组织和排列。所以,时间这个内直观形式是思维主体把握外在感性世界的中介。施莱尔马赫看到时间在联系主客体间的作用,并试图由此解开思想与语言的关系之谜。施莱尔马赫认为,原文作者在执着于历史上的确定时间的限度内,往往不能全面地展开其思路。这就是上述所谓"时间对作者的限制性"。作为诠释者,经历了一段历史时间的间隔之后,在另一个历史时期内,完全可以在原文作者的基本思路的基础上,再次展示原文的意义。但这番由诠释者所实现的思路展示,一方面可以吸收由于历史的耽搁而"沉淀"出来的思想;另一方面又可以在新的历史时期内超越出原作者所遇到的时间限制的羁绊,重新开阔思路的维度。所以,施莱尔马赫说:"必须像作者那样,或甚至比原作者更好地去理解!"

往往在许多情况下,原文作者只是提出了论题,并未深刻地意识到其论点或论题的真正意义。有时,一位作者或许是在无意识的条件下触及了某一个重要问题,但他本人并未意识到。所以,经历了一段历史的沉思,处在另一时代的诠释者有可能先是在原作者的概念的基础上,然后发挥出超越原作者概念内容的新思想。

从思想与语言的关系的客观条件而言,施莱尔马赫强调使用语言的共同体的存在的决定性意义。他说,为了使"言谈"变成为"沟通"的手段,必须首先存在一个使用语言的"共同体"。这个"共同体"就是人类世界,就是活生生的社会及与之相联系的"周在"——从附近的自然界到遥远的宇宙。语言被使用在这个"共同体"内,从而也决定了"语言"本身的性质;"语言"一点也离不开这个"共同体"。反过来,"共同体"的存在也同样取决于"语言"的通行;因为正是"语言"才把这个"共同体"联系在一起,成为可以相互沟通的整体。

实际上,从诠释学的形成开始,在整个发展过程中,诠释学领域内一直存在着关于"语言"的作用及其意义的争论。伽达默尔在继承和发展施莱尔马赫的诠释学的时候,也围绕着语言的意义和作用同他的理论对手们展开争论。冯·波尔曼(C. Von Bormann)在《批评的实际起源》(Der praktische Ursprung der Kritik, Stuttgart, 1974)和《诠释学的经验中的歧义性》(Die Zwei-deutigkeit der hermeneutischen Erfahrung, in Apel, K. O., u. a., Hermeneutik und Ideologiekritik)的论著中强调:"被理解的语词,在实际上,无非是语词而已",因此,对"语词"的任何诠释,在他看来,不可能导致有形而上学和本体论意义的哲学理论结果。

施莱尔马赫关于语言与共同体及诠释学的关系的思想,尽管就其原本内容和形式而言是处于萌芽状态,但已经包含了极其深刻的意义,从而对诠释学的发展具有特殊的历史价值。他的这一思想的基础,正如阿洛依斯·格里尔迈厄(Alois Grillmeier)在他的《从施莱尔马赫到当代的诠释学的发展史》(Geschichte der Hermeneutik von Schleiermacher bis zur Gegenwart, Herder Verlag, Freiburg, 1970)一书中所指出的,乃是施莱尔马赫关于"人"的理论。

在施莱尔马赫看来,"人"是既成的语言及其性质所赖以存在和发展的"场所"。人的言语只有依据语言的"整体性"(Totalität)才能成为"可理解的"。所以,语言的整体性是人的言语的"基础"。施莱尔马赫说:人是不停地发展着的精神,而人的言语又无非是这类精神在同其他人的联系中的表。

在施莱尔马赫的上述思想中,首先要理解他的所谓"场所"概念。"人"是应用和使用语言的主体和客体。作为主体,人本身发出和使用各种语言,以表达其思想,配合其思想,发展其思想;作为客体,人接受各种语言,吸收和消化在语言中所"负载"的各种思想,并受到语言的刺激而作出各种行动上的反应以及各种思维过程。然而,作为主体和客体的人,在呈现自己的主体和客体地位(或身份)时,并不一定存在先后或距离上的间隔。

这也就是说,有时,人可以是主体,也可以是客体;但也可以同时既是主体又是客体。人之作为语言之主体和客体的地位,集中地表明了人之作为"语言之场所"的意义。没有人,就没有语言;语言必须以人作为其具体化之"场所",作为其存在之根基。但是,人之所以成为语言之场所,恰巧又是因为人离不开语言而存在。没有语言,人不可能思想,也不可能相互沟通。

在"人"这个"场所"中,语言获得展开和发展的可能性,也获得现实存在之条件。语言,当它以人作为场所而施展其本质时,深深地触动了人的本性,同时也发展和丰富了"人"之为"人"的本性。"人性"是"语言"之最终本质的精神支柱;但"人性"又是语言之奥秘的最深邃的"谜底"之所在。语言,正因为同人性有密切的关系,具有了人的精神的一切素质——它的超越性、浪漫性、不可限制性、雄心勃勃的进取性和向内的无限的退缩性。它又有不可捉摸的转换能力,能从不可见的观念力量转化为活生生的、现实的物质力量和社会力量。同时,又从强有力的社会力量和物质力量退缩成隐居的、潜在的"黑洞"———一种表面看来不存在的、然而又是具有巨大潜能的"虚无"。

就施莱尔马赫而言,他的人本主义思想还突出地表现在:"人"作为一个发展着的"精神"力量,其运动过程乃是无止境的。他说:"人是连续发展着和运动着的一种精神。"由此出发,他认为,"理解"也是一种无限的、永恒的运动(eine unendliche und perpetuelle Bewegung),它永远不知道有什么所谓"终点"或"终结"。从这个观点看来,"理解"是无止境的加深过程、发展过程和扩大过程,是一种"自我丰富"和不断向内和向外超越的进取过程,又是肯定和否定相互转换、相互补充的过程。任何僵化、停滞和自我完满,都与"理解"毫无共同之处。毋宁说,僵化和绝对的自我肯定,乃是"理解"的死敌,是"理解"的"自杀"和终结。

人的精神从本质上具有无止境的自我发展和自我丰富的雄心勃勃的进取原动力,有向内和向外摄取力量的本领,有超越一切和自我超越的本性。任何低估精神力量的哲学是无法理解基于精神威力之上的"理解"进程的无限性。

施莱尔马赫还看到了同"理解"的无限性相联系的"语言"的无限性。他认为:"言谈"是"某种无限的因素——它的每一个成分都可以在一种特殊的条件下为别的事物所确定"。

接着,施莱尔马赫指出:任何个人对于一个对象的认识都是无终点的,因为任何个人都只能接近于某个认识点,他们的认识只能是近似的。个人是难以表达的,难以捉摸的。

语言的潜在的,然而是极广泛的可变性,如同函数变化一样是无穷的;

既是似非而真，又似是而非；即在大的方面表现为一定的确定性，而在细微方面又是难以表达和难以确定。当我们说，某一言词、述语、短语和言谈表示某一事物或表达某一情感、思想和性质的时候，指的是语言的宏观功能的特定的性质；如果从更深的观察出发，从语言的微观功能出发，我们则可体会任何言词和言语的难以表达的"差异性"和"差异点"。法国人用 nuance 这个词来表示思想、感情、态度和意义的细微差别。实际上，这种差别是不能很精确地表达出来的。任何言词都无法表达，因为它本身表现了无止境的差距；这种差距细微到感性觉察不到、理性体会不到的微妙程度！而恰巧这种细微差别的神秘性，已经包含在语言本身的特性之中。

语言具有这样一种奇妙的"伸缩性"，可以容纳一切难以表达、但确实又存在着的"细微而妙不可言的差异"（nuance）！法国大文豪莫泊桑（Guy de Maupassant，1850—1893）写道：朝霞是粉红色的，一种深玫瑰红。怎样表达它呢？我说它像鲑鱼肚的肉红色，如果这种色调稍微亮一点的话。当我们面对着所有的色调联系带，而我们的双眼又试图一一地从一种色调过渡到另一种色调的时候，我们确实感到我们缺乏词汇。我们的目光，或确切地说，近代的目光，可以看无限的有细微差别的色调系列。这种目光区分着色彩中的一切细微差别间的联结处，区分这些细微差别中所呈现的各个色调等级的递减程度，区分出一切在邻近色调等级、光线、阴影和每日中各个不同时刻的影响下所产生的细微变化。

一切语词在表面看来似乎可以轻而易举地被把握、被确认，但实际上，人们对每个语词的确认和分析，又可以成为无限次诠释的新起点。语言是一个海绵式的，可以无限地吸收新含义和新内容的精神活动的"场所"——这个"场所"是如此的浩瀚、如此的有伸缩性、如此的经得起反复理解和反复推敲的"存储器"。

所以，施莱尔马赫还一针见血地指出：诠释学的任务是无止境的。在这无限的探索中，我们所期待的，是在言谈的各个因素中发现其中所隐藏的"过去"和"将来"的无限性。

施莱尔马赫在诠释学方面的成就直接地推动了他那个时代的《圣经》研究事业。施莱尔马赫本人是柏林大学神学教授。他认为，上帝是自然与精神相同一的唯一根源。但是，作为单一的和非人格化的"绝对"，我们不应把上帝与现实世界相混淆。我们有能力思索"绝对"，而且当我们思索"绝对"时不应把它与现实世界相隔离，宗教就是联系上帝与现实世界的唯一途径。

施莱尔马赫尤其精辟地论述了对《圣经》的注释与教义学的关系。在

1819 年关于诠释学的简论中,他把诠释学的原则应用于《新约》的注释。在
这番注释工作中,他发现,从语言学观点出发的注释同从教义学观点出发的
注释是相矛盾的;前者试图把新约中的每一篇看作是不同作者的作品;后者
则认为新约是同一个作者的作品。

施莱尔马赫说:"语言学的说明如果不以个人写作取代共同编纂的话,
就要停留在它本身的原则之外。"相反地,"教义学的说明如果拒绝以共同
依赖性让位给个人创作的话,就更加徒劳无益,甚至完全自我毁灭。"

施莱尔马赫在上面所提到的"共同依赖"或"共同编纂",指的是对基督
的共同信念和以基督作为"共同的源泉"。也即是说,始终强调《新约》各篇
的"共同来源"。然而,遗憾的是,在教义学的研究领域中,对于"共同的信
仰"的依附性仍然是"占优势的"。所以,施莱尔马赫提醒语言学的诠释派
别不可低估"教义学诠释派"的消极影响。施莱尔马赫指出,教义学的诠释
学派"把信仰的类似性规则远远地扩展到有限的范围之外,以致毁灭了《圣
经》本身。"他认为,信仰的模拟只能产生准确的诠释,而其规则只能如下
述:如果在属于一个总体的各个段落中,引不出一个协调一致的意义来,那
么,解释就是失败的。这对新约的基督学研究而言是非常重要的。所以,在
施莱尔马赫看来,如果一个部分无助于对整体的理解的话,那么,就必须使
类似的和有关的陈述成倍地增加起来。这就是所谓的"最低限度"的"数量
上的智慧";相反,其"最高限度"就是"夸张"(Übertreibung)。但夸张的目
的是在最大限度的范围内把握本来不属于通常范围的语词含义,甚至同时
附加一些可以设想出来的一切因素。这种附加性的说明是无限的,但对于
诠释来说是有推动作用的。

但施莱尔马赫并不认为基督教中之"圣灵"(der Heilige Geist)可以对
此产生推动作用,他甚至还坚决地否认纯词句的诠释对产生灵感的有效作
用。施莱尔马赫所强调的,毋宁是"诠释者"个人对于原文的"理解力"。诠
释者,由于其不同品质,不同的文化素养,不同的精神状态,不同的经验,可
以对同一原文产生极其不同的理解——其中之优秀人物,甚至可以超出原
作者而引出一系列更为深刻和更为微妙的思想。形成崭新的思路,开拓由
原文出发而铺设的通向新的境界的道路。

施莱尔马赫的上述诠释学论述,是作为他的讲演录形式发表的。在他
生活的时代,他的这些讲演录并没有得到世人的重视。施莱尔马赫耗费了
20 多年的时间,在 1811 年至 1833 年间,不断地思索和讲述他的诠释学观
点和方法。只有在他逝世以后,经历半个多世纪的岁月,才被狄尔泰所珍视
和发现,从而大放其智慧之灿烂异彩。

拓 展 阅 读

一、必读书目

1. Frank, M. *Unendliche Annäherung. Die Anfänge der philosophischen Frühromantik.* Frankfurt a. M. : Suhrkamp. 1997.

2. Rousseau, *Les Rêveries du promeneur solitaire.* Paris. Gallimard. 2005 〔1776—1778〕.

3. Burns, R. *The Jolly Beggars : A Cantata*, 1785.

4. Wordsworth, *The Prelude.* 1805 : Ⅵ, pp. 681–685.

5. Robert Mitchell, *Sympathy and the State in the Romantic Era : Systems, State Finance, and the Shadows of Futurity.* New York : Routledge, 2007.

6. Murray, Christopher John. Ed, *Encyclopedia of The Romantic Era. 1760–1850.* New York & London : Fitzroy Dearborn. 2004.

7. Baudelaire, *Salon* 1848. Paris. Gallimard, 2005.

8. Chateaubriant, *René.* Paris. 2006〔1802〕.

9. Constant, *Adolphe.* Paris. 2006〔1816〕.

二、参考书目

1. 以赛亚·伯林等:《浪漫主义的根源》,南京:译林出版社 2011 年版。

2. 迈克尔·费伯:《浪漫主义》,翟红梅译,南京:译林出版社 2019 年版。

3. 高宣扬:《德国哲学通史》(1—3 卷),上海:同济大学出版社 2007 年版。

结 束 语

冯 俊

启蒙哲学对 19 世纪和 20 世纪初的哲学产生了很大的影响,有人把从 19 世纪初到 20 世纪 40 年代这个时期称为哲学上的"后启蒙时代",是因为这个时期的哲学问题是启蒙时代哲学理论的继续延伸,它主要是围绕是继承、发扬启蒙时代的哲学精神,还是反对、扼杀启蒙时代的哲学精神而展开的。

一、启蒙与反启蒙

启蒙精神的继承者和启蒙精神的反对者对于法国大革命的胜利采取了两种完全不同的态度,这体现出他们在社会历史观上的对立。

启蒙精神的继承者认为,法国大革命的胜利是人类历史的进步,是资本主义对封建主义的胜利。它不仅使法兰西民族获得了解放、再生和自由,同时也给世界上其他民族带来生机和希望。19 世纪法国的空想社会主义者继承和发展了启蒙哲学家的历史观,他们把历史看作是一个发展进步的过程,但同时也对资本主义社会进行了激烈的抨击和批判,揭露了资本主义制度的种种矛盾和罪恶,提出了要建立更加幸福、合理、和谐的社会制度。他们要求扩展法国大革命的成果,用更理想的社会制度来代替现存的社会制度。实证哲学的创始人孔德在社会历史观上继承了杜尔哥、孔多塞、圣西门和进化论的思想,认为社会历史是不断发展、上升、前进的过程,它有自己的发展规律。社会历史像生物界一样是一个连续进化的过程,每一个阶段都不是孤立的,都处在社会发展的总体链条之中。与人类理智发展的三个阶段相对应,人类历史也经历了"神学的军事时代"、"形而上学的法学时代"、"科学的工业时代"三个阶段。在这里孔德认为资本主义社会是人类发展最高、最完善的社会。

启蒙精神的反对者认为,法国大革命是人类社会的一场灾难,它破坏了社会的基础和稳定,扼杀了法国的民族传统,抛掉了道德和社会统一的宗教基础,给其他国家做了一个不好的示范。19 世纪上半叶法国的传统主义哲学坚持法国的政治传统和宗教传统,反对革命精神,攻击启蒙哲学,反对理性主义,以恢复旧的形而上学和宗教唯心主义的神秘学说来对抗启蒙哲学,仇视革命,企望恢复帝制,将大革命提出的人民主权说成是没有根基的,认为在政治社会中主权应该属于君主而不是属于人民,将民主的成果说成是社会混乱和无政府状态,认为必将有一个人能使社会摆脱这种无政府状态而恢复其自然的秩序,实际上是想在哲学上为拿破仑恢复帝制做理论说明。

除以上两种对立的态度外,在法国还有一种折中主义,它提出可以建立一种在自身中综合君主制、贵族制和民主制的各种有价值因素的社会制度,企图找到一条中间路线,要求君主立宪,这反映了他们资产阶级的调和精神。

二、康德对启蒙精神的反思

康德是启蒙精神的继承者,他还从理论上探讨和反思了什么是启蒙的问题,1784 年 12 月康德在《柏林月刊》第 4 期上发表《回答这个问题:什么是启蒙?》一文,对启蒙做出了界定和阐述。"启蒙就是人从咎由自取的受监护状态走出。受监护状态就是没有他人的指导就不能使用自己的理智的状态。如果这种受监护状态的原因不在于缺乏理智,而在于缺乏无须他人指导而使用自己的理智的决心和勇气,则它就是咎由自取的。因此,Sapere aude〔要敢于认识〕! 要有勇气使用你自己的理智! 这就是启蒙的格言。"①在康德看来,大多数人习惯于或者喜欢上了那种受监护状态,只有少数人通过自己的精神修养挣脱受监护状态。启蒙所需要的无非是自由,即那种在一切事物中公开地运用理性的自由。"对其理性的公开运用必须在任何时候都是自由的,而且唯有这种使用能够在人们中间实现启蒙。"②

康德把对于理性的公开运用理解为"某人作为学者在读者世界的全体公众面前所作的那种运用"③。在这里,康德把启蒙理解为要勇于使用自己的理智,启蒙需要自由和公开地运用自己的理性,君主在宗教事务中不给人们规定任何东西,而是让人们在这方面有充分的自由;神职人员在公开运用自己理性时享有一种不受限制的自由,以他自己的人格说话,甚至对教会的信条和教义问答中错误之处、对于宗教事务和教会事务能够以一个学者的身份发表独立的见解;臣民可以公开地运用自己的理性对现有法律提出批评并阐述关于更好法律的构想。康德把公开地使用理性理解为学者的思想自由、言论自由、出版自由,对启蒙的这种理解是富有启发意义的,在他那个时代是难能可贵的,但是对于启蒙的这种理解又过于狭隘。

---

① 《康德著作全集》第 8 卷,李秋零译,北京:中国人民大学出版社 2010 年版,第 40 页。
② 同上书,第 41 页。
③ 同上。

有的学者认为,康德《回答这个问题:什么是启蒙?》这篇文章不是一篇全面系统总结启蒙思想的文章,它对启蒙概念的界定本身也是有所选择和不完整的。它仅仅讲了启蒙的思想自由的内涵,而没有更多涉及启蒙除思想自由之外的更进一步的、更为丰富的内涵,如果过分地强调每个人的思想自由,也会导致主观主义和相对主义。因此造成了后世对康德这篇文章的误读。争取思想自由是启蒙的第一步,康德的这篇文章也只完成了第一步,而在别的地方康德对启蒙做了更为全面地探讨和阐述。例如,在《实用人类学》中,康德论述了"思维的三准则"或曰"启蒙的三准则":"哪怕是在最小的程度上,人也不能让另一个人给自己灌输智慧,而是必须从自身中产生出智慧。要达到这一点,方案包括三条引导到此的准则:1.自己思维;2.(在与人们的交流中)站在他人的地位上思维;3.任何时候都与自身一致地思维。"①在《判断力批判》中康德对这三条准则又做了解读并阐发了它们和启蒙的关系。第一个准则是无成见的思维方式的准则,第二个准则是开阔的思维方式的准则,第三个准则是一以贯之的思维方式的准则。第一个准则就是理性摆脱被动和成见,也就是摆脱迷信,"从迷信中解放出来就叫做启蒙"②,这是启蒙的第一层含义。第二个准则就是一个人以开阔的思维方式、通过置身别人的立场来采取一种普遍的立场对自己的判断加以反思,这就是扬弃主观思维,通过置身别人立场上的反思而普遍地思维。"第三个准则,亦即一以贯之的思维方式的准则,是最难达到的,也唯有通过结合前两个准则并经常遵循它们以至熟练之后才能达到"③。第三个准则是自己思维和站在他人立场上的反思的结合,是主观思维和普遍地思维的统一,体现了自我和他人共同生活的普遍立场。后两个准则是对第一个准则的补充,康德把第一个准则称作知性的准则,把第二个准则称作判断力的准则,把第三个准则称作理性的准则。通过这三个准则,康德的启蒙思想才得以完整地表达。

三、后现代主义哲学对待启蒙的态度

后现代主义哲学再度关注启蒙问题。后现代主义哲学就是在对现代化和现代性批判的基础上产生的,同时因为对于现代化和现代性的态度不同而在其内部分为不同的派别。现代性体现的就是启蒙精神,它把人类历史看作是由低级到高级的发展过程,人类从蒙昧和受压迫而走向自由、解放和

---

① 《康德著作全集》第7卷,李秋零译,北京:中国人民大学出版社2010年版,第193—194页。
② 《康德著作全集》第5卷,李秋零译,北京:中国人民大学出版社2010年版,第306—307页。
③ 同上书,第307页。

昌明,人的道德和社会风尚不断地完善和改良。资本主义的产生和发展过程也是不断推进现代化的过程,理性的原则贯彻到社会的各个方面,科学技术的发展进步促进经济的发展和社会的繁荣。

后现代主义哲学家们对于西方的现代化和现代性进行了反思和批判,因此启蒙问题又成为他们关注的焦点。他们认为,资主本义的"现代化"给人民带来无数的苦难,工业化造成了对于农民、无产阶级和工匠的压迫,妇女被排除在公共范围之外,帝国主义的殖民统治采取了种族灭绝和大屠杀的政策。现代社会也产生了一整套惩罚的制度和实践,以及使它的统治方式和控制方式合法化的话语。现代性使理性走向了它的对立面,使自由走向了压迫和统治。理性、知识、概念和理论体系、哲学中的本体论都产生总体性。作为启蒙运动的神话的理性,是一种统一的、总体化、极权化的理论模式,它模糊了社会领域的分化的多元的性质。在政治上赞成一致性、同质性而压制多元性、多样性和个体性。因此,理性是还原性的、强制性的和压迫性的。后现代主义与此相对立,反对宏大叙事和元话语,高扬不可通约性、差异性和零散性、特殊性和间断性,主张用知识形式的多样性和微观分析去超越总体性、总括性和强制性。

四、福柯对于康德启蒙观点的再反思

在后现代主义哲学家中米歇尔·福柯是对启蒙做过专门研究的,他1984年发表过和康德的文章题目几乎一样的文章《何为启蒙》。福柯对于启蒙的研究具有如下几个特点。

首先,他是站在对于现代性的态度的角度来理解启蒙的。他说:"我知道,人们常把现代性作为一个时代,或是作为一个时代的特征的总体来谈论;人们把现代性置于这样的日程中:现代性之前有一个或多或少幼稚的或陈旧的前现代性,而其后是一个令人迷惑不解、令人不安的'后现代性'。于是,人们就会发出追问,以弄清楚现代性是否构成'启蒙'的继续和发展或是否应当从中看到对于18世纪的基本原则的断裂或背离"①。但是,福柯认为,"当我参考康德的这篇文章时,我自问,人们是否能把现代性看作为一种态度而不是历史的一个时期"②。"我觉得更值得研究的是现代性的态度自形成以来是怎样同反现代性的态度相对立的"③。实际上,福柯就是

---

① 福柯:《何为启蒙》,顾嘉琛译,见《福柯集》,上海:上海远东出版社1998年版,第533—534页。
② 同上书,第534页。
③ 同上。

以一种反现代性的态度来理解启蒙的。

其次,福柯反对把启蒙看作是个人的行为(个人对于理性的自由运用),而是一种社会历史性的过程。福柯对康德在《回答这个问题:什么是启蒙?》中对于启蒙做出的界定"启蒙就是人从咎由自取的受监护状态走出"、"使我们从'未成年'状态中解脱出来"的过程进行了分析,同时对于康德所说的理性的私人的使用和公共的使用的区分做了考察和辨析。但是他不同意康德把启蒙仅仅理解为个人"有勇气使用你自己的理智"和个人自由地思考,他认为,启蒙不仅仅是个人的行为,"应当认为'启蒙'既是人类集体参与的一种过程,也是个人从事的一种勇敢行为。人既是这同一过程的一分子也是施动者。他们可以成为这个过程的演员,条件是作为这过程的一分子。"①"'启蒙'因此不仅是个人用来保证自己思想自由的过程。当对理性的普遍使用、自由使用和公共使用相互重迭时,便有'启蒙'"②。启蒙的社会性、历史性体现在,"'启蒙'是一种历史性的变化,它涉及地球上所有人的政治和社会存在"③。"'启蒙'是一种事件或事件以及复杂的历史性进程的总体,这总体处于欧洲社会发展的某个时期。这总体包含着社会转型的各种因素,政治体制的各种类型,知识的形式,对认知和实践的理性化设想——所有这些,难以用一句话加以概括"④。"我认为,"'启蒙'作为今天我们在很大程度上仍然依赖的政治的、经济的、社会的、体制的、文化的事件的总体,它是一个特殊的分析领域。我还认为,'启蒙'作为通过直接关系的纽带而把真理的发展同自由的历史联系起来的事业,构成了一个至今仍摆在我们面前的哲学问题"⑤。尽管福柯的立场是反启蒙的,但是福柯对于启蒙的理解和把握是非常准确的。

再次,福柯不同意把启蒙看作是"个人走出未成年的状态",但是肯定了康德对于启蒙考察的意义。"我不知道我们有朝一日是否会变得'成年'。我们所经历的许多事情使我们确信,'启蒙'这一历史事件并没有使我们变成成年,而且,我们现在仍未成年。然而,我认为可以赋予康德在思考'启蒙'时对现时、对我们自身所提出的批判性质询以某种意义。我认为,在此,这本身就是一种哲学探讨的方式,两个世纪以来仍不失其重要性

---

① 福柯:《何为启蒙》,顾嘉琛译,见《福柯集》,上海:上海远东出版社1998年版,第530页。
② 同上书,第532页。
③ 同上书,第530—531页。
④ 同上书,第537页。
⑤ 同上。

和有效性。"①他把康德对于启蒙的考察看作是关于我们自身批判的本体论,它应被看作是一种态度、"气质"、哲学生活。

最后,福柯认为,不能把启蒙等同于人文主义,它们完全不是一回事。按照福柯的理解,人文主义是一个主题,或者说是多个主题构成的整体,这个整体横越时空,多次在欧洲社会中再现。曾有过作为对基督教或一般宗教的批判而出现的人文主义,在17世纪也曾有过苦行僧的、以神学为中心的基督教人文主义,在19世纪,曾出现过对科学持敌视和批判的态度的怀疑论的人文主义,同时还另有一种把自身的希望寄托于科学之中的人文主义。马克思主义是一种人文主义,存在主义、人格主义也是人文主义,等等。福柯认为,人文主义这个主题太宽泛、太灵活、太多样化、太不一贯,以致不能把它作为一个纲目来反思。而人文主义则是和这个主题相对立的,"在'启蒙'和人文主义之间是一种紧张状态而不是同一性"②。当然,福柯对于康德关于启蒙的考察的评价仅限于《回答这个问题:什么是启蒙?》这一篇文章,并不是康德关于启蒙问题的全部观点,譬如就没有涉及康德在《实用人类学》和《判断力批判》中的相关论述,但是福柯是想借康德的这篇文章来表明自己的观点,在《何为启蒙》这篇文章中,福柯已经亮明了他对于启蒙的基本态度和观点,后现代主义哲学反启蒙的观点已经得到充分的表达。

五、结　　语

的确,启蒙不是一种个人的行为,它是一种事件或事件以及复杂的历史性进程的总体,这个总体包含着社会转型的各种因素,政治体制的各种类型,知识的形式,对认知和实践的理性化设想等,它不仅仅存在于17世纪末至19世纪初欧洲历史上的这个特定时期,同时对于人类社会的发展来说具有普遍性,它是对于所有的国家都有可能发生的一个历史进程。而且启蒙并不是一种一劳永逸的过程,它可以是一个在历史上反复发生的事件。如果把启蒙看作是思想解放的过程的话,我们可以说,思想解放永无止境,启蒙也永无止境,人类社会的历史需要不断地再启蒙。

---

① 福柯:《何为启蒙》,顾嘉琛译,见《福柯集》,上海:上海远东出版社1998年版,第542页。
② 同上书,第538页。

参 考 文 献

1. Diderot, Denis. *Denis Diderot's the Encyclopedia: Selections*. Edited and Translated by Stephen J. Gendzier. Harper Torchbooks the Academy Library. 1st ed. New York: Harper & Row, 1967.

2. Edwards, Paul. *The Encyclopedia of Philosophy*. 8 vols. New York: Macmillan, 1967.

3. Verene, Donald Phillip. *Vico's Science of Imagination*. Ithaca and London: Cornell University Press, 1991.

4. Vico, Giambattista. *Universal Right*. Edited and Translated by Giorgio A. Pinton and Margaret DiehlAmsterdam and Atlanta, GA: Rodopi, 2000.

5. Vico, Giambattista. *On Humanistic Education: (Six Inaugural Orations, 1699–1707)*. Translated by Giorgio A. Pinton and Arthur W. Shippee. With and intruduction by Donald Phillip Verene. Ithaca and London: Cornell University Press, 1993.

6. Vico, Giambattista. *On the Most Ancient Wisdom of the Italians: Unearthed from the Origins of the Latin Language*. Translated with an introduction and notes by L. M. Palmer. Ithaca and London Cornell University Press, 1988.

7. Vico, Giambattista. *Vico: Selected Writings*. Translated by Leon Pompa. Cambridge: Cambridge University Press, 1982.

8. Vico, Giambattista. *The First New Science*. Translated by Leon Pompa. *Cambridge Texts in the History of Political Thought*. Cambridge and New York: Cambridge University Press, 2002.

9. Vico, Giambattista. *The New Science of Giambattista Vico*. Translated by Thomas Goddard Bergin and Harold Fisch Max. *Cornell Paperbacks. Unabridged translation of the 3rd ed.* Ithaca: Cornell University Press, 1984.

10. Warrender, Howard. *The Political Philosophy of Hobbes: His Theory of Obligation*. Oxford: Clarendon Press, 2000.

11. Broadie, Alexander. *The Cambridge Companion to the Scottish Enlightenment*. Cambridge and New York: Cambridge University Press, 2003.

12. Hutcheson, Francis. *An Inquiry into the Original of Our Ideas of Beauty and Virtue: In Two Treatises*. Revised ed. Edited by Wolfgang Leidhold. Indianapolis: Liberty Fund, 2008.

13. Hutcheson, Francis. *System of Moral Philosophy*. Published from the original Manuscript by his son Francis Hutcheson, M.D. 3 vols. London: Foulis, 1755.

14. Reid, Thomas. "Essays on the Intellectual Power of Man." In *The Works of Thomas Reid*, edited by William Hamilton. Edinburgh: James Thin, 1863.

15. Haakonssen, Knud ed. *The Cambridge History of Eighteenth–Century Philosophy*. 2

vols.Cambridge：Cambridge University Press.

16. Broadie，Alexander.*The Tradition of Scottish Philosophy：A New Perspective on the Enlightenment.* Edinburgh：Polygon，1990.

17. Frank, Manfred. "*Unendliche Annäherung*"：*Die Anfänge Der Philosophischen Frühromantik.* Frankfurt am Main：Suhrkamp，1997.

18. Rousseau，Jean-Jacques.*Les Rêveries du promeneur solitaire.* Paris：Gallimard，2005 ［1776 - 1778］.

19. Burns，Robert.*The Jolly Beggars：A Cantata.* Portland：T.B.Mosher，1914 ［1785］.

20. Wordsworth，William. "Book VI.Cambridge and the Alps." In *The Prelude：Or，Growth of a Poet's Mind（Text of* 1805），p.105，lines 681-685.Edited from the manuscripts with an Introduction and Notes by Ernest de Sélincourt.Corrected by Stephen Gill.Oxford：Oxford University Press，1970.

21. Mitchell，Robert.*Sympathy and the State in the Romantic Era：Systems，State Finance，and the Shadows of Futurity.* Routledge Studies in Romanticism.New York：Routledge，2007.

22. Murray，Chris.*Encyclopedia of the Romantic Era*，1760-1850. New York and London：Fitzroy Dearborn，2004.

23. Baudelaire，Charles.*Salon de* 1846. Paris：Michel Lévy frères，1846.

24. Chateaubriand, François - René de. *Atala*, *René*. Paris：Le Livre de Poche, 2012 ［1802］.

25. Constant，Benjamin.*Adolphe.* Paris：Flammarion，2013 ［1817］.

26. 阿尔塔莫诺夫（С.Артамонов）：《伏尔泰传》，张锦霞、苏楠译，北京：商务印书馆1987 年版。

27. 安德烈·比利：《狄德罗传》，张本译、管震湖校，北京：商务印书馆 1984 年版。

28. 北京大学哲学系外国哲学史教研室编译：《十八世纪法国哲学》，北京：商务印书馆 1963 年版。

29. 北京大学哲学系外国哲学史教研室编译：《西方哲学原著选读》下册，北京：商务印书馆 1983 年版。

30. 贝奈戴托·克罗齐：《维柯的哲学》，陶秀璈、王立志、［英］R.G.柯林伍德译，郑州：大象出版社、北京：北京出版社 2009 年版。

31. 狄德罗：《狄德罗选集》，江天骥、陈修斋、王太庆译，北京：商务印书馆 1983 年版。

32. 狄德罗著，丹吉尔（Stephen J.Gendzier）英译：《丹尼·狄德罗的〈百科全书〉》，梁从诫译，沈阳：辽宁人民出版社 1992 年版。

33. 费尔巴哈：《费尔巴哈哲学史著作选》第 3 卷，涂纪亮译，北京：商务印书馆 1984 年版。

34. 伏尔泰：《风俗论》，梁守锵译，北京：商务印书馆 1996 年版。

35. 伏尔泰：《路易十四时代》，吴模信、沈怀洁、梁守锵译，吴模信校，北京：商务印书馆 1982 年版。

36. 伏尔泰：《哲学通信》，高达观译，上海：人民出版社 1961 年版。

37. 高宣扬:《德国哲学通史》第 1—3 卷,上海:同济大学出版社 2007 年版。

38. 亨利·勒费弗尔:《狄德罗的思想和著作》,北京:商务印书馆 1985 年版。

39. 霍尔巴赫:《健全的思想》,王荫庭译,北京:商务印书馆 1985 年版。

40. 霍尔巴赫:《袖珍神学》,单志澄、周以宁译,北京:商务印书馆 1983 年版。

41. 霍尔巴赫:《自然的体系》上册,管士滨译,北京:商务印书馆 1964 年版。

42. 霍尔巴赫:《自然的体系》下册,管士滨译,北京:商务印书馆 1977 年版。

43. 孔狄亚克:《人类知识起源论》,洪洁求、洪丕柱译,北京:商务印书馆 1989 年版。

44. 拉美特里:《人是机器》,顾寿观译,北京:商务印书馆 1959 年版。

45. 里拉:《维柯:反现代的创生》,张小勇译,北京:新星出版社 2008 年版。

46. 列宁:《唯物主义和经验批判主义》,北京:人民出版社 1950 年版。

47. 刘小枫、陈少明编:《维柯与古今之争》,北京:华夏出版社 2008 年版。

48. 卢梭:《爱弥尔》,李平沤译,北京:商务印书馆 1987 年版。

49. 卢梭:《论科学和艺术》,何兆武译,北京:商务印书馆 1963 年版。

50. 卢梭:《论人类不平等的起源和基础》,李常山译,北京:商务印书馆 1962 年版。

51. 卢梭:《社会契约论》,何兆武译,北京:商务印书馆 1990 年版。

52. 迈克尔·费伯:《浪漫主义》,翟红梅译,南京:译林出版社 2019 年版。

53. 梅利叶:《遗书》第 1—2 卷,何清新译,北京:商务印书馆 1960 年版。

54. 梅利叶:《遗书》第 3 卷,陈太先等译,北京:商务印书馆 1961 年版。

55. 孟德斯鸠:《论法的精神》,张雁深译,北京:商务印书馆 1987 年版。

56. 汪堂家、孙向晨、丁耘:《十七世纪形而上学》,北京:人民出版社 2005 年版。

57. 维柯:《论人文教育》,王楠译,上海:上海三联书店 2007 年版。

58. 维柯:《论意大利最古老的智慧:从拉丁语源发掘而来》,张小勇译,上海:上海人民出版社 2013 年版。

59. 维柯:《新科学》,朱光潜译,北京:商务印书馆 2012 年版。

60. 维柯著,利昂·庞帕编译:《维柯著作选》,陆晓禾译,北京:商务印书馆 1997 年版。

61. 以赛亚·伯林等:《浪漫主义的根源》,南京:译林出版社 2011 年版。

62. 周晓亮主编:《西方哲学史》第四卷,凤凰出版社、江苏人民出版社 2004 年版。

后　记

冯　俊

　　"启蒙时代的欧洲哲学"是我们进入 21 世纪以来西方哲学史的研究与教学中重点关注的一个部分。之所以重点关注它,是因为在我们以往的教学与研究中很薄弱、注意得不够,以往我国西方哲学史研究和教学的重点在古希腊罗马哲学、经验主义和理性主义哲学、德国古典哲学,中世纪哲学和启蒙时代的哲学是我国西方哲学史教学与研究的弱项。我们几位同仁为了补短板、强弱项,特围绕着法国的启蒙运动哲学、意大利启蒙哲学家、苏格兰启蒙运动和德国浪漫主义与启蒙哲学对启蒙时代的欧洲哲学作了系统的梳理,写成了这本《启蒙时代的欧洲哲学》。

　　"启蒙时代的欧洲哲学"被国家社科基金批准为 2020 年度的后期资助项目,我们在以往成果的基础上修改完善,形成了现在这一最终成果,在此特向国家社科基金表示感谢。人民出版社作为国家社科基金后期资助的共同申请单位表示愿意出版该书,在此向人民出版社给予的支持表示感谢。

2025 年 5 月于北京